物流系统规划及其分析设计
（第3版）

刘联辉 编著

中国财富出版社有限公司

图书在版编目（CIP）数据

物流系统规划及其分析设计／刘联辉编著．—3 版．—北京：中国财富出版社有限公司，2023.10

ISBN 978－7－5047－8006－5

Ⅰ.①物… Ⅱ.①刘… Ⅲ.①物流-系统规划 Ⅳ.①F252

中国国家版本馆 CIP 数据核字（2023）第 208811 号

策划编辑	徐 妍	**责任编辑**	白 昕 水源宋	**版权编辑**	李 洋
责任印制	尚立业	**责任校对**	杨小静	**责任发行**	敬 东

出版发行	中国财富出版社有限公司		
社　　址	北京市丰台区南四环西路 188 号 5 区 20 楼	**邮政编码**	100070
电　　话	010－52227588 转 2098（发行部）		010－52227588 转 321（总编室）
	010－52227566（24 小时读者服务）		010－52227588 转 305（质检部）
网　　址	http://www.cfpress.com.cn	**排　　版**	义春秋
经　　销	新华书店	**印　　刷**	宝蕾元仁浩（天津）印刷有限公司
书　　号	ISBN 978－7－5047－8006－5/F·3599		
开　　本	787mm×1092mm　1/16	**版　　次**	2023 年 12 月第 3 版
印　　张	23.5	**印　　次**	2023 年 12 月第 1 次印刷
字　　数	543 千字	**定　　价**	49.80 元

前　言
（第3版）

本书自第1版、第2版正式出版后，得到了企业与物流教育界众多人士的厚爱，普遍反映该书操作性、方法性和实用性强，对实际工作指导意义非常大。各开办物流专业的院校纷纷选本书作为本、专科阶段的教材和研究生入学考试参考教材。教材［第1版（2006年出版）、第2版（2017年出版）］使用的17年，也是我国物流业发展突飞猛进的时期，物流实践更为丰富，物流理论与方法更为完善。为适应我国物流事业和物流高等教育快速发展的趋势，更好地满足广大读者的学习要求，特别是本科教学需求，基于本科教学质量提升工程建设要求，笔者根据多年课程教学经验与资料积累，在第2版的基础上参阅了部分国内外相关文献，修订编写第3版，以答谢业界人士的厚爱。

为方便众多老读者的教与学，第3版知识结构体系还是遵循前两版教材的知识结构体系，但考虑大部分物流专业开设了物流信息管理系统、物流项目管理等课程，第3版删除了第2版中的物流信息系统规划设计、物流项目可行性研究两章，考虑物流系统规划也是项目建设规划，第3版以附录的形式（见附录2）精简保留了“物流项目建设可行性研究报告编写纲要”，以方便读者将物流系统规划与项目建议书及项目可行性研究有机结合。第2版第四章“物流网络与选址规划”因内容太多，篇幅太长，第3版将其拆分为“物流网络规划与优化模型”“物流设施选址与决策方法”两章，突出物流网络规划建模技术与选址决策方法。第3版总章节调整为十一章。笔者也根据多年来对物流分析与规划设计课程教学的体会与对物流教育实践的认知，对其他章节中必须强化的内容和方法做了适当修订、补充，同时基于“面向产出（OBE）+基于项目设计与实践（CDIO）”高等教育理念，第3版将Excel等软件工具在物流分析与规划中的应用案例改编为课内实验，并增加了大型综合专项课程设计（见附录1），让学生动手练习，以强化学生规划分析方法应用能力与软件工具的操作能力，达到“做中学”的教学目标。同时，为便于教师教学与学生自学，第3版每章增加了“导言”“学习目标”和“教学要点”，便于学生知晓各章学习必须达成的学习目标，同时能把握各章学习的关键与重点。为进一步巩固各章知识的学习效果，每章最后均根据教学内容配有“作业思考题”。

各章修改情况如下：第一章“概论”、第二章“物流战略规划”、第六章“物流设施规划分析与系统布置设计”、第七章“物料搬运系统分析与设计”、第九章“仓库的规划设计”、第十一章“物流园区规划”内容没有多大变化，主要是对版面进行重新设计与编排，章节层次结构与知识点逻辑进行了梳理，删除了部分烦琐的内容，对部分内容与文字表达进行了优化，使教材版面更为美观，知识逻辑结构更为清晰，语言表达更为简练易懂。第四章“物流网络规划与优化模型”，根据2021年最新出台的国家标准《物流术语》（GB/T 18354—2021）对物流网络的概念、物流节点的种类进行了修正，增加了“物流网络结构模式”，将Excel建模案例调整为课内实验，新增了复杂的多设施布局0-1规划选址问题建模与Excel求解实验项目。第五章“物流设施选址与决策方法”，完善了层次分析法的计算步骤，Excel建模求解示例修改为实验项目。第八章“EIQ规划分析技术”，更新了柏拉图、出货次数分布图、ABC分析图、IQ及IK交叉分析图，新增了第四节“EIQ分析与拣储策略规划”，以加强对EIQ分析应用领域的理解。第十章“物流配送中心布局规划”，对内容进行了提炼精简，删除了与第六章“物流设施规划分析与系统布置设计”内容重复的部分，重点梳理了逻辑与语言表达。教材中部分计算数据存在四舍五入，根据实际情况保留一定的小数位数，不进行机械处理。

本书在修订与编写过程中，参阅并引用了相关图书资料、期刊文献及部分兄弟院校相关课程的教学设计资料，在此表示感谢！由于时间仓促、精力和水平有限，书中难免存在不足之处，还请广大读者见谅。

编　者

2023年2月

前　言
（第2版）

本书自2006年正式出版后，得到了企业与物流教育界众多业界人士的厚爱，普遍反映该书操作性、方法性和实用性强，对实际工作指导意义非常大。各开办物流专业的院校纷纷选本书作为本、专科阶段的教材和研究生入学考试参考教材。教材（第1版）使用的10年，也是我国物流业发展突飞猛进的十年，物流实践更为丰富，物流理论与方法更为完善。为适应我国物流事业和物流教育快速发展的趋势，更好地满足广大读者的学习要求，笔者在第1版的基础上参阅了部分国内外相关文献资料，修改完善充实，再次出版，以答谢业界人士的厚爱。

为方便众多老读者的教与学，本版基本结构还是遵循上一版的知识结构体系，只在第1版的基础上增加了一章，即第十章物流园区规划内容，全书调整为十二章。笔者也根据多年来对物流分析与规划课程教学体会与对物流教育实践的认知，对其他章节中必须强化的内容和方法做了适当修订、补充。本次修改的指导思想主要是重点强化规划分析方法的可操作性，突出了Excel等软件工具在物流分析与规划中的应用。第一章绪论，增加了物流系统仿真分析介绍；第二章物流战略规划，补充了物流战略环境分析的方法，对案例进行了更换；第三章物流系统模式与运营组织规划，补充了社会物流系统模式，增加了物流运营体系规划的内容，更新了案例；第四章物流网络与选址规划，变化幅度较大，增加了供应链环境下企业物流网络规划内容，重点补充了物流网络规划中的建模技术与方法，并拓展了Excel软件在网络规划模型与选址评价中的应用技巧；第五章物流设施规划与布置设计、第六章搬运系统分析与设计、第八章仓库布置规划，基本没有变化，只是增补了少量示例；第七章EIQ规划分析技术对部分内容进行了删减，增补了大量示例，使EIQ规划分析技术更为通俗易懂；第十章物流园区规划，主要介绍了物流园区规划相关概念、程序与内容，主要讲述了物流园区规划的关键——区域物流市场需求分析与园区规模测定的方法；第九章物流配送中心布局规划、第十一章物流信息系统规划设计、第十二章物流项目可行性研究基本保留原版的内容。

本书第四章物流网络与选址规划、第十章物流园区规划由罗俊博士参与部分内容的修订与编写，在此表示感谢！

由于时间仓促、精力和水平有限，本书难免存在不足之处，还望广大读者见谅。同时也再次对本书参阅及引用资料的作者表示衷心感谢！

编　者

2016 年 12 月

前　言
（第1版）

随着世界经济全球一体化发展和科学技术的快速发展，被称为“第三利润源泉”的现代物流已广泛为各国所重视并获得迅速发展。我国政府明确提出要把物流业作为21世纪我国重要的支柱产业和新的经济增长点，许多中心城市正在积极探索和实践。同时，许多工商企业也将其作为降低成本、提高效益和企业综合竞争能力的重要手段，将物流提升到企业战略高度加以重视。物流在现代社会经济中的作用与地位越来越突出，已成为我国未来经济发展的强劲动力。

随着物流事业的蓬勃快速发展，物流系统的资源整合与优化配置也就显得越来越重要，如何构筑效率化物流系统，物流系统如何规划与设计已成为物流业者必须思考的课题。由于物流系统是一个十分复杂的动态系统，涉及面广、包含的内容多，其系统的规划与设计难以一书言尽，本书主要从管理角度和企业角度以构成企业物流系统基本结构的组织系统、作业系统与信息系统为框架，阐述物流系统的规划与分析设计的原理、程序与方法，旨在为物流实务界构建新型物流系统或改造原有物流系统提供思路与方法指导。

本书共分为十一章，第一章从物流系统的特点、物流系统化推进说明物流系统规划设计的必要性，阐述了物流系统规划及其设计的范围及其诊断分析的原则与要求；第二章从物流战略的角度出发，分析了企业物流战略的环境及规划目标，重点就战略方案设计进行了介绍；第三章创新性地提出了物流系统模式设计是物流系统规划设计的前提与基础的观点，并就系统的设计原理与类型及组织模式设计进行了阐述；第四章就物流网络规划与物流设施选址进行了介绍；第五章说明了物流设施布置规划是物流系统规划设计的重点与难点，本章在设施布置规划模式的基础上重点对设施布置规划分析技术及评价方法进行了讲解；第六章介绍了搬运系统分析设计过程、基础分析、方案设计；第七章专门对物流中心、配送中心的规划分析技术——EIQ分析技术进行了介绍；第八章、第九章主要对物流系统典型设施仓库与物流中心的规划过程进行了系统介绍，以帮助理解物流设施布置规划；第十章对物流信息系统的规划分析方法和总体设计的任务及网络系统规划设计进行了介绍；第十一章基于物流系统的规划建设一般是以项目的形式出现，简要地介绍了物流项目的类型及其可行性研究。

本书的写作特色是：一是规划内容全面、系统，兼顾了不同行业；二是强调物流系统理念的树立，注重物流原理的理解和规划分析技术的应用，方法技巧多、应用操作性强；三是从管理角度切入，侧重总体规划设计，强调经济方法与管理技术的应用，融物流管理理念与规划方法技术于一体，开辟了物流系统规划设计的新视角；四是有计算、有图表、配例题与应用案例及思考题，逻辑、语言符合国人的思维习惯，便于理解与自学；五是侧重企业物流系统规划，应用价值高。

本书原本是湖南省国家职业资格高级物流师培训和湖南工程学院物流管理专业本、专科生学习讲义，在近两年的试用过程中，企业物流界人士及广大物流学子普遍反映该书实用性强，对实际工作指导意义非常大，希望能正式出版。笔者应广大读者的要求，在原讲义的基础上参阅了大量国内外文献，经过不断修改、完善、充实，现正式付梓出版，以谢业界人士厚爱。在此，笔者也对本书在编写过程中给予了大力支持的湖南新东方教育培训中心和本书引用了其研究成果的广大学者的辛勤劳动一并表示衷心感谢。

本书可作为高等院校物流管理专业本、专科教材，国家物流师职业资格认证和中高级物流管理与运作人员的培训教材和参考用书，也可作为工业、商业、物流企业规划设计、管理人员工作指南及研究生的参考读物。

由于时间仓促、精力和水平有限，存在不足之处，还希望广大读者见谅。

刘联辉

2006 年 8 月

目　录

第一章　概论

【导　言】

现代物流系统是一个动态的、复杂的系统，各构成要素之间存在强烈的效益背反现象，随着消费需求、市场供给、购销渠道、商品价格等社会经济影响因素的变化，系统内的各构成要素及运行方式经常发生变动。为实现社会经济的可持续发展，人们必须用系统的观点、系统的方法对物流系统的各组成部分不断修改、完善，即重新规划与设计物流系统，方能使物流活动按照人们设定的目标有序运行，达到系统整体的最优化。因此，对物流系统构成要素进行分析与诊断，对物流系统进行整体规划与设计优化，是推进物流系统化，构筑物流系统效率化，实现物流合理化、效率化的有效途径。本章从物流系统的含义、特征、运行原理，物流系统化推进的路径等入手，主要介绍物流系统规划与设计的意义、类型与内容，以及对物流系统进行诊断与分析的作用、原则、基本程序与应注意的问题。

【学习目标】

通过本章的学习，掌握物流系统的含义、构成要素与特征、运行原理，领悟物流系统规划与设计的内在机理，了解物流系统化推进的基本方法和策略，理解物流系统规划与设计在物流系统建设中的重要意义。通过对物流系统规划与设计的含义与层次、类型与内容，物流系统诊断与分析的原则、基本程序的把握，知晓物流系统规划与设计及其诊断与分析的技术路径。

【教学要点】

- 物流系统的含义、构成要素、特征与运行原理、基本结构；
- 物流系统化的含义及目标、原则、推进层面与途径、基本方式与策略；
- 物流系统规划与设计的含义、层次、意义、类型与内容；
- 物流系统诊断与分析的概念作用、原则、基本程序和应注意的问题。

第一节　物流系统概述

一、物流系统的含义

物流系统指按照计划为达成物流目的而设计的相互作用的要素的统一体。其目的与作用是将货物按照规定的时间、规定的数量，以最合适的费用，准确无误地送达目的地，完成物品使用价值的物理性转移，最终实现物品的社会价值。

二、物流系统的构成要素

物流系统规划与设计的实质就是对物流系统构成要素的有效配置与合理安排。物流系统的构成要素一般可以从资源、功能、节点线路、支撑手段、物质基础和流动过程视角划分，如表 1–1 所示。

表 1–1　　物流系统的构成要素

序号	要素类型	构成要素内涵
1	资源要素	物流系统的资源要素一般有人、财、物、信息和任务目标等。人，是劳动者。财，是物流活动中不可缺少的资金。从商品流通角度看，物流过程实际也是以货币为媒介，实现交换的资金运动过程，同时物流服务本身也是商品，需要以货币为媒介。另外，物流系统建设是资本投入的一大领域，离开资金这个要素，物流不可能实现。物，是物流系统传递的对象，如物流作业中的原材料、产成品、半成品等物质实体，以及劳动工具（如各种物流设施、设备）和各种消耗材料等。信息，是物流过程中的数据、资料、指令等。任务目标，是物流活动预期安排和设计的物资储存计划、运输计划以及与其他单位签订的各项物流合同等
2	功能要素	物流系统的功能要素指运输、储存、装卸、搬运、包装、流通加工、配送、信息处理等，这些功能要素有效地结合在一起，便构成了物流的整体功能，能合理、有效地实现物流系统的目的
3	节点线路要素	工厂、商店、仓库、物流中心、车站、码头、空港等物流据点以及连接这些据点的运输线路、运输工具与信息传递技术构成了物流系统的节点线路要素。这些要素为实现物流系统的目的有机地结合在一起，相互联动，无论哪个环节哪个要素的行动发生了偏差，物流系统的运行都会发生紊乱，也就无法达成物流系统的目的
4	支撑手段要素	物流系统的支撑手段要素主要包括以下几个方面。①体制、制度。物流体制、制度决定物流系统的结构、组织、领导、管理方式以及系统的地位与范畴，是物流系统的重要保障。②法律、规章。物流系统的运行涉及企业或个人的权益问题，法律、规章一方面限制和规范物流系统的活动，另一方面给予系统保障。③行政、命令。物流系统和一般系统的不同之处在于，物流系统关系国家军事和经济命脉。所以，行政、命令等手段也常常是支持物流系统正常运转的重要支撑手段要素。④标准化系统。标准化系统是保证物流各环节协调运行，保证物流系统与其他系统在技术上实现有效联结的重要支撑手段要素
5	物质基础要素	物流系统的建立和运行，除了通过有效的组织管理以保障系统目的的实现，还需要有大量技术装备等物质基础。物质基础要素对物流系统的运行有重要意义。物质基础要素包括以下几个方面。①物流设施。包括场站、仓库、公路、铁路、港口等。②物流装备。包括仓库货架、进出库设备、加工设备、装卸机械等。③物流工具。它是物流系统运行的物质条件，包括包装工具、维护保养工具、办公设备等。④信息技术及网络。它是掌握和传递物流信息的手段，包括通信设备、计算机及网络设备等

续表

序号	要素类型	构成要素内涵
6	流动过程要素	物流系统流动过程要素包括流体、载体、流向、流量、流程、流速。这六个流动过程要素一个都不能少，并且都是相关的。流体不同、所用的载体不同、流向不同，流量、流速和流程也不尽相同。流体的自然属性决定了载体的类型和规模；流体的社会属性决定了流向、流量和流程；流体、流量、流速、流向和流程决定采用的载体的属性；载体对流向、流速、流量和流程有制约作用；载体的状况对流体的自然属性和社会属性均会产生影响

三、物流系统的特征

（一）有明确的目的

物流系统有明确的目的，而且这个目的只有一个，就是保证将市场需要的商品在必要的时候，按照必要的数量送达需求者的手中。

（二）要求系统整体最优

构成物流系统的各个功能要素或者说子系统相对于上位系统的目的来说，只是实现系统目标的手段。在物流系统中，部分的合理化和最优化并不代表整体的合理化和最优化。为保证物流系统目的的实现，构成物流系统的各个功能要素或子系统必须围绕物流系统的整体目标相互衔接，构成一个有机结合体。

（三）要素间存在效益背反现象

“效益背反”指一个环节成本的降低或效益的提高，会导致另一个环节成本的提高或效益的降低，这种相关活动之间相互制约的关系就是物流“效益背反”现象，如图1-1所示。掌握效益背反的原理，对于正确理解和把握物流系统各个功能要素之间的关系十分重要。

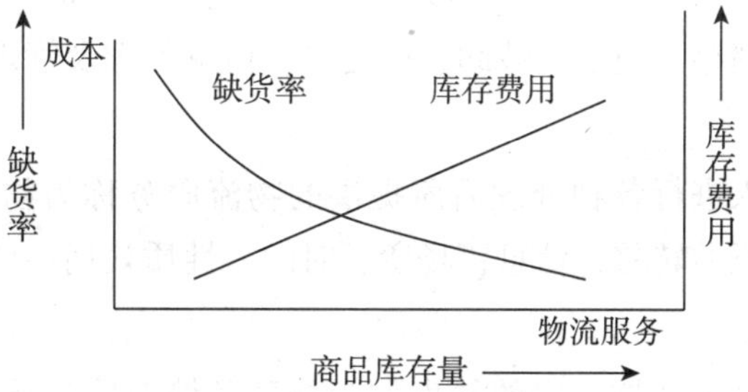

图 1-1 物流服务和成本的制约关系

（四）作为子系统发挥作用

企业物流系统是企业经营大系统的一部分或者说是其子系统。物流服务水平的设定要以企业总体的经营目标、战略目标为依据，服从企业战略发展总体要求。企业物流系统的最终目的是促进企业的生产和销售，提高企业的盈利水平。物流仓储、运输、配送等子系统又要服从企业物流系统总体目标。

（五）需要通过信息的反馈加以控制

物流系统中各个环节的衔接、配合离不开信息功能，信息是构成物流系统的核心要素。为使物流系统按预定目标运行，必须对物流系统运行中出现的偏差加以纠正，设计出来的物流系统在运行的过程中也需要不断完善，这些都需要建立在对信息充分把握的基础上。

四、物流系统的运行原理

物流系统具有输入、处理、输出、限制、信息反馈等功能，它反映物流系统规划的机理。根据物流系统的性质，各物流系统的具体内容有所不同。物流系统的输入、输出及处理功能如图 1-2 所示。

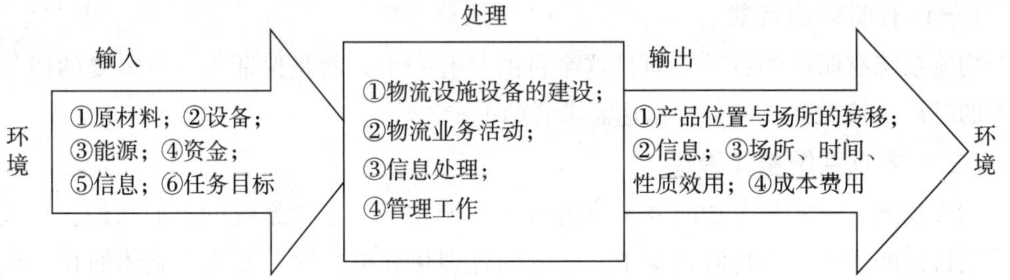

图 1-2　物流系统的输入、输出及处理功能

（一）输入

输入指通过提供原材料、能源、设备、资金等对某个系统发生作用，统称外部环境对物流系统的输入。

（二）处理

处理指物流本身的转化过程。从输入到输出所进行的生产、供应、销售、服务等活动中的物流业务活动称为物流系统的处理，具体包括：物流设施设备的建设；物流业务活动，如运输、储存、包装、装卸、搬运等；信息处理及管理工作。

（三）输出

对外部环境的输入进行各种处理后所提供的物流服务称为物流系统的输出。具体内容有产品位置与场所的转移；信息；场所、时间、性质效用；成本费用等。

（四）限制

外部环境对物流系统施加一定的约束称为外部环境对物流系统的限制。具体内容有：资源条件，能源限制，资金与生产能力的限制；价格影响，需求变化；仓库容量；装卸与运输能力；政策的变化等。

（五）信息反馈

物流系统在把输入转化为输出的过程中，由于受系统各种因素的限制，不能按原计划实现，需要把输出结果返回输入，进行调整，即使按原计划实现，也要把信息返回，以对工作做出评价，这称为信息反馈。信息反馈的具体内容包括：各种物流活动分析报告；各种统计数据报告；国内外市场信息与相关动态等。

五、物流系统的基本结构

物流系统的基本结构大致可以分为物流作业系统、物流信息系统和组织管理系统。物流作业系统是为了实现物流各项作业功能的效率化，通过各项作业功能的有机结合而增进物流整体效率化的统一体。物流信息系统是将采购、生产、销售等活动有机地联系在一起，通过信息的顺畅流动，推进库存管理、订货处理等作业活动效率化的支持系统。组织管理系统是系统协调有效运作的保障。物流系统的基本结构如图 1-3 所示。

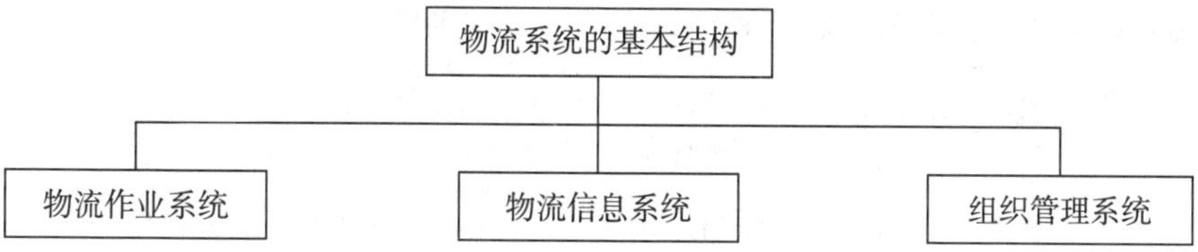

图 1-3　物流系统的基本结构

第二节　物流系统化推进

一、物流系统化的含义及目标

物流系统化就是为提高物流系统的效率与效益，把物流的各个环节（子系统）联系起来看成一个物流大系统，并进行整体设计和管理，以最佳的结构、最好的配合，充分发挥其系统功能、效率，实现整体物流合理化。各个层面的物流系统规划与设计就是实现物流系统化的有效手段。

物流系统化的目标是使整个物流系统具有良好的服务性、快捷性，并且库存合理、设施规模适当、面积和空间利用率高。要实现物流系统化的目标，就应把从生产到消费过程的货物量作为一贯流动的物流量看待，依靠缩短物流路线，使物流作业合理化、现代化，从而降低其总成本。

二、物流系统化的原则

物流系统化一般是在现有物流系统结构或环境下进行的，是对现有尚未达到有机结合程度的物流要素进行根本性的优化与改造。推进物流系统化的对策，要从分析现状开始，把握现有物流要素及其结构存在的问题，摸清产生问题的原因，在此基础上，寻找相应的解决对策，构筑新型的效率化物流系统。

为实现物流系统化目标，建立高效率的物流系统，在设计物流系统时应遵循大量化、计划化、短程化、共同化、标准化及信息化原则。物流系统设计或物流系统改造要基于以上各原则或若干原则的组合。

物流系统化的原则如表 1-2 所示。

表 1-2　　物流系统化的原则

序号	原则	内涵解释
1	大量化	通过一次性处理大量货物，提高设施设备的使用效率和劳动生产率，以达到降低物流成本的目的，如干线部分的大批量运输、配送中心集中进货、库存集中化等。大量化还有利于采用先进的作业技术，实现自动化和省力化
2	计划化	通过有计划地组织物流活动达到物流合理化的目的，如计划线路和时间再从事配送活动和计划采购等
3	短程化	通过物品分离减少物流中间环节，以最短的线路完成商品的空间转移
4	共同化	通过物流业务的合作，提高单个企业的物流效率，如共同配送等。实施共同物流是中小企业实现物流合理化的重要途径
5	标准化	物流涉及多部门、多环节，标准化可以使物流各个环节相互衔接、相互配合，最终实现物流效率化，如集装器具的标准化等。物流标准化包括作业标准化、信息标准化、工具标准化等
6	信息化	运用现代计算机技术、信息网络技术和数字通信技术，构筑起能够对物流活动相关信息进行高效率收集、处理和传输的物流信息系统，通过信息的顺畅流动，将物流采购系统、生产系统、销售系统联系起来，以便有效控制物流作业活动

三、物流系统化的推进层面与途径

根据微观经济管理和国民经济管理的要求，可以从微观和宏观两个层面推进物流系统化。

（一）微观层面

微观层面主要是通过一般工商企业和物流企业的经营政策，推动物流系统化。工商企业在生产经营过程中产生了对物流的需求，这种物流需求既包括企业内部生产经营对物流的需求，也包括向顾客提供的各种物流服务。工商企业物流需求的满足方式既可以采用“自给自足”的方式，也可以委托第三方物流企业承担。无论采取哪种方式，都应该从物流本身的合理性以及企业经营的总体战略综合考虑。

1. 一般工商企业物流系统化的推进

物流系统关系企业的竞争能力，影响企业的盈利水平，企业上层应该高度重视，必须从战略角度规划企业的物流系统。从企业物流发展的趋势看，物流活动逐渐社会化，物流功能对外委托将成为企业物流系统化的主要内容。但企业物流系统化的起点必须建立在企业内部物流系统化基础之上。也就是说，物流活动的合理化仅局限在个别企业的层面上还远远不够，必须突破企业的边界，与上下游企业建立物流合作关系，在信息共享的基础上，构建供应链一体化物流系统。一般工商企业推进物流系统化的具体途径有以下几种。

（1）企业内部物流系统化。将采购、生产、销售等各个环节的活动与物流活动有机结合起来实现的物流系统化。

（2）交易企业间的物流系统化。通过与供应商和产品销售客户的合作，实现采购或销售过程中运输与保管活动合理化的物流系统化。

（3）同行业企业之间的物流系统化。通过与同行业其他企业合作，组建行业物流联盟，在共同开展物流活动的基础上实现物流系统化，如共同配送系统、共同集货系统等。

2. 物流企业物流系统化的推进

物流企业是提供社会化服务的主体，必须具备物流系统的设计和运营能力，不仅能够为货主企业提供作业服务，而且能够提供物流系统设计、物流系统运营等软件方面的服务。物流企业推进物流系统化的主要途径有以下几种。

（1）物流手段间的系统化。通过不同运输手段的有机结合，实现物流系统化，如多式联运、集装箱运输等。

（2）物流企业间的系统化。通过物流企业间的密切合作或产业联盟，实现物流活动系统化，如共同建设配送中心、共用信息系统等。

（3）物流需求间的系统化。对分散用户的物流需求业务进行集中、组合等，实现物流系统化，如小批量货物的配载运输等。

（二）宏观层面

宏观层面主要通过国家的经济政策与物流设施建设，推动物流系统化。也就是说，政府经济管理部门站在宏观环境、国民经济和产业发展的角度，为企业物流创造良好的产业发展宏观环境，提供政策上的支持。根据长期计划和公共投资政策，采取行政手段，推进物流标准化建设，强化物流基础设施，规划建设物流产业园区以促进物流系统化。物流园区、物流基地建设就是政府宏观层面强化物流产业资源聚集，推进区域物流系统化、效率化的重要手段。

四、推进物流系统化的基本方式

物流系统化推进方法是将物流从一种“混沌”的状态转变到有秩序的系统化状态的方法。推进物流系统化要结合企业的经营现状，寻找一个恰当的方式，企业面临的环境不同，方法也不同。一般推进物流系统化的方法主要有对新设立的物流系统进行规划设计与对现有的物流系统进行改造完善两种方式。

（一）对新设立的物流系统进行规划设计

对新设立的物流系统进行规划设计时，需要掌握以下六方面的基本数据：商品的种类；商品数量；商品流向；服务水平；需求时间；物流成本。这些数据是进行物流系统规划设计时必备的。

（二）对现有的物流系统进行改造完善

如果是新设立的企业，在一张白纸上规划物流系统相对比较容易，但对于老企业来说，因为企业物流系统已经存在，要以实际运行中的物流系统为对象，使其朝着系统化方向转变难度就比较大。在这种制约条件下，如何推进物流系统化转变，就成为关键问题。利用优化的思想与规划设计的手段，对现有物流系统进行改造与完善是比较切实可行的办法。

五、物流系统化推进的基本策略

（一）成立专门物流管理部门

物流管理部门作为直接对物流系统进行规划和运营的部门，理所应当成为物流系统构筑的主导者。构筑物流系统不仅是物流管理部门的工作，还涉及生产、销售等部门，物流管理部门的观点要得到生产部门、销售部门的认可并不是一件容易的事。社会、企业对物流的重视程度、物流管理部门在社会或企业中的地位，将直接影响物流系统化工作的质量。

（二）以物流作业效率为切入点

物流服务水平、物流成本与物流作业效率密切相关，不管是政府部门的宏观物流管理还是企业微观物流系统建设，均应以物流作业效率的改善为切入点，以此为起点推进区域、行业及企业内部物流系统化。

（三）以库存配置与控制为核心

一般来说，企业在致力于物流的改善，朝着效率化推进的时候，是以存在阻碍物流合理化和效率化的过剩库存和积压库存为前提的，而且这些库存是根据生产部门和销售部门的要求配置的。从物流的角度看，存在着不合理的部分，并且构筑的物流系统往往具有一定的虚假性，物流成本上升的关键原因也在此。为改变这种物流现状，需要建立能够对库存和库存的配置起控制作用的物流系统。这是一种通过排除过剩库存和积压库存，提高经营效率，保证顾客对商品的可得性的管理。对于物流系统化推进来说，库存控制是不可或缺的重要手段。

第三节　物流系统规划与设计

一、物流系统规划与设计的含义

（一）物流系统规划的一般定义

物流系统规划是对拟建的物流系统做出长远的、总体的发展计划与蓝图。具体表现为物流战略规划、营运规划、组织规划、设施规划等。如何对物流系统中的资源做最有效的配置，使系统整体达到最佳的绩效表现是物流系统规划的目标。

（二）物流系统规划与物流系统设计的理解

“物流系统规划”与“物流系统设计”是两个不同、但是容易混淆的概念，二者有密切的联系，却也存在巨大的差别。在物流系统建设过程中，如果将规划工作与设计工作相混淆，必然会给实际工作带来许多不应有的困难。因此，比较物流系统规划与物流系统设计的异同，阐明二者相互关系，对于正确理解物流系统规划与物流系统设计的含义具有重要意义。

在项目管理中，我们可将物流项目设计分为高阶段设计阶段和施工图设计阶段。

高阶段设计阶段又分为项目决策设计阶段和初步设计阶段。项目决策设计阶段要完成项目建议书和可行性研究报告。通常也将初步设计阶段和施工图设计阶段统称为狭义的二阶段设计。有些工程在项目决策设计阶段进行项目总体规划工作，以作为可行性研究的一个内容和初步设计的依据。物流系统规划与物流系统设计的关系如图 1–4 所示。

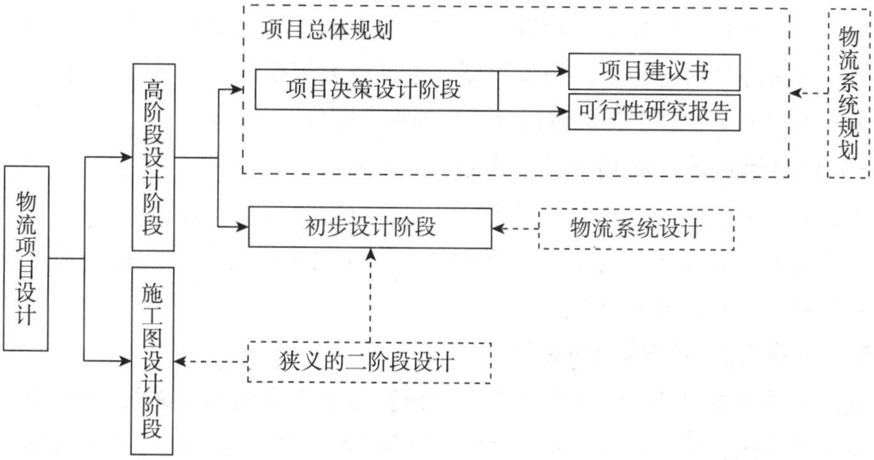

图 1–4　物流系统规划与物流系统设计的关系

因此，物流系统规划属于物流项目的总体规划，是可行性研究的一部分；而物流系统设计则属于项目初步设计的一部分内容。一般情况下，规划与设计两者联系密切，难以截然分割，人们往往将二者统称为物流系统规划与设计。物流系统规划与物流系统设计的内涵比较如表 1–3 所示。

表 1–3　　物流系统规划与物流系统设计的内涵比较

相同之处		不同之处	
都属于高阶段设计阶段	从项目管理角度来看，物流系统规划与物流系统设计都属于物流项目的高阶段设计阶段，内容上不包括项目施工图等的设计	目的不同	物流系统规划是关于物流系统建设的全面、长远的发展计划，是进行可行性论证的依据。物流系统设计是在一定技术与经济条件下，对物流系统建设预先制定详细方案，是项目运作或施工设计的依据
理论依据相同，基本方法相似	都是以物流学原理为理论依据，运用系统分析的观点，采取定量与定性相结合的方法进行	内容不同	物流系统规划强调宏观指导性，物流系统设计强调微观可操作性

二、物流系统规划与设计的层次

（一）国家一级的物流系统规划

国家一级的物流系统规划是以物流基础设施和物流基础网络为内容的物流基础平台规划。例如，铁路、公路的主干线路规划，全国大型综合物流基地以及综合区域信息网络的规划（如国家花巨资建设天津新港、上海洋山深水港）。

（二）省、市一级的物流系统规划

省、市一级的物流系统规划是对本地区物流园区、物流中心、配送中心三个层次的物流节点规模和布局的规划。物流园区、物流中心、配送中心三个层次的物流节点是各省、市物流外接内连的重要物流设施，也是较大规模的地方投资项目。这三个层次物流节点的规划是省、市物流运行合理化的重要基础。

（三）经济运行部门的物流系统规划

在物流基础平台上，有大量经济运行部门进行物流运作，要使这些物流运作能够合理化协调发展，需要进行物流系统规划，如石油化工行业的供应链物流系统规划、连锁商贸行业的物流系统规划等。

（四）企业物流系统规划与设计

企业物流系统规划与设计指生产企业和商贸流通企业的物流系统规划与设计。尤其是大型生产企业，从“营销支持”和“流程再造”角度进行物流系统规划与设计，会有效提高企业的素质，增强企业的运营能力。在各类企业物流系统规划与设计中，生产企业的物流系统一般是最为复杂的，并且工厂设施又是整个生产企业物流系统的核心，因此工厂设施规划与设计将是企业物流系统规划与设计的重要内容。目前，工厂设施的规划与设计已经经历了漫长的发展过程，形成了完整的设施规划与设计理论体系。

对企业物流系统规划与设计而言，涉及三个层面，即战略管理层面、系统营运层面和作业操作层面。

（1）战略管理层面。其主要任务是对企业物流系统的建设与发展做出长期的总体谋划，即长远规划。

（2）系统营运层面。其具体任务是对企业物流系统营运进行规划与设计，即物流运作方案规划和物流营运系统设计是企业物流战略的实施与落实。

（3）作业操作层面。其任务是如何利用战略规划和系统设计所确定的物流渠道快速、有效地运送产品。

表 1-4 说明了企业物流系统不同层面物流规划与设计的若干典型问题。

表 1-4　　企业三个层面的规划与设计及其管理任务举例

物流职能	系统层次		
	战略管理层面	系统营运层面	作业操作层面
选址	设施的数量、规模和位置	库存水平定位	线路选择、发货、派车
运输	选择运输方式	运输服务的内容	确定补货数量和时间
订单处理	选择和设计订单录入系统	确定客户订单处理的先后顺序	发出或接收订单
客户服务	设定标准	贯彻执行	具体操作执行
仓储	物流网络布局及仓库地点选择	仓库设施布局及存储空间选择	订单履行，收发货物，货物维护与保养
采购	制定采购政策	选择、管理供应商	洽谈合同、发出订单

（五）大型物流企业的培育和发展规划

大型物流企业的培育和发展规划也应当放在重要位置。发展现代物流，培育一批大型、专业的物流企业，尤其对培育一批第三方物流企业应当给予足够的重视，既要培育发展，又要防止过度竞争，这是需要通过规划进行指导的。

三、物流系统规划与设计的意义

物流系统规划与设计的重要性与物流活动本身的特殊性有关。物流系统规划与设计的意义主要体现在以下几个方面。

（一）物流系统的涉及面非常广泛，需要有各方共同遵循的准则

物流系统涉及军事领域、生产领域、流通领域、消费及后消费领域，涵盖了几乎全部社会产品在社会和企业中的运动过程。仅就社会物流的共同基础设施而言，我国相关的管理部门，在交通、铁路、航空、仓储、外贸、内贸六大领域分兵把口，这些领域在各自的发展规划中，都包含局部的物流系统规划。由于缺乏沟通和协调，这些规划更多的是从局部利益考虑，再加上局部资源的有限性，往往不可避免地破坏了物流大系统的有效性，必然给今后的物流发展留下诸多后遗症。所以必须有一个更高层次的、全面的、综合的物流规划，才能把我国的现代物流发展纳入有序的轨道。

（二）物流系统本身存在“效益背反”现象，需要有规划地协调、理顺

物流过程往往是很长的过程，经常由诸多环节组成，且这些环节之间往往存在“效益背反”现象，如增加运输批量可以降低单位运输成本，但大量的到货需要较大的储存场所，势必增加库存的成本。如果没有共同的规划制约，或不进行优化，任使各个物流环节独立发展，就可能使“效益背反”现象强化。

（三）物流领域容易出现重复建设现象，需要有规划地制约与引导

物流领域进入的门槛比较低，而发展的门槛比较高，这就使物流领域容易出现低水平层次的重复建设现象。尤其是物流基础建设的投资规模巨大，更需要有规划地引导。目前我国大部分地区物流领域仍处于发展阶段，如果缺乏有规划地引导和制约，那么必然会有相当多的地区和企业，要从头走起，重复低水平建设物流设施，白白消耗资源，造成巨大的资源浪费。

（四）企业效率提升、流程变革，需要重新规划设计新型物流系统

就生产企业而言，在暴利时代结束之后，以“轻资产”运行的新型企业，需要改变过去大量投资生产的陈旧方式，而将大量制造业务外包，这样就必须建立诸如“供应链”之类的物流系统，形成以联盟为组织形式的虚拟企业。这就必须对物流系统进行新的构筑，或者从物流角度对企业的整个流程进行“再造”。所以，规划和重新设计物流系统的问题对于生产企业也是非常重要的。社会上存在一种误解，以为规划物流问题指的是宏观的问题而不是企业的问题，这显然低估了物流对于企业发展的重要意义。

四、物流系统规划与设计的类型与内容

物流系统规划与设计可以分为两种基本类型，一种是新建物流系统的规划与设计，另一种是原有物流系统的规划与设计。新建物流系统的规划与设计又可以分为单个物流据点的物流系统规划与设计和多个物流据点的物流系统规划与设计两种形式。企业物流系统规划与设计的主要内容一般包括以下几个部分。

（一）发展战略规划与设计

发展战略规划与设计是为企业实现可持续发展战略总目标，根据行业物流发展的态势及企业自身的优势，在分析内外环境的基础上对企业物流发展目标做出决策，对企业物流业务的发展进行准确定位并形成明确的战略规划方案的过程。其内容包括战略思想、战略目标、战略方针、战略优势、战略态势、战略重点、战略阶段、战略步骤、战略措施等。

（二）运营模式规划与设计

在企业供应链物流渠道上，物流据点与线路及其功能的组合就形成了物流系统运营模式，物流系统运营模式规划与设计的依据是企业物流系统的目标。其设计内容包括物流据点在供应链中的地位及其功能的明确，供应链库存的控制，据点衔接方式、信息处理与传递方式的确定，系统运行机制的设计等。物流系统运营模式决定了企业物流管理体制、业务流程、组织机构设置、设施的取舍及规模、网络布置等，是物流系统规划与设计的前提条件。

（三）功能要素规划与设计

功能要素规划与设计是将拟建的物流系统作为一个整体考虑，依据确定的目标和经营定位，规划的拟建物流系统应具备完成业务而需要的物流功能。拟建物流系统作为一种专业化的物流模式、组织或设施，不仅要具备一般的物流功能，还应该具备适合不同需要的特色功能。要进行功能要素的规划与设计，首先需要对物流系统的运输、配送、保管、包装、装卸、搬运、流通加工等功能要素进行分析，然后综合物流需求的形式、物流系统发展战略等因素选择物流系统应该具备的功能。

（四）作业流程规划与设计

作业流程规划与设计是物流作业系统规划的重要步骤，决定了物流作业系统的详细要求，如设施配备、场所分区等。对传统企业进行作业流程重组，能够提高物流作业效率、降低物流成本，是传统物流向现代物流转型的重要途径。不同类型的物流作业系统，其作业流程也有很大不同，在实际规划与设计中，应该根据物流作业系统的功能，结合商品特性与客户需求进行必要的调整。

（五）物流设施规划与设计

物流设施规划与设计包括物流设施场址的选择与物流设施内部布置规划与设计。物流系统据点拥有众多建筑物、构筑物以及固定机械设备，一旦建成很难搬迁，如果选址不当，将付出巨大成本与时间代价，因而，对于物流据点的选址需要给予高度重视。物流作业系统的设施设备是保证物流系统正常运作的必要条件，设施设备规划涉及建筑模式、空间布局、设备安置等诸多方面，需要运用系统分析的方法求得整体优化，最大限度地减少物料搬运、简化作业流程，创造良好、舒适的工作环境。

（六）信息系统规划与设计

信息化、网络化、自动化是现代物流系统的发展趋势，信息系统规划与设计是物流系统规划的重要组成部分。信息系统规划与设计既要满足物流系统内部的作业要求，以提高物流系统的作业效率；也要考虑同物流系统外部的信息系统相连，方便物流系统及时获取并处理各种经营信息。一般来讲，信息系统规划与设计包括两个部分：一是物流系统据点设施内部的信息管理系统分析；二是供应链物流系统的网络平台架构。

第四节　物流系统诊断与分析

一、物流系统诊断与分析的概念

物流系统诊断与分析是从系统的最优出发，根据系统目标和准则，运用科学的分析工具和方法，对系统的目的、功能、环境、费用和效益进行充分调研、比较、分析和数据处理，分析构成系统各级子系统的功能和相互关系，以及系统同环境的相互影响，发现物流系统中存在的问题，建立若干替代方案和必要的模型，进行系统仿真试验，把试验、分析、计算的各种结果同前期的计划进行比较和评价，寻求使系统整体效益最佳和有限资源配备最佳的方案，为系统改善、系统规划与设计提供科学的依据。物流系统诊断与分析的范围很广，包括搬运系统、设施系统布置、物流需求预测、生产库存等。

二、物流系统诊断与分析的作用

由于物流系统是多种不同功能要素的集合。各要素相互联系、相互作用，形成众多的功能模块和各级子系统，使整个系统呈现多层次结构，体现固有的系统特征。对物流系统进行诊断与分析，可以了解物流系统各部分的内在联系，把握物流系统行为的内在规律。所以说，无论是从系统的外部还是内部，是设计物流新系统还是改造现有物流系统，物流系统诊断与分析都是非常重要的。

三、物流系统诊断与分析的原则

由于物流系统输入、输出和转换过程中，各种要素之间的相互作用、要素的动态性质以及系统内部同其所处环境存在矛盾，因此，在进行物流系统诊断与分析时，必须处理好各种要素的关系，把握好诊断与分析的原则。

（一）综合分析原则

物流系统不仅受内部因素的影响，同时也受外部条件的制约。系统环境的变化对物流系统有直接或间接的影响。例如，生产物流系统不仅受生产类型、物流形式、厂内运输与搬运形式等内部因素的影响，而且与外部原材料采购及产品销售环境紧密相连。

（二）远近结合原则

选择一个良好的方案，不仅要从当前利益出发，而且还要考虑长远利益。只有当前利益和长远利益相结合，物流发展与系统运行才有可持续性。

（三）整体效益原则

在一个系统中，处于各个层次的子系统都具有特定的功能及目标，彼此分工协作，才能实现系统整体的目标。例如，在物流系统布置设计过程中，既要考虑需求，又要考虑运输、储存、设备选型等；在选择厂（库）址时，既要考虑造价，又要考虑运输、能源消耗、环境污染、资源供给等因素。因此，如果只研究改善某些局部问题，那么系统整体效益将受到不利影响。所以，从事任何系统分析，都必须以发挥系统整体的最大效益为准，不可只局限于个别部分，以免顾此失彼。

（四）特定问题原则

系统诊断与分析是一种处理问题的方法，有很强的针对性，其目的在于寻求解决特定问题的最佳策略。物流系统中的许多问题都含有不确定因素，而系统诊断与分析就是针对这种不确定的情况，研究各种解决问题的方案及其可能产生的结果。不同的系统诊断与分析所解决的问题当然不同，即使对同一个系统要解决的问题也要进行不同的诊断与分析，制定不同的解决方案。所以，系统诊断与分析必须以能求得解决特定问题的最佳方案为重点。

（五）定量定性原则

定量分析指用数量指标分析。在许多复杂的情况下，需要有精确可靠的数字、资料，作为科学决断的依据。有些情况下利用数字模型有困难，还要借助结构模型或计算机模型。定性分析指对那些不能用数量表示的指标，利用经验、直觉和主观判断进行分析。方案的优劣应以定量分析为基础，但又不能忽视定性分析，最优的方案应是定量分析与定性分析的综合。

四、物流系统诊断与分析的基本程序

物流系统诊断与分析没有固定的方法和程序，大致可以按照下面的过程进行。

（一）划定问题的范围

进行系统诊断与分析时，首先要明确问题的性质，划定问题的范围。只有明确了问题的性质、划定问题的范围后，系统诊断与分析才有可靠的起点。其次要研究问题要素、要素间的相互关系以及要素同环境的关系，把问题界限进一步划清。

（二）确定具体的目标

为了解决问题，要确定具体的目标。目标通过某些指标表达，而标准则是衡量目标达到的尺度。系统诊断与分析是针对所提出的具体目标展开的，实现物流系统目标是靠多方面要素来保证的，因此物流系统目标也必然有若干个。如物流系统的目标包括物流费用最低、服务水平最高，即以最低的物流费用获得最高的服务水平，以确保物流系统整体效益最大。在多目标情况下，要考虑各项目标的协调，防止发生抵触或顾此失彼的现象，同时还要注意目标的整体性、可行性和经济性。

（三）收集分析数据和资料

建立模型或拟订方案，都必须有资料作为依据，方案的可行性论证更需要有精确可靠的数据，为系统诊断与分析做好准备。收集资料通常借助调查、实验、观察、记录以及引用外国资料等方式。

（四）建立模型

建立模型就是找出说明系统功能的主要因素及其相互关系。由于表达方式和方法的不同，模型有图示模型、模拟模型、数字模型、逻辑模型等。通过模型的建立，可确认影响系统功能和目标的主要因素及其影响程度。

（五）提出优化解决方案

通过定量分析与定性分析，找出问题出现的原因或系统变化的规律与趋势，根据物流问题处理的经验或结合有关理论依据，提出解决系统问题的各种优化方案，同时采取适当的方法对各备选优化方案进行评价与决策，得出最终的解决方案。

五、物流系统诊断与分析应注意的问题

根据上述物流系统诊断与分析的概念、作用、原则和基本程序可以看出，为了进行物流系统诊断与分析，通常应注意下列五个方面的问题。

（一）目的和要求

建立目的和要求是进行系统诊断与分析的首要工作。为了正确获取决定最优系统方案所需的各种信息，要充分了解建立系统的目的和要求。建立系统的目的和要求既是建立系统的依据，也是进行系统诊断与分析的起点。

（二）替代方案

替代方案是选优的前提，没有足够数量的方案就没有优化。在分析阶段，可以制

定若干能达到目的和要求的系统替代方案。例如，建立一个车间物流搬运系统，可以采用辊道、输送机、叉车或无人搬运车等不同的方案。一般情况下，当多种方案各有利弊时，究竟选用何种方案为最优，这就需要对这些方案进行分析和比较。

（三）建立模型

进行系统诊断与分析时，建立各种必需的模型是整个系统分析重要的一环。在系统尚未建立时，可以通过模型预测系统的有关功能和相应的技术参数，将其作为物流系统规划与设计的基础或依据。另外，模型也可以用来预测各替代方案的性能、成本和效益，以利于方案的分析和比较。在物流系统中，多采用数字模型和逻辑模型，以确定各要素之间的定量关系和逻辑关系。

（四）费用效益

建立一个物流系统需要大量的投资，系统建成后，可以获得一定的效益。一般来说，效益大于费用的设计方案是可取的，反之是不可取的。总之，在多数情况下，费用和效益的分析与比较是决定方案取舍的一个重要因素。

（五）评价标准

评价标准就是确定各种替代方案优先选用的顺序标准。评价标准根据系统的具体情况而定，但评价标准都要具有明确性、可计量性和适当的灵敏度。

【本章案例】

某化工机械厂的生产物流系统诊断与分析

某化工机械厂以槽车、储罐等压力容器为主要产品，属于工艺专门化生产企业，由于是老国有企业，其生产系统布局已确定。

以槽车的生产为例，槽车主体的制造要经过领料、下料、刨边、拼焊、滚圆、直焊、校圆、组焊环缝、划线开孔、组焊零部件、热处理、水压试验、喷沙除锈、喷底漆、装车、气密试验、喷面漆、入成品库18道工序，产品加工依次在准备车间（二车间）、铆焊车间（三车间）、装车车间（四车间）三个车间进行，涉及2号、3号、6号、7号、9号、10号6个工房。如图1-5所示。

1. 问题表现

（1）搬运工作量极大

在槽车的生产过程中，沉重的钢板、庞大的罐体在各个车间和各个加工设备之间搬运，旺季时月产量约达300t。

（2）等候加工时间长

生产一辆5~10t的槽车在20天左右，生产一辆15~20t的槽车在30天左右，在这样漫长的生产周期中，实际加工时间约占一半，另一半时间都消耗在搬运、储存、等待过程中。

（3）制品的大量积压

（4）流动资金占用高

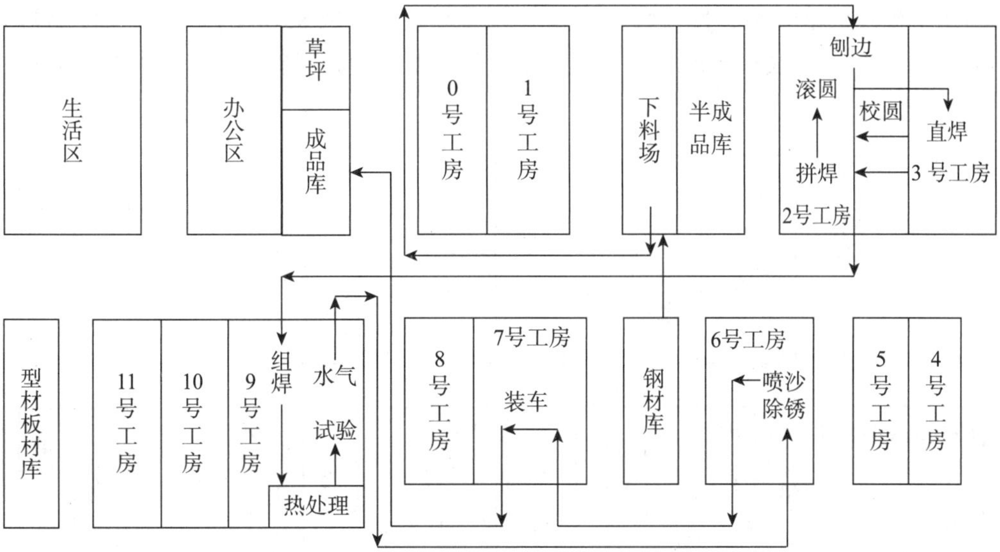

图 1-5 某化工机械厂槽车生产布局与流程

2. 诊断分析

(1) 搬运的浪费

搬运浪费的原因是厂区内车间、库房布局分散，车间内设备布置不合理，导致物料搬运工作量较大。因物料经常在钢材库、下料场、刨边区、自动焊区、滚圆区、直焊区、组焊区、热处理区、水气试验区（水压试验和气密试验）、喷沙除锈区、装车区、成品库之间流转，既费时又费力，延长了生产周期，增加了生产费用。

(2) 等候加工的浪费

就该企业的情况看，无效工时同样也在槽车的生产周期中占有很大的比重，不仅延长了生产周期，而且产生大量在制品库存、资金占用增加。造成等候加工的原因主要有三个：一是工件加工顺序没有优化；二是机器设备的装换调整时间过长；三是机器设备容易发生故障。

(3) 库存的浪费

首先，原材料的大量采购和在制品的大量积压，占用了流动资金，增加了库存和管理费用。其次，它还会衍生出二次浪费，如原材料和在制品存放过久就会锈蚀、损坏，有些物品（如化学物品）还会变质、失效，这都会造成损失。最后，物品在存放过程中需要养护，出库和入库都需要检修，搬运路线长，增加了破损量。

3. 解决方案

(1) 优化现有厂区布置

厂区最初的设计没有考虑企业的长远发展，引进的新设备也是哪有空间就往哪儿放，结果逐渐造成车间、库房在厂区内的布局分散、零乱，原材料、在制品、产成品在整个生产过程中的搬运路线反复重叠，加大了运输距离。

现提出如下解决方案，如图 1-6 所示。原 2 号工房、3 号工房的设备全部迁到 11 号工房，下料场同时也改到型材板材库的旁边，并调整拼焊和滚圆设备的位置，增加一台用于校圆的滚板机，使流程更顺畅。经过测量，原来887m的总流程长度缩短为479m。依照图1-6改造流程后，尽管流程大为缩短，但喷沙除锈和装车的路线还较长，仍然不是最佳方案。

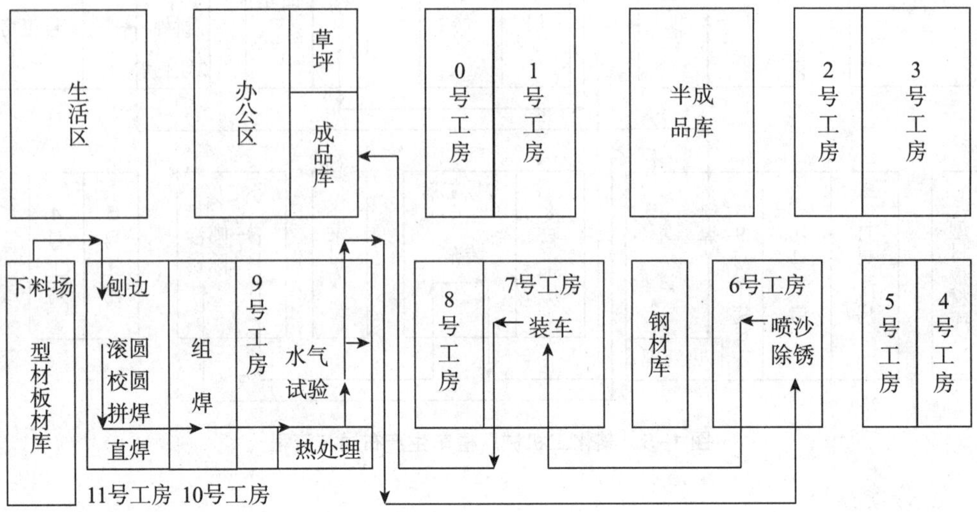

图1-6 优化后的生产布局与流程

（2）重建喷沙除锈、装车车间

如果能够增加资金的投入，重建喷沙除锈、装车车间，将从根本上解决流程与运输的问题。

【作业思考题】

1. 简述物流系统的含义与特征。
2. 简述物流系统的构成要素与运行原理。
3. 简述物流系统规划与物流系统设计的概念与内涵及两者的区别。
4. 物流系统规划与设计分为哪几个层次？其主要内容是什么？
5. 物流系统规划与设计的主要内容有哪些？
6. 物流系统诊断与分析对物流系统规划与设计有何意义？
7. 物流系统诊断与分析应遵循哪些原则？其诊断与分析过程一般会采用怎样的程序进行？
8. 物流系统诊断与分析应注意哪些问题？

第二章　物流战略规划

【导　言】

随着我国物流行业的快速发展和物流服务市场竞争的日趋激烈，企业如何通过物流系统构建自身的竞争优势，已成为企业战略层必须思考的现实问题。解决这一问题的根本途径就是要在企业中树立物流战略理念，客观分析企业的物流经营环境，审时度势，从而对企业的物流发展做出正确的决策。通过综合和集成的物流计划，提高流程价值和顾客服务水平，进而实现企业竞争优势的统一。通过对物流服务的未来需求进行预测和对整个供应链的物流资源进行筹划与管理，从而提高顾客的满意度。本章从物流系统规划角度出发，主要阐述物流战略的概念与内涵，介绍物流战略环境分析的方法、物流战略基本类型、物流服务水平的确定原则及物流战略实施计划与控制等。

【学习目标】

通过本章的学习，理解物流战略内涵，了解物流战略层次框架、物流战略基本类型，掌握物流战略环境分析的方法、物流服务水平确定的方法，知晓企业物流战略计划决策内容、物流系统设计内容与过程控制，能运用敏感分析方法对服务水平进行持续改进，基于物流战略实施能从战略高度思考物流系统设计与改善问题。

【教学要点】

- 物流战略的概念、内涵、层次框架和管理；
- 物流战略环境分析的含义、内容、信息基础和方法；
- 物流战略定位、物流战略基本类型、物流服务水平确定的原则与指标；
- 物流战略实施计划决策内容、企业物流系统设计内容、物流系统改善与控制。

第一节　物流战略概述

一、物流战略的概念

物流战略是企业在充分了解市场环境和物流环境及分析自身物流条件的基础上，为适应未来环境的变化，以求长期生存和不断发展，对企业物流发展思路、总体目标、发展重点、管理方针与政策、实现物流发展目标的途径和手段等进行的总体谋划。

物流战略对于不同的企业有不同的意义，对物流企业而言物流战略是企业的总体战略。对工商企业而言物流战略是企业的职能战略，是企业总体战略的一部分，物流战略与制造战略、营销战略、财务战略共同构成企业战略。物流战略具有全局性、长远性、竞争性、指导性、稳定性等特点。

二、物流战略的内涵

物流战略包括很多方面，与企业战略一样，由战略态势、战略优势 、战略目标、战略思想、战略重点、战略方针、战略部署构成。

（一）物流战略态势

物流战略态势指物流系统的服务能力、营销能力、市场规模在当前市场上的有效方位及战略逻辑过程的不断演变和推进趋势。研究公司的物流战略态势，就应该对整个行业的发展和竞争对手的策略有敏锐的观察力，不断修改自身定位，从而做到“天时、地利、人和”，知己知彼，以期在行业中获得相应的市场份额。战略态势主要从宏观环境、微观环境及企业自身条件三个方面分析。分析方法比较典型的有 SWOT 分析和波特的五种竞争力量分析。物流战略态势分析是物流战略设计的基础。

（二）物流战略优势

物流战略优势指某个物流系统所处的有利形势和地位，是其相对于其他物流系统的竞争力。不同物流系统可在很多方面形成战略优势，如产品、资源、地理区位、技术、组织管理等。随着顾客对物流系统的要求越来越高，很多企业都在争相运用先进的技术以保证服务水平，其中能更完美地满足顾客需求的企业将成为优势企业。对于企业来说，研究物流战略优势，关键是要在物流系统成功的关键因素上形成亮点与特色，有较强的吸引力。当然企业也要注意发掘潜在优势，关注未来优势的建立。

（三）物流战略目标

物流战略目标是由整个物流系统的使命引起的，可在一定时期内实现的量化目标。它为整个物流系统设置了一个可见和可以达到的未来，为物流基本要点的设计和选择指明了方向，是物流战略规划中各项策略制定的基本依据。一个完整的物流战略目标应明确阐述三个问题：一是企业物流服务对象是谁；二是物流服务达到什么水平；三是物流服务什么时候完成。物流战略目标是物流战略的核心问题，是战略方案制定的依据。根据物流管理的定义，物流战略目标可以概括为以下几个方面。

1. 满足客户需求

物流本身就是连接生产与消费的桥梁与纽带，为企业生产与销售提供后勤支持与保障，满足客户生产或消费需求，实现商品时空转移。保证商品有效供应是物流的首要任务，也是物流战略最基本的目标。

2. 改进服务水平

改进服务水平是提高企业竞争力的有效措施。随着市场的逐渐完善和竞争的加剧，较低的价格和及时、准确的到货越来越成为企业的有力筹码。当然高的服务水平要有高成本保证，因此权衡利弊对企业来说至关重要。物流服务改善的指标通常用顾客需求的满足率体现，但最终的评价指标是企业的年收入。

3. 降低营运成本

降低营运成本指降低可变成本，主要包括运输成本和仓储成本。面对诸多竞争者，企业应达到何种服务水平是早已确定的事情，成本最小就是在保持服务水平不变的前提下选出成本最低的方案。当然，利润最大是企业追求的主要目标。

4. 提高投资效益

提高投资效益指对物流系统的直接硬件投资最小化，从而获得最大的投资回报率。在保持服务水平不变的前提下，我们可以采用多种方法降低企业的投资。例如，不设库存而将产品直接送交客户，选择使用公共仓库而非自建仓库，运用 JIT（准时生产）策略避免库存或采用第三方物流等。显然，这些措施会导致可变成本的上升，但只要其上升值小于投资的减少值，则这些方法均可使用。

（四）物流战略思想

物流战略思想是对企业物流发展的总体思路与设想。它由一系列观念或观点构成，是企业高层对物流重大问题的认识与态度的总和，是物流正确发展观的体现。物流战略思想一旦形成，就可以进一步确定战略方针，如“是进攻还是防御”等，但它要求企业领导者必须具有基于物流发展态势的超前意识，对企业的市场竞争环境有科学的分析与判断，物流战略思想是物流战略的灵魂。

（五）物流战略重点

物流战略重点指具有决定性意义的战略任务，它是决定企业全局性战略目标能否达成的重要项目。为了达成企业物流战略总体目标，必须明确物流发展战略的重点。如果没有战略重点，就没有政策，企业物流战略总体目标的实施就要大打折扣。所以企业物流战略思想形成并明确了物流战略目标后，下一步就是确定关键性物流活动或工作领域，如某公路运输型物流企业的战略重点是公路长途货运还是城市仓储配送？应予以明确，否则企业就难以实行资源重点配置、组织有效力量推进，进而影响企业长期稳定发展。

（六）物流战略方针

物流战略方针是企业为贯彻战略思想和实现战略目标、战略重点，所确定的物流运营基本原则、指导规范和行动方略，它解决的是企业在物流服务市场竞争中是“进攻还是防御”的问题，是企业物流战略思想在物流运作行动中的具体体现。它规定了企业物流的发展模式、业务发展方向和业务转变的时机等。如果确定了企业物流发展的联盟战略，就确定了该企业将本着“优势互补、利益共享”的原则，与其他企业实行合作，共同拓展物流市场。

（七）物流战略部署

任何战略行动都要有周密的、现实可行的资源配置与思想动员来保证，否则战略计划将是一纸空文。为完成战略目标必须分阶段、分步骤实施，同时各阶段必须有相应的战略手段与措施来落实。物流战略部署应有三个方面的内涵：第一，物流战略资源配置的计划，如人、财、物等；第二，物流战略计划文件的编制，如企业仓储网点设施建设计划、运输车辆配置计划的编制；第三，物流战略动员，包括物流人员培训、物流业务运作研讨等。

三、物流战略层次框架

物流战略可分为全局性战略、结构性战略、功能性战略、基础性战略四个层次。

（一）全局性战略

物流管理的最终目标是满足客户需求，因此客户服务应该成为最高层次的战略目标。对于全局性战略而言，建立用户服务的评价指标体系、实施用户满意工程是战略实施的关键措施。

（二）结构性战略

结构性战略包括渠道设计与网络分析两个方面的内容。

1. 渠道设计

通过优化物流渠道，重构物流系统，可提高物流系统的敏捷性和适应性，使供应链成员企业降低物流成本。

2. 网络分析

网络分析主要通过库存分析、用户调查、运输方式分析、信息及系统状况分析、合作伙伴绩效评价等为优化物流系统提供参考，其目的在于改进库存管理、提高服务水平、增强信息交流与传递效率。

（三）功能性战略

功能性战略就是物流功能定位，主要指通过加强运输和仓储等物流功能环节的管理，实现物流过程适时、适量、适地高效运作。其主要内容有运输方式和库存控制方式的选择，仓储管理等。

（四）基础性战略

基础性战略主要是为保证物流系统的正常运行提供基础性保障，其内容包括组织系统管理、信息系统管理、政策与策略管理、基础设施管理等。

四、物流战略管理

对于一个企业的物流设计者来说，不仅要了解物流战略的内容，更要明确如何进行战略管理，如何将企业的物流引向光明的未来。首先我们要牢记物流战略管理绝不是一个简单的任务或目标，而是物流经营者在构建物流系统过程中，通过战略设计、战略实施、战略评价与控制等环节，调节物流资源，并且最终实现物流战略目标。因此物流战略管理是一个动态过程。

在企业的战略设计、战略实施、战略评价与控制中，物流战略思想形成是物流战略管理的首要环节，它是在对企业所处环境和自身的竞争优势进行了全面分析后形成的一套区别于其他企业的措施，它指导并决定了整个物流系统的运行，战略评价与控制工作渗透在战略管理的各个阶段之中，监督物流系统的运行。

第二节　物流战略环境分析

一、物流战略环境分析的含义

物流战略环境分析就是对影响企业今后物流发展的关键因素进行评价分析，并展望企业的物流发展前景，为物流战略决策提供可参考的依据。其目的是使企业的物流战略目标与环境变化和企业物流能力实现动态的平衡。物流战略环境分析是制定企业物流战略的基础，是制定物流战略的开端，也是物流战略管理过程的第一个环节。

二、物流战略环境分析的内容

物流战略环境分析包括外部环境分析和内部环境分析两个主要方面。外部环境分析包括了解企业所处的宏观环境、行业环境、市场环境正在发生哪些变化，这些变化将给企业带来更多的机会还是更多的威胁。内部环境分析包括了解企业的相对地位，具有哪些资源以及战略能力；了解与企业有关的利益及战略相关者的利益期望，在战略制定、评价和实施过程中，这些战略相关者会有哪些反应，这些反应又会对组织行为产生怎样的影响。物流战略环境分析的内容如表 2-1 所示。

表 2-1　　物流战略环境分析的内容

外部环境分析	宏观环境	主要包括自然环境（原材料资源、能源、污染等）、经济环境（购买力水平、消费支出模式、供求状态等）、人口环境（人口的规模及构成、教育程度、地区间流动等）、技术环境（科技进步等）、政治法律环境（政治体制、法律法规等）和社会文化环境（风俗习惯、观念等）
	行业环境	对于工商企业而言，行业环境分析的内容除包括本行业市场规模与发展、竞争者情况、技术经济支持情况和新技术新产品的影响外，还包括我国物流行业环境情况，如区域物流基础设施情况、物流从业者数量、服务能力、服务价格与服务水平等。对于物流企业而言，行业环境分析的内容包括区域产业特征，物流需求，燃油、人力、土地等物流经营要素成本，同行业服务竞争，产业新技术革新趋势等
	市场环境	现代社会用户需求特征变化主要表现为：①对产品需求呈现多样化、个性化趋势，而且这种多样化要求具有很高的不确定性；②对产品的功能、质量和可靠性的要求日益提高；③要求在满足个性化需求的同时，产品的价格要像大批量生产那样低廉。就物流需求市场而言，随着工业化推进和产业升级，工业企业将加快资源整合和流程改造，对于物流功能多数会采用各种方式进行分离外包，第三方物流需求将进一步加大。企业对物流服务的要求更高，客户的物流需求将不再仅仅停留在运输等基础物流服务方面，精益化、差异化、专业化、供应链一体化的物流需求将会有新的增长。多样化的物流需求也让物流企业面临更多的变化

续表

内部环境分析	作业能力	对企业生产资源与管理要素进行分析，找出制约企业发展的“作业瓶颈”，包括企业的物流资源管理水平、生产组织与计划调度能力、作业质量保证水平、物流装备水平、人员操作技术水平、材料消耗管理水平、作业流程管理水平、劳动生产率水平、环境保护与安全生产水平等
	经营管理	对内部各职能部门经营管理工作进行分析，从纵向出发，打破职能的界限，站在整体发展的高度分析研究企业发展的历史演变，包括目前企业的经营状况、存在的问题及今后发展的可能性，拓展物流市场力量与能力如何，现有客户群状况，盈利模式与获利能力等
	组织制度	主要指企业领导体制、规章制度等，是战略过程管理的重要保障
	人员素质	企业经营的成效除了制度条件保障外，人是最重要的因素，它关系战略思想的形成、战略计划的正确制订与战略计划的有效实施。人员素质包括领导人员素质、管理人员素质、职工素质等
	财务管理	人、财、物是企业经营的三大要素，资金如何筹措、资金如何使用和分配、物流成本如何准确核算与控制，直接影响企业物流业务经营的成效

三、物流战略环境分析的信息基础

（一）信息类型

物流战略环境分析中所使用的各种信息统称为物流战略信息，包括与制定企业物流战略有关的文件、数据和经过处理的资料。其类型包括以下几个方面。

1. 宏观经济方面的信息

宏观经济方面的信息包括发展规划，产业支持政策，商贸流通政策，区域国民生产总值、增加值以及增长率，城镇居民可支配收入，恩格尔系数等宏观经济信息。

2. 物流产业方面的信息

物流产业方面的信息包括物流企业的数量、经营范围、盈利能力、信息化程度、物流技术应用等物流产业信息。

3. 产品市场方面的信息

产品市场方面的信息包括目标服务市场上流通的产品种类、产品数量、产地来源、产品流向、燃料成本、市场占有率及增长率等经营信息。

（二）信息来源

企业外部的信息来源主要是新闻广播、广告、统计年鉴、报纸、杂志、各种信息库、展览会、展销会等；企业内部的信息来源主要是信息交流平台、档案资料、定期和不定期的会议等。

四、物流战略环境分析的方法

（一）PEST 分析

PEST 分析指宏观环境的分析，P 是政治环境（Politics），E 是经济环境（Economy），S 是社会环境（Society），T 是技术环境（Technology）。在分析一个企业所处的宏观环境时，通常通过这四个因素分析。

政治环境，主要考虑影响客户战略的政治、法律因素，如外交政策、产业政策、环境保护政策等，以及对客户战略有重要意义的政治和法律变量，如关税和进出口限制等。

经济环境，主要考虑经济特征、经济联系、经济条件等构成经济环境的关键战略要素。如 GDP（国内生产总值）、利率水平、财政政策和货币政策、失业率水平、居民可支配收入、汇率水平、能源供给成本、市场机制、市场需求等。

社会环境，主要考虑影响客户战略的人口规模、年龄结构、人口分布、民族特征、文化传统、价值观、宗教信仰、收入水平、教育水平等社会因素，以及地理、气候、资源、生态等自然因素。

技术环境，主要考虑影响客户战略的技术水平、技术政策、发展动态、产品生命周期等因素。

【例 2-1】某快递公司利用 PEST 分析模型，对企业所处的宏观环境进行分析，以洞察企业所处环境的利弊，进而制定灵活的应对策略，如表 2-2 所示。

表 2-2　　某快递公司宏观环境 PEST 分析

政治环境（Politics）	经济环境（Economy）
有利环境： ①国家“十四五”规划，实施快递“进村进厂出海”工程。 ②《中华人民共和国邮政法》已修订，提高了法律保障。 ③交通运输部《快递业务经营许可管理办法》使行业运行更规范。 ④邮政部门政企分离改革，打破 EMS 行业垄断。 ⑤中国快递协会成立，保障企业权益。 ⑥政府推进制造业和物流业联动发展。 不利环境： ①行业准入门槛提高。 ②低碳政策约束。 ③WTO（世界贸易组织）规则生效，快递市场开放	有利环境： ①城镇居民可支配收入增多。 ②世界各国的经贸往来日益频繁。 ③电子商务迅速兴起，物流配送需求的数量与类型大量增加。 ④中国的第三方物流市场还处于初级发展阶段，市场潜力巨大。 不利环境： ①拥有资金、技术和管理优势的外国快递企业进驻。 ②民营快递企业数量快速增加，市场竞争激烈

续表

社会环境（Society）	技术环境（Technology）
有利环境： ①消费者生活方式、购买习惯改变。 ②网上购物已被接受，并成了一种潮流和风尚。 ③社会人员流动性增大，促进了快递服务需求增加。 ④人们闲暇时间增多，产生闲暇消费效应。 ⑤居民生活水平提升，对服务业的收费敏感度降低，服务质量成为他们更关注的焦点。 ⑥众多高校纷纷开办物流专业。 不利环境： ①人们环保、质量、品牌意识增强。 ②人们对消费更加理性，也更加挑剔，服务需求呈现个性化趋势，且要求更高	有利环境： ①电子信息、互联网和通信技术飞速发展。 ②信息系统、终端设备可选择性增加，企业信息化容易切入。 ③物流运输、包装、装卸、搬运、储存、分拣、识别技术发展迅速，物流业务处理科技含量增加，物流作业劳动效率提升，作业质量保障程度增加。 不利环境： ①物流从业人员业务素养和个人素质要求提高。 ②人员、燃料、设备改造成本上升。 ③绿色低碳经济要求对行业节能减排技术要求更高

（二）SWOT 分析

SWOT 分析是将企业外部环境的机会（Opportunity）与威胁（Threat），内部环境的优势（Strength）与劣势（Weakness）同列在一张十字形图表中加以对照，可一目了然，又可以从内外部环境条件的相互联系中做出更深入的分析评价。SWOT 分析法是最常用的对企业内外部环境条件战略因素进行综合分析的方法。

【例 2-2】某国际物流企业运用 SWOT 分析法分析企业内外部环境，如表 2-3 所示。

表 2-3　某国际物流企业的内外部环境 SWOT 分析

优势（Strength）	劣势（Weakness）
①原有国际物流操作优势（国际物流的基础操作优势包括报关、清关、空运、海运、陆运、储存等方面的操作优势）。 ②物流成功案例与经验。 ③全国领先的网络系统。 ④强有力的集约化管理系统。 ⑤与海关系统、空运系统等的良好关系	①与一些超大型企业相比，在资产与资金方面还有不小的差距。 ②与海运、铁路运输相关的大批量货物物流基础不强。 ③国际网络不强，独自开展全球性物流是远远不够的，要建立全球性网络
机会（Opportunity）	**威胁（Threat）**
①物流与电子商务高速增长。 ②国内外企业需要高水平物流服务。 ③加入 WTO 后，跨国物流公司需要国内网络的配合	①海、陆、空大运输企业与大商业公司大力扩展物流业务，正在稳步推进。 ②国内大批“翻牌”物流企业在“零部件”领域涌现，形成恶性竞争，导致利润率不断下降

（三）波特的五种竞争力量分析

依照迈克尔·波特的观点，一个行业中的竞争，远不止在原有竞争对手中进行，而是存在五种基本的竞争力量，即新加入者的威胁、代用品的威胁、购买者的讨价还价能力、供应者的讨价还价能力以及现有竞争者之间的抗衡。这五种基本竞争力量的状况及综合强度，不仅决定了物流行业竞争的激烈程度，也决定了物流行业中获得利润的最终潜力。五种竞争力量分析如图 2-1 所示。

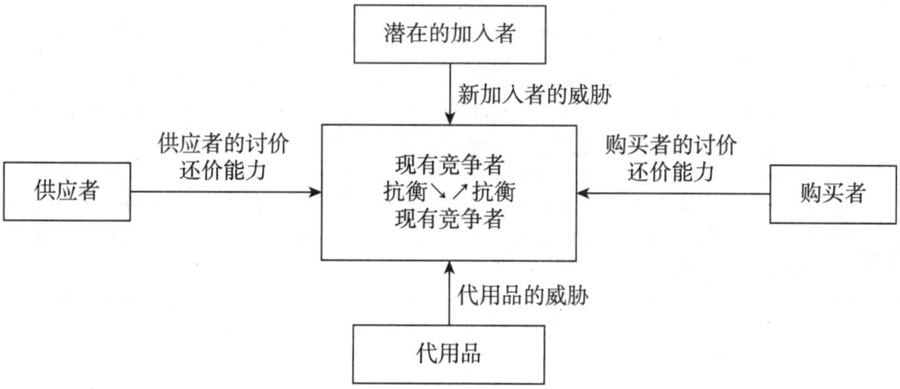

图 2-1　五种竞争力量分析

【例 2-3】A 港口地处广东省一个小镇，与广州开发区相距 8 千米，对岸是番禺莲花山旅游区。该港一期 10 个泊位是国家“七五”“八五”期间重点建设工程，属于一类口岸，港池和主航道水深-11.5 米，5.6 万吨船舶可乘潮而进。A 港口 1992 年试投产，1~7 泊位近几年来发展尤为迅猛，2005 年达到 3300 万吨。8、9、10 泊位租给合资公司经营，其集装箱量一直稳定在 80 万~90 万吨。运用波特的五种竞争力量分析模型分析 A 港口所处的行业环境，具体分析内容如表 2-4 所示。

表 2-4　A 港口所处的行业环境分析

竞争力量	分析内容
现有竞争者之间的抗衡	从东南方向看，有深圳的盐田港、赤湾港、蛇口港等港口，凭借较好的水深条件、灵活的政策、快捷的通关、较低的商务费率等，抢占了一部分货源，如外贸集装箱、沿海粮、化肥、矿石等。其劣势为距离货源腹地较远。从西北方向看，有黄埔港、西基港等港口，具有基础好、效率高、货源稳定等特点。但其水深较 A 港口浅，故占据的沿海粮、内贸集装箱、煤炭、矿石等货源有限；新建成的南沙港一期 4 个泊位，凭借其水深和地处虎门大桥外、政策灵活等优势，发展迅猛，占据了相当一部分内外贸集装箱量；其他 400 多个小货主码头量小、水深浅、吨位等级低，多为二类或内贸口岸，竞争力有限，但其经营方法多样化，所以分流了小量货物
新加入者的威胁	深圳港、珠海港以及东莞港的沙田、长安等港口，因条件差异，对 A 港口尚不足以构成太大的威胁。真正对 A 港口产生潜在竞争威胁的是毗邻该港二期 4 个泊位的下游、东莞港规划建设的 10 个散杂货区和集装箱码头

续表

竞争力量	分析内容
代用品的威胁	A港口位于珠江干流东岸，周边有四通八达的水运、陆运网络。珠江干流分支东江、西江、北江，可遍达珠三角甚至广西地区；铁路方面：京广线、京珠线、广深线相连；公路方面：有广深珠国道、广园快速路、京珠高速公路、广深高速公路等；管道方面：有食用油管线直达临港工厂。这些运输方式或称为“代用品”，对A港口可以是有益的补充，两者并非单一的替代或竞争关系
购买者的讨价还价能力	A港口的主要货类有“五散”“三液”“二件杂”“一滚装”。“五散”为煤、矿、粮、肥、河砂；“三液”为硫黄、沥青、食用油；“二件杂”为树脂、纸浆；“一滚装”为汽车业务。由于广东省经济连续多年保持快速增长，临港工业不断扩大再生产，未来应保持稳定增长，购买者竞争力量较强，需求旺盛
供应者的讨价还价能力	维持港口正常生产所需的商品，如劳动力、燃料、原材料、设备等，采用“货比三家”或招投标的方式采购。近几年，平均可变成本远低于平均计费收入，供应商的保障能力较强

第三节　物流战略类型与服务水平确定

一、物流战略定位

著名管理学家彼得·德鲁克认为企业管理与企业战略有三个核心问题，这三个问题是：你的业务（产品或服务）是什么——产品或服务定位；谁是你的客户——市场定位；客户认知的价值到底是什么——价值定位（功能—成本优势）。这是企业战略定位必须解决的问题。

在进行物流战略环境分析后，也同样需要解决物流战略定位问题。也就是说，为促使企业物流的长期发展，企业在对物流经营与发展环境有一个全面的把握，对行业物流未来发展态势、发展方向有一个清晰的判断基础上，还应根据自身条件进行企业物流功能定位、市场定位和业务范围定位，并根据“保障供应、成本最小、投资最少、服务改善”的物流基本战略目标，对企业的物流成本与服务水平进行权衡和取舍，确定目标服务水平，通过准确、合理的物流战略定位，确保企业市场竞争的优势地位。

二、物流战略基本类型

根据企业物流战略目的与企业价值取向的不同，企业会有不同的物流战略规划与设计。也就是说，基于不同的企业物流战略定位，会有不同的物流战略。归纳起来，物流战略可以划分为以下三种基本类型。

（一）总成本领先战略

总成本领先战略的核心是采用一系列针对本战略的具体政策，在产业中赢得总成本优势。总成本领先战略是贯穿整个物流战略过程的基本指导思想，其战略方针是物流成本低于竞争对手。总成本领先要求积极地建立一个有效规模的物流设施体系，即要求有一个覆盖面较宽、效率较高、弹性较大的公共物流服务平台，有众多的服务客户群，在经验基础上全力以赴降低成本，最大限度地降低研究开发、营运服务、市场推广等方面的费用。为了达到这些目标，有必要在物流管理方面对成本控制给予高度重视，且服务质量、服务水平方面也不容忽视。

（二）标新立异战略

标新立异战略就是企业提供的物流服务或建立的物流体系与众多企业不同，在行业范围内具有明显的特色。独特的物流系统往往是企业的核心竞争力。在标新立异战略中，物流成本节约不是首要目标。标新立异可以从品牌形象、技术装备、服务功能、物流网络等方面入手，构筑特色。其战略重点是特色构筑、品牌树立。其战略指导思想是利用客户对品牌的忠诚以及由此对服务价格的敏感度下降，使公司避开竞争。但标新立异战略实施的服务成本高昂。企业可以在物流研究、网络布局、精准服务、计划管理等方面打造特色与亮点。

（三）目标聚集战略

目标聚集战略是企业市场定位主攻一个或几个特定的客户群体、行业领域、供应链物流系统的某个细分区段或一个地区的物流服务市场。其战略思想是为某个狭窄的战略对象服务，从而超越在更广阔范围内的物流竞争对手。目标聚集战略可以较好地满足特定对象的物流需求实现标新立异，同时在为该对象服务时可以实现低成本，并在狭窄的目标市场中获得一种或两种优势。目标聚集战略实施的关键是要做好市场调查与市场细分，同时应集中企业优势和物流资源，争取迅速“突破”，快速占领目标市场。

三种物流战略的区别如图 2-2 所示。

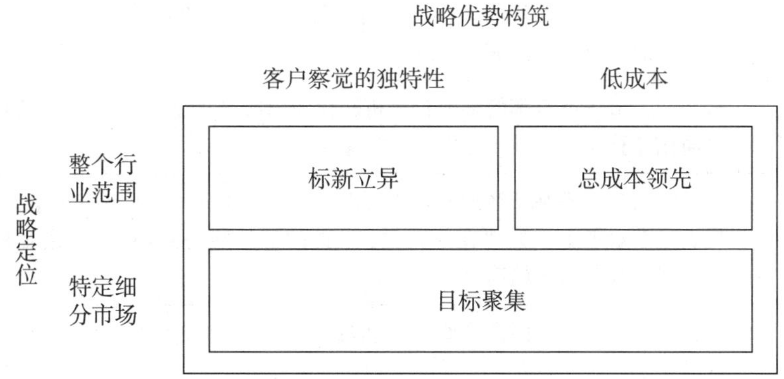

图 2-2　三种物流战略的区别

三、物流服务水平的确定

顺利出售服务与产品是企业实现利润的前提。随着我国生产力的发展，供求关系的转变，企业必然将重点由生产转向营销。在这样的市场环境下，物流从业者必然关心如何调整物流管理经营策略以帮助企业实现利润，增强竞争力。而物流行业中与营销关系最密切的就是物流服务水平。根据不同的目标，确定的物流服务水平将有很大不同。

（一）物流服务水平确定的原则

1. *以利润最大化为原则*

通常认为物流服务水平将会影响销售收入和物流成本。一般来说，较高的服务水平将带来较高的销售收入，但它也会产生较高的物流成本。可见是否提高物流服务水平取决于销售收入和物流成本随物流服务水平变化的速度。当销售收入增长的速度高于物流成本增长的速度时，提高物流服务水平是有利的，反之则不予考虑。

2. *以保证竞争优势为原则*

追求利润是企业最根本的动机，但在某些情况下，企业会采用更为迂回的方式追求利润。企业为了追求长期利润，将会从战略角度出发放弃一定的利润，转而寻求占有市场，获取竞争优势、打击对手。也就是说，在竞争战略下，企业确定物流服务水平是从成本、利润和市场占有率等竞争因素综合考虑的。

（二）物流服务水平确定的指标

物流服务是客户服务的一部分，物流服务水平确定的关键是要有能恰当衡量客户服务水平的指标。而客户服务水平只是一个笼统的概念，要对它进行量化研究，必须以一定的、可以定量的指标进行衡量。客户服务水平衡量指标如表 2-5 所示。

表 2-5　　客户服务水平衡量指标

衡量指标	说明
客户最关心的问题	例如客户最关心的是在时间和空间上送货的准确性，这时可以用送货的准确性衡量客户服务水平。不同行业的客户关注的指标不完全一样。电子产品的物流服务客户比较看重收货的方便性和时效性，而生鲜产品的物流服务客户更看重送货的时效性及货品的完好程度
客户满意度	将利润、市场占有率的多目标分析转化为以综合的满意度为目标的单目标分析，以简化计算
供货满足率	一般的物流服务基于客户的要货要求，因此，服务水平可设定在客户可接受的供货满足率水平上，如“在 5 天内，90% 的订单能得到满足。”是客户可接受的，就是客户服务水平的起点
企业销售收入	尽管企业多种经营因素会影响销售收入，但客户服务水平是影响销售收入的关键因素之一
市场占有率	当企业通过利润最大化原则确定了利润最大的客户服务水平后，如果以这个服务水平为起点，继续提高服务水平，就要考虑提高客户服务水平后市场占有率上升的速率和利润下降的速率。如果市场占有率上升的速率远大于利润下降的速率，那么可以认为提高服务水平是划算的

显然第一、三种衡量指标简单，易操作，但准确度不高，第二、四、五种衡量指

标相对来说比较准确而全面，但操作起来比较困难。

（三）确定物流服务水平要处理好的几个关系

1. 物流服务水平与物流成本的关系

在物流运作过程中，由于物流成本与物流服务水平存在强烈的“效益背反”现象，如图 2-3 所示。因此，在确定物流服务水平时，不能无原则地以满足客户需求为前提，必须在物流成本与物流服务水平之间找到一个比较合理的、双方都比较满意的均衡点，方能保持物流良性运作。

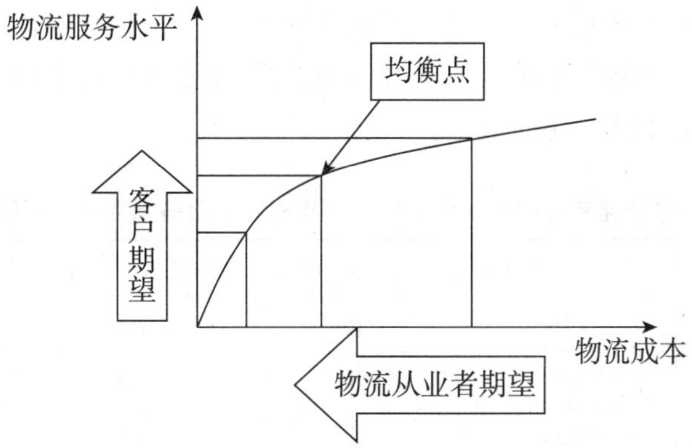

图 2-3 物流成本与物流服务水平的均衡

但要实现物流成本与物流服务水平的即时均衡，物流成本核算是必不可少的管理环节，然而我国现行的会计制度中没有物流成本核算要求，企业缺乏物流成本有关核算数据，因此，建立物流成本与物流服务水平函数关系难度非常大。

2. 处理好目标市场物流设施数量与成本的关系

在企业的目标市场，随着物流设施数量的增加，库存提高，供货周期会相应缩短，物流服务水平可大幅提高。但物流设施数量增加，随之而来的是企业总成本的上升，且物流设施数量增加到一定程度时，物流服务水平的改善效果并不明显，其结果是总成本上升。因此，在确定物流服务水平时，必须妥善处理目标市场物流设施数量与成本的关系。物流服务水平与物流设施数量及成本的关系如图 2-4 所示。

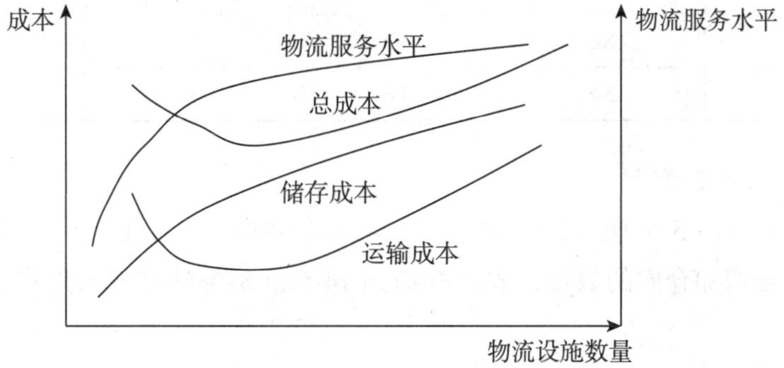

图 2-4 物流服务水平与物流设施数量及成本的关系

总的来说，企业的物流服务水平应根据企业的经营状况而定，一味追求高水平服务和在低水平服务上停步不前，都是不可取的。企业在确定自身物流服务水平时应牢牢记住：要依靠先进的管理方法改进客户服务，其见效快、成本低。在科学管理的基础上，要积极应用新技术、新设备，提高物流服务水平。

（四）目标物流服务水平持续改进

物流服务水平可以在总成本最小时的服务水平的基础上，通过物流设施数量的变化、工作周期的修改和调整以及网点仓库存货政策的改变等对物流系统的基本服务能力进行修正，从而分析客户需求的满足程度，最终确定企业的目标物流服务水平。这种持续改进的方法，称敏感分析。从物流服务网络角度看，物流服务水平是由企业网点的存货政策、与客户邻近的仓储设施的位置和数量决定的。因此，企业的物流服务水平可以通过物流设施数量的变化、工作周期的修改和调整以及网点仓库存货政策的改变来修正，其原理如表 2-6 所示。

表 2-6　目标市场物流系统的基本服务能力修正对物流服务水平变化的敏感分析

目标市场仓库数量（个）	按工作周期延续时间分列的满足客户需求的百分比（%）			
	24h	48h	72h	96h
1	15	31	53	70
2	23	44	61	76
3	32	49	64	81
4	37	55	70	85
5	42	60	75	87
6	48	65	79	89
7	54	70	83	90
8	60	76	84	90
9	65	80	85	91
10	70	82	86	92
11	74	84	87	92
12	79	84	88	93
13	82	85	88	93
14	84	86	89	94

1. 物流设施数量修正

例如，最先建的 5 个仓库 24 小时工作，42%的客户可以在 1 天内得到所需的货物。如果在目标市场增加仓库的数量，假设增加到 14 个，84%的客户可以在 1 天内得到所需的货物。

2. 工作周期修正

通过增加仓库数量使服务水平提高，会增加总成本，如图 2-4 所示，并导致总系统缺乏灵活性。因此可以通过改变工作周期进行修正，在不超过客户要货时间的前提下，使客户的要货需求得以满足。例如，最先的 5 个仓库 24 小时工作，42%的客户可以在 1 天内得到所需的货物。如果不增加仓库，在满足客户要货需求的前提下，将工作时间延长到 72 小时，即 3 天时间完成客户要货的工作处理，客户要货满足率将由 42%增加到 75%。

3. 仓库存货政策修正

提高服务水平最简单的办法是增加或减少目标市场置于一个或多个仓库中的经常库存量与安全存货量。在总系统中增加库存数量，将导致平均库存曲线向上移动，即储存成本上升，但其保障了对客户货物需求的可得性。

第四节　物流战略实施

物流战略实施的关键是根据物流战略目标制订明确的战略实施计划。制订物流战略实施计划也是物流系统设计的依据。物流战略实施计划有两个方面的内涵：一是对物流系统建设的主要功能要素进行决策并对物流系统进行全面设计；二是改善现有的物流系统，进一步符合物流战略设计的要求。另外物流战略实施计划在制订与组织实施时，还要采取有效的控制措施使计划实施不偏离预定的战略目标。

一、计划决策内容

物流战略实施计划主要解决三个方面的物流功能要素决策问题，即围绕满足客户需求的核心目标对选址、库存和运输进行决策（见图 2-5）。因此选址决策、库存决策和运输决策是物流战略实施计划的主要内容。因为这些决策问题影响企业的盈利能力、现金流和投资回报率，并且每个决策都与其他决策互相联系。制订物流战略实施计划时，必须采用系统工程理论与方法进行有效规划，同时对各决策问题相互之间存在的效益背反关系也应予以考虑。

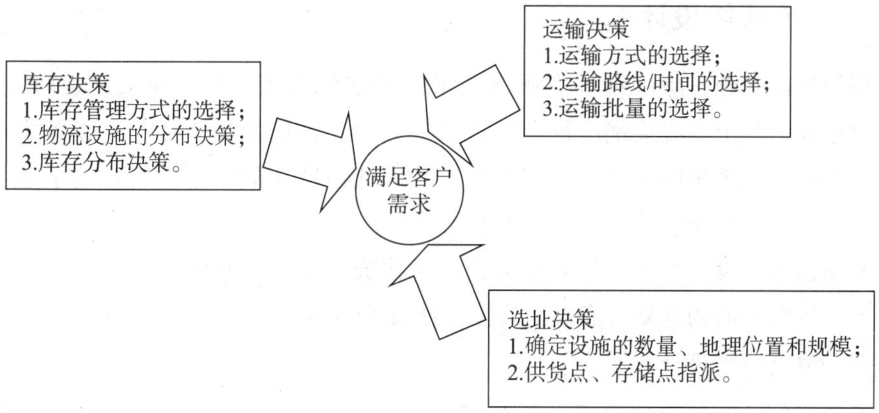

图 2-5　物流决策三角形

（一）选址决策

物流设施分布决定了产品从工厂、分销商或中间仓库到客户整个产品供应活动的效率和相应的费用，并且工厂、分销商或中间仓库的地理分布构成物流系统规划的基本框架。选址决策主要包括：确定设施的数量、地理位置和规模，并分配各物流设施服务的市场范围，这样就确定了产品到市场的线路。好的选址决策应考虑产品移动过程产生的所有成本，包括从工厂、分销商或中间仓库再到客户所在地产品移动过程产生的成本。通过不同的渠道满足客户需求，如直接由工厂供货、分销商供货或经中间仓库供货等，会影响总的分拨成本。寻求成本最低的需求分配方案或利润最高的需求分配方案是选址战略方案的核心。

（二）库存决策

库存决策指货物的库存管理活动。采用上游推动将库存分配到储存点与通过下游补货自发拉动库存，是两种不同的库存管理方式，同时也代表着两种不同的库存决策。采取不同的库存决策意味着采取不同的物流设施分布决策。由于企业具体的库存决策将影响物流设施的选址决策，所以必须在物流战略规划方案中予以考虑。其他库存方面的决策内容还涉及产品系列中的不同品种是选在工厂、地区性仓库，还是基层仓库存放，即库存设计处于供应链哪个阶段的问题，以及运用什么方法管理库存的问题。

（三）运输决策

运输决策是整个物流决策中一个非常重要的内容，对于许多企业来说，运输成本占物流总成本的35%~50%；而对于某些商品而言，运输成本占商品价格的5%~10%。因此，企业必须制定合理的运输决策，以降低物流成本，提高物流效率，扩大物流的经济效益。运输决策包括运输方式、运输批量、运输时间以及路线的选择。这些决策受仓库与客户、仓库与工厂之间距离的影响。库存水平也与运输批量、时间与路线有关。在既定设施网络和信息能力的条件下，运输从地理上就给存货进行了定位，运输功能在某种程度上决定了存储功能的设计。

二、物流系统设计

物流战略的实施，除围绕客户服务水平进行选址决策、库存决策和运输决策外，还必须对企业的整个物流系统进行全面规划与设计，方能使物流战略得以落实和顺利实施。由于物流系统是由许多子系统组成的，因此还应从战略角度对物流子系统进行规划，并且要注意与企业的整体物流规划相互协调。

企业物流系统设计，主要是从战略高度对构成企业物流系统的物流据点的功能及其衔接方式进行全面的规划与安排，具体包括以下内容。

（一）物流网络设计

物流网络设计的目的是通过一系列科学的手段，确定网络设施的形状和位置，以期获得最佳的物流系统。在物流系统中，工厂、仓库、配送中心、物流中心等物流据点和运输路线、运输方式共同组成物流网络，物流据点决定运输路线，因此物流网络设计的关键是物流设施的选址。如何根据实际需要并结合经济效益，在既定区域内确定物流设施的设立数量、位置、规模，以及物流设施之间的物流关系，是物流网络设计要解决的问题。

（二）存储功能设计

库存可以缓解生产与销售之间的矛盾，起到缓冲的作用。同时为了储存和保管货物，须投入大量的资金建造库房和配置各种设备，此外，在维护和保养货物及货物出入库过程中，还要投入大量的人力。如果把库存和货物损失等因素考虑进来，那么库存的资金占用量就更大。因此，存储功能设计就显得尤为重要。进行存储功能设计一般应考虑以下几个方面的问题。

1. 仓储设施和设备规划

物流基础设施和设备无论是在数量不足的情况下还是在数量过剩的情况下，都会影响库存功能的有效发挥，进而造成库存作业效率低下，不能对库存物资进行有效维护。因此，“硬件”的配置应以能够有效地实现库存职能、满足生产和消费需要为基准，做到适当、合理地配置仓储设施和设备。

2. 存储设计

存储设计是对存储货物的摆放方式、品种、数量、结构，存储时间、地点、规模的确定。进行存储设计时，必须考虑存货业务处理方式及服务要求两个方面的问题。采用手工处理方式进行存储时，信息处理速度低，且容易出错；利用计算机进行存储时，能够发挥计算机信息处理速度快的优势，达到节省人力、降低劳动强度的目的。

3. 库存保管设计

存货停留的时间越短，它的存储成本就越低。以此为出发点，减少存货停留时间，因此最有潜力的环节应该是库存保管环节。

（三）运输功能设计

运输的主要功能是使实物产品在供应链中移动，并实现增值。在运输功能的设计中，首先要考虑的两条基本原则，即规模经济和距离经济。规模经济的特点是每单位重量的运输成本随运输规模的增长而下降；距离经济的特点是每单位距离的运输成本随距离的增加而减少。因此，在设计运输功能时，既要满足客户的服务期望，又要使运输的规模和距离最大化。

（四）配送功能设计

配送是集货、配货和送货三部分的有机结合，配送中心不仅可以进行远距离配送，而且可以进行多品种货物的配送；不仅可以向工业企业配送主要原材料，而且可以承担向批发商进行补充性货物配送的任务。配送满足的是分散需求，发挥的是集运规模效益。一般，配送中心必须兴建大型集货场所、加工场所，配备各种拣选、运输和通信设备，因而投资较大。相对于整个物流系统而言，配送是系统的终端，是直接面对服务对象的部分，最能反映物流系统的服务水平。因此，对配送中心的管理水平，设施配置和工艺的专业化、现代化程度要求较高。

（五）包装功能设计

包装一般包括商业包装和工业包装，一方面它增加了产品的价值，另一方面也增加了供应链的长度和复杂性，从而增加了成本。在企业生产活动中，由于包装设计经常过多地考虑制造和市场营销方面的要求而忽视了物流方面的要求，往往使整个物流系统作业效率受到影响。因此，在设计包装时，应尽量实现包装标准化。包装设计应当统筹考虑物流作业、产品设计、生产制造和市场营销等方面的要求。

（六）加工功能设计

这里所指的加工是流通加工，即延伸到流通领域内的各种形式的加工作业，如对流通对象进行剪切、套裁、打孔、分装、组装等，是流通主体为了完善流通服务功能、促进销售、方便储运和提高物流效益而开展的一项辅助性的生产作业。有时流通加工仅部分改变流通对象的物理形态和化学性质，虽然加工的深度和范围有限，但是流通加工能够影响和服务消费。往往通过简单的流通加工就能够充分实现和增大流通对象的价值，进而给流通企业带来可观的利润。要实现其合理化，企业物流系统设计时，就应正确选择加工地点，加工活动要形成一定的规模，技术应先进，加工成本要低，采用现代化管理方法和信息手段。

（七）装卸搬运功能设计

装卸搬运是处于存储与运输之间的动静态转换的作业过程。装卸搬运就是为存储和运输服务，并实现二者的转换。装卸搬运质量的好坏直接影响物流系统绩效的高低，而在现代物流生产率提高的过程中，装卸搬运具有很大的潜力。装卸搬运作业主要集中在仓库、配送中心等设施内部。装卸搬运系统机械化程度与自动化程度不同、作业效率不同，其成本也有很大差异，企业必须在效率与经济方面做出科学的决策。

（八）信息系统集成设计

现代物流区别于传统物流的两大基本特征是信息化和网络化。企业要为客户提供全方位物流服务，必须有覆盖企业用户的供应网络、销售网络和生产网络。供应网络、销售网络和生产网络是建立在一系列信息技术基础之上的，企业应重视现代物流信息技术的利用，如连续补货系统、计算机订货系统、商品分类管理系统、配送需求计划系统、车辆排程系统、运输跟踪系统、销售预测与计划系统、快速反应系统、电子数据交换系统和条码技术等。

三、物流系统改善

当企业的物流系统已经存在，应该在何时改善现有的物流系统是物流战略实施要考虑的重要问题。物流系统改善一般可以从以下五个方面考虑。

（一）市场需求

市场需求及其地理分布直接影响物流系统的构建。市场需求的大幅变化往往是物流系统重建的指示灯。随着市场需求的变化，对现有物流设施规模进行扩大或缩小是必需的，同时也应该在那些没有建设物流系统的地区建立相应的物流系统。

（二）客户服务水平

客户服务水平变化的原因有许多，有企业战略重点的转移，有竞争对手的战略变化而导致的企业服务政策的改变，或市场需求和服务成本等因素发生变化而导致企业客户服务策略的调整等。

（三）产品特性

物流中的产品特性包括重量、体积、价值和风险。可以在物流过程中通过包装、流通加工等改变其特性，从而达到改善服务的目的。如农产品流通企业建立冷链物流系统，以提升维护产品质量的物流服务价值。

（四）物流成本

物流成本相对较高的话，物流计划的更新频率就快一些，对市场的敏感性就高一些。如生产化工产品的公司，由于其物流成本较高，所以对其物流系统进行微小的改善便可大幅降低成本。但对于一些生产高科技产品的公司，由于其物流成本在总成本中仅占微小的比重，所以其改善物流系统的动力相对较小。

（五）定价方法

采购或销售产品时，定价方法的改变也会对物流计划产生影响。一般企业只关心自己责任范围内产生的成本，如果一个企业最初的产品定价是由顾客承担运输费用，那么企业往往会在生产过程与成品存储过程降低成本，但当定价方法改变，运输费用需要由企业承担时，企业不得不考虑重新设计物流系统。

四、物流系统控制

实施物流战略需要制订实施计划，以保证预定目标的实现。随着时间的推移，物流环境的动态变化和不确定性可能导致实际绩效偏离计划绩效。为使实际绩效与期望目标一致，有必要利用管理的控制功能。控制过程就是将实际履行情况与计划实施情况比较的过程。在物流系统中，管理者应根据客户服务目标和成本支出对计划中的物流活动进行控制。物流控制过程如图 2-6 所示。

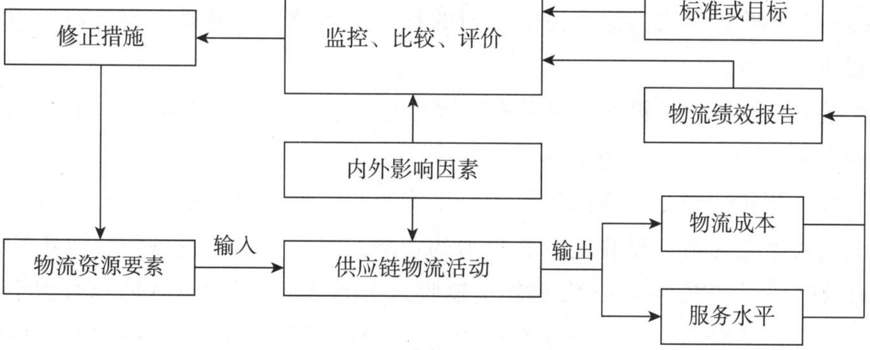

图 2-6　物流控制过程

【本章案例】

民生公司的物流发展战略

民生公司由爱国实业家卢作孚于1925年创立。到1949年，民生公司已经拥有江、海船舶148艘；航线及业务已经遍及长江航线和中国沿海各港口，并在中国台湾、中国香港、东南亚各国及美国、加拿大等地设立分支机构，同时拥有造船厂、发电厂和许多港口、码头、仓库，广泛投资银行、保险、钢铁、机械、纺织、煤矿、水泥等60余项实业，成为当时中国最大和最有影响的民营企业。1952年，实行公私合营。1984年2月，卢作孚先生之子卢国纪申请重建民生公司，1984年10月1日，民生公司在重庆港务局大楼正式重新成立。2003年初，公司由民生实业有限公司更名为民生实业集团有限公司。

作为一个以江海航运为主的航运公司，公司以“面向长江流域和东部沿海，以提高企业的核心竞争力和市场占有率为目标，围绕完善国际物流服务功能、健全国际物流流程和提高物流服务能力等核心工作，开辟国际航线从事国际运输，发展进出口业务，建立企业出口生产基地，开发集装箱运输和国际货代船代，建立稳定的客户关系”。经过多年的艰苦努力，公司取得了显著成效和辉煌业绩。公司已经拥有江海船舶100多艘，集装箱、拖车和商品车专用运输车100多辆，在长江沿线建有大型商品车中转库，在中国沿海及长江沿线各主要城市和港口建立了几十家子公司和分支机构，已发展成为中国最大的民营航运企业，并形成了江海一体、全程一体化物流服务网络体系。在中国香港、新加坡设有总代理，在日本设有船务代理。

民生公司立足主业航运的同时，还实行多元化经营，拓宽业务领域，与世界各地航运、贸易和经济企业建立广泛的业务合作关系，其商业网络遍及东南亚、欧洲、大洋洲和南北美洲。另外，对于公司的重点业务——商品车的运输，公司专门在湖北武汉、湖南岳阳、江苏南京建立了3个大型汽车中转库，形成了以重庆为中心，辐射西南、西北地区，以武汉、岳阳、南京、上海为中心，辐射华南、华中、华东、华北和东北地区的整车物流网络，这为民生公司的长远发展奠定了基础，为公司全面拓展物流业务提供了保障。

民生公司是长江上游最早开展多式联运的航运企业，自20世纪80年代中后期开展全程运输以来，为拓展多式联运业务，公司在开展江海联运、货运代理、船舶代理、集装箱运输、班轮运输业务方面采取了一系列措施，经过多年的努力，集装箱多式联运已经成为民生公司最重要和最具竞争力的业务。目前，公司具备的江海集装箱运力超过2000TEU（标准集装箱），集装箱运输收入占公司年运输总收入的60%以上。

为了开展水陆联运，进一步拓展多式联运市场，实现一票到底的门到门全程运输，1994年，民生公司开始涉足公路货物运输。2001年，为满足客户需要，公司进一步扩大了公路货运运力。公司已经累计投资1000多万元，以国际集装箱运输、商品车运输和大件设备运输为主，购置各型货运车辆100余辆，全面支持公司多式联运业务的发展。

作为一个国际化的航运企业，公司业务特点决定了公司主要客户大多为区域性生产、流通、贸易大户和国际贸易大户，在行业中具有很大的影响力，物流需求大。这些客户不易获得，一旦获得，对公司的生存发展影响很大。一个大客户的流失会给公司带来严重的经营危机。因此，客户管理和客户服务对民生公司尤为重要。公司对大客户实行个别管理、对小客户实行分类管理的同时，还适时提高物流服务能力，以实现客户价值，提高对客户的吸引力和市场占有率。近年来，公司在业务网点建设、滚装船队和集装箱船队建设、公路集装箱车队建设、船舶运行 GPS（全球定位系统）监控系统建设、内容协作和信息传递方面做了大量投入。这些工作极大地提高了公司的物流服务能力，增强了客户的信心，为稳定老客户和争取新客户提供了坚实的保障。

近几年，随着互联网技术的飞速发展，民生公司领导层十分重视信息技术在物流作业、物流组织和管理中的应用，积极建立和完善物流公司内部的信息系统，适时进行系统的升级换代。20 世纪 80 年代后期，公司的信息化建设获得了长足的发展。公司建立了总部和各分公司及各分公司之间联系的信息网络平台。另外，根据公司业务特点，公司还开发了适合本公司管理的海运管理信息系统和长江航支管理信息系统。建成后的网络管理信息系统借助 EDI（电子数据交换）技术，不仅使分公司与总部之间的业务报表、报告能及时传递，而且相关部门和人员可以通过授权的方式查看公司的运行信息和报表，大大节约了业务工作时间，提高了效率，方便了客户。

船队和车队是公司最重要的硬件资源，但是船队和车队长期在外，母公司很难实时了解船队和车队的运行情况并加以控制。为了解决这个问题，2000 年，公司投资 1000 多万元，建立了基于 GPS 技术的车船运行跟踪监控和调度管理系统。该系统能对车船进行全方位实时导航与定位，对车船运行情况进行实时监控和调度，把车船空驶和违规情况减少到最低限度，提高了船舶航行安全，实现了在公司总部足不出户就可以对船队和车队进行动态管理。

目前，重建后的民生公司，秉承卢作孚先生倡导的以爱国主义为主旨的民生精神，继承和发扬老民生公司的优良传统和先进管理经验，公司船队规模不断扩大，业务领域不断拓展，业务网点不断增加。公司将以国际化、大规模和一体化物流为目标，以长江流域和沿海经济带为核心市场，以集装箱多式联运为核心业务，从创造客户价值和满足客户个性化需要出发，运用现代信息技术，创新物流组织方式，合理配置资源，提高物流效率，共享成果，稳定和不断拓展市场，实现可持续发展。

【作业思考题】

1. 物流战略包括哪些内涵？
2. 物流战略环境分析的内容是什么？有哪些分析方法？
3. 企业应如何思考物流战略的定位问题？
4. 物流战略可以划分为哪几种基本类型？
5. 企业应该如何确定物流服务水平？

6. 企业可以采用什么方法实现目标物流服务水平的持续改进？
7. 物流战略实施计划主要应解决哪三个方面的问题？
8. 基于战略实施，企业物流系统设计具体包括哪些内容？
9. 物流系统改善一般应考虑哪些方面的因素？

第三章　物流系统规划

【导　言】

由于规划层次不同、视角不同，物流系统规划有不同的类型与内容。在企业物流战略确定以后，物流系统运行模式设计、物流系统运营管理体系规划和物流管理组织设计就是非常重要的工作了。可以说物流系统运行模式设计是物流系统规划的开始，是物流系统建设的框架与基本思路；物流系统运营管理体系规划则是物流系统运行模式实施的组织保障，也是物流系统规划的重要内容。本章主要介绍物流系统运行模式的含义、物流系统运行模式设计的理论依据及几种典型物流系统运行模式，并对物流系统运营管理体系及其组织设计进行简要介绍。

【学习目标】

通过本章的学习，理解物流系统运行模式的内涵、意义、设计原理与理论依据，了解物流系统运营特点、不同运营主体的物流系统结构及运营管理要求，知晓物流企业运营模式与管理要求，把握物流系统运营管理体系规划的内容，物流管理组织设计的任务、原则，通过分析几种典型的物流系统运行模式，能归纳总结物流系统运行特征并提出相应的管理措施。同时能运用管理学原理对企业物流管理组织模式进行合理定位，结合物流与供应链管理相关理论对物流系统运营管理体系建设进行初步筹划。

【教学要点】

- 物流系统运行模式的含义，几种典型物流系统运行模式的理论依据；
- 物流系统运营特点，货主企业物流系统结构及运营管理要求，物流企业运营模式与管理要求，物流系统运营管理体系规划的内容；
- 物流管理组织设计的任务、原则，物流管理体制，企业物流管理组织基本模式。

第一节　物流系统运行模式

一、物流系统运行模式的概述

在企业供应链的物流渠道上，企业供货关系、物流据点与线路及其功能的组合一旦稳定下来，就形成了物流系统运行模式。物流系统运行模式的表现形态是企业供应链供货关系的确定，以及物流据点与线路的有机组合。

根据物流系统运行模式的内涵，设计物流系统运行模式的主要目的是明确物流据点在内外供应链中的地位、功能、供货关系，供应链库存的控制方式，各物流据点的物流衔接方式、信息处理与传递的方式，对整个物流系统运行机制的安排等。

由于物流系统运行模式反映了企业供应链供货关系、物流管理体制、业务处理流程、作业场所分布，决定了企业物流系统运营管理体系基本框架，即物流组织机构设置与人员配备、物流设施的规模及网络空间布置等，因此优化企业物流系统运行模式对提高企业物流效率、效益、竞争能力有十分现实的意义。

下面以 MD 公司物流系统变革为例，说明物流系统运行模式的设计原理及意义。

【**例 3-1**】MD 公司原来的物流系统采用的是多级库存管理模式，即总公司设立原材料总库，负责公司采购的原材料的到货验收、储存保管，以及向分公司供料。同时分公司也设立了相应的仓储部门，并建设了多个分库，配备了仓储管理与搬运人员，整个原材料供应过程产生的物流信息是层层向后传递并且分割处理的。其供应机制是对外由总公司采购部门向供应商下订单，供应商通过第三方运输部门向原材料总库运送货物，对内采取的是领料制和计划申报制度，各车间根据生产计划向分公司原材料仓库领料，保证车间生产，分公司原材料仓库又根据库存定额向总公司原材料总库申请补充库存。MD 公司的传统物流系统运行模式如图 3-1 所示。

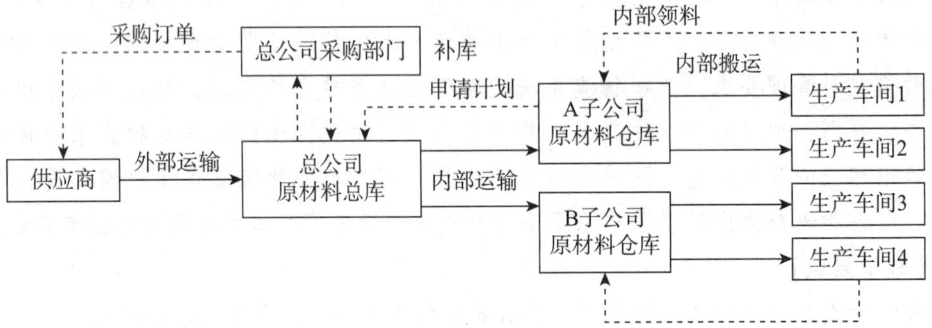

图 3-1　MD 公司的传统物流系统运行模式

由图 3-1 可以看出，在传统物流系统运行模式下，层层设库，尽管对生产供应保证程度强，但物流环节多，原材料周转速度慢、库存量大，物流成本高，特别是仓储设施投资费用大，物流业务流程复杂，人员工作重复，工作效率低下。

为减少企业原材料库存资金占用量，提高原材料供应效率，该公司主管物流的总经理曾考虑投资 3000 万元，将总公司原材料总库改造成立体库，并已经请某仓储设备公司做好了立体库的改造设计方案。后该公司又聘请了物流专家对物流系统运行模式进行了重新设计，新的设计方案不仅取消了立体库，而且改变了整个物流管理体制。MD 公司新的物流系统运行模式如图 3-2 所示。

MD 公司新的物流系统运行模式取消了分公司的仓储部门和原材料仓库，在管理机制上采用供应商管理库存，整合整条供应链资源，优选供应商，建立企业 ERP 系统，并与供应商建立了直接的电子交货平台，通过互联网共享信息，在进行后端物流系统运行模式优化的同时，公司还加紧对前端销售物流系统进行改造，为终端经销商安装

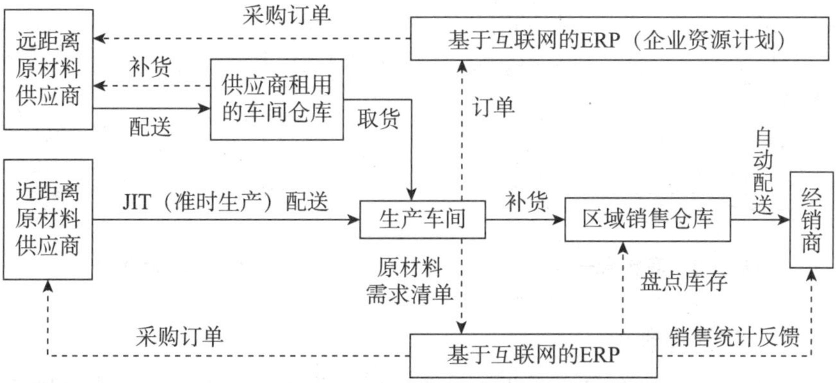

图 3-2　MD 公司新的物流系统运行模式

进销存软件。

以基于互联网的信息网络为纽带，在供应链上端，远距离原材料供应商租赁 MD 公司仓库中一个片区，以保障 MD 公司的库存。MD 公司生产采用取货制，近距离原材料供应商实施 JIT 配送，实现 MD 公司生产零库存。在供应链下端，MD 公司主动管理经销商库存，以配送为手段，以自身最少的库存保证经销商的销售。

经过物流系统运行模式的变革，MD 公司不仅省去了众多仓储费用，而且供应链管理能力得到了提升，原材料库存与成品库存直线下降，资金周转加快、风险下降，在激烈的市场竞争中维持相当的利润。

二、物流系统运行模式设计的理论依据

物流系统运行模式设计的实质是商流、物流、信息流的分离，也是对供应链的业务流程进行再造，其设计的理论依据是商物分离理论、供应链管理理论及业务流程重组理论。

（一）商物分离理论

传统的流通过程是商物合一，即商流与物流两者共同组成商品流通活动。尽管商流与物流两者之间关系密切，但是由于它们各自具有不同的活动内容和规律，各自均可按照自己的规律和渠道独立运动，再加之现代社会经济高速增长，增大的物流量远远超过了生产企业商品的自行供应能力，因此，人们基于流通效率的提高和成本的节约，开始重视物流，将物流与商流分离开来，独立研究，便生产了商物分离理论。商物分离是物流科学赖以存在的先决条件，也是设计物流系统运行模式的理论依据。

由图 3-3、图 3-4 可知，商物合一，物流渠道长，中间环节多，参与主体杂，物流周期长、速度慢，并且物流批量小，作业分散，库存分散，社会货物总库存高、资金占用大，物流资源分散、重复运输，空载运输，物流设施设备利用率低，重复建设浪费严重，难以实现物流集约化、规模化，物流成本高，也不利于采用现代物流技术提高物流作业效率，而商物分离往往可以克服这些缺点。

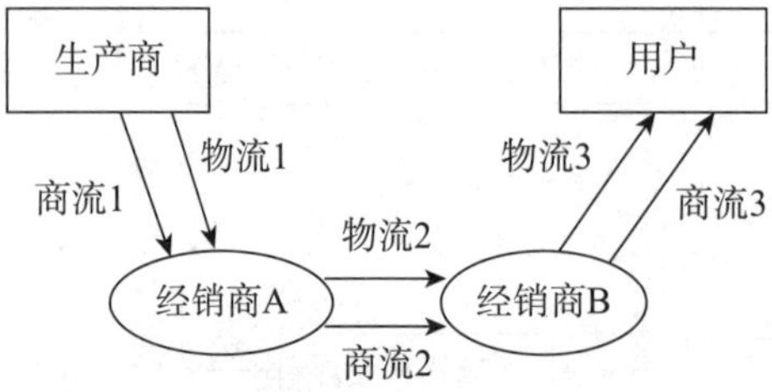

图 3-3　商物合一

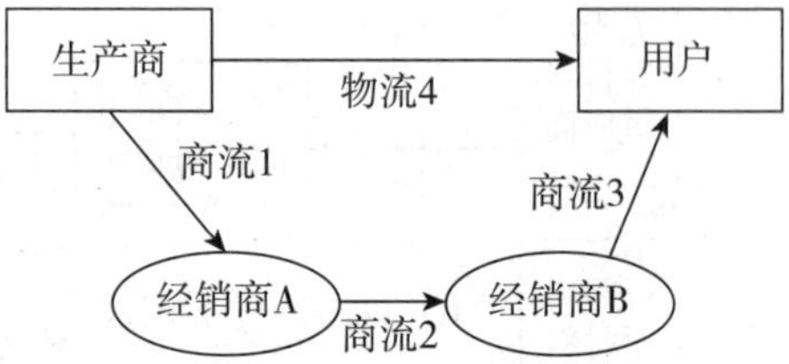

图 3-4　商物分离

（二）供应链管理理论

传统的库存管理是站在单一企业的立场，以企业物流成本最小化为原则管理库存。在传统的库存管理方式下，企业库存控制的依据是下游企业的订货信息，根据订货信息补充库存。在这种情况下，订货信息对市场需求状况的反映程度，就成为直接影响库存控制准确性的重要因素。如果下游企业提交的订货数据在反映市场需求方面具有一定的虚假性，那么，在此基础上做出的库存补充计划就会成为产生多余库存的起因。其结果是产生库存不足与需求放大现象，即“牛鞭效应”。为消除牛鞭效应及其对库存管理带来的负面影响，有效的方法就是实行供应链管理。

供应链管理，即利用计算机网络技术全面规划供应链中的商流、物流、信息流、资金流等，并进行计划、组织、协调与控制。

供应链管理环境下的企业库存管理是以供应链整体物流效果为目标，通过供应链各个节点企业对最终消费市场信息的有效把握和信息共享，提高库存管理的准确性，降低供应链各个环节的库存水平，实现高效率地库存补充。从物流系统的角度看，供应链物流管理是将供应链中的上下游企业视为一个整体，通过相互合作、信息共享，实现库存的合理配置，提高物流的快速反应能力，降低物流成本。

供应链管理运营机制是实施供应链管理的关键。供应链管理运营机制主要是合作企业建立战略联盟，在信息共享的基础上形成一个有效的利益共享与风险共担的合作机制，对供应链资源进行集成与优化。

供应链管理方法有快速反应、高效客户反应、联合库存管理、供应商管理库存、虚拟物流或连续补充等。

（三）业务流程重组理论

业务流程重组（Business Process Reengineering，BPR）最早是由美国的 Michael Hammer 和 James Champy 提出，在 20 世纪 90 年代达到了全盛的一种管理思想。强调以业务流程为改造对象和中心、以关心客户的需求和满意度为目标，对现有的业务流程进行根本的再思考和彻底的再设计，利用先进的制造技术、信息技术以及现代的管理手段，最大限度地实现技术上的功能集成和管理上的职能集成，以打破传统的职能型组织结构，建立全新的过程型组织结构，从而实现企业经营在成本、质量、服务和速度等方面的戏剧性的改善，使企业能最大限度地适应以客户、竞争和变化为特征的现代企业经营环境。

业务流程重组关注的要点是企业的业务流程，并围绕业务流程展开重组工作。哈佛商学院的 Michael Porter 教授将企业的业务流程描绘为一个价值链（Value Chain）。竞争不是发生在企业与企业之间，而是发生在企业各自的价值链之间。只有对价值链的各个环节——业务流程进行有效管理的企业，才有可能真正获得市场上的竞争优势。因此，业务流程重组也是一种通过资源整合、资源优化，最大限度地满足企业和供应链管理体系高速发展需要的方法。

BPR 的互联网技术以最佳支撑工具为业务流程管理软件。国际上该类软件以 IBM 和微软两个公司开发的产品为主，国内以协达软件、用友、金蝶为主，其中用友、金蝶的业务流程管理软件均采用来自协达软件的工作流引擎技术。

三、几种典型的物流系统运行模式

（一）社会物流系统运行模式

根据物流系统运作主体的不同，可将物流系统运行模式划分为以下四类。

1. 自营物流模式

自营物流模式属于物流的初级阶段，即传统的物流模式，在计划经济体制下，曾是主导的物流形式。在传统管理模式下，物流运作的主要方式是“第一方物流”或“第二方物流”。第一方物流（The First Party Logistics，1PL）指由物资供应商自己承担向物资需求方送货的业务，以实现物资的空间位移；第二方物流（The Second Party Logistics，2PL）指由物资需求方自己解决所需物资的物流问题，以实现物资的空间位移。传统上一些较大规模的企业都备有自己的运输工具和储存仓库，以解决产品的物流问题。但是，随着市场经济的深入，市场的不断扩大，物流环境及要素的日趋复杂，这种物流模式已经不能适应市场的要求，逐渐被其他高级、高效的运营模式取代。

2. 第三方物流模式

第三方物流模式是目前国内物流运营的主要模式。与第一方物流以及第二方物流相比较，第三方物流以现代信息技术为基础，采用合同制有偿服务，与客户建立长期战略联盟。第三方物流既不属于第一方，也不属于第二方，而是与第一方或第二方合作，为其提供专业的物流服务。第三方物流不拥有商品，不参与商品的买卖，而是为客户提供以合同为约束、以结盟为基础的系列化、个性化、信息化的物流代理服务，是降低物流成本、提高竞争力的有效途径。常用的第三方物流服务包括设计物流系统，报表管理，货物集运，选择承运人、货代人、海关代理，仓储，咨询，运费支付，运费谈判等。另外，根据市场需要，几家企业也可以合资、合作兴建区域性的集中式物流中心，将物流中心辐射范围内的一般性送货都集中到物流中心进行，使物流设施及仓储资源共享，提高配送设施利用率以降低成本。

3. 第四方物流模式

第四方物流是一个供应链的整合者，组合与管理自身及其他互补性服务提供者所具有的资源和技术，以提供综合的供应链解决方案。第四方物流对客户所产生的价值效用，即创造供应链价值的能力有四种，分别是增加收益、降低运营成本、减少流动资本和减少固定资本。第四方物流与第三方物流的差异是第四方物流能够提供比第三方物流更广泛的服务，如进入市场的技术、供应链策略技能以及计划管理专家。第四方物流与第三方物流最大的差异在于第四方物流能够向客户提供“综合供应链解决方案”，重点专注于供应链管理的所有细节，提供相应对策。

4. 第五方物流模式

2002 年，摩根亚太兼并部总裁史丹利在香港网丰物流集团进行投资调研时第一次提出了第五方物流（The Fifth Party Logistics，5PL）的概念。关于第五方物流的定义，目前还没有统一的界定。美国有学者认为专门为物流企业提供软件支持的信息公司为第五方物流。第五方物流是从第四方物流中分化出来的专业化企业，是专门从事物流信息资源管理的物流企业，是一种完全基于其核心能力的供应链成员企业。因此，第五方物流模式将日益成为一种能帮助供应链实现持续运作、成本降低和提高效益的物流系统运行模式。

（二）企业物流系统运行模式

1. 集中库存模式

集中库存模式是制造企业具有代表性的企业物流系统运行模式，是建立在双重区域处理基础上的物流系统化的有效模式。其运行原理是将库存划分为两个区域，一个是配送中心，另一个是物流中心。由于市场的销售动向难以把握，故将库存分别存放在与上游工厂相邻的物流中心和下游市场附近的配送中心。根据出库动向，由物流中心向配送中心补充库存，从而构筑效率化的作业系统。集中库存模式如图 3-5 所示。

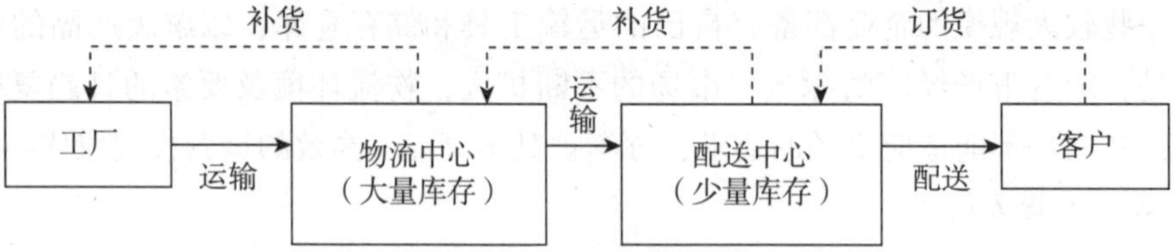

图 3-5　集中库存模式

物流中心也是库存中心，主要用来存放大量库存、积压库存、出库频率低的库存以及超出需要的过剩库存。物流中心的功能有两个：一是将多余的库存隔离，避免对物流作业的效率化产生影响；二是作为储备库存为配送中心补货。物流中心与配送中心的连线表示为实现物流中心向配送中心补充库存的运输功能部分。

2. 无库存换载模式

无库存换载模式是适应及时生产、及时配送的一种物流系统运行模式。换载基地属于没有库存的配送中心。其运行原理是：客户（零售店）的订货信息传达至物流中心，物流中心按照换载基地的类别、客户类别拣选出货物，装入集装箱，用大型车辆将集装箱运送到换载基地，在换载基地将集装箱换载到小型集装箱运送车上，最终配送至客户所在地。无库存换载模式如图 3-6 所示。

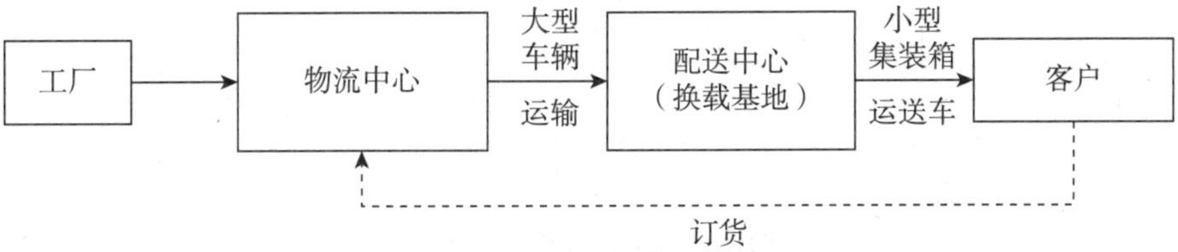

图 3-6　无库存换载模式

3. C 类商品库存模式

这里的 C 类商品指出库频率十分低的商品。其运行原理是：将偶尔出库的商品集中存放在工厂附近的物流中心，配送中心只备有出库频率高和较高的 A、B 类商品，当客户需要 C 类商品时，由工厂附近的物流中心直接送达客户或由配送中心转送。C 类商品库存模式如图 3-7 所示。

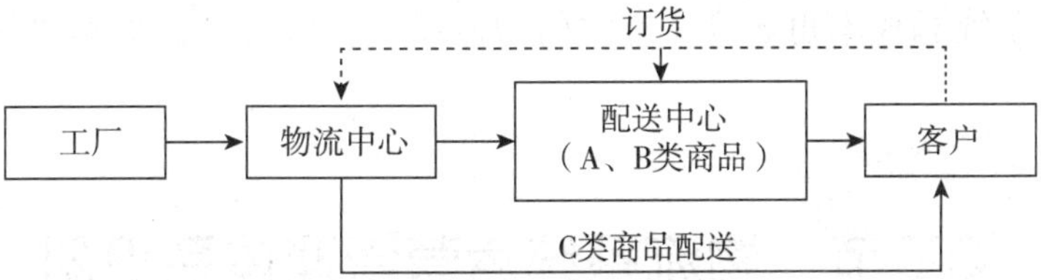

图 3-7　C 类商品库存模式

4. 高频率、多品种、小批量集中出库模式

高频率、多品种、小批量集中出库模式是将低频率、少品种、大批量货物的物流业务与高频率、多品种、小批量货物的物流业务分离，以提高高频率、多品种、小批量货物的分拣和出库作业效率，便于实现机械化作业。

其运行原理是：在区域物流中心进行高频率、多品种、小批量货物的分拣，然后将其运送至批量出货中心，批量出货中心将送来的分拣好的小批量货物与大批量货物一起配送至客户所在地。这种批量出货中心即配送中心，承担货物分拣和配送的任务。高频率、多品种、小批量集中出库模式如图 3-8 所示。

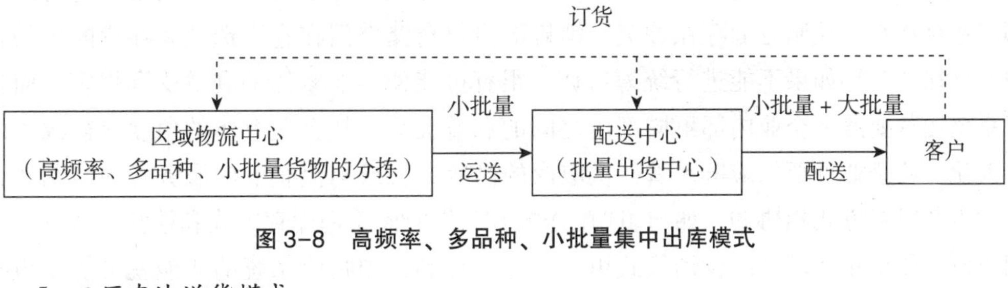

图 3-8　高频率、多品种、小批量集中出库模式

5. 工厂直达送货模式

工厂直达送货模式的运行原理是直接将产品从工厂成品库配送至客户所在地或产品生产下线后直接装车送达客户所在地。这是企业物流系统运行的一种极端形式，在多数情况下，与集中库存模式相结合使用。工厂直达送货模式如图 3-9 所示。

上述列举的物流系统实际上仅停留在销售物流系统的层面上，按照供应链物流理论，物流系统要延伸到原材料的供应和产品生产领域，除了具有物流作业功能，还应

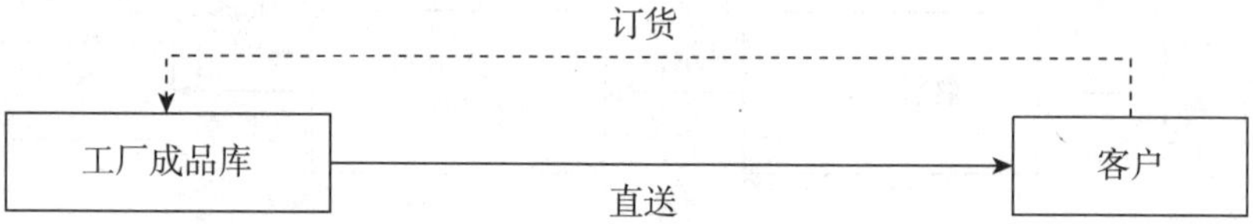

图 3-9　工厂直达送货模式

该具有根据市场需求规划采购、生产、传递与反馈销售信息的功能。通过供应链信息协同调整生产、采购、销售计划，发挥物流管理在库存配置方面的作用，反映整个物流系统的运作机制。

由于任何物流系统都肩负企业物流管理的使命，因此企业采用何种物流系统运行模式可以用总成本和物流服务来衡量。物流服务的衡量涉及存货的可得性、作业表现和服务的可靠性，物流成本直接和期望的物流服务水平相关。一般来说，对服务的期望越大，物流系统总成本也越高。有效的物流系统在服务与总成本之间要形成一种平衡。

第二节　物流系统运营管理体系规划

物流是物品流动与储存的过程，也是满足客户需求过程中各物流功能的集成，它通过若干功能协调运作，形成一个有效的运作系统，最终实现企业目标，因此，物流也是一个系统规划、管理和控制的过程。为保证系统的高效运营，必须基于内外供应链建立一个健全的物流系统运营管理体系。

一、物流系统运营的特点

（一）物流系统运营是跨部门的管理活动

从企业内部的供应链来看，各部门的经营目标往往存在冲突，如销售部门与财务部门在存货水平控制方面存在冲突，销售部门与仓储部门在仓库选址和存货配置的管理上存在冲突。如果不能进行统筹协调，很有可能使企业整体的利益受到损害。而物流系统运营要兼顾企业内部不同部门之间的利益关系，从企业整体的角度获得效益的最大化。从企业外部供应链来看，供应商的供货方式或物流企业的服务必须与制造企业的生产组织方式相协调，如与 JIT 配送方式、供应商管理库存方式和精益制造方式等相协调。如果企业产品的营销模式由分销改为直销，则物流系统的职能就可能要包括提供更快捷的多批次、小批量的发货服务，更多的售前装配（配货装箱）和售后安装（维修和技术咨询）支持，更多的物流单证管理，以及反向物流管理等增值服务。当企业的市场边界已经扩大到全球范围时，物流服务就必须国际化。

（二）改善服务与降低成本是物流系统运营的目标

物流服务指为企业满足客户需求所实施的一系列物流活动产生的结果。同时物流服务水平直接影响客户的满意度，最终决定客户对物流服务的需求。因此，改善物流服务、提高物流服务水平是提升企业竞争力的必然要求，也是物流系统运营管理的目标。同时一旦物流服务水平确定后，物流系统运营管理就要围绕如何降低物流成本这个中心来展开。物流作为企业的第三利润源泉，主要是通过提高物流服务水平、降低物流成本的方式给企业创造利润。实际上，整个物流的发展过程就是不断降低物流成本、提高物流服务水平的过程。因此，物流系统运营管理就是要在保证一定物流服务水平的情况下尽可能地降低物流成本。

（三）物流系统运营管理是优化资源配置的过程

纵观物流系统运营的全过程，从产品的包装、托盘的堆载到集装箱装箱；从仓库的选址、库内空间的分配到仓库网络的设计和存货的分布；从运输工具的配载、承运人的管理、多式联运的组织到货运路线的安排；从物流技术装备的应用到物流信息管理系统的上线；从具体物流运作环节的安排到总体物流管理解决方案的设计，都是在进行资源配置的优化。要谋求物流系统总成本最低，就必须对跨边界的物流系统运作进行统筹资源安排，不同的客户服务需求会提出不同的资源整合要求，如货物的紧急发运就可能要求选择空运服务资源；产品的全球营销就可能要求选择在全球范围内整合仓库网络资源；物流系统改造可能要求选择物流设施装备资源；要求物流过程的可见性、可控性就必然提出选择信息化资源等。所以，物流系统运营管理过程实际上就是优化资源配置的过程。

二、物流系统运营的主体

物流是制造商通过物料采购和实物分配这两个功能性活动分别向供应商和客户纵向延伸的过程。因此，物流是以制造商为中心，即以产品的生产和销售为主线，利用相关信息流协调供应商和客户行为的协作性竞争体系或市场竞争共同体。物流系统运营管理的核心对象是在供应链中流动的存货，所以物流系统运营管理在本质上是对存货资产的管理。也有学者从企业资产运营的角度把物流解释为对供应链中各种形态的存货的有效协调、管理和控制的过程。而在整个过程中，制造企业处在中心的地位。正是由于制造企业在生产过程中需要原材料的供应，以及产成品需要向下端企业（商业流通企业或者其他制造企业等）进行销售所产生的物流需求，推动了整个供应链物流的发展。图 3-10 是一个典型的供应链物流运营示意。

从图 3-10 可以看出，在整个供应链过程中，参与物流系统运营的主体主要包括制造企业、商贸企业以及物流企业三个方面。

（一）制造企业

物流企业的业务来自供应链的各个环节，而制造企业是供应链的核心，是带动供应链运作的主体，因此，制造企业是产生物流需求的源泉。同时，物流量在供应链上的分布是不均匀的，物流量主要集中在制造企业的供应物流、生产物流和销售物流上，从这个意义上讲，制造企业是物流服务最大的需求者。有需求就有发展，制造企业的物流服务需求是物流业发展的源泉。此外，制造企业也是物流服务的主要提供者。我国大多数制造企业的物流需求是由自身满足的，而物流的整体外包在我国物流市场上

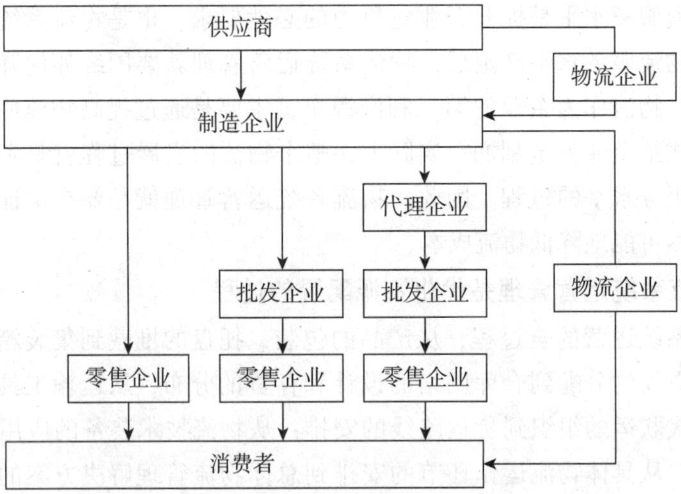

图 3-10　典型的供应链物流运营示意

还不是主流。制造企业作为物流服务的提供者和物流系统运营的主体，其对物流业的影响不可忽视。

总的来说，制造企业产生的物流需求是我国物流业发展的原动力，同时，制造企业也是我国目前主要的物流系统运营主体。如果没有制造企业牵引整个供应链形成物流需求，没有制造企业对物流的组织，没有制造企业参与构建物流信息平台，没有制造企业参与制定物流服务标准，物流业是不可能发展的。

（二）商贸企业

从供应链运营过程来看，商贸企业主要包括批发企业和零售企业两类（代理企业属于批发企业范畴），每类商贸企业又有各种不同的运营模式。

商业发展过程中的一次具有根本意义的变革是批发商业与零售商业的最终分离。产业革命以后，机器大工业为批发商业的最终独立提供了可能。批发商业与零售商业相分离的意义不仅在于流通职能上的专业分工，而且在于两者分离之后演化出了一系列的流通组织形式，进一步促进了商业的发展。批发商业从零售商业中独立出来以后，批发企业队伍日益壮大，于是，自发地产生了原始的批发市场和有一系列制度与规则的现代批发市场。批发市场的产生，可以说是批发商业的一次革命。

批发商业的变革还表现在批发销售形式的变革上，即从现货销售到样品销售，以及从凭样品销售到凭标准品销售的飞跃。近年来，面对来自零售商业的挑战，批发商业又经历了多次重大变革，即批发企业的连锁化和一体化、批发经营的专业化、经营方式的变革和流通技术的革新等。

零售企业在整个供应链物流过程中处于末梢地位，是连接制造企业与消费者之间一个关键的纽带。随着零售商业的不断发展，其组织形态也发生了许多变化。按照零售经营模式划分，零售商业的主要业态有百货店、专业商店、超级市场、便利店、折扣商店、仓储式商店、杂货店、网上商店等。

不管是批发企业还是零售企业，随着其经营规模的不断扩大，都会在进货和销货环节产生广泛的物流需求。而这些企业也自然而然就成为自身企业物流运营的主体。

（三）物流企业

制造企业和商贸企业是物流服务的需求主体，同时也是物流系统运营管理的主体，许多货主企业的物流业务是由企业内部的相关部门或二级公司完成的。当然，大部分货主企业的物流业务并不是全部由自己完成，而是部分外包。这就出现了对专业物流服务企业的需求。由专业的物流企业参与物流系统运营管理，是社会专业化大生产的必然结果，也是提高物流效率、降低物流成本的有效途径。

根据物流企业提供的服务类型，可以把物流企业分为两类。第一类是提供功能性物流服务的物流企业。这类企业在整个物流服务过程中发挥着很大的作用，一般只提供某一项或者某几项主要的物流服务，如仓储服务企业、运输服务企业等。第二类是提供一体化物流服务的第三方物流企业。第三方物流企业一般指综合性的物流服务公司，能为客户提供多种物流服务。尽管目前物流第三方一体化趋势十分明显，但是功能性物流服务企业的存在还是必要的，它可以发挥专业化的优势，与第三方物流企业一起，共同完成客户的物流服务需求，达到降低成本、提高物流效率的目的。

三、货主企业物流系统结构及运营管理要求

（一）制造企业

制造企业物流指从原材料采购开始，经过基本制造过程的转换活动，到形成具有一定使用价值的产成品，最终把产成品送给中间商（商业部门）或客户全过程的物流活动。按照物流的定义，制造企业物流包括供应物流、生产物流、销售物流以及逆向物流几个方面，其中供应物流和销售物流均属于社会流通阶段物流，位于生产过程前、后两个流通阶段。从地理区域范围看，供应物流和销售物流均发生在企业外部，也称为厂外物流（厂外运输）；生产物流发生在企业内部，称为厂内物流（厂内运输）。图 3-11 是一个典型制造企业的物流系统结构。

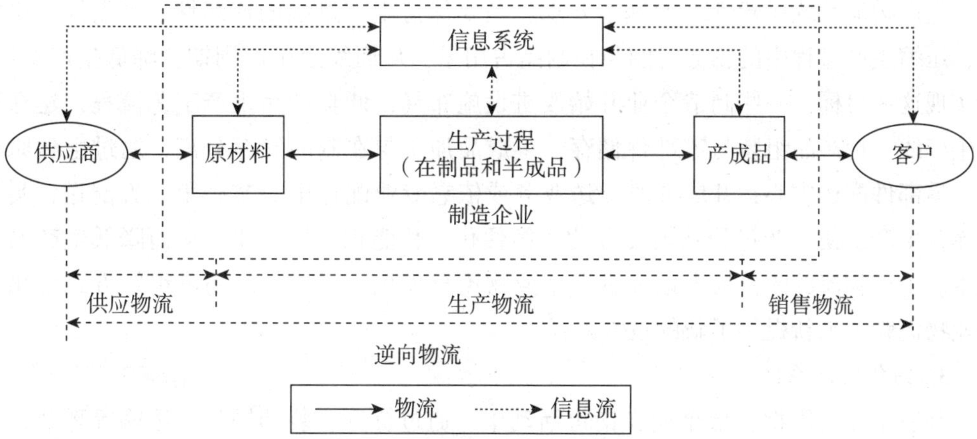

图 3-11　典型制造企业的物流系统结构

1. 供应物流系统

制造企业供应物流指通过采购活动，将企业生产所需原材料（生产资料）从供应商的仓库（或货场）运至企业仓库的物流活动。它包括确定原材料的需求数量、采购、运输、流通加工、装卸搬运、储存等物流活动。供应物流是生产准备工作的重要组成部分，也是企业生产得以正常进行的首要条件。只有采购了相应数量、品类的原材料和配件等生产资料，才能进行生产。供应商供货的数量、质量，供货时间则直接影响企业生产的连续性和稳定性，而供应物流发生的费用则直接构成产品的生产成本。因此，供应物流是制造企业物流系统的重要组成部分，并对企业的生产有重要影响。

制造企业在组织物流时，几个甚至几万个零部件，可能来自全国各地甚至世界各地，地理空间范围大，物流组织和操作难度较大。同时企业供应物流不仅要求保证按时按量供应，而且要求以最低成本、最少消耗保证组织供应。因此降低该物流过程的成本是企业物流的关键。为此，企业供应物流运营管理就必须解决有效的供应网络问题、供应方式问题和库存问题，才能实现成本节约的目标。

2. 生产物流系统

制造企业生产物流指伴随企业内部生产过程的物流活动，即按照企业布局、产品生产过程和工艺流程的要求，实现原材料、配件、半成品等物料在企业内部供应库与车间、车间与车间、工序与工序、车间与成品库之间流转的物流活动。

制造企业的生产物流活动是在生产工艺中的物流活动，这种物流活动伴随整个生产工艺过程，实际上已经构成了生产工艺过程的一部分。过去人们在研究生产活动时，主要关注生产加工过程，而忽视了将每个生产加工过程串在一起的、并且又和每个生产加工过程同时出现的物流活动。例如，离开上一道工序，进入下一道工序，便会发生搬上、搬下、向前搬运、暂时搬运等物流活动。实际上在一个生产周期中，物流活动所用的时间远多于实际加工的时间。所以，企业生产物流研究的潜力、时间节约的潜力、劳动节约的潜力是非常大。

生产物流系统运营管理的基本要求就是要保持生产过程的连续性、平衡性、比例性，压缩生产过程中的物流时间与在制品占用量，从而缩短生产周期，降低生产费用。为实现这一目标，一些制造企业开始改进设施布局，调整产品生产工艺流程，建立流水生产线，把产品组装与零部件储存、半成品加工与在制品储存分离，通过组建原材料、零部件配送中心，开展准时配送业务或依靠专业配送中心实施第三方配送，实行零库存生产，使生产过程物流专业化、简便化、智能化、社会化，从而降低生产物流成本。生产物流的改善极大地促进了企业物流合理化，同时生产物流组织方式变化为企业物流管理创新提供了新的技术路径。

3. 销售物流系统

制造企业销售物流指企业在销售活动中，通过拣选、装卸搬运、运输等环节，将产品从成品仓库一直到运送至中间商的仓库或消费者手中的物流活动。这就是一般意义上的流通过程物流活动，是狭义物流的基本内容。产品销售是企业生产经营活动的重要组成部分，是实现其产品价值和使用价值的过程，也是对再生产过程产生重要影响的关键环节，这个过程包括商流和物流两个部分。商流即市场营销活动，目的是实现产品的价值；物流则是伴随着商流的活动，把产品运送到消费场所，以实现产品的使用价值，因而它是商品流通过程的物质内容和物质基础，是商品交换中物质变换过程的具体体现。只有销售物流过程结束，流通过程才算完成。

在买方市场环境下，销售物流活动往往带有极强的被动性与服务性，以满足客户需求为前提，这便对销售物流营运管理提出了更高的要求，因此，制造企业销售部门必须研究送货方式、包装方式、运输路线等物流问题，并采取有效的物流管理方法，才能保障销售目标的实现。

4. 逆向物流系统

随着我国经济的快速发展，资源短缺、环境污染、成本上升等问题日益突出。基于社会可持续发展和企业挖掘“第三利润”的需要，有关产品退货、召回、报废、回收利用、翻新处理等逆向物流领域成为人们关注的热点。基于企业的社会责任与自身利益，国内外许多知名企业开始把逆向物流战略作为强化其竞争优势、增加客户价值、提高其供应链整体绩效的重要手段。同时再制造也作为一种新型、节约型、环保型生产理念和制造方式开始出现。再制造逆向物流也受到企业的普遍关注与重视。在生产企业中，有些企业几乎没有逆向物流的问题，但也有企业这方面的物流问题十分突出，如制糖、选煤、造纸、印染等生产企业，并且逆向物流组织得如何几乎决定了企业的生存能力。因此，在企业物流运营过程中，应树立绿色物流理念，在对原材料、中间库存、最终产品及相关信息的正向物流进行有效计划、组织和控制的同时，要强化退货产生的逆向物流、有再生价值与再利用价值的回收物流、无使用价值的废弃物物流的运营管理。

（二）商贸企业

商贸企业物流，就是通过批发、零售和储存环节，把各个制造企业的产品集中到物流据点，然后再经过储存、分拣、流通加工、配送等，将商品以适当的数量、在适当的时间送到零售商或消费者手中的全过程。可以说，商贸企业物流是制造企业销售物流的延伸，是联系制造企业生产和最终消费者的最后环节。

根据商品实体的运营渠道，商贸企业物流系统可以分为批发企业物流系统和零售企业物流系统。

1. 批发企业物流系统

批发企业是为进一步转销或加工大批商品而从事的业务经营机构。批发企业位于商品运动的始端和中间部位，其社会功能在于把分散在各地的产品输入流通过程中，并完成商品在流通过程的移动任务。因此，批发企业是衔接生产过程和流通过程的纽带。商品在流通过程中的运动，有可能经过多次批发环节，最终才能把商品送到需要的地点，如我国的一级站、二级站和三级批发企业。商业部门的储运设施 90% 在批发公司，但随着流通体制改革的深入，商品流通渠道发生了很大变化，大部分批发企业出现了萎缩。根据各批发企业的不同情况，其物流系统运营可采取商物分离或商物合一的运营模式。所谓商物合一运营模式，就是利用批发企业的储运设施、场地，通过建立物流中心或配送中心来扩大服务范围，提高服务水平以吸引货源；而商物分离运营模式则是把批发企业中的运输、保管、储存、加工、编配、物流信息处理等物流职能，逐步转移至不同类型的物流中心和储运企业。后者更适合小型或实力较差的批发企业。

2. 零售企业物流系统

零售企业是以直接供应消费者用于生活消费或供应社会集团作为非生产性消费为基本任务的商业企业。零售企业的业务过程，就是商品从流通领域最终进入消费领域的过程，因而零售企业处于商品流通的最后阶段，是流通过程与消费领域的结合点。当商品经过零售企业送达消费者手中时，物流活动也就终止了。在商物合一模式下，我国的百货商店、连锁超市及专营店的收货、检验、暂时保管、分类、发货等运营职能均由零售企业承担。有从制造企业、批发企业等购进商品的采购物流，有将一些商品转运到分销店和门市部的供应物流，还有把商品送到消费者手中的销售物流。

在商物分离的模式下，百货商店、连锁超市、专营店的物流运营可以采用物流外包形态。为了提高零售企业的物流效率，扩大其商品的市场占有率，减缓城市交通的紧张程度，也可在中心城市或交通枢纽地建立自营物流中心或配送中心。零售企业的进货、送货均集中由物流中心或配送中心完成，这样能使零售企业进一步专业化、细分化，销售部门将集中力量研究消费者的需求，做好市场预测与决策，提高销售服务水平。配送中心则采取集中采购、集中库存、共同送货的方法以减少不必要的流转环节，降低物流费用，进而达到提高物流管理水平，顺利完成商品使用价值的目的。

四、物流企业运营模式与管理要求

物流企业是为满足他人的物流服务需求，将物流服务作为一种经营行为，向社会提供物流服务的企业组织，是构成物流产业的基本单元。物流企业的基本盈利模式主要是承接货主企业对外委托的物流业务，通过整合各种物流功能要素进行生产经营并获得相应的服务收益。通常情况下物流企业的物流服务能力与服务水平是企业核心竞争力的综合体现。其基本功能主要包括运输、仓储、装卸搬运、包装、配送、流通加工、信息处理等。如果企业物流服务及供应链管理能力强，也可在物流基本服务的基础上，开展采购供应、需求预测、市场分析、资金结算、库存控制管理、物流策划咨询、仓库选址规划、物流系统设计等一系列增值服务，以满足客户高层次物流需求。任何一个物流企业的业务开展均会受各种资源要素的制约，为提升企业的物流服务能力与服务水平，众多物流企业开始尝试运营模式变革以增强自身核心竞争力。从目前国内外物流企业运作案例看，物流企业运营模式可以概括为以下几种。

（一）专业化物流服务模式

专业化物流服务模式指物流企业在某一行业领域内，集中自身的优势资源，通过运用现代技术和专业化的经营管理方式，提供全程或部分专业化物流服务。这种运营模式的主要特点是将物流服务的客体划分为几个特定的行业，然后对这个行业进行深入细致的研究，掌握该行业的物流运作特性，提供具有特色的专业服务。这种运营管理模式集企业的经营理念、业务、管理、人才、资金等各方面优势于一体，是物流企业核心竞争力和竞争优势的集中体现。通常企业运营管理层拥有丰富的目标行业经验，对客户需求有较深入的理解，是这些行业的物流服务专家。实际上在全球也只有极少数物流企业能够提供全品类物流服务，绝大多数物流企业均是采用目标集聚战略，进行准确的市场细分与市场定位，各有侧重地展开各具特色的物流服务，如专注于服装、家电、医药、图书、日用品、汽车、电子产品等行业的服务。

（二）定制化物流服务模式

定制化物流服务模式指将物流服务具体到某个客户，为该客户提供从原材料采购到产成品销售过程中各个环节的全程物流服务模式，涉及储存、运输、加工、包装、配送、咨询等全部业务，甚至还包括订单管理、库存管理、供应商协调等在内的其他服务。现代物流服务强调与客户建立战略协作伙伴关系，采用定制化物流服务模式不仅能保证物流企业有稳定的业务，而且能节省企业的运作成本。物流企业可以根据客户的实际情况，为其制定最合适的物流运作方案，以最低的成本提供高效的服务。

（三）物流管理输出模式

物流管理输出模式指物流企业在拓展国内物流市场时，强调自己为客户企业提供物流管理与运作的技术指导，由物流企业接管客户企业的物流业务或者成立合资公司承担具体物流运作业务的物流服务模式。采用物流管理输出模式时，可有效减少客户企业内部物流运作与管理人员的抵制，使双方更好地开展合作。采用物流管理输出模式时，可以利用客户企业原有设备、网络和人员，大幅减少投资，并迅速获取运作能力，加快相应市场需求的响应速度。在运作时，可以有以下两种方式。一是系统接管客户物流资产。如果客户在某地区已有车辆、设施、员工等物流资产，而物流企业在该地区又需要建立物流系统，则可以全盘买进客户的物流资产，接管并拥有客户的物流系统，甚至接收客户的员工。接管客户的物流系统后，在为该客户提供服务的同时也可以为其他客户提供服务，通过资源共享以改进物流资产利用效率并分担管理成本。二是与客户合资成立物流公司。物流企业与客户共建合资物流公司的方式，即使客户保留物流设施的部分产权，参与物流作业以加强对物流过程的有效控制，又注入了专业物流公司的资本和技术，使物流企业在物流服务市场竞争中处于有利地位。

（四）物流服务连锁经营模式

物流服务连锁经营模式指特许者将自己拥有的商标（包括服务商标）、商号、经营管理方式、专利和专有技术、物流信息技术等以特许经营合同的形式授予被特许者使用，被特许者按合同的规定，在特许者统一的业务模式下从事经营活动，并向特许者支付相应费用的物流经营模式。物流服务连锁经营模式借鉴了成功的零售商业模式，可以迅速地扩大物流企业规模，实现汇集资金、人才、客户资源的目标。同时，在连锁物流企业内部，可以利用互联网技术建立信息化的管理系统，在更大程度上整合物流资源，用以支持管理和业务操作，为客户提供全程的物流服务。

（五）物流战略联盟模式

物流战略联盟模式指物流企业为了达到比单独提供物流服务更好的效果，相互之间形成互相信任、共担风险、共享收益的物流伙伴关系的运营模式。国内物流企业，尤其是中小型物流企业的发展方向是横向或纵向联盟。这种自发的资源整合方式，经过有效的重组联合，依靠各自的优势，可以在短时间内形成一种合力和核心竞争力。同时，在企业规模和信息化建设两个方面进行提高，形成规模优势和信息网络化，实现供应链物流全过程的有机结合，从而使企业在物流服务领域实现质的突破，形成一个高层次、完善的物流网络体系。在战略联盟的实施过程中，可以将有限的资源集中在附加值高的功能上，而将附加值低的功能虚拟化。虚拟经营能够在组织上突破有形的界限，实现企业的精简高效，从而提高企业的竞争能力和生存能力。

物流运营模式不是一成不变的。一个企业可以选择多种运营模式，一种运营模式也可能适用多个物流企业，关键是运营模式必须与企业实际相适应，因此，企业在选择运营模式时要注意结合自身优势，对物流市场进行深入细致的分析，明确自己的市场定位。同时，依托原有资源，利用现代物流理念改善企业的经营，使选择的运营模式给企业带来最佳的经济效益。例如，大量中小型、采用传统物流手段的物流企业，它们不具备实施项目物流或物流咨询服务的能力，但可以采用加盟连锁或者物流联盟的形式，依托在大型物流企业周围，提供专业性、阶段性的物流服务。

五、物流运营管理系统与企业运营系统的关系

物流运营管理系统是工商企业的经营服务支持系统。对工商企业而言，物流运营管理系统可以是一个纯粹的、专一的企业后勤支撑和服务部门，也可以是独立于工商企业之外的第三方物流企业，还可以是一个为企业生产经营提供物流服务的行业。

物流运营管理系统是企业经营管理体系的有机组成部分，与企业其他经营管理系统，如营销系统、人力资源管理系统、财务系统、生产系统等，均有直接或间接的联系。无论是工商企业的物流管理部门，还是物流企业，为了保证物流系统运营的质量以及运作效率，需要企业各个层面以及运营层面各个机构与人员相互配合，即通过各个系统之间的协调合作，最大限度地发挥企业系统内部各种资源的潜力，以保证物流系统的高效运营。图 3-12 是物流运营管理系统与企业其他运营管理系统的关系。

对于制造企业来说，其营销系统的主要职能一般是产品市场开发、定价、促销与渠道决策及客户管理等。如果是物流企业，营销系统的主要职能是根据物流市场定位开发与管理客户。物流运营管理系统是物流作业的具体操作者，直接承担仓储、运输、配送、采购等物流任务，它接收营销系统、生产系统传来的订单或生产指令，通过各个物流环节的协调作业，完成整个系统的资源调度、指挥、协调及业务总体运作，并根据相应的分销业务或生产流程，直接控制和管理物流过程。同时，物流运营管理系统还应根据自身的资源状况以及客户的物流服务需求，规划设计出完善的物流网络，并设置相应的运营指挥调度体系，保证向客户提供完美的服务。在物流服务过程中，物流部门经常与客户、收件人、物流合作伙伴、承运人等各个方面发生业务关系，建立完善的财务结算保障体系也是不可或缺的。从企业内部控制来看，企业进行物流成本控制，就必须借助财务系统提供的成本费用信息。另外无论是物流企业还是货主企

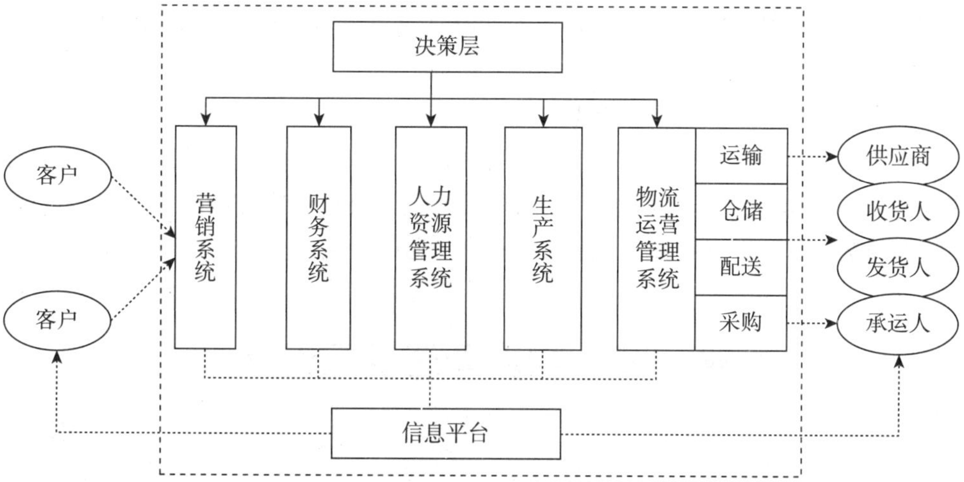

图 3-12　物流运营管理系统与企业其他运营管理系统的关系

业的物流部门，建设一支专业的物流团队是企业物流运营以及物流企业经营成功的关键。因此，企业人力资源部门应为物流系统运营制定相应的人才政策保障，并建立有效的薪酬激励与绩效考核机制，以提高物流作业与管理人员的工作积极性。总之物流运营管理系统是企业运营系统的有机组成部分，不能与其他管理职能分割，必须有效地融合于企业运营管理系统之中，这样才能发挥其为生产、营销提供后勤保障的使命。

六、物流系统运营管理体系规划的内容

在物流系统运行模式确定后，物流运营管理的基本框架就确定了。为确保物流系统有效运行，还需进一步强化物流系统运营管理，以保证物流日常业务的正常开展。物流运营管理体系规划的内容包括物流管理组织机构的设计、管理规章制度的建立、物流组织人力资源配备以及物流系统监控与绩效评价。特别是前三个方面应紧密结合设计，因为它们是物流管理组织机构正常运营和开展组织行为的前提。

（一）物流管理组织机构的设计

物流管理组织机构的设计指确定整个企业物流组织的框架和结构，确定企业中各职能部门、各层次和各环节、各岗位的职责权限和联系以及协调方式。这就要求从企业的生产技术、经营特点及外部环境条件出发具体考虑，主要包括五个方面的内容：决策组织系统的设计、指挥系统的设计、职能参谋系统的设计、组织内部开展工作的要求、组织信息沟通方式的选择。

（二）物流管理规章制度的建立

建立物流管理规章制度要从总体和局部两方面着手，具体要明确各层次和各环节管理部门、各岗位的职责权限、行为准则、流程规范，工作要求以及协调、调查和反馈制度，从制度上保证物流系统运营管理工作的整体性、系统性和有效性。

（三）物流组织人力资源配备

物流组织中干部和工作人员的配备，要按照组织中层次的不同，职务、岗位和职

责的不同，从工作要求出发，选拔适当人才。这是运营管理组织能够发挥其职能的根本保证。

（四）物流系统监控与绩效评价

在物流系统运营过程中，根据质量控制标准对物流服务质量进行监控，以确保每个作业环节的高效、合理运营，并对物流的运营过程及总体情况做出最终的考核评价，做出相应的奖惩和改进，使整个运营过程越来越通畅、规范。

第三节　物流管理组织设计

一、物流管理组织设计的任务

物流管理组织设计是围绕企业经营战略目标，根据企业物流管理目标，规定物流部门的职位、职权和职责，物流部门与其他部门之间的关系和协调原则，建立责任制度，明确物流管理指令、物流信息传递和反馈的渠道及程序的过程。物流管理组织设计既是实现企业职能重组的重要环节，也是物流组织的建立过程或改善过程，又是企业物流运营管理体系建设的核心内容。物流管理组织设计的基础是物流系统运行模式，物流管理组织设计的目标是推进企业物流内部一体化，并逐步与外部一体化，即实施供应链物流一体化管理，促进企业物流系统资源整体优化，使物流系统整体效率得以提高、物流成本得以节约。

二、物流管理组织设计的原则

物流管理组织设计应综合考虑各要素、各部门的关系，围绕共同的目的建立组织机构，形成有效的运作机制，使组织在实现既定物流战略目标中获得最大效率与效益。物流管理组织的建立必须遵循下述基本原则。

（一）有效性原则

有效性原则要求物流管理组织必须是有效率的，是物流管理组织设计基本原则的核心，是衡量组织结构合理与否的基础。这里所讲的效率，包括管理的效率、工作的效率和信息传递的效率。物流管理组织的效率表现为组织内各部门均有明确的职责范围，有利于发挥管理人员和业务人员的积极性，使物流企业能够以最少的支出实现目标，使每个物流工作者都能在实现目标的过程中做出贡献。

（二）统一指挥原则

物流管理组织是企业、公司以及社会的物流管理部门。为了使物流管理组织内部协调一致，更好地完成物流管理任务，必须遵循统一指挥的原则，实现“头脑与手脚的一体化”、责任和权限的体系化，使物流管理组织成为有指挥命令权的组织。

（三）管理幅度合理原则

管理幅度指一名管理者能够直接而有效地管理下属的可能人数及业务范围，它表现为管理组织的水平状态和组织体系内部各层次的横向分工情况。管理幅度与管理层次密切相关，管理幅度大就可以减少管理层次，反之则要增加管理层次。管理幅度合理原则一方面要求适当划分物流管理层次，精简机构；另一方面要求适当确定每个层次的管理者的管辖范围，保证管理的直接有效性。

（四）职责与职权对等原则

职责即职位的责任，如果一个组织没有明确的职责，这个组织就不牢固。职权指在一定职位上，在其职务范围内为承担其责任应具有的权力。职责与职权应是相应的，无论是管理组织的纵向环节还是横向环节，都必须贯彻职责与职权对等原则。职责与职权的相适应叫权限，即权力限定在责任范围内，权力的授予受职务和职责的限制。不能有职无权，无职也不能授权。

（五）协调原则

协调原则要求对物流管理组织中的一定职位的职责与具体任务进行协调，不同职位的职能进行协调，不同职位的任务进行协调。具体地讲，就是物流管理组织各层次之间的纵向协调、物流系统各职能要素的横向协调和部门之间的横向协调。在这里，横向协调更为重要，一是建立职能管理横向工作流程，使业务管理工作标准化；二是将职能相近的部门组织成系统，实现供、运、需一体化；三是建立横向综合管理机构。

三、物流管理体制的定位决策

为实施最有效的管理，企业首先要考虑物流系统的制度安排，即采取什么样的物流管理体制，因为它决定了企业物流管理组织设计的价值取向。企业物流管理体制一旦确定，就等于明确了企业物流管理组织设计的基本原则和思路。根据企业各管理层次的物流管理权限配置，企业物流管理体制采用以下三种基本管理体制。

（一）集中管理体制

集中管理体制是将整个公司的物流活动集中由一人领导，在公司设立一级物流管理组织，由其组织物流活动和管理活动。集中管理体制下物流设施集中统一，权力高度集中，企业内部物流管理采取严格的计划申报制度。

集中管理的主要优点是公司可以密切控制各项物流活动，协同所有的物流业务，有效整合整个企业的物流资源，提高物流设施设备的利用率，从而享受大规模运作带来的高效率。以运输活动为例，许多公司拥有自己的车队，因而提高设备利用率是提高效率的关键。通过对所有运输活动集中管理，企业可能发现某分部门产品的往程运输很可能就是另一个分部门产品的返程运输。这样，往程运输和返程运输就可以得到平衡。但会因为管理层次多、程序复杂，导致物流反应速度变慢，工作效率变低，与公司其他部门协调难度加大，甚至易发生冲突。特别是不同系列的产品在生产、物流和营销生产等方面存在明显差异，集中管理体制就没有意义，难以发挥规模经济效益。

（二）分散管理体制

分散管理体制就是物流作业职能与管理职能分散在企业的各个部门，企业无统一的物流管理机构组织。各产品分组或各分支机构均负责管理物流活动，建立各自独立分散的物流组织为各自部门服务。物流合理化的计划、方案以及企业物流活动效率化的任务都由供应部门、生产部门、销售部门的管理人员兼管。

与集中管理体制相比，分散管理体制由于各分支机构的物流与其他业务协同较好，柔性化程度高，可以对客户的需求做出更快、更个性化的反应。但从公司整体角度来看，分散管理体制存在各自为政、作业分散、管理分割、重复储运、资源浪费、物流协调难度大、规模效益难以发挥，并且信息经常被扭曲、责任模糊等缺点。

（三）集中与分散相结合的管理体制

集中与分散相结合的管理体制是分散管理体制与集中管理体制两种形式的结合，以求得两方面的优势。

四、企业物流管理组织基本模式

物流管理组织的组织职能是以一定的组织结构形式体现的。而组织结构形式就是物流管理组织各个部分与整个企业经营组织之间的关系模式。

（一）直线型管理组织模式

在直线型管理组织模式下，企业设立一级物流管理组织，并由其组织物流活动和管理活动，在这种模式下物流设施集中统一，权力高度集中。直线型管理组织模式如图 3-13 所示。

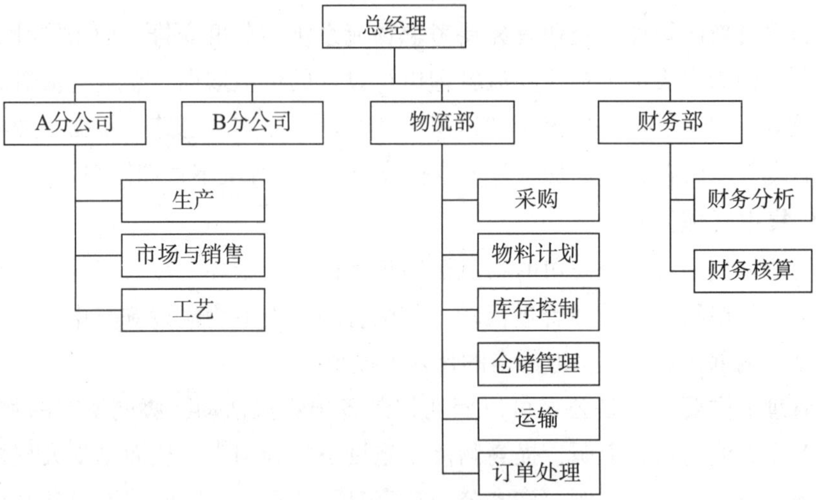

图 3-13　直线型管理组织模式

（二）职能型物流组织模式

在职能型物流组织模式下，物流系统作业职能（采购、装卸、包装、输送、保管）仍保持分散状态，由生产或销售部门的物流现场人员承担；而整个企业的物流分析、物流规划、计划调节、物流技术推广等推进工作，由专门的物流管理机构及人员负责。职能型物流组织模式如图 3-14 所示。

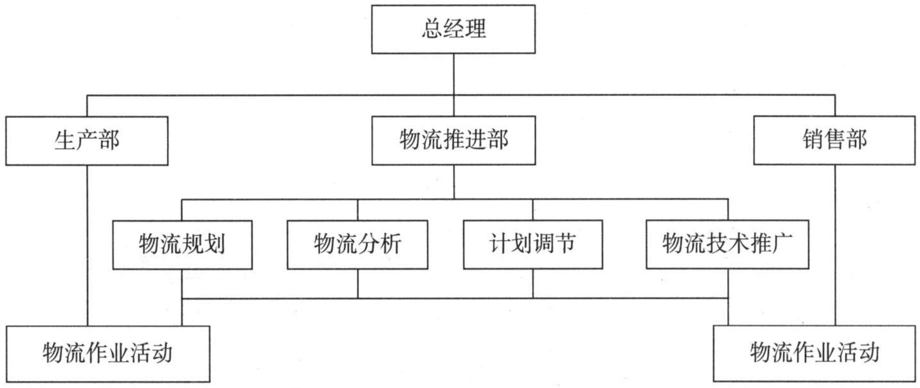

图 3-14　职能型物流组织模式

（三）直线职能型管理组织模式

在直线职能型管理组织模式下，企业以独立的形式设置物流管理部门，并安排在企业物流总管的位置上，与生产、销售部门并列，统一指挥、协调各分支机构物流人员执行物流作业，以物流改善作为推动物流工作的中心。这种模式适用于实行直线型经营管理组织形式的企业，是一种偏集中管理的集中与分散相结合的物流管理模式。直线职能型管理组织模式如图 3-15 所示。

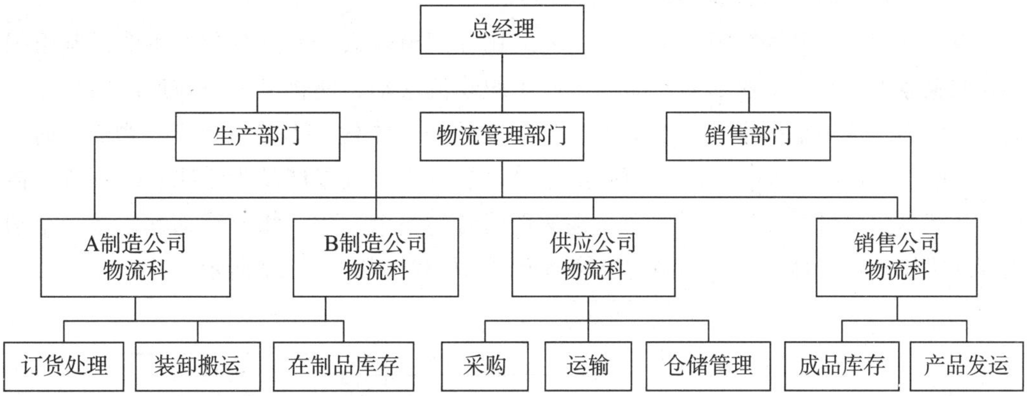

图 3-15　直线职能型管理组织模式

（四）幕僚式组织模式

从组织结构看，许多企业并没有对货物的运输和仓储进行直接管理，他们认为，根据他们所处的环境，建立幕僚咨询机构更合适。在这种情况下，物流专家就担任了咨询的角色，为营销、运作及其他职能部门提供参考意见。如果出现以下情况，设置幕僚机构进行管理效果会更好，这些情况包括：①新建职能部门可能会对现有人事关系造成不必要的冲突；②销售、生产和其他经营活动比物流管理更重要；③相对而言，规划比行政管理更重要；④物流被看作各分部产品共享的服务。

幕僚式组织可以挂靠在任何集中式或分散式管理的职能部门下。但物流方面的参谋在地理位置上和组织结构上都十分靠近最高管理层。因为物流管理人员只担任咨询的角色，所以这种形式的组织定位能够给予物流管理人员的授权更为间接。实际上，一些公司级的物流参谋部门比许多部门级的直线型组织有更大的权力。幕僚式组织模式如图 3-16 所示。

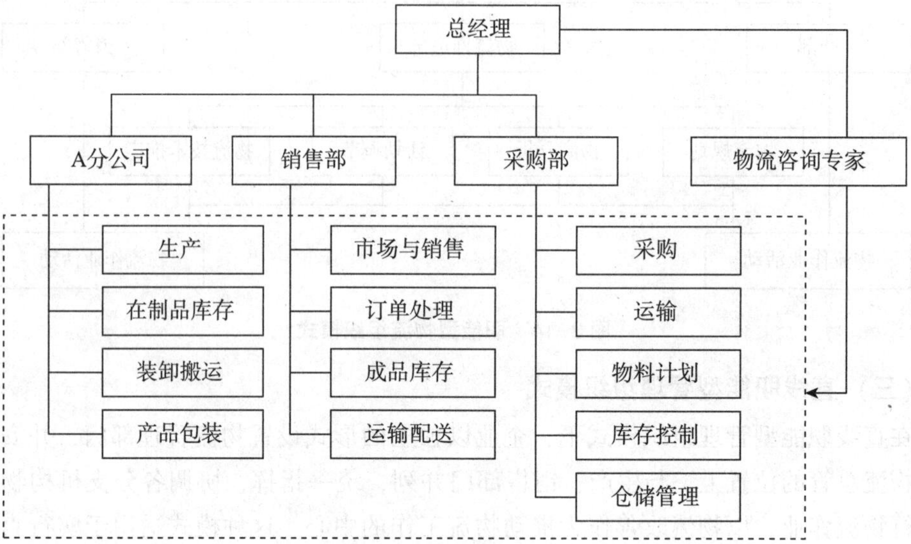

图 3-16　幕僚式组织模式

（五）事业部制物流管理组织结构模式

事业部制物流管理组织结构模式主要应用在规模较大，实行分权的事业部制组织形式的企业中。它以事业部的产品为中心组织物流活动，使物流人员与产品结合在一起发挥作用。这种结构将围绕产品发生的物流活动一体化，不仅包括产品物流，而且包括组织资材供应、库存管理、商品配送等诸多方面，且以产品为主线实现物流一体化，从产品的原材料开始，到把产品送达消费者的整个过程，物流活动都依靠一个物流管理机构进行管理。事业部制物流管理组织结构模式如图 3-17 所示。

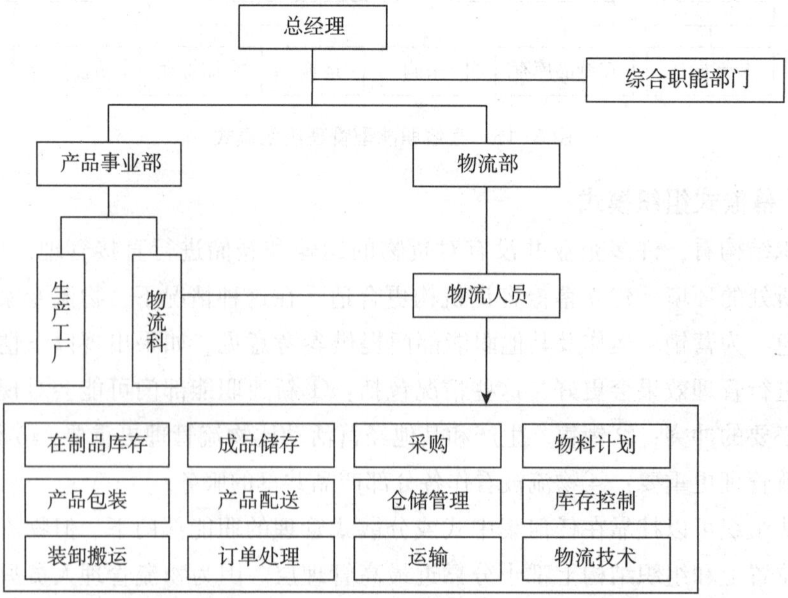

图 3-17　事业部制物流管理组织结构模式

（六）物流子公司型组织模式

物流子公司型组织模式是把公司或企业的物流管理的一部分或全部分离出来，由一个具有法人资格的独立企业，实行社会化、专业化经营。物流子公司型组织模式如图 3-18 所示。

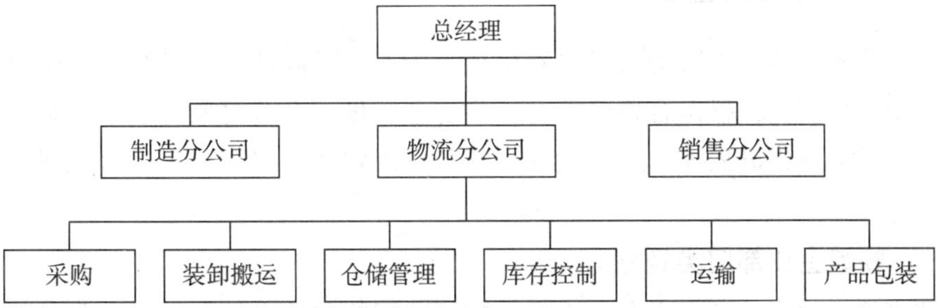

图 3-18　物流子公司型组织模式

物流子公司是根据商业与物流分离体制建立起来的，是站在整个企业的观点，以物流管理效率化和降低费用作为第一目标。物流子公司作为物流管理业务部门，是物流管理组织的一种形式，和上述几种非独立化的属于企业内部的物流管理组织相比，具有下述优缺点（见表 3-1）。

表 3-1　　物流子公司的优缺点

优点	物流子公司产生的费用均可看成物流费用，从而使物流费用明确化，同时也改变了人们对物流的看法，提高了人们对物流成本核算的认识，有利于加强物流管理
	物流子公司作为独立于企业之外的物流管理组织，具有法人资格，独立核算，进行以利润为中心的管理，有利于提高物流效率
	物流业务是物流子公司的主营业务。能摆脱企业内轻视物流工作的陈腐观念，大大地提升了物流业务的地位，从而有利于调动物流工作人员的积极性。同时，由于物流业务专门化和统一指挥，也便于加强对物流人员的劳务管理
	从属于一个公司或企业的物流管理机构，它的活动领域只限于本公司内部；而物流子公司是独立的经营主体，不受这种限制，实行社会经营，可以承担许多企业的物流业务，其业务领域无限制，是可以向外拓展的
缺点	物流管理业务独立化之后，物流子公司与原有企业成为主顾关系，二者之间的抗衡、竞争和矛盾会使原有企业不愿接受物流子公司提出的物流合理化建议，从而不利于原有企业物流合理化的推进
	如果物流子公司不和原有企业彻底脱钩，也会因原有企业转嫁损失、物流规划不合理，以及由于对原有企业的依赖而无法自主经营。这些都会影响物流管理组织的有效性

从国内外物流管理组织的发展历程与趋势看，把企业物流作业职能剥离出来第三方化，作为独立的事业部，实行以利润为中心的经济责任制，是企业物流业务流程优化重组的重要手段，是企业物流组织变革的主要方向。但这里要注意的问题是企业物

流系统化管理功能往往是难以剥离的，因此，企业一般是将非核心的物流作业功能剥离或外包，而整个物流系统管理仍由企业运营。也就是说，“物流作业功能外包+物流管理自营”将是今后企业物流组织管理的主要模式。

五、第三方物流企业组织结构

第三方物流企业组织结构从横向看可划分为若干不同部门。组织结构应服从企业经营管理活动的需要，根据合作经营分工的专业程度，经营对象的技术复杂程度、经营操作的技术装备先进程度、经营的规模等具体因素加以权衡，从经营管理的角度加以确定。

（一）物流企业部门类别划分

一般来说，从第三方物流企业承担的物流功能的共性出发，物流企业内部的组织结构基本可分为业务经营部门、职能管理部门和行政事务部门三大类别，各部门基本职责权限如下。

1. 业务经营部门

业务经营部门指负责组织物流经营业务活动的部门。它的主要任务是直接从事物流活动的经营，对外建立经济联系，并负责处理经营业务纠纷等，其部门的规模和分工程度直接影响企业内部其他部门的组织结构设计。

2. 职能管理部门

职能管理部门指专为经营业务活动服务的管理部门。它直接承担计划、指导、监督和调节的职能，在专业技术上给予帮助，按经理的委托向经营业务部门布置工作，收集、整理经营业务的信息等，是各级领导的参谋部门，不直接从事企业的经营活动。物流企业的职能管理部门是依据管理职能及管理工作的复杂性及其分工的需要而设计的。一般地，物流企业都要设计划与统计、财务与会计、定价与市场等职能管理部门。

3. 行政事务部门

行政事务部门指间接地服务于经营业务部门和职能管理部门活动的行政事务部门，包括秘书、总务、教育、保卫等部门。其主要任务是为经营和管理工作提供事务性服务、人事管理、安全保卫和法律咨询等。

（二）物流企业组织机构设置方式

第三方物流企业的组织结构由其拥有的物流系统资源和其服务功能定位状况决定，通常有以下两种组织机构设置方式。

1. 按物流功能模块设置

在物流服务中，第三方物流企业以自身的物流资源能承担的物流功能来设置机构与部门，因此也叫独立资源型组织设置方式，其组织模式如图 3-19 所示。如企业具有仓库、流通加工设备与场地、各式卡车等，就可以设置运输部、仓储部、配送部、加工部、财务部、客户服务部、市场部等。

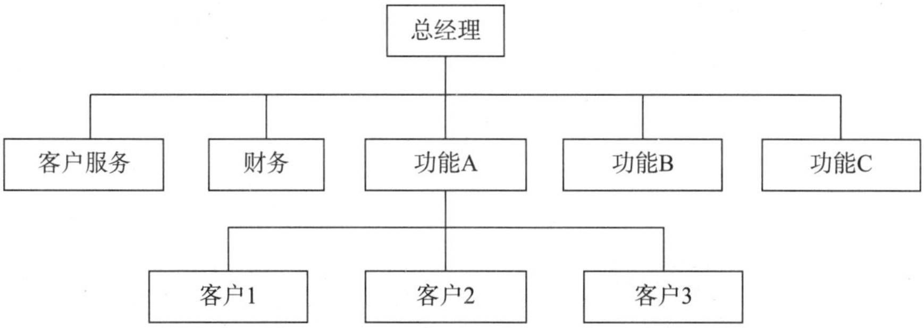

图 3-19　功能模块设置组织模式

2. 按企业综合资源设置

物流企业自身具有物流硬件和软件服务资源，可以向市场提供第三方物流服务，同时又将部分客户资源外包出去，其组织模式如图 3-20 所示。

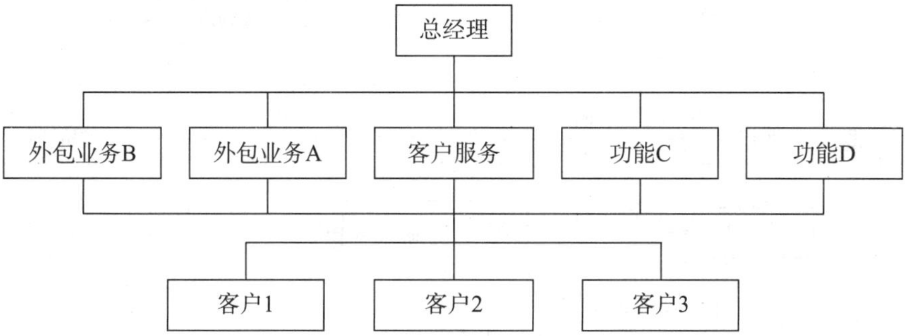

图 3-20　综合资源设置组织模式

【本章案例】

某化工企业物流系统运行模式与组织的设计

某大型化工企业于 1938 年建厂，现有员工一万余人，占地面积 330 万平方米，固定资产 20 亿元。主要生产烧碱、聚氯乙烯、一氯化苯、环氧氯丙烷、盐酸、液氯等多种产品，型号齐全、质量优良，产品行销全国各地，并出口美国、日本、澳大利亚及东南亚等国家和地区。

该企业的物流主要有供应物流、生产物流和销售物流三个方面，原来这些物流业务分属于各个职能管理部门。由原料科负责原材料的采购，其中原料一科负责电石和丙烯颜料助剂的采购，原料二科负责酒精、燃煤、纯苯、冰醋酸、硫酸、重晶石、燃油的采购。原材料的储存管理由各材料仓库负责。生产过程中的物流组织由生产计划部门负责。而销售物流由销售部门的四个科室分别组织，其中销售一科负责烧碱、盐酸、液氯、氯化钡、硫氢化钠、废旧碳酸产品的销售与物流组织；销售二科负责聚氯乙烯、PVC 新产品的销售与物流组织；销售三科负责氯油、氯仿、DDT（双对氯苯基三氯乙烷）、一氯化苯、氯乙烷、环氧氯丙烷产品的销售与物流组织；销售四科负责水泥、熟料等产品的销售与物流组织。

现在，公司希望通过对这些业务进行重组，优化企业物流系统运营模式，并成立专门的物流管理部，对物流过程实行系统管理。企业优化后的物流系统运营模式如图3-21所示。

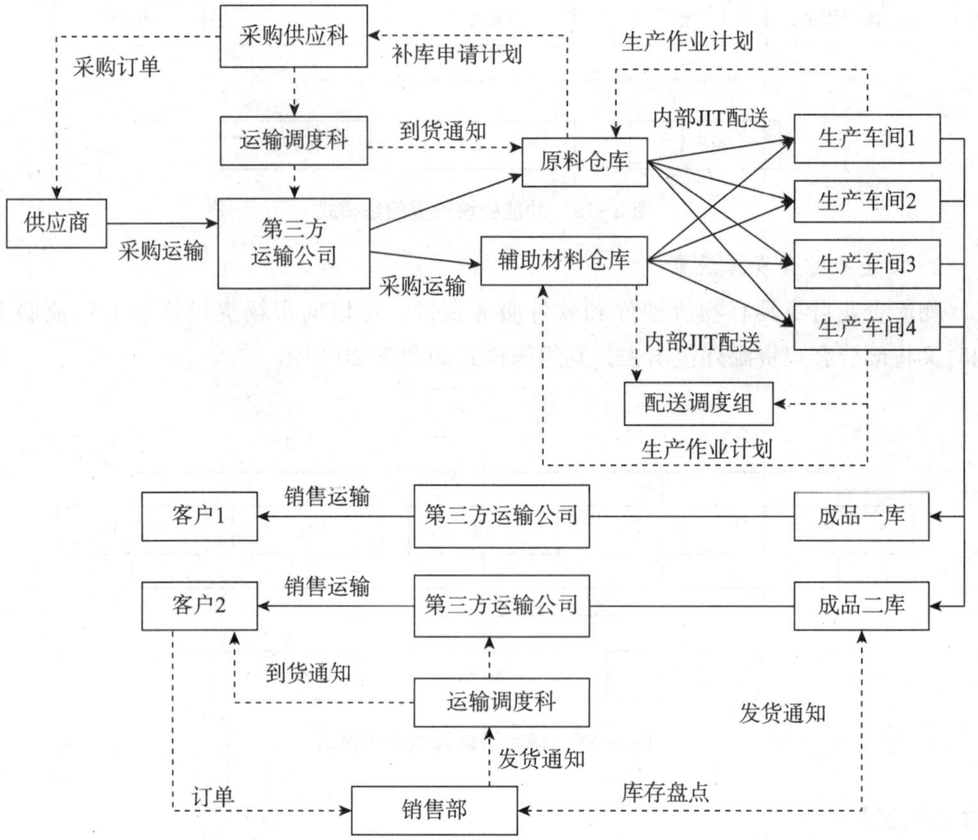

图3-21 企业优化后的物流系统运营模式

在新的物流系统运营方案中，新成立的物流管理部主要是负责供应物流与销售物流的组织，而生产物流没有包括其中，这主要是因为生产物流与生产工艺流程、厂区布置，特别是生产作业计划和作业排序等有关，所以生产物流过程仍然由生产部门组织管理。在供应物流的组织上，采用“集中采购、集中库存、统一配送”的管理模式，在各生产作业点和二级分厂内不留库存，由物流部门原材料仓库根据每天的实时生产需求，实施对作业点的送料，通过仓库统一的JIT配送降低原材料库存量，加强原材料的管理。在产品销售上，实行“商流”与“物流”的分离管理。销售部门组织对客户的销售工作，而由物流部门配合销售部门做好销售物流的运输管理和产成品库存的管理，以利于物流部门有效地对产成品库存实施控制，避免销售部门片面追求销售而忽视产成品库存管理。

单独设立物流管理部负责供应物流与销售物流的组织，具体包括以下六个职能。①原材料采购。制订原料与各种辅助材料的采购计划、采购订货，与供应商之间的关系协调等。②采购运输的组织管理。组织原材料采购的运输、接收并组织入库。③原材料库存管理。各种原料与辅助材料的储存管理、库存量控制、存货盘点等。④原材料配送。对生产所需的主要原料进行配料、下料，组织对制造车间的供应；对于生产过程中所需的各种辅助材料以及机料消耗，可以按照JIT供应的原则，按照每个生产工位的实时需求，由原料仓库和辅助材料仓库对其实施及时的配送供应。⑤产成品库存管理。产成品入库的接收、产成品库存管理、存货盘点等。⑥销售运输的组织与管理。按照销售部门的销售合同或其他相关信息，组织运输客户的产品，并进行发货后的追踪管理。

物流管理部内部再设立二级科室负责相应业务管理，其具体职责划分如下。

1. 采购供应科

采购供应科设科长一人，分两个采购组，每个采购组各设采购主管一人，每组设采购员若干人。采购供应科的基本职责包括：①分析公司原材料市场品质和价格等行情；②寻找各种原料和辅助材料来源，对每项物料的供货渠道加以调查和掌握；③与供应商洽谈，建立供应商的有关资料档案；④要求报价，进行议价，有能力可进行估价，并做出比较；⑤采购所需的原料和辅助材料；⑥查证进厂物料的数量与品质；⑦对供应厂商的价格、品质、交期、交量等做出评估；⑧掌握公司主要物料的市场价格起伏状况，了解市场走势，加以分析并控制采购成本；⑨以采购合同或协议控制协调交货期；⑩呆料和废料的预防和处理。

2. 原材料管理科

原材料管理科下设若干个仓库，仓库按原材料的品种分类。科室中设置科长、库存管理员和配送管理员岗位，在每个材料仓库，设置仓库主管、信息协调员、仓库管理员及配货员、搬运工等岗位。原材料管理科的基本职责与工作内容包括：①各种原料和辅助材料的验收入库；②各种原料和辅助材料的日常储存管理；③定期盘点在库货物，掌握货物的消耗动态，保证账实相符；④对储存货物进行日常的科学保养和安全保护；⑤根据生产需求信息，实施对生产作业点进行配货和送货；⑥做好各种货物的收发结存记录。

3. 产成品管理科

产成品管理科按产品的种类设置相应的几个产成品仓库。岗位设置上，产成品管理科设科长和信息管理员岗位，各个产成品仓库设仓库主管、库存管理员、信息协调员、出入库管理员、搬运工等岗位。产成品管理科的主要职责与主要工作包括：①产成品的验收入库；②各种产品的日常储存管理；③定期盘点产成品，掌握产品的库存动态，保证账实相符；④对产品进行日常的科学保养和安全保护；⑤根据销售部门的要求组织出货；⑥与运输调度科、销售部协调组织货物的具体发运工作；⑦做好各种货物的收发结存记录；⑧如果有外地产成品库存，应做好外地库存的管理工作。

4. 运输调度科

运输调度科主要负责原材料采购、厂内配送和产成品销售的运输组织。主要岗位包括科长、采购运输管理员、配送信息管理员、销售运输管理员、车辆调度员、司机等。运输管理科的主要职责包括：①运输车辆的管理与维护；②配合采购供应科做好原材料的进货运输工作；③配合原材料管理科做好内部原材料的配送运输工作；④配合产成品管理科和销售部做好销售物流的运输工作；⑤运输过程中的相关保险工作；⑥做好各种运输用车的台账记录工作。

调整后的企业物流管理组织结构如图 3-22 所示。

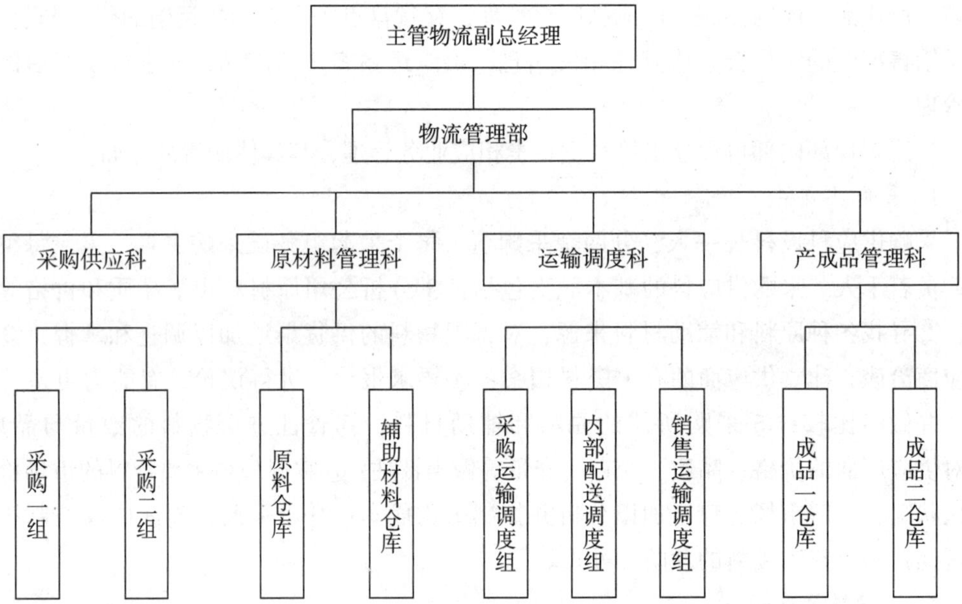

图 3-22　调整后的企业物流管理组织结构

【作业思考题】

1. 简述物流系统运行模式的含义。
2. 物流系统运行模式设计的理论依据有哪些？
3. 典型的物流系统运行模式有哪几种？简述其运作原理。
4. 简述物流运营管理系统与企业运营系统的关系。
5. 物流管理组织设计的主要任务是什么？
6. 为什么要进行物流管理体制的定位决策？
7. 企业物流管理组织有哪些模式？各有何特点？

第四章　物流网络规划与优化模型

【导　言】

现代物流体系就像人体血液循环体系一样，必须有一个完善的通道平台做支撑，方能实现其流动的功能。物流网络化是现代物流的主要特征，而物流网络的完善程度是企业物流营运能力的体现。因此，物流网络规划与建设对企业物流系统构建而言就显得尤为重要。本章在阐述物流网络构成和其结构模式的基础上，主要介绍了企业物流网络规划的内容、原则和要求、考虑因素及一般步骤，同时也对物流网络规划所需数据的获取与处理、网络优化模型构建问题进行了相应的探讨，重点举例讨论了多元节点布局的0-1混合整数规划模型。

【学习目标】

通过本章的学习，理解物流网络、物流节点、物流网络结构模式等基本内容及物流网络建设对企业经营的重要意义；知晓企业物流网络规划的内容、原则和要求、考虑因素、一般步骤，物流网络规划数据获取路径与处理方法，了解物流网络优化的技术路径与基本方法。

【教学要点】

- 物流网络的含义、构成要素，物流节点的功能与种类，物流网络结构模式；
- 企业物流网络规划的内容、原则和要求、考虑因素及一般步骤；
- 物流网络规划所需数据的获取来源、途径与数据处理的方式；
- 物流网络规划常用的优化技术，模型建立的策略，模型的种类及求解。

第一节　物流网络概述

一、物流网络的概念

物流过程由许多运动过程和许多相对停顿的过程组成，也就是说物品一直处于运动→停顿→运动→停顿的流动状态。因此，物流系统是一个网络系统，是由节点与链线构成的一个动态复杂的网链结构。这个网链结构就是一般意义上的物流网络，如图4-1所示。

一般，物流网络中的链线代表不同储存点之间货物的移动路径，任意一对节点之间可能有多条链线相连；节点就是储存点，是货物停顿作业的场所，代表那些库存流

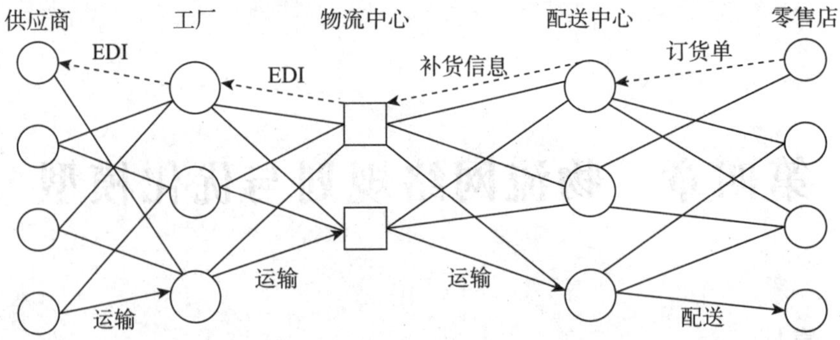

图4-1　物流网络

动过程中临时经停的场所与组织，即零售店、仓库、码头、车站、物流中心、配送中心、工厂或者供应商等。物流过程中的这些节点与链线一起构成物品实体流动网络。节点之间除存在产品实体的流动，还存在大量物流信息的传递，并且信息的及时传递和加工处理对整个物流网络的运行效率具有重要影响。

国家标准《物流术语》（GB/T 18354—2021）对物流网络（logistics network）的定义为：通过交通运输线路连接分布在一定区域的不同物流节点所形成的系统。对物流节点（logistics node）的定义为：具有与所承担物流功能相配套的基础设施和所要求的物流运营能力相适应的运营体系的物流场所和组织。

对于物流网络的含义，我们可以从不同的角度理解，从网络的覆盖范围看，物流网络可以分为区域物流网络、城市物流网络和国际物流网络；从物流活动运行主体看，物流网络可以分为企业物流网络、社会物流网络；从企业经营阶段看，物流网络可以分为供应物流网络、生产物流网络、销售物流网络和整个产品供应链物流网络；从物流功能看，物流网络可以分为运输网络、仓储网络、配送网络等。随着经济水平的不断提高，物流网络节点的规模、功能越来越具有多样性。

二、物流节点的功能与种类

（一）物流节点的功能

物流节点也称为物流据点，在物流系统中具有如下功能。

1. 衔接功能

物流节点将各个物流线路联结成一个系统，使各个线路通过节点变得更为顺畅，这种功能称为衔接功能。物流节点的衔接功能可以通过多种方法实现，主要有：①通过转换运输方式衔接不同运输手段；②通过加工衔接干线物流及配送物流；③通过储存衔接不同时间的供应物流和需求物流；④通过集装箱、托盘等集装处理衔接整个“门到门”运输，使其成为一体。

2. 信息功能

物流节点是整个物流系统信息传递、收集、处理、发送的集中地。这种信息功能在现代物流系统中具有非常重要的作用，也是复杂物流单元能联结成有机整体的重要保证。在现代物流系统中，每个节点都是物流信息点，若干个这种类型的信息点和物流系统的信息中心结合起来，便成了指挥、管理、调度整个物流系统的信息网络，这是物流系统建立的前提条件。

3. 管理功能

物流节点不仅具有一般的物流作业功能，而且具有指挥、调度等功能，是整个物流网络的灵魂所在。物流系统的管理设施和指挥机构往往集中设置于物流节点中，是集指挥、调度、衔接及货物处理为一体的物流综合设施。整个物流系统运转的有序化和高效化取决于物流节点管理功能的实现。因此，物流节点又称为物流中枢或物流枢纽。

（二）物流节点的种类

物流节点是物流网络中连接物流线路的结节之处，是物流线路的起点和终点，是物流网络系统中进行物资的储存、装卸、包装、流通加工和信息处理的场所。它是物流网络系统中一个重要的组成元素，包括物流枢纽、物流园区、物流中心、配送中心和传统的货物集散点（如仓库、货场、港口、码头、航空港等），具体如图 4-2 所示。

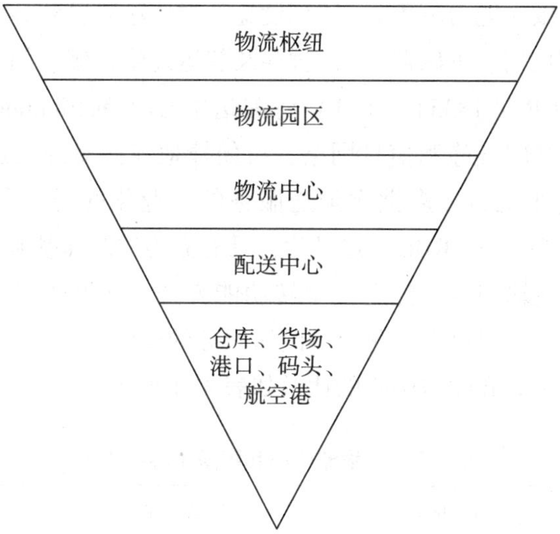

图 4-2 物流节点设施层次

1. 物流枢纽

国家标准《物流术语》（GB/T 18354—2021）对物流枢纽（logistics hub）的定义为：具备较大规模配套的专业物流基础设施和完善的信息网络，通过多种运输方式便捷地连接外部交通运输网络，物流功能和服务体系完善并集中实现货物集散、存储、分拨、转运等多种功能，辐射较大范围物流网络的公共物流节点。

2. 物流园区

物流园区也称物流基地，是多种物流设施和不同类型物流企业在空间上集中布局的场所，是具有一定规模和综合服务功能的特定区域。物流园区是物流组织和物流设施的集聚体，是一种特殊的产业集聚，具有多种物流服务一体化功能，也是一种社会公共基础设施。国家标准《物流术语》（GB/T 18354—2021）对物流园区（logistics park）的定义是：由政府规划并由统一主体管理，为众多企业在此设立配送中心或区域配送中心等，提供专业化物流基础设施和公共服务的物流产业集聚区。

3. 物流中心

国家标准《物流术语》（GB/T 18354—2021）对物流中心（logistics center）的定义为：具有完善的物流设施及信息网络，可便捷地连接外部交通运输网络，物流功能健全，集聚辐射范围大，存储、吞吐能力强，为客户提供专业化公共物流服务的场所。物流中心一般配有先进的物流管理信息系统，其主要功能是促使商品更快、更经济地流动。物流中心的主要作用包括集中储存，提高物流调节水平；有机衔接，加快物流速度，缩短流通时间，降低流通费用；根据需要适当加工，合理利用货源，提高经济效益。物流中心按其作用可分为集货中心、分货中心、转运中心、配送中心、仓储中心和加工中心。

4. 配送中心

配送中心指专门从事配送业务的物流节点，主要功能包括集货、储存、流通加工、分拣、配货、包装及送货等。其中分拣、配货及送货是其主要功能。配送中心的主要设施和设备有装卸机械（能力较大），储存设施，主传输装置和分支传输装置，货物识别装置（如光电识别机构、识码器等），暂存及装运设施，棚、厢式配送车辆等。国家标准《物流术语》（GB/T 18354—2021）将配送中心（Distribution Center，DC）定义为：具有完善的配送基础设施和信息网络，可便捷地连接对外交通运输网络，并向末端客户提供短距离、小批量、多批次配送服务的专业化配送场所。将区域配送中心（Regional Distribution Center，RDC）定义为：具有完善的配送基础设施和信息网络，可便捷地连接对外交通运输网络，配送及中转功能齐全，集聚辐射范围大，存储、吞吐能力强，向下游配送中心提供专业化统一配送服务的场所。

物流园区、物流中心和配送中心的比较如表 4-1 所示。

表 4-1　物流园区、物流中心和配送中心的比较

比较项目	物流园区	物流中心	配送中心
功能	全面	单一或全面	较单一
规模	大	一般较大	可大可小
在供应链中的位置	在供应链的下游，配送中心、物流中心的上游	一般在物流园区的下游，配送中心的上游	一般在物流中心的下游，最接近客户
物流的特点	多品种、大批量、多供应商	少品种、大批量、少批次、少供应商	多品种、小批量、多批次、多供应商
服务对象	比较广泛	通常提供第三方物流服务	物流对象一般比较单一
辐射的范围	辐射范围广	辐射范围中等	辐射范围较小

5. 仓库、货场

国家标准《物流术语》（GB/T 18354—2021）将仓库（warehouse）定义为：用于储存、保管物品的建筑物和场所的总称。仓库一般可分为自营仓库、公共仓库、立体仓库、交割仓库等多种形态。国家标准《物流术语》（GB/T 18354—2021）将货场（freight yard）定义为：用于储存和保管货物、办理货物运输，并具有货物进出通道和装卸条件的场所。

6. 港口、码头

国家标准《物流术语》（GB/T 18354—2021）将港口（water port）定义为：位于江、河、湖、海或水库等沿岸，由一定范围的水域和陆域组成的且具有相应的设施设备和条件开展船舶进出、停靠，货物运输、物流等相关业务的区域。将码头（wharf）定义为：供船舶停靠，装卸货物等相关作业的水工建筑物及场所。

7. 航空港

国家标准《物流术语》（GB/T 18354—2021）将航空港（airport）定义为：位于航空运输线上，依托机场的建筑物和设施，开展货物装卸暂存、中转分拨等物流业务的基础设施（区域）。

三、物流网络结构模式

（一）层次结构模式

1. 多层次物流网络

多层次物流网络由一级物流中心、二级配送中心、基层配送中心等多个物流节点构成。其中一级物流中心在物流网络中处于主导地位，二级配送中心及基层配送中心处于被辐射地位，基层配送中心是物流网络的基础。多层次物流网络如图 4-3 所示。

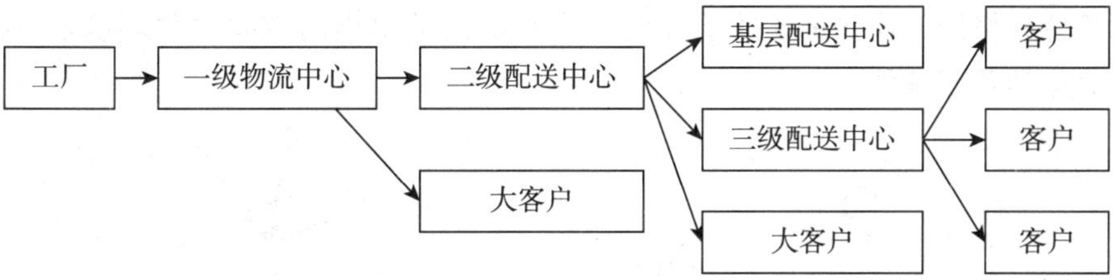

图 4-3　多层次物流网络

2. 双层次物流网络

双层次物流网络是由物流中心和配送中心组成的二级物流网络，也是目前最常见的物流网络。在二级物流网络中，数量较多、分布很广的配送中心是主要为城市范围内的中小用户服务的城市配送中心，它们是双层次物流网络的基础结构。双层次物流网络如图 4-4 所示。

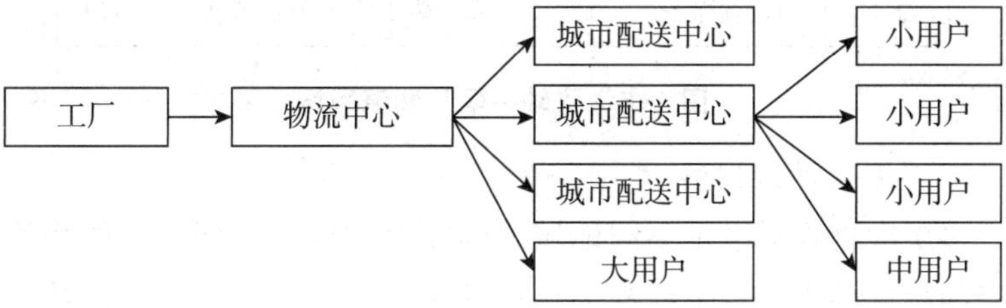

图 4-4　双层次物流网络

3. 单层次物流网络

单层次物流网络基本上是由一种（或一级）物流节点构成的。我国在推行配送制过程中建立的物流（配送）中心及其所构成的网络基本都是这样的结构。单层次物流网络如图 4-5 所示。

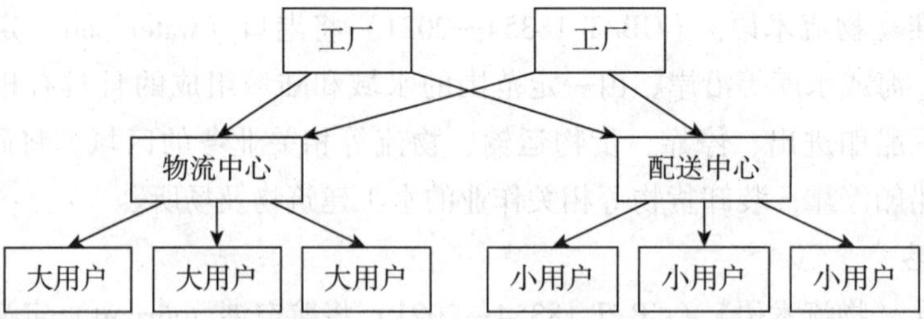

图 4-5　单层次物流网络

（二）空间结构模式

1. “轴—辐”物流网络

“轴—辐”物流网络指以主要枢纽物流节点（交通枢纽城市、枢纽港口、物流园区、物流中心、配送中心、车站、空港等）为“轴心”，以次要（或二级）物流节点（物流中心、配送中心、交通站点、仓库）或辐射的客户（货主企业）为“车辐”，形成具有密切联系的类似“车轮”的物流空间网络系统，如图 4-6 所示。“轴—辐”物流网络具有明显的规模效益、辐射效应、集聚效益和空间效益，其最大优势是规模效益。这种类型的物流网络在沿线重要的交通站点、物流枢纽或物流园区（物流中心）呈放射状分布格局，这些重要的基础设施为经济活动提供的空间关联环境是物流网络形成和演化的首要条件。

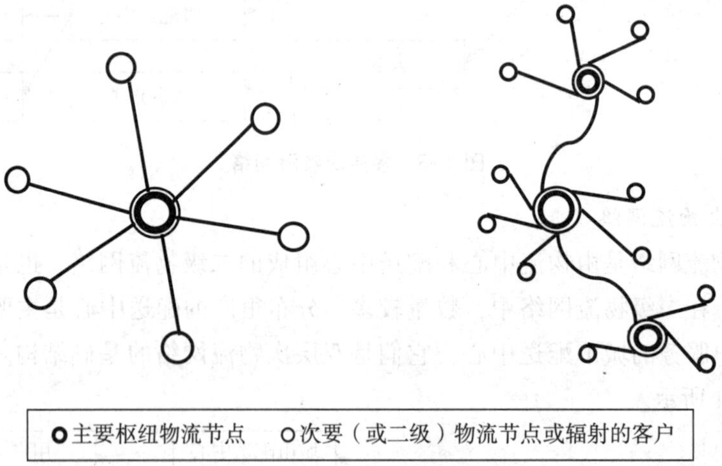

图 4-6　“轴—辐”物流网络

2. 多中心、多层次物流网络

多中心、多层次物流网络是不同地域之间相互关联、密切合作的物流节点所构成的一种物流空间结构形式，是生产社会化和社会化分工协作发展的必然结果，也是物流经济发展的客观趋势，如图 4-7 所示。

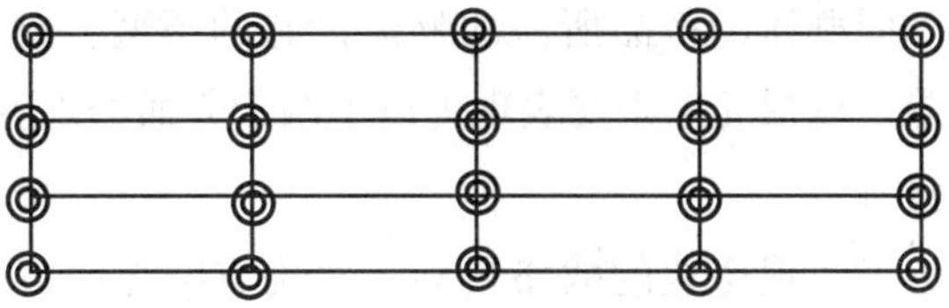

图 4-7　多中心、多层次物流网络

3. 复合物流网络

复合物流网络是由“轴—辐”物流网络和多中心、多层次物流网络两种物流网络综合而成的一种物流网络空间结构模式，其主要特征体现在物流网络的协同效应，如图 4-8 所示。这种协同式复合物流网络在合理配置社会资源、协调经济社会平衡发展方面发挥特别重要的作用。

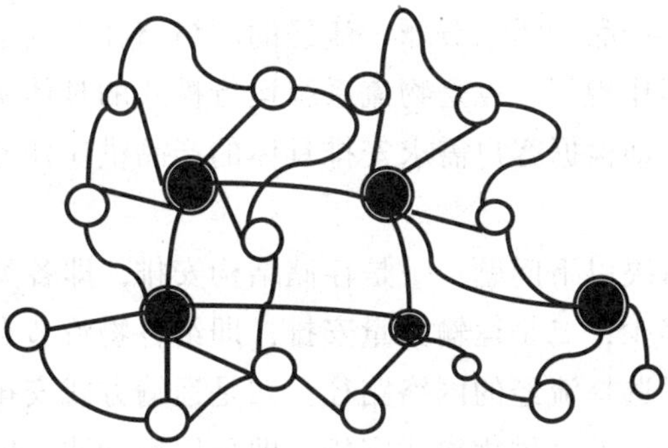

图 4-8　复合物流网络

第二节　企业物流网络规划

一、企业物流网络规划的意义

企业物流网络是由企业内外供应链各经营阶段的物流节点及其产品流经的路径与方式构成的，是支持企业采购、生产、销售等经营活动的物流基础。为实现企业客户服务目标，只有合理规划好企业物流网络，才能使企业物流系统获得整体优化，才能保证企业供应链物流系统高效运行。企业物流网络规划是企业物流系统规划的重要内容。

二、企业物流网络规划的内容

企业物流网络规划就是确定产品从供货点到需求点所需的节点与线路结构，规划的内容主要包括服务不同群体的产品所需的物流设施的类型、数量与位置以及产品在设施之间的运输方式等。概括起来主要表现为以下两个方面的内容。

（一）网络结构设计

网络结构设计是为了实现企业的战略目标，对构成网络的节点设施进行选址布局决策。设计网络结构时，要确定各节点设施的数量、规模、位置和库容、生产能力以及储存产品的种类、数量。同时，要设定整个网络库存水平的目标值和所要提供服务的水平。设计时应使用汇总后的数据和长期预测值，一年内不会重复该规划过程。

网络结构设计的基本要求是：①满足物流客户服务约束条件的同时，应使所有相关物流成本最小化；②在总成本的限制条件下，使物流客户服务水平最高；③尽量使物流对利润的贡献最大。其中，第三个要求与企业的经济目标更为一致。但由于企业产品的销售—服务关系往往难以得到，所以多数网络结构设计都围绕第一个目标建立。

（二）物流渠道设计

物流渠道设计是对产品的需求分派、流经的网络路径及其运作机制进行安排，它既是关于成型网络的运作规划，也是物流系统运行模式的具体实施方案。物流渠道设计的关键是需求分派，即根据客户需求安排具体的产品供应任务。物流渠道设计每季度或每月要重复规划。

物流渠道设计应解决以下问题：一是存储结构安排，即各类产品在渠道各层级和各存储点内应该存放多少；二是运输数量安排，即给各物流节点分派多少需求；三是运输路径安排，即产品选择流经的网络路径；四是运输方式安排，即各层级之间最好采用哪种运输服务方式；五是供货模式安排，即采用推动式、拉动式还是采用分拨式供货；六是信息传递方式，各级存储点之间使用哪种信息传递方式。物流渠道设计可利用计算机模拟特定网络的订单和产品的流动。

三、企业物流网络规划的原则和要求

（一）规划原则

企业物流网络规划的关键是确定企业供应链各经营阶段重要的物流节点——仓库、物流中心、配送中心的区域空间布局，因此企业物流网络规划应遵循区域物流网络构建的一般原则。

1. 根据区域经济规划

可以借助物流配送中心将区域内的企业密切联系起来，并与区域经济的发展相结合，有利于组织合理运输，实现物流的优化。

2. 以城市为中心规划

城市本身就是区域物流服务的对象，也是物流产业聚集地。以城市为中心进行企业物流节点布局，既能满足城市生产和消费的需要，又能发挥城市对周边区域的物流组织和辐射功能。

3. 遵循商物分离原则

按照商物分离的原则，将商业交易中心和物流配送中心分开布局，自成系统，以促进物流合理化。

4. 设置物流信息网络

设置物流节点形成物流实体网络的同时，还应设置物流信息网络，使每个物流节点成为物流信息网络的子系统或终端，以提高区域物流管理水平，实现物流效率化。

（二）规划要求

企业物流网络规划是基于供应链的物流网络规划，因此，除了要遵守物流网络构建的一般原则，还应根据企业在供应链中的地位及其产品的物流特征来规划企业物流网络，充分体现供应链管理对物流网络的特殊要求。

1. 整体性要求

整体性要求在企业物流网络规划过程中从供应链与物流网络的整体出发，考虑各种相关问题。在供应链环境下，物流网络包含了情况不同的供应链成员企业，在确定网络目标时，要从全局利益出发，才更容易达成广泛的一致性。

2. 协同性要求

协同性要求是整体性要求的延伸。在进行企业物流网络规划时，可以通过成立专门的业务小组负责规划工作，而小组成员由各企业的代表组成。这样从规划开始就可以协调各企业之间的关系，并充分了解其他企业对自身和网络的期望，同时也可以制定一些利于协作的合约与运作流程，如信息传递方式与渠道、信息共享范围等。

3. 整合性要求

基于供应链的物流网络涉及范围广，遇到的问题也更加复杂，因此在进行企业物流网络规划时必须充分发挥创新精神，大胆引进系统整合技术，才能产生更好的效果。物流网络扩展到整个供应链全过程，可以整合更多的资源，采取更多的资产处理方式优化整个网络。

4. 收益最大化要求

收益最大化要求是企业物流网络规划永恒不变的要求。在企业物流网络规划的过程中，企业应注意某项成本的增加能否带来相对应的收益弥补，如果不能就不应采取该方案。这时还应注意整体性原则，如果局部成本的增加小于其带来的整体利益的增加，该方案就是可行的。

四、企业物流网络规划应考虑的因素

企业物流网络规划涉及许多方面的内容，企业必须考虑多种因素的影响，包括企业战略、市场竞争、客户服务水平以及运营成本。

1. 企业战略

企业战略对企业物流网络规划具有指导作用。在不同的战略指导下，会有不同的物流网络规划结果。基于成本战略的企业，尽量考虑降低企业的运营成本，其设施选址首要考虑的因素是地价和劳动力，并使其达到最低。基于客户战略的企业，一般认为使客户享受到最满意的服务、在最短的时间内响应客户需求是企业战略的根本，一般把物流服务设施选在最方便到达客户的位置。

2. 市场竞争

企业在进行物流网络规划时，必须考虑市场竞争对手的战略、规模和物流设施布局。如果市场竞争的氛围是倡导共赢，那么企业会把物流设施建在竞争对手的附近，如果是同质市场，就应该采取产品或服务差别化竞争战略。

3. 客户服务水平

客户服务水平是影响企业物流网络规划的因素之一。客户对物流设施的服务质量、服务价格、服务半径、响应速度等方面的需求，直接影响企业物流网络规划，但客户服务水平又与物流服务成本存在效益背反现象，企业应在服务水平与成本之间进行权衡，做出合理决策。如物流中心选址距离目标客户较近，则有利于提高服务水平，但增加了整个企业仓储设施数量，从而导致仓储费用上升。

4. 运营成本

随着物流网络的重新架构，一些设施的地址、角色分配都要发生改变，这样会减少一些非优化成本，同时增加一部分新支出。企业物流网络规划需要综合考虑各类成本变化，重新设计的目的一般是使物流总成本降低。物流总成本的两个重要来源是物流运营成本和设施相关成本。物流运营成本主要包括库存成本和运输成本；设施相关成本包括设施建设成本和运营成本。

五、企业物流网络规划的一般步骤

（一）组建物流网络规划工作小组

组建物流网络规划工作小组，明确规划项目管理程序，估计研究所需的人员和其他支持条件。工作小组的构成应该考虑网络规划的实施问题，应注重那些可能受该项研究影响的领域和那些能够根据需要提出宝贵意见的人员，生产和市场部门尤其重要，必须派代表加入工作小组。同时工作小组最好有供应链上下游节点企业的人员，特别是供应链核心企业的人员。

（二）明确物流网络规划的目标与要求

企业可以根据自身的实际经营情况、现有物流网络的业绩水平与未来物流业务的发展，建立一个参照点，即行业分拨成本和客户服务绩效标杆进行对比分析，设定物流网络规划的目标。目标的重点应体现在对客户的物流服务水平的衡量上。规划目标确定后，还应进一步明确物流网络规划的具体要求，如投资规模、设施网点数量、空间分布、服务时间要求等，这是网络规划的约束条件。该阶段的工作任务有：列出问题清单和关键性问题的假设条件；了解和把握企业物流运作情况和市场方面的政策；明确数据收集的要求及收集程序；以成本和客户服务为目标，确认规划方案评估标准。

（三）对企业物流网络进行规划与设计

通过对物流系统现状进行考察，访问有关人员，收集物流网络规划所需的数据及相关背景资料，提出物流网络规划方案。物流网络规划与设计是所有步骤中最耗时，也是难度最大的一个步骤。

物流网络规划与设计往往面临着更多的不确定性与更加复杂的环境，因此必须结合具体情况分析现有的物流网络并得出解决方案，同时应大胆采用一些新方法解决现有的问题。由于大多数决策支持工具仅能用于评估方案而不能生成方案，因此在方案设计时，应尽可能拿出较多的优秀方案。同时方案的选优，还应征询供应链节点合作企业的意见。

在推荐出满意的方案后，还应对推荐方案进行技术经济评价和社会效益评价，即对技术方案本身所产生的经济利益和宏观社会效益进行分析，为方案决策提供科学依据。

（四）制订物流网络建设实施计划

通过物流网络规划与设计，虽然得出了物流网络规划与设计方案，但将这些蓝图变成现实还需要制订一个有效的实施计划，这个计划要能指导企业把现有的物流网络成功转变成预期的物流网络。

第三节　物流网络规划数据获取与处理

物流网络规划往往需要大量的数据。这些数据包括产品清单；客户、存储点和供货点的位置；客户对产品的需求及产品的季节性；运输费率或运输成本；要货时间、运输时间、订单传输处理时间；仓储费率或仓储成本；采购成本、生产成本；不同产品的运输批量；各地点各产品的库存水平；控制库存的方法；订单的内容、数量、频率、处理成本、处理环节；资金成本；客户服务目标；现有设备和设施以及作业能力；当前货物分拨方式等。

一、数据来源

物流网络规划所需的数据需物流管理人员通过各种途径从企业内部以及企业外部获取，主要包括业务运作单据、财务报告、物流研究报告、公开发布的信息和相关企业与人员。

（一）业务运作单据

主要应从物流业务或与物流密切相关的业务单据中，获得规划所需的信息资料，如销售订单及其附带单据，我们可以从中获取大量物流信息，如客户所在地、各客户不同时期产品的销售水平、销售条件、服务点、运输批量、库存状态和订单履行率、客户服务水平等。如果我们想了解某仓库发出的特定批量的货物占货运总量的比重，运费单或包含批次、费用及承运人的报告就是合适的数据来源。由这些原始数据就可以得出货运批量的概率分布。

（二）财务报告

财务报告也是物流管理人员借以获得内部信息的重要来源。财务报告侧重于确定各项运作成本，包括物流活动的成本。一般情况下，财务报告能很好地报告大多数的物流成本。

（三）物流研究报告

物流研究报告提供的信息是运作订单处理系统或财务系统所不能提供的。物流研究报告通常由公司内部或外部的咨询小组和大学教授完成。它是获取同行业中的其他企业和其他行业物流数据的宝贵源泉。

（四）公开发布的信息

许多二手数据（有时也包括原始数据）都来自企业外部，其中包括专业杂志、政府组织编写的研究报告和学术期刊等，从中可以得到有关成本和行业发展趋势、技术进步、经营水平以及预测方面的信息。

（五）相关企业与人员

公司经理、咨询顾问、销售人员、运作人员和供应商都是企业的数据来源，都应当被视为物流数据库的一部分。开启这些随时可得的数据来源往往无须任何投资。

二、数据编码

利用数据编码技术可加速数据的处理，其中数据编码技术主要包括产品编码和地理编码技术。

（一）产品编码

条码与 RFID（射频识别）技术是目前比较流行的数据编码技术，它通过光学扫描或射频识别，可以识别不同的产品、包装箱和不同批次的货物。数据编码技术便于快速而准确地传输数据，同时有助于对数据进行分类、筛选和重组。将数据转化为网络规划所需的信息，特别要注意的是如何设计物品编码，使其成为可能对网络规划和物流运作有用的数据。

（二）地理编码

按地理位置收集销售数据对物流网络规划有非常重要的意义。因为运输决策、设施选址决策和库存决策的分析都会因为有这样的地理数据而得到改进。对物流网络的设计人员来说，一个客户就代表一个地理位置。理想的物流数据应该是客户的地理编码。

数据地理编码的方法有两种：一种是将直线网格层叠在地图上，然后以水平方向、垂直方向的方格数作为地理编码。另一种是在地图上标出经纬度坐标，该坐标也可以作为地理编码。然后，将客户数据和销售数据放在网格线划分的不同单元格中。也就是说，将位于某个单元格里的某客户的信息与同一单元格里的其他客户的信息汇总在一起，同时单元格里所有的客户都被视为位于单元格的中心或重心。这个单元格的位置代码就是横坐标和纵坐标的组合。所有数据都可以表示成这样的数字。

决定网格大小需要平衡两个方面的因素：一是数据过分集中，会导致数据准确性的丧失；二是数据过于复杂，使得网格单元的相关成本过细，不能像客户那样进行分组，因而无法享受取均值带来的好处。

由于这些编码数字指代某一地区或者某一点，因此对这些编码数字进行数学处理就可以确定两地或两点之间的距离和运输时间，估计运输费率。

这种数据处理方法简便易行的特点成为设施选址分析和运输成本近似分析中的一大优势。

三、数据分析处理

数据收集好后，还要进行编排、提炼、分组、汇总，或以其他方式进行处理来支持网络规划。经过加工后的数据就转化为决策时使用的信息。

（一）数据分析单位

在网络规划之初，首先要决定分析中使用的计量单位。常见的有重量单位（如千克、吨）；货币单位（如元、美元）；物品的个数单位（如箱、件）或体积单位（如升、立方米）。分析单位一旦确定，分析中所有相关成本的计量单位都要与其保持一致。

物流管理人员在多数网络规划问题中都倾向使用重量单位，因为网络规划中最主要的成本是运输成本，而运输费率通常以货物重量表示。

（二）产品归类分组

由于产品种类繁多、包装规格不一，往往会增大网络规划的难度，为简化产品种类，可行的方法是将这些产品汇总为合理数量的产品组合。如将共用同一个配送渠道的产品分在一组，而将不能使用同一个配送渠道的产品另列一组。

常用的产品编组方式有两种：一种是将那些订货量大、需要直接大批量运到客户所在地的产品归为一组，而将订货量小、需要经仓库系统转运的产品归为另一组；另一种是按货物的运输等级分组。无论采用何种产品分类方法，汇总产品的工作量都是很大的。网络分析时常常要求产品组别不超过 20 个。

（三）估计运输费率

物流网络规划中，估计运输费率是一项重要的工作，因为可能有许多种不同的运输费率。估计运输费率时应该了解所用运输服务是自营运输还是受雇运输。

1. 估计自营运输的费率

自营运输的费率，通常是自有卡车的运输费率。需要了解车辆的运营成本以及车辆的运输路径（即车辆是按什么路线到达送货点或装货点的）。一般，公司会保存运营成本的完整记录，这些成本包括驾驶员的工资和福利、车辆维护费用、保险费用、固定资产折旧费用、管理费用等。根据里程表还可以记录车辆运行的里程。因此，很容易得到每公里或每月的运营成本。某公司一种载重运输卡车月运营成本统计如表 4-2 所示。

表 4-2　　某公司一种载重运输卡车月运营成本统计

车辆核定吨位（吨）			15
车辆实际承运量（吨）			18
变动费用	燃油费用	现行 0 号柴油价格（元/升）	4.8
		每 100 公里油耗（升）	45
		每 100 公里耗油成本（元）	216
		每月载货运输公里数（公里）	1000
		每月空载运输公里数（公里）	1200
		每月燃油总费用（元）	4752
	车辆维修费用	每年（元）	29260
	每月费用小计（元）		7190
固定费用	保险费用	每年（元）	6000
	固定资产折旧费用	每年（元）	5796
	驾驶员的工资和福利	每年（元）	72000
	过路过桥费用	每年（元）	9000
	交通规费	每年（元）	91200
	管理费用	每年（元）	40000
	每月费用小计（元）		18666
每月费用合计（元）			25856

2. 估计受雇运输费率

估计受雇运输费率的过程与估计自营运输费率的过程明显不同。卡车、火车的运输费率，UPS（美国联合包裹运送服务公司）和其他小件货物承运人的运输费率的共同特点就是运输费率和距离大致呈线性关系。我们可以利用这个有利特征，根据起点到终点的距离绘制运输费率估计曲线。因为运输费率是按邮政编码报价的，所以需要通过测量地图距离或从一些杂志的运距表得到运输距离，也可以根据坐标计算出来。如果运输费率估计曲线的精度令人不满意，就需要完全使用具体费率或者有选择地将具体费率与运输费率估计曲线结合使用。

3. 以货运结构估计运输费率

货运结构既可以代表不同的运输方式，也可以代表不同的货运量。由于运输方式或货运重量不同，同一个运输起止点之间可能会有多种不同的运输费率。因此，需要针对不同运输方式或不同标准重量绘制运输费率估计曲线。然后，对每条运输费率估计曲线进行加权（权数就是与该重量相对应的货运量占总运量的百分比，或该运输方式相对应的货运量占总运量的百分比）。这样得出的运输费率估计曲线就能够估计不同的货运规模或有多种运输方式的运输费率。

（四）客户订单规模

物流网络规划对订单数量及运输批量的规模非常敏感。例如，如果客户订单很大，可以整车送货，那么就没必要在临近客户的地方储存货物。如果客户订单很小，通常要求企业在临近客户的地方保有大量存货。

（五）客户聚集处理

通常，企业的客户分散在全国各地。从物流网络规划的角度看，没有必要将每个客户都分开考虑，可以按地理位置将市场分为有限的几个群组。

客户群组的划分会影响到达客户的运输成本估计的准确性。划分客户群组之后，所计算的运输成本不是到达每个客户所在地的成本，而是到达该客户群组中心位置的成本，使用的距离不是实际距离而是平均距离。

一旦确定了客户群组的适当数量，就可以对客户数据进行汇总。由于销售数据经常按客户地址得到，因此可以用邮政编码划分客户群组，按邮政编码分组将缩小运输成本的误差。利用经纬度编码还可以确定每个群组的中心。

（六）估计运输里程

物流网络规划的地理性特征要求掌握各种距离数据。估计运输起止点之间的运输成本时需要知道距离。例如，我们可能要求所有客户都在距仓库 300 千米的范围内，这就意味着在这个距离内一天就可以完成送货服务。许多商业报表和公路地图中都可以找到距离数据。

（七）物流设施成本

物流设施成本可以表示为固定成本、存储成本、搬运成本。固定成本是那些不随设施的经营活动而改变的成本。房产税、租金、监管费用和折旧费用都属于固定成本。存储成本是那些随设施存储货物数量的变化而改变的成本，也就是说，如果某项成本随设施中保有的库存水平增加或减少而变动，该项成本就可以归为存储成本。典型的存储成本有库存占用的资金费用、库存货物的保险费用等。搬运成本是随设施吞吐量变化的成本，典型的搬运成本有存取货物的人工成本、燃料费用等。

一般涉及公共仓库时，存储成本和搬运成本数据很容易得到，在企业与公共仓库签订的合同中也会列出存储成本和搬运成本。由于企业使用的是受雇服务，所以没有固定成本。

（八）设施的生产能力

工厂、仓库和供应商生产能力的严格限制可能对物流结构造成重大影响。然而在实践中，设施的生产能力并不是一成不变的，可能存在一个能使设施运营最有效率的产量。但是，在规划中应该注意不要过于僵化地看待设施的生产能力这个限制条件。

（九）库存与吞吐量的关系

如果物流网络规划涉及仓库选址，就必须估计仓库数量、位置和规模的变化对物流网络中库存水平的影响。因为选址问题就是仓库之间需求调配的问题，所以我们希望能够根据分派给仓库的需求或吞吐量来估计仓库的库存量。找出库存—吞吐量关系的方法之一是根据企业自己的库存政策得到该比值。如果企业库存周转率为 8 次/年，每年销售量为 8000 吨，由于周转率是年销售量与年平均库存之比，所以库存—吞吐量之间的关系也就确定了，年均库存为 1000 吨。

（十）物流需求预测

物流网络规划是对未来的发展谋划，以过去和当前的需求数据制定物流网络意义不大，因此，需要预测未来若干年的物流需求。一般物流需求预测是对中长期物流需求数量的预测。

（十一）其他因素和限制条件

收集到基本经济数据后，还需要了解各种对物流网络规划有影响的限制条件，主要有资金限制、法律和政治限制、人员限制、保证运营的基础设施限制等。

四、缺省信息的获得

物流网络规划中棘手的问题是没有展开分析必需的所有数据。如规划的有关物流设施运营成本的数字。遇到这种情况，必须估计或从外部得到这些数据。估计方法主要是借用基本特征类似的周边现有设施的数据，可将同样的运输费率曲线运用于新设施。从公司外部获得数据时，对于一些经济数据（如劳动力费用、租赁费用、税金和建筑成本等），可以从政府统计年鉴或有关机构定期进行的地区性数据调查报告中获得，也可以通过互联网搜索得到，还有一些可以让供应商提供，如用于销售服务的运输费率。

第四节　物流网络规划的优化技术与数学建模

在物流网络规划过程中，收集的数据和信息是分散的，只有利用有效的分析工具和分析模型，才能将这些数据和信息综合起来。物流网络规划建模就是将这些已收集的数据和信息进行综合分析与优化的过程。物流网络规划建模的目的就是通过数学分析得到一个优化的物流网络（节点与路径）结构，即用数学建模的方法对企业物流网络结构中的节点设施数量、选址位置和建设规模进行确定，以及对企业物流网络结构的运行机制进行分析，为企业物流网络结构设计与网络物流通道的选择提出解决方案。

一、常用的物流网络规划的优化技术

物流网络规划的优化设计是比较复杂的，通常要借助数学模型和计算机来实现。随着应用数学和计算机技术的发展，物流网络规划的优化设计已形成了多种方法，常用的物流网络规划的优化技术大致可分为以下五类。

（一）图表分析

图表分析不需要深奥的数学分析，但能够综合反映各种现实的约束条件，其分析结果并非低质量的。支持图表分析的方法大量存在，并被广泛应用，如利用电子表格、

统计图表进行各种数据分析，利用加权评分法进行方案决策等。对于不是特别复杂的物流网络规划，借助这些方法，能够考虑主观因素、例外情况、成本和限制条件等许多最复杂的数学模型所不能包括的因素，使分析内容更丰富，加上分析人员的经验、洞察力以及对网络设计的良好理解，往往能得到可直接用于实施的满意的设计方案。

（二）仿真模拟

仿真模拟技术在物流网络规划中十分重要，并且得到了广泛应用，其优点在于能方便地处理随机性的变量，并能对现实问题进行比较全面的描述。物流网络的仿真模拟将成本、运输方式与运输批量、库存容量与周转等要素以合理的数量关系加以描述，并通过编制计算机程序进行物流网络的仿真模拟。通过对仿真模拟结果的评估与分析，进而选出最优的网络设计方案。同时由于仿真模拟技术的可视化，为规划者与用户提供了直观的沟通方式，使得仿真技术有着比其他分析工具更强的说服力和直观性，企业物流规划与管理者可以通过仿真模拟模型，直观、具体、无误地向其他人员表达对系统的理解和对未来的设想。正因为仿真模拟技术的可试验性、可量化性和快速性，该技术可被用来处理物流管理中的各种规划问题。如仓库选址、网络优化和设施布局等。目前，常用的仿真模拟软件有 FlexSim、RaLC（乐龙）、Witness（SDX），LogWare、taraVRbuilder、ProPlanner、AnyLogic、eM-Plant、Supply chain guru、Classwarehouse 等，这些仿真模拟软件各有特色，企业可各取所需。

（三）最优模型

最优模型通过精确的运筹学方法设计出数学模型并求出决策问题的最优解。在给定了假设前提和足够的数据后，最优模型能够保证求出最优解。但其主要不足在于，一个数学模型往往无法包含现实问题所有的约束条件，使用者必须在运算能力与假设条件之间做出权衡。今天使用的最优模型加入了数学规划（线性、整数、动态和混合整数线性等）、列举、排序技术和微积分的应用。

（四）启发式模型

启发式模型能对现实问题进行较为全面的描述，但不能保证得到最优解。启发式模型追求的是满意解，而不是最优解。在解决物流管理中的一些最为困难的决策问题时，该方法具有很好的可操作性。

启发式模型在物流网络规划中常使用以下基本原则：仓库的最佳选址往往在需求最密集的中心点附近；购买量大的客户（其购买量超过正常的运输批量），应当从产品的供应源头（如工厂）直接向其供货，而不必通过中转仓库二次运输；对需求量及需求提前期波动很小的产品，应当实行准时化管理，尽量减少库存；在当前配送体系中增加新设施（如仓库）的前提条件是新增加的设施能最大化地节约物流总成本；从配送角度看，那些订货量小而且位于产品配送网络末梢的顾客其代价最高；所谓的经济运输批量，是运输起点与最偏远的客户之间的运输线路上的小批量需求累加起来而实现的满载运量。

（五）专家系统

专家系统，亦称人工智能系统，是将人们在以往解决问题中积累的经验、方法与专长转化为计算机程序，把专家的知识与解决问题的逻辑思维以程序的方式“传授”给计算机，借助其强大的计算能力解决实际问题。与传统的规划系统相比，专家系统有以下几个明显的优点：①专家系统既能处理定性的信息，也能处理定量的信息，使某些关键性的主观因素（如管理人员的主观判断）可以更容易地成为决策过程中的组成部分；②专家系统能够处理不确定的信息，而且利用部分信息也能求解问题，这样就能够解决一些更复杂的、未能很好地组织起来的问题；③专家系统解决问题时使用的信息最少，因此解决问题的速度更快，成本更低；④专家系统展示的是专家解决问题的逻辑方法，使得物流管理人员能够很快地提高决策能力；⑤专家系统提供的知识可转移、可复制且具有文档化特征。开发专家系统的最大阻碍在于如何识别、获取专家的智慧与知识并将之转化成计算机程序。近年来，专家系统在解决物流管理一些困难的决策问题中也发挥着越来越重要的作用。

二、物流网络规划建模策略

（一）选择合适的建模方法

物流网络规划建模方法大致有两种：一种是灵活使用通用的数学模型和运算软件；另一种是针对具体系统，设计开发具有专门算法的模型。在第二种方法中，对给定的应用模型应该是具体的、特定的，因此它对设计物流问题而言更为准确，但同时还要有有效的算法在合理的时间限制内解决大规模物流网络设计问题，这些都需要大量时间和人力资源来建模和设计求解算法。然而，通用的数学模型易理解，也较易运用到某种特定情况，但它可能不能完整、准确地表现实际问题。因此，在物流网络规划建模过程中，应根据物流网络规划的需要选择合适的、经济有效的建模方法。

（二）将复杂系统问题分解

在建模过程中，人们通常用点和弧线代表网络模型中各种物流活动，点代表工厂、供应商、仓库、商店等设施地点；弧线代表设施间原材料、产品或零部件的流量及路径。物流网络规划中，理想的建模方法是建一个通用的、综合的、能足以代表整个物流系统的物流网络规划与设计模型，模型既考虑原材料及零部件从原产地直接到工厂或经仓库到工厂的移动、保管过程，同时又考虑产成品或零部件从工厂直接到客户或通过配送中心到顾客手中的移动、保管过程。同时模型还可以处理多设施（仓库、工厂、码头）、多种产品（原材料、产成品）、多时间段的流动与储存问题。由于节点设施有工厂、供应商、仓库等多种形态，并且节点设施（如工厂、仓库）也有不同的生产（作业）能力、费用结构、技术条件等，路径又包括不同产品特征、不同运输方式和运输费率，再加上库存和运输成本之间、客户服务和运输或库存成本之间存在效益背反现象，这样物流网络规划模型就变成了一个大规模的复杂网络设计问题，往往难以有完备的解法得出这种大规模网络问题的解。由于没有一种有效的、一体化的模型可以解决物流网络的规划问题，所以常常需要将复杂的问题分解成若干部分。实际上，这就意味着分别解决设施选址问题、库存政策问题和运输规划问题，再利用递推的方法将某项分析的介绍用作另一项分析的输入信息。经过这样的过程，就可以很快地对更综合的问题得出满意的答案。

三、不同物流网络规划问题的优化模型构建

物流网络规划主要是对构成网络的节点进行空间布局，一旦节点位置确定，物流路径与运作方式也相应确定。因此，物流网络规划中节点设施选址是关键。根据规划的节点设施数量的多少，物流网络规划中节点设施选址问题可分为一元节点布局与建模和多元节点布局与建模。

（一）一元节点布局与建模

一元节点布局与建模指在计划区域内设置节点数目唯一的物流节点布局问题。在物流领域中，一元节点布局问题实际并不多，较多的是多元节点布局问题。不过，对于多元节点的布局，为了使模型简化，计算工作量减少，有时将它变换成一元节点布局问题来处理。常用的建模方法有图解法、因素评分法、层次分析法、重心法等。

（二）多元节点布局与建模

在现实的物流系统中，大量节点布局问题是多设施（多节点）的，即在某计划区域内需设置多个物流节点。多元节点布局问题中，由于涉及规划设施数目的多少、产品品种数量的多少等问题，因此物流网络规划问题可以按设施规划的数目限制条件分为有设施数量限制的多节点设施选址规划问题和没有设施数量限制的多节点设施选址规划问题，也可以按流通产品品种数量的多少分为单品种多设施选址问题和多品种多设施选址问题。由于物流网络最优化是最典型的线性规划问题，常用的多元节点布局与建模的方法有 0-1 混合整数规划法和运输规划法等。

下面基于 0-1 混合整数规划法分别以单品种多节点和多品种多节点为例，说明物流网络规划问题的优化模型构建过程。

【例 4-1】假设从一组候选的地点 j 中选若干个位置作为物流中心的备选节点，使得从已知若干个资源点 i（工厂），经过这几个备选节点，向若干个客户 k 运送同一种产品。客户可以通过备选节点进货，也可以直接到资源点进货，如图 4-9 所示，现需要确定物流中心的选址地点。

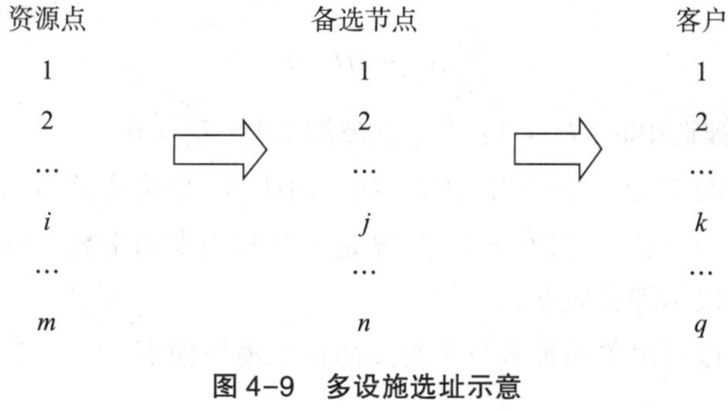

图 4-9　多设施选址示意

建模过程如下：

S_i——资源点 i 的产品供应量；

D_k——客户 k 的产品需求量；

X_{ij}——从资源点 i 到备选节点 j 的货物量；

Y_{jk}——从备选节点 j 到客户 k 的货物量；

Z_{ik}——客户 k 从资源点 i 直达进货数量；

U_j——备选节点 j 是否被选中决策变量（0-1 变量）；

c_{ij}——备选节点 j 从资源点 i 进货的单位物资进货费率；

d_{jk}——备选节点 j 向客户 k 供货的单位物资发送费率；

e_{ik}——客户 k 从资源点 i 直接进货的单位物资进货费率；

W_j——备选节点 j 每单位货物通过量的变动费（如仓库管理或流通加工费等，与规模相关）；

V_j——备选节点 j 选中后的基建投资费用（固定费，与规模无关的费用）。

设 F 为节点布局的总成本，根据节点布局的概念，应使总成本最低，于是有目标函数：

$$\min F = \sum_{i=1}^{m}\sum_{j=1}^{n} c_{ij}X_{ij} + \sum_{j=1}^{n}\sum_{k=1}^{q} d_{jk}Y_{jk} + \sum_{i=1}^{m}\sum_{k=1}^{q} e_{ik}Z_{ik} + \sum_{j=1}^{n}\left(V_jU_j + W_j\sum_{i=1}^{m} X_{ij}\right)$$

在这个模型中，各个资源点调出的物资总量不大于该资源点的生产能力，各个客户调运进来的物资总量不小于它的需求量，则有如下的约束条件存在：

$$\sum_{j=1}^{n} X_{ij} + \sum_{k=1}^{q} Z_{ik} \leqslant S_i \qquad i = 1, 2, \cdots, m$$

$$\sum_{j=1}^{n} Y_{jk} + \sum_{i=1}^{m} Z_{ik} \geqslant D_k \qquad k = 1, 2, \cdots, q$$

对于任意备选节点，由于它既不能生产物资，也不消耗物资，因此其调进物资总量应等于调出物资的总量，即有如下的约束条件存在：

$$\sum_{i=1}^{m} X_{ij} = \sum_{k=1}^{q} Y_{jk} \qquad j = 1, 2, \cdots, n$$

此外，节点布局经过优化求解后的结果，可能有的备选节点被选中，而另一些被淘汰。被淘汰的备选节点中，经过它中转的物资数量为零。这一条件可由下面的约束条件满足：

$$\sum_{i=1}^{m} X_{ij} - MU_j \leqslant 0$$

其中，当 j 点被选中时，$U_j = 1$；当 j 点被淘汰时，$U_j = 0$。

以上不等式中的 M 是一个相当大的正数。由于 X_{ij} 是物资调运量，不可能小于零，故当 $U_j = 0$ 时，$X_{ij} = 0$ 成立；当 $U_j = 1$ 时，M 是一个相当大的正数，因为 MU_j 足够大，X_{ij} 为一个有限值，所以不等式成立。

综上所述，可以写出单品种多节点布局的数学模型如下：

$$\min F = \sum_{i=1}^{m}\sum_{j=1}^{n} c_{ij}X_{ij} + \sum_{j=1}^{n}\sum_{k=1}^{q} d_{jk}Y_{jk} + \sum_{i=1}^{m}\sum_{k=1}^{q} e_{ik}Z_{ik} + \sum_{j=1}^{n}\left(V_jU_j + W_j\sum_{i=1}^{m} X_{ij}\right) \qquad (4-1)$$

$$\text{s.t.} \quad \sum_{j=1}^{n} X_{ij} + \sum_{k=1}^{q} Z_{ik} \leqslant S_i \qquad i = 1, 2, \cdots, m$$

$$\sum_{j=1}^{n} Y_{jk} + \sum_{i=1}^{m} Z_{ik} \geqslant D_k \qquad k = 1, 2, \cdots, q$$

$$\sum_{i=1}^{m} X_{ij} = \sum_{k=1}^{q} Y_{jk} \qquad j = 1, 2, \cdots, n$$

$$\sum_{i=1}^{m} X_{ij} - MU_j \leqslant 0$$

$$X_{ij}, Y_{jk}, Z_{ik} \geqslant 0$$

这是一个 0-1 混合整数规划模型，解这个模型可以求得 X_{ij}、Y_{jk}、Z_{ik} 的值。X_{ij} 表示备选节点 j 的进货来源，$\sum_{i=1}^{m} X_{ij}$ 决定了该备选节点的规模；Y_{jk} 表示备选节点 j 与用户 k 的供应关系与供货量，相应地也就知道了该备选节点的供货范围；$\sum_{i=1}^{m} Z_{ik}$ 表示直接供货部分，$\sum_{j=1}^{n} U_j$ 为计划区域内应布局备选节点的数目。

假设经过这几个物流中心备选节点，向若干个客户运送多种产品。构建模型的基本思路仍是构建最小总成本目标函数。现假设：

h——产品（1，…，p）；

i——工厂（1，…，q）；

j——备选节点（1，…，r）；

k——客户（1，…，s）；

c_{hij}——从工厂 i 到备选节点 j 运送产品 h 时的单位运输费用；

d_{hjk}——从备选节点 j 到客户 k 配送产品 h 时的单位运输费用；

X_{hijk}——从工厂 i 经过备选节点 j 向客户 k 运输产品 h 的数量；

F_j——货物在备选节点 j 期间的平均固定管理费用；

Z_j——0-1 变量，表示当 $\sum_{hjk} X_{hijk} > 0$ 时，取 1，否则取 0；

$S_{hj}(\sum_{ik} X_{hijk})$——备选节点 j 为保管产品 h 产生的部分可变费用（管理费用、保管费用、税金和利息等）；

$D_{hk}(T_{hk})$——向客户 k 配送产品 h 时，因延误时间 T 而支付的损失费用；

Q_{hk}——客户 k 需要的产品 h 的数量；

W_j——备选节点 j 的作业能力；

Y_{hi}——工厂 i 生产产品 h 的生产能力；

$\sum_{hik} X_{hijk}$——各个工厂由备选节点 j 向所有客户配送产品的最大库存定额。

则多产品多节点的选址问题可表示为：

$$\min f(x) = \sum_{hijk} (c_{hij} + d_{hjk}) X_{hijk} + \sum_{j} F_j Z_j + \sum_{hj} S_{hj}(\sum_{ik} X_{hijk}) + \sum_{hk} D_{hk}(T_{hk}) \quad (4-2)$$

$$\text{s.t.} \quad \sum_{ij} X_{hijk} = Q_{hk}$$

$$\sum_{jk} X_{hijk} \leqslant Y_{hi}$$

$$\sum_{hik} X_{hijk} \leqslant W_j$$

0-1 混合整数规划模型的目标函数是从备选节点中选出最佳的物流节点地址，使由物流设施的投资建设费用、经营管理费用、运输费用等组成的总费用最少，常用于解决物流网络设计中常见的大型、复杂的选址问题。0-1 混合整数规划模型的主要优点是能够把固定费用以最优的方式考虑进去。

四、物流网络规划模型求解

0-1 混合整数规划模型求解的计算量很大。对于多节点混合整数规划模型，目前常用启发式算法来求解模型。

随着计算机技术的发展，一般的物流网络规划模型可以应用 Excel、Lindo/Lingo、WinQSB、Matlab、Mathematica 等软件求解，由于各软件操作求解过程比较复杂，可以参考相应的书籍。

【本章实验 1】

基于利润最大的物流网络 0-1 规划模型的构建与求解

（一）实验目的

本章实验主要目的是练习如何构建物流网络 0-1 规划模型，通过目标函数和其约束条件的设定，以及 Excel 软件工具的运用，得出多节点（设施）选址方案结论。

（二）实验要求

了解常用的办公数据处理软件 Excel，以及数据模拟分析中的“规划求解”工具的使用方法，初步掌握 Excel 软件在 0-1 规划模型求解过程中的操作技巧。

（三）实验数据

某物流公司计划在市区的东、西、南、北四区建立配送中心，现有 10 个位置 A_i（i=1，2，3，…，10）可供选择，考虑各地区的经济水平及交通情况，规定：在东区，由 A_1，A_2，A_3 三个点中至少选择两个；在西区，由 A_4，A_5 两个点中至少选一个；在南区，由 A_6，A_7 两个点中至少选一个；在北区，由 A_8，A_9，A_{10} 三个点中至多选两个。A_i 各点的投资额及利润情况如表 4-3 所示。

表 4-3　A_i 各点的投资额及利润情况　单位：万元

地点	A_1	A_2	A_3	A_4	A_5	A_6	A_7	A_8	A_9	A_{10}
投资额	100	120	160	110	80	90	100	150	160	180
利润	30	35	45	18	15	25	20	45	50	55

若投资总额不能超过 800 万元，应选择哪几个地点分别建立配送中心，可使物流公司年利润最大。

（四）实验步骤

1. 建立数学模型

本案例目标是在给定约束条件下，使得选址目标的利润最大，根据已知条件分析可得 0-1 规划模型的目标函数可表示为：

$$\max z = 30x_1 + 35x_2 + 45x_3 + 18x_4 + 15x_5 + 25x_6 + 20x_7 + 45x_8 + 50x_9 + 55x_{10} \tag{4-3}$$

$$\text{s.t.}\begin{cases} x_1 + x_2 + x_3 \geqslant 2 \\ x_4 + x_5 \geqslant 1 \\ x_6 + x_7 \geqslant 1 \\ x_8 + x_9 + x_{10} \leqslant 2 \\ 100x_1 + 120x_2 + 160x_3 + 110x_4 + 80x_5 + 90x_6 + 100x_7 + \\ 150x_8 + 160x_9 + 180x_{10} \leqslant 800 \\ x_i = 0,\ 1 \qquad i = 1,\ 2,\ \cdots,\ 10 \end{cases}$$

2. 利用 Excel 建模

首先输入基础数据，在 B3： L5区域输入各个地址的投资额以及利润。然后在单元格 B7 输入“变量”，分别定义 C4：L4为投资额、C5：L5为利润、C7：L7为变量。接下来在单元格 B9 输入“约束条件”，在单元格 C9 输入“=SUM（C7：E7）”，单元格 D9 输入“>=”，单元格 E9 输入“2”；在单元格 C10 输入“=SUM（F7：G7）”，单元格 D10 输入“>=”，单元格 E10 输入“1”；在单元格 C11 输入“=SUM（H7：I7）”，单元格 D11 输入“>=”，单元格 E11 输入“1”；在单元格 C12 输入“=SUM（J7：L7）”，单元格 D12 输入“<=”，单元格 E12 输入“2”；在单元格 C13 输入“SUMPRODUCT（C4：L4，C7：L7）”，单元格 D13 输入“<=”，单元格 E13 输入“800”，最后在单元格 M13 输入“目标函数”，N13 输入“=SUMPRODUCT（C5：L5，C7：L7）”，如图 4-10 所示。

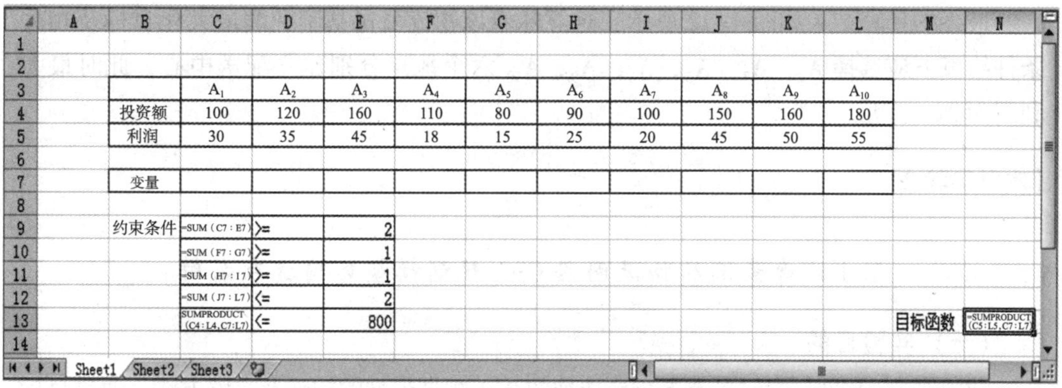

	A	B	C	D	E	F	G	H	I	J	K	L	M	N
1														
2														
3			A_1	A_2	A_3	A_4	A_5	A_6	A_7	A_8	A_9	A_{10}		
4		投资额	100	120	160	110	80	90	100	150	160	180		
5		利润	30	35	45	18	15	25	20	45	50	55		
6														
7		变量												
8														
9		约束条件	=SUM（C7：E7）	>=	2									
10			=SUM（F7：G7）	>=	1									
11			=SUM（H7：I7）	>=	1									
12			=SUM（J7：L7）	<=	2									
13			SUMPRODUCT（C4:L4,C7:L7）	<=	800								目标函数	=SUMPRODUCT（C5:L5,C7:L7）
14														

图 4-10　0-1 规划模型的基础数据

3. 规划求解

在“工具”菜单下选择“规划求解”子菜单，出现“规划求解参数”对话框后，在“设置目标”单元格处选择“N13”单元格，并选择“最大值”，“通过更改可变单元格”处选择“C7：L7”，在添加约束条件处点击“添加”按钮，出现“添加约束”对话框后，在“单元格引用位置”处输入“C7：L7”，点击中间箭头选择“>=”，点击“添加”按钮添加约束条件。重复上述操作，依次填入所有约束条件，如图4-11所示。

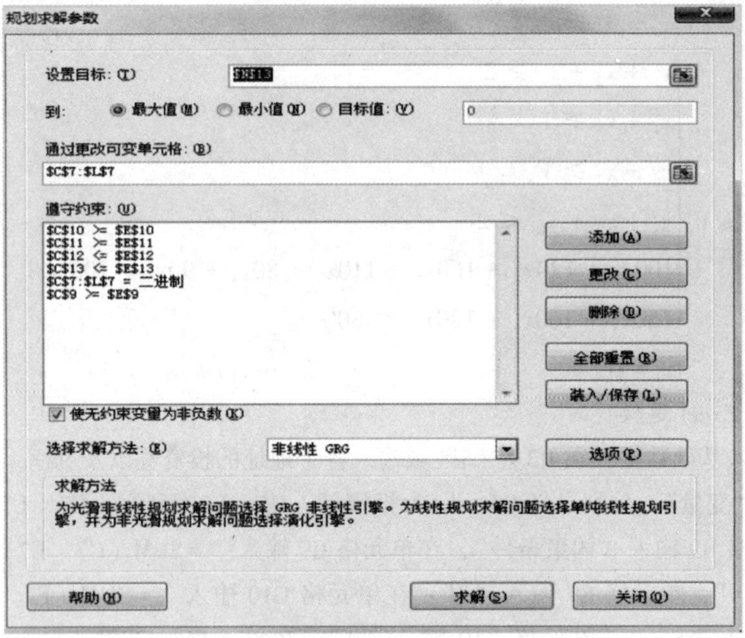

图4-11　0-1规划模型的规划求解参数

4. 规划结果

最后在“规划求解参数”对话框中点击“选项”按钮，出现“规划求解选项”对话框后，选定“采用非线性模型”以及“假定非负”，然后点击“确定”，返回“规划求解参数”对话框，点击“求解”按钮即可求解。

最终的计算结果如图4-12所示，这意味着该物流公司基于利润最大化目标及相关条件约束下应选择A_2，A_3，A_5，A_6，A_9，A_{10}六个地点分别建立配送中心，此时最大利润为225万元。

【本章实验2】

基于成本最低的物流网络0-1规划模型的构建及求解

（一）实验目的

利用Excel软件，探讨多节点布局选址的0-1规划模型的构建及求解方法。通过目标函数的建立及约束条件的设定，利用Excel软件得出成本最低的多节点布局选址方案。

（二）实验要求

模拟实例中利用Excel进行0-1规划模型构建的步骤，掌握Excel数据模拟分析中

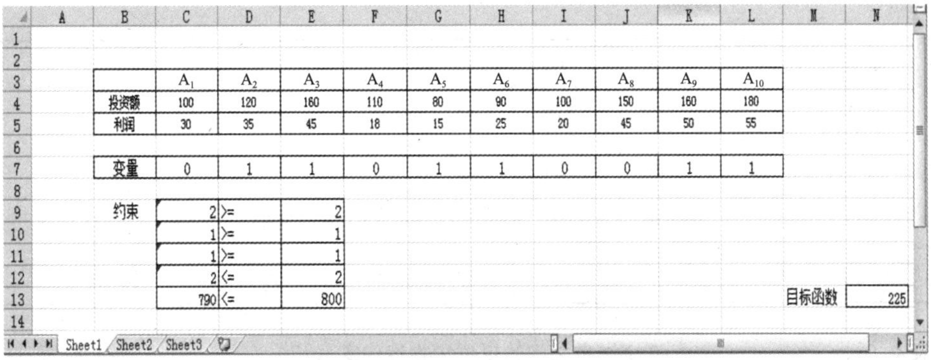

图 4-12　0-1 规划模型的规划求解结果

“规划求解”工具的使用方法，为复杂的多节点布局选址建模奠定求解方法与软件应用的基础。

（三）实验数据

某制造公司在某省销售产品，主要集中在 8 个城市（A、B、C、D、E、F、G、H），为降低产品配送成本并快速响应客户需求，公司计划在靠近客户的城市新建多个产品分销物流中心，以满足 8 个城市的客户要货需求。工厂到分销物流中心的运费计入生产成本，这里不用考虑。分销物流中心的建设只需考虑客户的运输费用、分销物流中心的基本建设费用和运营费用。8 个城市的客户年需求量如表4-4 所示，8 个城市之间的运输距离与单位货物运费率如表 4-5、表 4-6 所示。为规范分销渠道秩序，该公司规定 1 个城市的客户只能接受 1 个分销物流中心的供货，公司对拟建分销物流中心的规模没有限制，原则是以满足其服务区域客户需求的配送量为建设规模。已知备选分销物流中心的单位建设变动成本为 0. 15 元/吨，单位运营变动成本为 0. 21 元/吨，分销物流中心的建设固定成本为 2000000 元，运营固定成本为 500000 元，建设变动成本和运营变动成本与配送数量呈线性函数关系，请确定分销物流中心的个数、选址城市及其服务范围。

表 4-4　　某省 8 个城市的客户年需求量（D_j）

需求客户（城市）	A	B	C	D	E	F	G	H	合计
年需求量（吨）	18500	18928	12060	5136	7813	12813	14021	6180	95451

表 4-5　　8 个城市之间的运输距离（d_{ij}）　　单位：公里

备选城市	A	B	C	D	E	F	G	H
A	0	115	113	21	78	89	16	25
B	115	0	48	12	216	324	21	30
C	113	48	0	17	14	22	119	28
D	21	12	17	0	73	57	83	88

续表

备选城市	A	B	C	D	E	F	G	H
E	78	216	14	73	0	94	205	75
F	89	324	22	57	94	0	63	45
G	16	21	119	83	205	63	0	59
H	25	30	28	88	75	45	59	0

表 4-6　　8 个城市之间的单位货物运费率（c_{ij}）　　单位：元/吨公里

备选城市	A	B	C	D	E	F	G	H
A	0	15	13	21	18	19	16	25
B	15	0	18	12	16	24	21	30
C	13	18	0	17	14	22	19	28
D	21	12	17	0	3	7	8	8
E	18	16	14	3	0	4	5	5
F	19	24	22	7	4	0	3	5
G	16	21	19	8	5	3	0	9
H	25	30	28	8	5	5	9	0

（四）实验步骤

1. 0-1 规划模型的建立

根据题意可知：一个城市区域范围内所有客户的需求按所处城市集中需求计算，且仅由 1 个分销物流中心供货；分销物流中心全部是新建的，没有改造的；分销物流中心的建设数量没有限制，其建设数量与容量规模由其辐射区域范围内的总配送数量确定；分销物流网络总费用只考虑分销物流中心到需求城市的运输费用、分销物流中心的建设费用和运营费用，其中建设费用和运营费用都与配送数量线性相关。由此可以建立 0-1 规划模型，其目标函数可表示为：

$$\min C = \sum_{i=1}^{8}\sum_{j=1}^{8} c_{ij}h_{ij}x_{ij}d_{ij} + \sum_{i=1}^{8} F(Q_i)Z_i + \sum_{i=1}^{8} W(Q_i)Z_i \qquad (4-4)$$

式中：c_{ij} ——备选城市 i 到需求客户所在城市 j 的运费率；

h_{ij} ——备选城市 i 是否在需求客户所在城市 j 有配送任务，当 $h_{ij}=1$ 时，有配送任务，$h_{ij}=0$ 时，无配送任务，是 0-1 决策变量；

d_{ij} ——备选城市 i 到需求客户所在城市 j 的运输距离；

x_{ij} ——备选城市 i 在需求客户所在城市 j 的配送数量，一个城市区域范围内所有客户只能接受 1 个分销物流中心供货，$x_{ij}=D_jh_{ij}$；

Q_i ——备选城市 i 总配送量，$Q_i=\sum_{j=1}^{8} x_{ij}$；

Z_i ——备选城市 i 是否被选中，当 $Z_i=1$ 时，表示被选中，当 $Z_i=0$ 时，表示未被选中，是 0-1 决策变量；

$F(Q_i)$ ——备选城市的建设费用，$F(Q_i)=0.15\times Q_i+2000000$；

$W(Q_i)$ ——备选城市的运营费用，$W(Q_i)=0.21\times Q_i+500000$。

约束条件：

$$\sum_{i=1}^{8} h_{ij}=1$$

$$h_{ij}\leqslant Z_{ij}\quad (i\text{ 相同时})$$

$$Z_i=\begin{cases}1,\text{ 备选城市 } i \text{ 被选中}\\0,\text{ 备选城市 } i \text{ 未被选中}\end{cases}$$

$$h_{ij}=\begin{cases}1,\text{ 备选城市 } i \text{ 在需求客户所在城市 } j \text{ 有配送任务；}\\0,\text{ 备选城市 } i \text{ 在需求客户所在城市 } j \text{ 无配送任务。}\end{cases}$$

2. 利用 Excel 建模

首先在 Excel 电子表格中输入基础数据，分别在 D4：K11、D16：K23、D28：K28 区域输入各个城市的运输距离、单位货物运费率、客户年需求量，如图 4-13 所示。

（已知）运输距离 d_{ij}

备选城市	A	B	C	D	E	F	G	H
A	0	115	113	21	78	89	16	25
B	115	0	48	12	216	324	21	30
C	113	48	0	17	14	22	119	28
D	21	12	17	0	73	57	83	88
E	78	216	14	73	0	94	205	75
F	89	324	22	57	94	0	63	45
G	16	21	119	83	205	63	0	59
H	25	30	28	88	75	45	59	0

（已知）单位货物运费率 c_{ij}

备选城市	A	B	C	D	E	F	G	H
A	0	15	13	21	18	19	16	25
B	15	0	18	12	16	24	21	30
C	13	18	0	17	14	22	19	28
D	21	12	17	0	3	7	8	8
E	18	16	14	3	0	4	5	5
F	19	24	22	7	4	0	3	5
G	16	21	19	8	5	3	0	9
H	25	30	28	8	5	5	9	0

（已知）客户年需求量 D_j

需求客户（城市）	A	B	C	D	E	F	G	H	合计
年需求量（吨）	18500	18928	12060	5136	7813	12813	14021	6180	95451

图 4-13　已知的运输距离、单位货物运费率、客户年需求量

然后建立如图 4-14 所示的 0-1 规划模型 Excel 计算表格，其中，D35：L42 是 0-1 变量，按表 4-7 设置好相应的计算单元格。

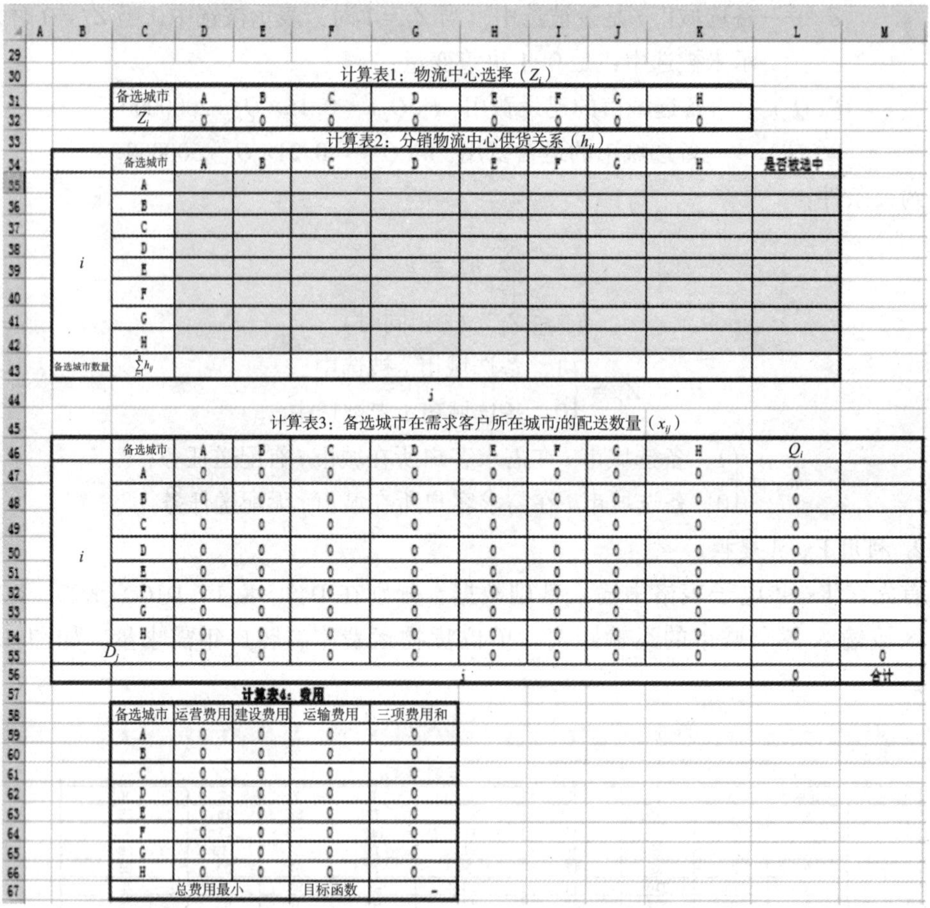

计算表1：物流中心选择（Z_i）

备选城市	A	B	C	D	E	F	G	H
Z_i	0	0	0	0	0	0	0	0

计算表2：分销物流中心供货关系（h_{ij}）

备选城市	A	B	C	D	E	F	G	H	是否被选中
A									
B									
C									
D									
E									
F									
G									
H									

i，备选城市数量 $\sum h_{ij}$，j

计算表3：备选城市在需求客户所在城市 j 的配送数量（x_{ij}）

备选城市	A	B	C	D	E	F	G	H	Q_i
A	0	0	0	0	0	0	0	0	
B	0	0	0	0	0	0	0	0	
C	0	0	0	0	0	0	0	0	
D	0	0	0	0	0	0	0	0	
E	0	0	0	0	0	0	0	0	
F	0	0	0	0	0	0	0	0	
G	0	0	0	0	0	0	0	0	
H	0	0	0	0	0	0	0	0	
D_j	0	0	0	0	0	0	0	0	0

i，j，合计 0

计算表4：费用

备选城市	运营费用	建设费用	运输费用	三项费用和
A	0	0	0	0
B	0	0	0	0
C	0	0	0	0
D	0	0	0	0
E	0	0	0	0
F	0	0	0	0
G	0	0	0	0
H	0	0	0	0
总费用最小	目标函数			=

图4-14　0-1 规划模型 Excel 计算表格

表4-7　　　　　　　　　　　图4-14 中单元格的设置

单元格	工作表里的公式	备注
D32：K32	=TRANSPOSE（L35：L42）	得到 L35：L42 的转置矩阵。在选定单元格 D32：K32，录入公式 = TRANSPOSE（L35：L42），按 Ctrl + Shift + Enter 录入
D43	=SUM（D35：D42）	$\sum\limits_{i=1}^{8} h_{ij}$，向右填充至 L43
D47	=D35 * D$28	$x_{ij} = D_j h_{ij}$，向下填充至 D54，再将选定的 D47：D54 列向右填充到列 K47：K54，D$28 为绝对行引用
L43	=SUM（L35：L42）	新建分销物流中心数量
L47	=SUM（D47：K47）	$Q_i = \sum\limits_{j=1}^{8} x_{ij}$，备选城市 i 总配送量，下拉填充至 L54
D55	=D43 * D$28	对需求客户 j 的总配送量，选定 D55 右填充至 K55

续表

单元格	工作表里的公式	备注
D59	=（0.21 * L47+500000）* L35	运营费用，向下填充至 D66
E59	=（0.15 * L47+2000000）* L35	建设费用，向下填充至 E66
F59	= SUMPRODUCT（D16：K16，D47：K47，D35：K35，D4：K4）	运输费用，为 D16：K16，D47：K47，D35：K35，D4：K4 四行数字乘积和
G59	=SUM（D59：F59）	三项费用之和，向下填充至 G66
G67	=SUM（G59：G66）	总费用目标函数

3. 约束条件及规划求解

在“工具”菜单下选择“规划求解”子菜单，出现“规划求解参数”对话框后，在“设置目标”单元格处选择“G67”单元格，并选择“最小值”，“通过更改可变单元格”处选择“D35：L42”，在添加约束条件处点击“添加”按钮，出现“添加约束”对话框后，在“单元格引用位置”处选择“D35：D42”，点击中间箭头选择“<=”，在“约束”处选择“L35：L42”，点击“确定”按钮添加约束条件。重复上述操作，依次填入所有约束条件，如图 4-15（a）和（b）所示。

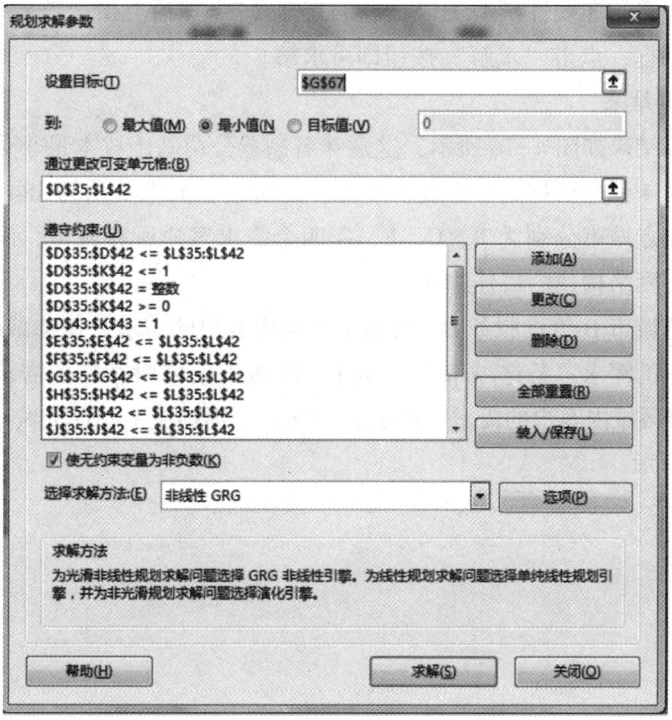

（a）

图 4-15　0-1 规划模型的规划求解参数

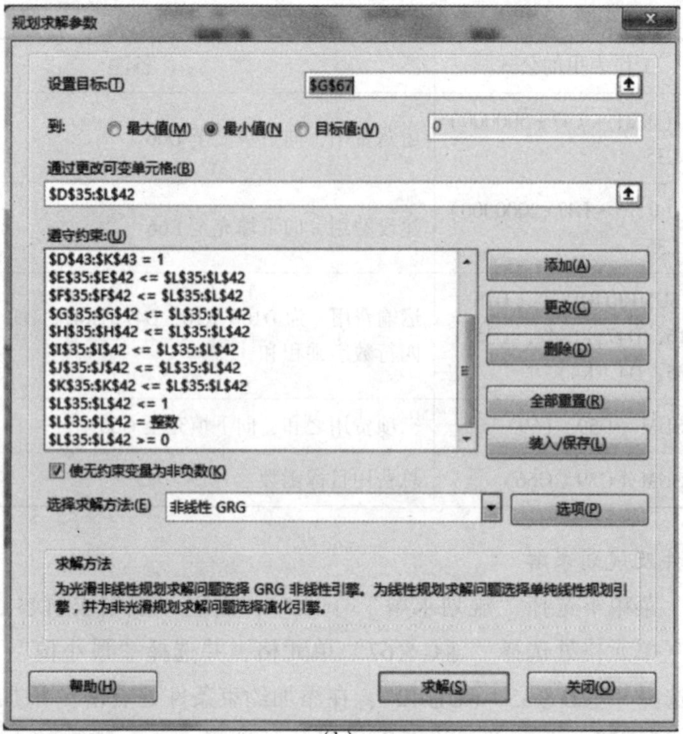

(b)

图 4-15　0-1 规划模型的规划求解参数（续）

最后在“规划求解参数”对话框中点击“选项”按钮，出现“规划求解选项”对话框后，选定“采用非线性模型”以及“假定非负”，然后点击“确定”，返回“规划求解参数”对话框，点击“求解”按钮即可求解。

4. 规划求解结果

最终的计算结果如图 4-16 所示，这意味着制造公司基于成本最小化目标及相关条件约束下，建设 4 个分销物流中心成本最低，此时最小成本费用为 18431794 元。分销物流中心选址地点城市分别为 B，C，F，G 四个需求客户所在城市，该节点布局是当前分销物流中心网络构建的最佳选择。

其中，备选城市 B 负责服务 B、D 城市区域内客户的需求；备选城市 C 负责 C、E 城市区域内客户的需求；备选城市 F 负责 F、H 城市区域内客户的需求；备选城市 G 负责 A、G 城市区域内客户的需求。制造公司新建分销物流中心选址城市及其服务区域范围如表 4-8 所示。

计算表1：物流中心选择（Z_i）

备选城市	A	B	C	D	E	F	G	H
Z_i	0	1	1	0	0	1	1	0

计算表2：分销物流中心供货关系（h_{ij}）

	备选城市	A	B	C	D	E	F	G	H	是否被选中
i	A	0	0	0	0	0	0	0	0	0
	B	0	1	0	1	0	0	0	0	1
	C	0	0	1	0	1	0	0	0	1
	D	0	0	0	0	0	0	0	0	0
	E	0	0	0	0	0	0	0	0	0
	F	0	0	0	0	0	1	0	1	1
	G	1	0	0	0	0	0	1	0	1
	H	0	0	0	0	0	0	0	0	0
备选城市数量	$\sum_{i=1}^{8} h_{ij}$	1	1	1	1	1	1	1	1	4

j

计算表3：备选城市在需求客户所在城市j的配送数量（x_{ij}）

	备选城市	A	B	C	D	E	F	G	H	Q_i	
i	A	0	0	0	0	0	0	0	0	0	
	B	0	18928	0	5136	0	0	0	0	24064	
	C	0	0	12060	0	7813	0	0	0	19873	
	D	0	0	0	0	0	0	0	0	0	
	E	0	0	0	0	0	0	0	0	0	
	F	0	0	0	0	0	12813	0	6180	18993	
	G	18500	0	0	0	0	0	14021	0	32521	
	H	0	0	0	0	0	0	0	0	0	
D_j		18500	18928	12060	5136	7813	12813	14021	6180		95451
		j								95451	合计

计算表4：费用

备选城市	运营费用	建设费用	运输费用	三项费用和
A	0	0	0	0
B	505053	2003610	739584	3248247
C	504173	2002981	1531348	4038502
D	0	0	0	0
E	0	0	0	0
F	503989	2002849	1390500	3897337
G	506829	2004878	4736000	7247708
H	0	0	0	0
总费用最小		目标函数=		18,431,794

图 4-16　0-1 规划模型的规划求解结果

表 4-8　　制造公司新建分销物流中心选址城市及其服务区域范围

新建分销物流中心选址城市	服务区域范围
B	B、D
C	C、E
F	F、H
G	A、G

【作业思考题】

1. 简述物流网络的含义及其构成要素。
2. 物流节点有哪些种类？在物流系统中主要发挥哪些功能？
3. 试比较物流中心、配送中心和物流园区三种物流节点的区别？
4. 物流网络层次结构模式与空间结构模式有哪些？
5. 企业物流网络规划有何意义？规划内容是什么？
6. 企业物流网络规划应遵循怎样的原则？规划要求是什么？规划应考虑哪些因素？
7. 企业物流网络规划可分为哪几个步骤？

8. 物流网络规划数据获取来源有哪些？数据应如何处理？

9. 物流网络规划常用的优化技术有哪些？

10. 物流网络规划模型建立可采取怎样的策略？

11. 物流网络规划中节点设施选址问题可概括为哪两种类型的物流网络规划问题？

第五章　物流设施选址与决策方法

【导　言】

物流设施选址决策是物流设施规划的重要环节，也是物流网络节点规划的重要内容。物流设施选址决策决定企业物流网络结构构成，它不仅影响企业物流能力，而且影响企业实际物流运营效率与成本，对企业来说是非常重要的物流战略规划问题。特别是进入21世纪以后，生产全球化、资本全球化和市场全球化，跨国公司跨越国界的经济活动使物流设施选址超越了国界，可以在全球范围内选择，物流设施选址决策就显得更为重要。本章在阐述物流设施选址流程与影响因素的基础上，重点介绍物流设施选址决策方法。

【学习目标】

通过本章的学习，知晓物流设施选址决策的阶段与程序，了解各种因素对物流设施选址决策的影响。基于成本因素与综合因素，理解物流设施选址常用的决策方法。通过课程实验，掌握选址决策方法的Excel软件建模求解技巧。

【教学要点】

- 物流设施选址决策的阶段与程序，选址决策应考虑的因素；
- 基于成本因素的物流设施选址决策方法：盈亏点平衡法、重心法、数值迭代法、线性规划法；基于综合因素的物流设施选址决策方法：分级加权评分法、因次分析法、层次分析法。

第一节　物流设施选址流程与影响因素

一、选址决策的阶段与程序

（一）准备阶段

准备阶段的主要工作是对选址目标提出要求，并提出选址所需要的技术经济指标。这些要求主要包括产品、生产规模、运输条件、需要的物料和人力资源等，以及要求的各类技术经济指标，如每年需要的供电量、运输量、用水量等。

（二）地区选择阶段

地区选择阶段的主要工作是为调查研究收集资料，如走访主管部门和地区规划部门征询选址意见，在可供选择的地区调查社会、经济、资源、气象、运输、环境等条件，对候选地区做分析比较，提出对地区选择的初步意见。

（三）具体位置选择阶段

具体位置选择阶段的工作是对若干候选地区进行深入调查和勘测，查阅当地气象、地质、地震、水文等部门历史统计资料进行调查和研究，收集供电、通信、给排水、交通运输等资料，研究运输线路以及公用管线的连接问题，收集当地有关建筑施工费用、地方税制、运输费用等各种经济资料，经研究和比较后提出数个候选地区。

各阶段都要提供相应的报告，尤其在最后阶段要提供翔实的报告和资料，并附有各种图样以便领导和管理部门决策。小型设施的场址选择工作就可以简化，并将各阶段合并。

物流设施选址的基本程序如图 5-1 所示。

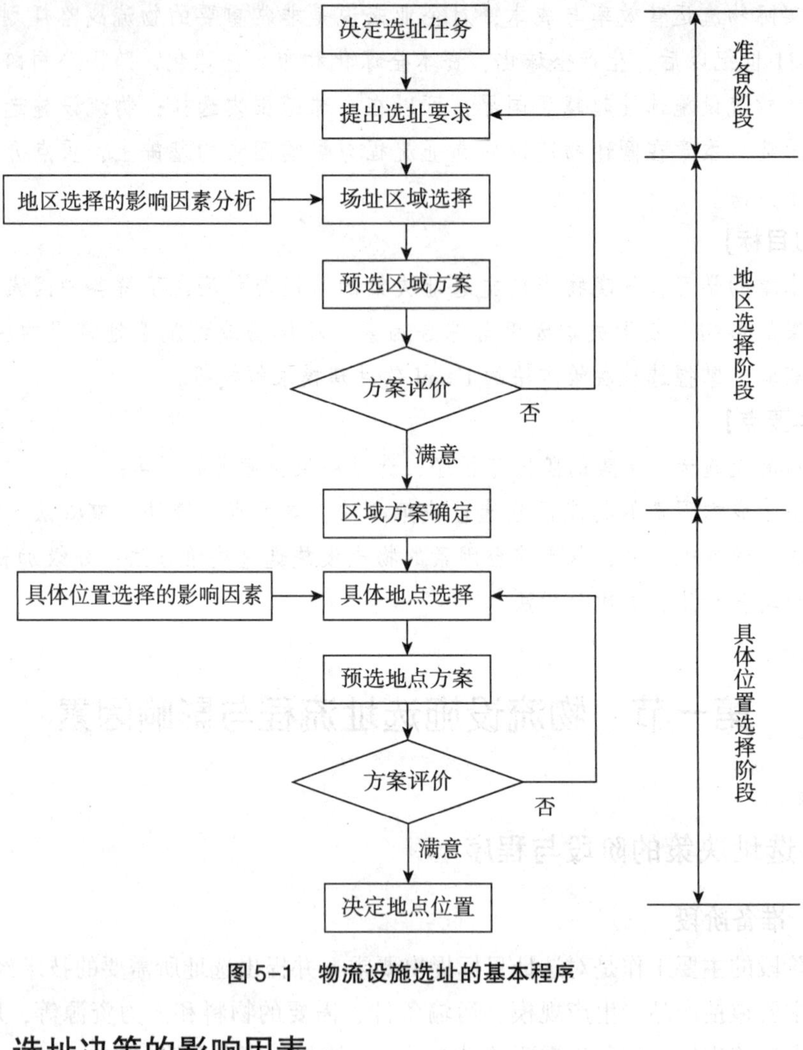

图 5-1　物流设施选址的基本程序

二、选址决策的影响因素

（一）地区选择的影响因素

地区选择主要考虑宏观因素，一般包括以下几种。

1. 目标市场及客户分布

选址时首先要考虑的就是目标市场及客户分布，设施的地理位置一定要和客户接近，越近越好。要考虑地区对产品和服务的需求情况，消费水平要和产品、服务相适应。因为产销两地接近，运输成本就会减少，从而大大降低总成本。

2. 资源市场及供应商分布

在进行物流设施选址时，不同的行业对资源有不同的要求，如工厂选址应该考虑的因素是主要原材料、燃料、动力、水资源等资源条件。对供应型配送中心而言，应该考虑的因素是供货资源分布，即供应商的分布情况。因为需要配送的商品全部是由供应商供应的，配送中心越接近供应商，商品的安全库存水平越低。因为国内一般进货的输送成本由供应商负担，因此有时不重视此因素。

3. 交通便利条件

交通便利条件是影响物流成本及效率的重要因素之一。交通运输的不便将直接影响车辆配送效率，因此必须考虑对外交通的运输通路，以及未来与邻近地区的交通发展状况等因素。地区的选择宜紧临重要的运输通路，以利于运输配送作业的进行。考核交通方便程度的条件有高速公路、国道、铁路、快速道路、港口、交通限制规定等。一般配送中心应尽量选择在交通方便的高速公路、国道及快速道路附近，如果以铁路及轮船为运输工具，则要考虑靠近火车编组站、港口等。

4. 土地与地形

对于土地的使用，必须符合相关法令规章及城市计划的限制，尽量选在物流园区、工业园区或经济开发区。用地的形状、面积、地价、拆迁与否与未来扩充的可能性，与规划内容及实际建置的问题密切相关。因此在进行物流设施选址时，有必要参考规划方案中物流设施的设计内容，在无法完全配合的情形下，必要时要修改规划方案中的内容。

5. 自然环境

在物流用地的评估当中，自然环境也是必须考虑的，事先了解当地自然环境有助于降低建构的风险。例如，在自然环境中有湿度、盐分、降水量、台风、河川等影响因素。有的地方靠近山边湿度比较大，有的地方靠近海边盐分比较高，这些都会影响商品的储存品质，如电子产品等对湿度及盐分比较敏感。另外台风、地震等自然灾害，对物流设施的影响也非常大，必须特别留意并且避免被侵害。

6. 人力资源

在仓储配送作业中，最主要的资源需求为人力资源。由于一般物流作业仍属于劳动密集型作业形态，在配送中心内部必须要有足够的作业人员，因此在决定物流设施位置时，必须考虑工人的来源、技术水平、工作习惯、工资水平等因素。

7. 社会环境与政策条件

在国外建立设施时更应注意当地的政治环境是否稳定，是否邻近自由贸易区等。政策条件是物流设施选址评估的重点，尤其是现在物流用地取得比较困难，如果有政府政策的支持，则更有助于物流经营者的发展。政策条件包括企业优待措施（土地提供、减税），城市计划（土地开发、道路建设计划），地区产业政策等。

8. 其他基础设施

除交通便利条件外，道路、邮电通信、动力、燃料管线等基础设施对物流设施投资影响很大。

（二）具体位置选择的影响因素

除考虑上述因素，在实际决定物流设施具体位置时，还应考虑下列因素。

1. 城市的大小

城市的大小将影响交通运输、劳动力的获得、劳务设施的利用、工资水平、地价等诸多因素。

2. 地价、用地的政策限制与发展

对于土地的使用，必须符合相关法令规章及城市规划的限制。在考虑现有地价及未来增值的状况下，配合用地的形状、长宽、面积与未来扩充的可能性，决定最合适的面积大小。

3. 与外部的衔接

必须对特定区域内可用的运输方式做充分的调查，如与主要道路的连接是否顺畅、货运公司的数量、大宗邮寄的能力、短程转运的计费方式等。尽量使场址内的铁路方便地与附近车站接轨，缩短和高速公路的衔接。

4. 场址周边地理环境

场址周边地理环境主要指场址的地形、地貌、土壤情况、风向及地下水情况等。如果场址厂区地势不平，则土建施工费用必然大大增加，且新填土质松软，将增加基础施工难度。废气、烟尘及噪声可能会因风向影响附近住宅区的居民。地下水会腐蚀混凝土及钢材，破坏地下建筑物。

5. 居民的态度

决定物流设施位置时，附近居民的接受程度将影响土地的取得、员工的雇用及企业形象等。

三、选址决策影响因素类别划分

从地区选择到具体位置的选择，影响物流设施选址的因素有很多，归纳起来，可将这些因素分为与产品成本有直接关系的成本因素以及与产品成本无关的非成本因素两大类。成本因素可以量化也可用货币来表示；非成本因素与成本无直接关系，但能间接影响产品成本和企业未来的发展。物流设施选址决策影响因素的类别如表 5-1 所示。

表 5-1　物流设施选址决策影响因素的类别

成本因素	非成本因素
原料供应及成本	地区政府政策
动力、能源的供应及成本	政治环境

续表

成本因素	非成本因素
水资源及其供应成本	环境保护要求
劳动力成本	气候和地理环境
产品运至分销点的成本	文化习俗
零部件产品从供应点运来成本	城市规划和社区情况
建筑和土地成本	发展机会
税率、利率和保险	同一地区的竞争对手
资本市场和流动资金	地区的教育服务
各类服务及维修费用	供应、合作环境

第二节　物流设施选址的决策方法

物流设施选址的影响因素众多，涉及方方面面的问题，可用于物流设施选址的决策方法很多，有工程经济和财务管理的方法，也有数学分析与系统评价的决策方法等。根据场址选择影响因素的类别划分，本章主要从成本与非成本两大因素出发，分别介绍几种常用、简便、快捷与实用的方法，以便在短时间内就能得出初步的选址结论。

一、基于成本因素的选址决策方法

（一）盈亏点平衡法

这是工程经济和财务管理中的基本方法，在选址评价中可用以确定特定产量规模下，成本为最低的设施选址方案。它建立在产量、成本、预测销售收入的基础之上。

【例 5-1】某公司有三个不同仓库建设方案，由于各场址有不同的征地费、建筑费，工资、原材料等成本费用也都不同，从而有不同仓储成本。三个不同仓库建设方案的仓储成本如表 5-2 所示，试确定不同仓储规模下最优的仓库选址地点？

表 5-2　　三个不同仓库建设方案的仓储成本

费用项目	A 方案	B 方案	C 方案
固定费用（元）	600000	1200000	1800000
单件可变费用（元/件）	40	20	10

解：设 TC 表示总成本，CF 表示固定储存费用，CV 表示单件可变储存费用。

根据题意列出三个备选方案的成本函数：

$$\begin{cases} TC_A = CF_A + CV_A = 600000 + 40X \\ TC_B = CF_B + CV_B = 1200000 + 20X \\ TC_C = CF_C + CV_C = 1800000 + 10X \end{cases}$$

绘制成本函数图，如图 5-2 所示。

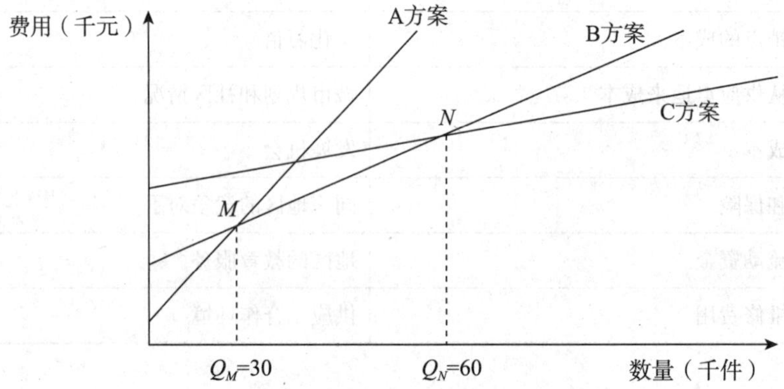

图 5-2　数量成本关系图

先求 A、B 两方案的交点物流量，再求 B、C 两方案的交点物流量，就可以决定不同物流规模下的最优选址方案。

（1）在 M 点 A、B 两方案物流成本相同，该点物流量为 Q_M，则：

$$Q_M = \frac{CF_B - CF_A}{CV_A - CV_B} = \frac{1200000 - 600000}{40 - 20} = 30000（件）$$

（2）在 N 点 B、C 两方案物流成本相同，该点物流量为 Q_N，则：

$$Q_N = \frac{CF_C - CF_B}{CV_B - CV_C} = \frac{1800000 - 1200000}{20 - 10} = 60000（件）$$

（3）以物流成本最低为标准，当物流量低于 30000 件时选 A 方案，物流量在 30000 件和 60000 件之间时选 B 方案，物流量大于 60000 件时选 C 方案。

（二）重心法

重心法主要用于单一选址地点决策问题，是将物流系统的资源点与需求点看成分布在某个平面范围内的物体系统，各资源点与需求点的物流量可分别看成物体的重量，物体系统的重心将作为物流中心的最佳设置。具体决策计算过程如下。

设在某计划区域内，有 n 个资源点和需求点，各点的资源量或需求量为 w_j（$j=1, 2, \cdots, n$），它们各自的坐标是（x_j，y_j）（$j=1, 2, \cdots, n$）。重心法选址坐标图如图 5-3 所示。

现计划在该区域内设置一个物流中心，设该物流中心的坐标是（x_d，y_d），物流中心至资源点或需求点的运费率是 a_j。

根据求平面中物体重心的方法，可以得到：

$$\begin{cases} \bar{x} = \sum_{j=1}^{n} a_j w_j x_j / \sum_{j=1}^{n} a_j w_j \\ \bar{y} = \sum_{j=1}^{n} a_j w_j y_j / \sum_{j=1}^{n} a_j w_j \end{cases} \tag{5-1}$$

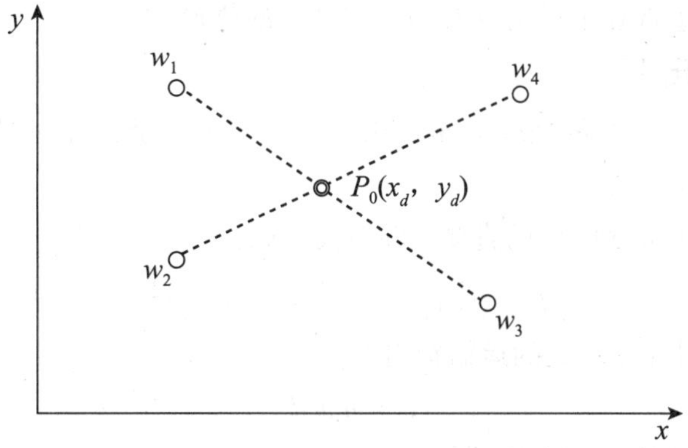

图 5-3　重心法选址坐标图

式（5-1）代入数值，实际求得的（$\bar{x}$，$\bar{y}$）值，即为所求配送中心位置的坐标（x_d，y_d）。

但重心法有如下假设条件：①需求集中于某一点；②不同地点物流中心的建设费用、营运费用相同；③运输费用跟运输距离成正比；④运输路线为空间直线距离。

重心法的最大特点是计算方法简单，但这种方法求得的物流中心的坐标还不是最优的，因为该方法求的是地理坐标加权平均值，没有考虑设置一个物流中心后现有资源点和需求点之间将不再直接联系而要通过该物流中心中转，运输距离将发生变化，从而运输成本也将变化。因此重心法只能作为一种参考。

【例 5-2】某物流公司拟建一个物流中心，负责向四个工厂进行物料配送，各工厂的位置坐标与配送量如表 5-3 所示，请利用重心法确定物流公司物流中心的位置，设拟建物流中心对各工厂的单位运输成本相等。

表 5-3　　　　各工厂的位置坐标与配送量

	P_1		P_2		P_3		P_4	
工厂位置坐标	x_1	y_1	x_2	y_2	x_3	y_3	x_4	y_4
	20	70	60	60	20	20	50	20
配送量	2000		1200		1000		2500	

注：表中位置坐标数据单位为 km。

解：已知各工厂的配送量为 w_j（j=1，2，3，4），各自的坐标为（x_j，y_j）（j=1，2，3，4），物流中心至各工厂的运费率是 a_j（j=1，2，3，4）（该例中，物流中心至各工厂的运费率均相等）。

根据求平面中物体重心的方法，可以得到物流中心的地理坐标数据：

$$x_d = \sum_{j=1}^{4} a_j w_j x_j / \sum_{j}^{4} a_j w_j = \frac{20 \times 2000 + 60 \times 1200 + 20 \times 1000 + 50 \times 2500}{2000 + 1200 + 1000 + 2500} \approx 38.4(\text{km})$$

$$y_d = \sum_{j=1}^{4} a_j w_j y_j / \sum_{j}^{4} a_j w_j = \frac{70 \times 2000 + 60 \times 1200 + 20 \times 1000 + 20 \times 2500}{2000 + 1200 + 1000 + 2500} \approx 42.1(\text{km})$$

该物流中心地址选在坐标为（38.4，42.1）的位置。

（三）数值迭代法

数值迭代法的基本思路是按运输费用最小原则来选址，并对候选位置不加限制，因此具有比较大的灵活性。

现设 d_j 为物流中心到 j 处的直线运输距离，则：

$$d_j=\sqrt{(x_d-x_j)^2+(y_d-y_j)^2} \tag{5-2}$$

由此可得物流中心到 j 处的运输费用为：

$$c_j=a_jw_jd_j \tag{5-3}$$

故物流中心到各处总运输费用为：

$$C=\sum_{j=0}^{n}a_jw_jd_j=\sum_{j=0}^{n}a_jw_j\sqrt{(x_d-x_j)^2+(y_d-y_j)^2} \tag{5-4}$$

现在求（x_d，y_d）为何值时 C 最小，因此，该问题的目标函数为：

$$\min C=\sum_{j=0}^{n}a_jw_j\sqrt{(x_d-x_j)^2+(y_d-y_j)^2} \tag{5-5}$$

显然要使 C 最小，求偏导数，能使 $\frac{\partial C}{\partial x_d}=0$，$\frac{\partial C}{\partial y_d}=0$ 成立的（x_d^*，y_d^*）即为所求的物流中心的最佳位置。

$$\frac{\partial C}{\partial x_d}=\sum_{j=0}^{n}a_jw_j(x_d-x_j)/d_j=0 \tag{5-6}$$

$$\frac{\partial C}{\partial y_d}=\sum_{j=0}^{n}a_jw_j(y_d-y_j)/d_j=0 \tag{5-7}$$

由此可求 x_d^* 和 y_d^* 的解为：

$$x_d^*=\frac{\sum_{j=0}^{n}a_jw_jx_j/d_j}{\sum_{j=0}^{n}a_jw_j/d_j} \tag{5-8}$$

$$y_d^*=\frac{\sum_{j=0}^{n}a_jw_jy_j/d_j}{\sum_{j=0}^{n}a_jw_j/d_j} \tag{5-9}$$

由于上述 x_d^*，y_d^* 中含有 d_j，而 d_j 中仍然含有未知数 x_d 和 y_d，因此无法一次求出 x_d^* 和 y_d^*。可采用数值迭代法求解，计算步骤如下。

步骤 1　用重心法确定物流中心初始位置［$x_d^{(0)}$，$y_d^{(0)}$］。

步骤 2　利用式（5-4）计算出与［$x_d^{(0)}$，$y_d^{(0)}$］对应的总运输费用 $C^{(0)}$。

步骤 3　将［$x_d^{(0)}$，$y_d^{(0)}$］分别代入式（5-2）、式（5-8）和式（5-9）中，计算出物流中心的改进位置［$x_d^{(1)}$，$y_d^{(1)}$］。

步骤 4　利用式（5-4）计算出与［$x_d^{(1)}$，$y_d^{(1)}$］对应的总运输费用 $C^{(1)}$ 及运费变化值。

步骤5　将 $C^{(1)}$ 与 $C^{(0)}$ 进行比较，若 $C^{(1)} < C^{(0)}$，则返回步骤3的计算，将 $[x_d^{(1)}, y_d^{(1)}]$ 代入式（5-2）、式（5-8）和式（5-9）中，计算出物流中心第二次改进位置 $[x_d^{(2)}, y_d^{(2)}]$。

如此反复迭代计算，直到 $C^{(k)} \geqslant C^{(k-1)}$，求出 $[x_d^{(k)}, y_d^{(k)}]$ 这一最优解为止。由于迭代计算工作量较大，也可以通过反复迭代，计算出 $[x_d^{(k)}, y_d^{(k)}]$，使 $|P(x^k, y^k) - P(x^{k-1}, y^{k-1})| \leqslant \varepsilon$（$\varepsilon$ 为预先确定的精度），则将 $[x_d^{(k)}, y_d^{(k)}]$ 作为最佳选址位置坐标。

利用数值迭代法进行选择的关键是给出物流中心的初始位置，本文中将各个资源点或者需求点的地理重心作为初始地点。在实际应用中，也可以选用任意初始地点的方法，还可以根据各资源点或者需求点的位置、物资的需求、供应量的分布状况选取初始地点。初始地点的确定方法可以是不同的，没有确定初始地点的统一规则，但根据地理位置中心来确定初始地点的方法是比较可取的，它可以减少计算量，降低盲目性。

建立在重心法基础上的微分法，尽管理论上能够求得比较精确的最优结果，但是在现实的工作中，却不一定容易实现。首先，在该模型中将距离用坐标来表示，这样就把运输费用看成两点间直线距离的函数，这一点与实际是不相符的，虽然可通过在距离计算公式中增加一个调整系数加以修正，但系数的合理选取还有一定的难度。其次，在精确的最优解的位置上，由于其他因素的影响，决策者考虑其他因素后，有时不得不放弃这一最优解的结果，而去选择现实中满意的其他方案，如最优解的位置落在高山或河流湖泊中。

【例5-3】某连锁超市在某地区有四个零售店，其坐标和商品需求量如表5-4所示，现欲建一个配送中心负责商品供应，问配送中心应设在何处最为经济合理。

表5-4　四个零售店的基本信息

零售店	商品需求量（吨）（w_j）	运输费用率（元/吨公里）（a_j）	坐标（x_j，y_j）	
1	2	5	2	2
2	3	5	11	3
3	2.5	5	10	8
4	1	5	4	9

解：

第一步，按照各零售店的销售量，求四个零售店所构成的四边形的重心，重心的坐标为 $[x_d^{(0)}, y_d^{(0)}]$，利用式（5-1）求得的配送中心 P 的位置坐标初始值 P_0 为（7.8，4.9）。

第二步，按照式（5-2）求得的初始配送中心 P_0 到各零售店的直线距离如表5-5所示。按式（5-4）求得初始位置 P_0 为（7.8，4.9）时的运输总运费 $C^{(0)}$ 为196元。

表 5-5　　初始配送中心 P_0 到各零售店的直线距离

距离	P_0—D_1	P_0—D_2	P_0—D_3	P_0—D_4
距离 d_j	6.5	3.7	3.8	5.6

第三步，按式（5-8）和式（5-9）求出第一次迭代的位置。

$$x_d^{(1)} = \frac{\sum_{j=0}^{n} a_j w_j x_j / d_j}{\sum_{j=0}^{n} a_j w_j / d_j} = \frac{5 \times (2 \times 2/6.5 + 3 \times 11/3.7 + 2.5 \times 10/3.8 + 1 \times 4/5.6)}{5 \times (2/6.5 + 3/3.7 + 2.5/3.8 + 1/5.6)} = 8.6$$

$$y_d^{(1)} = \frac{\sum_{j=0}^{n} a_j w_j y_j / d_j}{\sum_{j=0}^{n} a_j w_j / d_j} = \frac{5 \times (2 \times 2/6.5 + 3 \times 3/3.7 + 2.5 \times 8/3.8 + 1 \times 9/5.6)}{5 \times (2/6.5 + 3/3.7 + 2.5/3.8 + 1/5.6)} = 5.1$$

第四步，再按 P_1（8.6，5.1）计算配送中心到各零售店的直线距离 d_j，得运输总费用 $C^{(1)}$ 为 191 元，由于 $C^{(1)} = 191 < C^{(0)} = 196$，说明了运输费用有进一步下降的可能，所以应返回第三步，利用式（5-2）、式（5-8）、式（5-9）求出第二次改进的配送中心位置坐标 P_2（9.0，5.2），依式（5-4）计算 $C^{(2)}$ 为 192 元。

第五步，将 $C^{(2)}$ 与 $C^{(1)}$ 比较。当配送中心的位置为 P_2（9.0，5.2）时，$C^{(1)} \leqslant C^{(2)}$，即运输总运费开始上升，因此表明 P_1（8.6，5.1）已是最优解，不需要继续进行迭代计算。P_1（8.6，5.1）为配送中心 P 最合理的位置。

（四）线性规划法

对于多个资源点和多个需求点的问题，通常用线性规划法求解更为方便，可以同时确定多个资源点的位置，其目的也是使所有资源点的运输费用最小。在相应约束条件下令所求目标函数为最小，即约束条件为：

$$\sum_{i=1}^{m} w_{ij} = b_j, \quad \sum_{j=1}^{n} w_{ij} = a_i \tag{5-10}$$

并且全部 $w_{ij} \geqslant 0$。

目标函数为：

$$\min C = \sum_{i=1}^{m} \sum_{j=1}^{n} G_{ij} w_{ij} \tag{5-11}$$

式中：m——资源点数量；

n——需求点数量；

a_i——资源点 i 的货物供应能力；

b_j——需求点 j 的货物需求量；

G_{ij}——资源点 i 生产（或储存）单位货物并运到需求点 j 的运输费用；

w_{ij}——从资源点 i 运到需求点 j 的货物数量。

【例 5-4】某家电制造公司现有两个配送中心 F_1 及 F_2，供应四个销售城市 S_1、S_2、S_3、S_4，由于销售量不断增加，必须另设一个配送中心，现通过定性分析，可供选择的

地点为 F_3 及 F_4。各配送中心的储存费用及各个配送中心至各销售城市的运输费用如表 5-6 所示。试问在可供选择的地点 F_3 及 F_4 中，选择其中哪一个地点为好？

表 5-6　各配送中心的储存费用及各个配送中心至各销售城市的运输费用

配送中心	运输费用（万元/千台）				年配送量（千台）	储存费用（万元/千台）
	S_1	S_2	S_3	S_4		
F_1	5	3	2	3	0.7	1.5
F_2	6.5	5	3.5	1.5	0.55	1.8
F_3	1.5	0.5	1.7	6.5	1.25	2
F_4	3.8	5	8	7.5	1.25	1.6
年需求量（千台）	0.4	0.8	0.7	0.6		

如果用线性规划法的最小元素法求一个初始方案，其解的计算具体步骤如下。

步骤 1　表 5-6 中 F_3-S_2 组合单位费用最少，为 2.5 万元。S_2 的需求量为 0.8 千台，将 F_3 的 0.8 千台分配给 S_2，还有 0.45 千台的剩余产量。由于 S_2 的需求已全部满足，这一列可以不再考虑。

步骤 2　其余组合中单位费用最少者为 F_2-S_4，是 3.3 万元。S_4 的需求量为 0.6 千台，将 F_2 的 0.55 千台分配给 S_4，还有 0.05 千台未满足，F_2 分拨完毕，这一行不用再考虑。

步骤 3　其余组合中单位费用最少者为 F_1-S_3，是 3.5 万元，S_3 的需求量为 0.7 千台，将 F_1 的 0.7 千台全部分配给 S_3。F_1 的存货已全部分配完毕，这一行和这一列不用再考虑。

步骤 4　其余组合中单位费用最少者为 F_3-S_1，是 3.5 万元。S_1 的需求量是 0.4 千台，将 F_3 的 0.4 千台分配给 S_1，还有 0.05 千台的剩余产量。

步骤 5　其余组合中只有 F_3-S_4，单位费用是 8.5 万元。S_4 的需求还有 0.05 千台未满足，可把 F_3 所剩存货 0.05 千台分配给 S_4。此时，S_4 的需求已全部满足。至此，所有销售城市都得到满足，所有仓储货物分拨完毕。配送中心设在 F_3 处的储存总费用如表 5-7 所示。

表 5-7　配送中心设在 F_3 处的储运总费用　　单位：万元

配送中心	S_1	S_2	S_3	S_4	年配送量（千台）
F_1	6.5	4.5	[0.7] ③3.5	4.5	0.7
F_2	8.3	6.8	5.3	[0.55] ② 3.3	0.55
F_3	[0.4] ④3.5	[0.8] ① 2.5	3.7	[0.05] ⑤8.5	1.25
年需求量（千台）	0.4	0.8	0.7	0.6	2.5

这样可得配送中心设于 F_3 处的总费用 TC（F_3）= 0.4×3.5+0.8×2.5+0.7×3.5+0.55×3.3+0.05×8.5=8.09（万元）。

如果配送中心设于 F_4 处，用同样的解法，过程如表 5-8 所示，得 F_4 的总费用 TC（F_4）为 9.71 万元。比较而言，F_3处的总费用最低，配送中心应设在 F_3 处。

表 5-8　配送中心设在 F_4 处的储运总费用　单位：万元

配送中心	S_1	S_2	S_3	S_4	年配送量（千台）
F_1	6.5	4.5	[0.7] ②3.5	4.5	0.7
F_2	8.3	6.8	5.3	[0.55] ①3.3	0.55
F_4	[0.4] ③5.4	[0.8] ④6.6	9.6	[0.05] ⑤9.1	1.25
年需求量（千台）	0.4	0.8	0.7	0.6	2.5

由于初始解方案不一定是最经济的方案，一般需要进行优化处理，在已分配好的初始方案中继续求得总费用最低的运输方案，由于优化处理步骤烦琐，这里省略（参见运筹学教材）。

二、基于综合因素的选址决策方法

设施选址时经常要考虑诸多成本因素和非成本因素，这些非成本因素难于用货币衡量。当非成本因素在选址中占有重要地位时，就要用综合因素的评价方法，常用的有以下几种方法。

（一）分级加权评分法

此方法适合于比较各种非成本因素。由于各种因素的重要程度不同，需要采取加权方法，并按以下步骤实施。

1. 评价因素确定

针对场址选择的基本要求和特点列出要考虑的各种因素。

2. 确定因素权重

按照各因素相对重要程度，分别规定各因素相应的权重。通过征询专家意见或其他方法来决定各因素的权重。

3. 对各因素分级定分

将每个因素由优到劣分等级，如最佳、较好、一般、最差，并相应规定各等级的分数为 4、3、2、1。

4. 计算方案总分

将每个因素中各方案的排队等级分数乘以该因素的相应权重数，最后比较各方案所得总分，总分数最高者为入选方案。

【例 5-5】 对某一设施的选址有 K、L、M、N 四种方案，影响选址的主要因素有位置、面积、运输条件等八项，并设每个因素在方案中的排队等级为 A、E、I、O 和 U

五个等级。现设定：A＝4 分，E＝3 分，I＝2 分，O＝1 分，U＝0 分。各原始数据及评分结果如表 5-9 所示。

表 5-9　　各原始数据及评分结果

考虑因素	权重数	各方案的等级及分数			
		K	L	M	N
位置	8	A/32	A/32	I/16	I/16
面积	6	A/24	A/24	U/0	A/24
地形	3	E/9	A/12	I/6	E/9
地质条件	10	A/40	E/30	I/20	U/0
运输条件	5	E/15	I/10	I/10	A/20
原材料供应	2	I/4	E/6	A/8	O/2
公用设施条件	7	E/21	E/21	E/21	E/21
扩建可能性	9	I/18	A/36	I/18	E/27
合计		163	171	99	119

应用此方法的关键是对各因素确定合理的权重数和等级，应该征求上级管理部门的意见并取其平均值。

（二）因次分析法

因次分析法是一种将各候选方案的成本因素和非成本因素同时加权并加以比较的方法，其实施步骤如下。

1. *确定必要因素*

研究要考虑的各种因素，从中确定哪些因素是必要的。如某个选址无法满足某项必要因素，应将其删除。如饮料厂必须依赖水源，就不能考虑一个缺乏水源的选址。确定必要因素的目的是将不适宜的选址排除在外。

2. *必要因素分类*

将各种必要因素分为客观因素（成本因素）和主观因素（非成本因素）两大类。客观因素能用货币表示，主观因素不能用货币表示。同时要决定主观因素和客观因素的比重，用以反映主观因素与客观因素的相对重要性。如主观因素和客观因素同样重要，则比重均为 0.5。假设 X＝主观因素的比重值，$1-X$＝客观因素的比重值，$0\leq X\leq 1$。如 X 接近 1，主观因素比客观因素更重要，反之亦然。X 值可通过征询专家意见决定。

3. *确定客观量度值*

对每个可行选址可以找到一个客观量度值 OM_i，此值大小受选址各项成本的影响。其计算公式可表示为：

$$OM_i = \left[C_i \sum_{i=1}^{N} (1/C_i) \right]^{-1} \tag{5-12}$$

$$C_i = \sum_{j=1}^{M} C_{ij} \tag{5-13}$$

式中：C_{ij}——第 i 个选址方案的第 j 项成本；

C_i——第 i 个选址方案的总成本；

$\sum_{i=1}^{N}(1/C_i)$ ——各选址方案总成本的倒数之和；

OM_i——第 i 个选址方案的客观量度值；

M——客观因素数目；

N——选址方案数目。

若将各选址方案的客观量度值相加，总和必等于 1，即 $\sum_{i=1}^{N} OM_i = 1$。

4. 确定主观评比值

各主观因素因为没有量化值作为比较，所以用强迫选择法作为衡量各选址优劣的比较。强迫选择法是将每个选址方案和其他选址方案分别做出成对的比较。令较佳的选址方案的比重为 1，较差的选址方案的比重则为 0。此后，根据各选址方案的比重与总比重的比值来计算该选址方案的主观评比值 S_{ik}，用公式表示为：

$$S_{ik} = \frac{W_{ik}}{\sum_{i=1}^{N} W_{ik}} \tag{5-14}$$

式中：S_{ik}——第 i 个选址方案对 k 因素的主观评比值；

W_{ik}——第 i 个选址方案 k 因素的比重；

$\sum_{i=1}^{N} W_{ik}$ ——k 因素的总比重。

主观评比值为量化的比较值。可以利用此数值来比较各选址方案的优劣。此数值的变化在 0 到 1 之间，越接近 1，则代表该选址方案比其他选址方案优越。

5. 确定主观量度值

主观因素常常不止一个，同时各主观因素的重要性也各不相同。所以我们首先为各主观因素配上一个重要性指数 I_k。I_k 的分配方法可用强迫选择法来确定，然后再以每个因素的主观评比值与该因素的重要性指数 I_k 相乘，分别计算每个选址方案的主观量度值 SM_i，其计算公式为：

$$SM_i = \sum_{k=1}^{M} I_k S_{ik} \tag{5-15}$$

式中：I_k——主观因素的重要性指数；

S_{ik}——第 i 个选址方案对 k 因素的主观评比值；

M——主观因素的数目。

6. 确定位置量度值

位置量度值 LM_i 为选址方案的整体评估值，其计算公式为：

$$LM_i = X \cdot SM_i + (1 - X) \cdot OM_i \tag{5-16}$$

式中：X——主观比重值；

$(1-X)$ ——客观比重值；

SM_i——第 i 个选址方案的主观量度值；

OM_i——第 i 个选址方案的客观量度值。

位置量度值最大者为最佳选择方案。

【例 5-6】现准备筹建一个农副产品流通加工厂，可供选择的候选厂址有 D、E、F 三处，因地址不同，各厂加工成本亦有区别，各候选厂址每年的费用如表 5-10 所示。此外，为确定厂址还考虑了一些重要的非成本因素，如当地竞争能力、气候和环境等。对于竞争能力而言，F 地最强，D、E 两地相差不多；就气候来说，D 地比 E 地好，F 地最好；至于环境，E 地最优，其次为 F 地、D 地。如果各非成本因素的重要性指数 a、b、c 依次为 0.6、0.3 和 0.1，要求利用因次分析法评定最佳厂址。

表 5-10　　各候选厂址每年的费用　　单位：千元

成本因素	成本		
	D	E	F
工资	250	230	248
运输费用	181	203	190
租金	75	83	91
其他费用	17	9	22
C_i	523	525	551

解：首先计算 D、E、F 三处的客观量度值，然后再比较，计算过程如下。

①客观量度值 OM_i 的计算。

根据 $OM_i = \left[C_i \sum_{i=1}^{N} \frac{1}{C_i}\right]^{-1}$ 可计算出各候选厂址的客观量度值 OM_i。

$$OM_D = \left[523 \times \left(\frac{1}{523} + \frac{1}{525} + \frac{1}{551}\right)\right]^{-1} = 0.3395$$

同理得：$OM_E = 0.3382$；$OM_F = 0.3223$。

②主观评比值 S_{ik} 的计算。

根据三个不同的非成本因素，D、E、F 三处的主观评比值 S_{ik} 如下。

a）竞争能力比较（F>D=E），如表 5-11 所示。

表 5-11　　竞争能力两两相比

厂址	F	E	D	比重	S_{ia}
D	0	0	—	0	0
E	0	—	0	0	0

续表

厂址	F	E	D	比重	S_{ia}
F	—	1	1	2	1

总比重值：2

b）气候比较（F>D>E），如表 5-12 所示。

表 5-12 气候两两相比

厂址	F	E	D	比重	S_{ib}
D	0	1	—	1	0.33
E	0	—	0	0	0
F	—	1	1	2	0.67

总比重值：3

c）环境比较（E>F>D），如表 5-13 所示。

表 5-13 环境两两相比

厂址	F	E	D	比重	S_{ic}
D	0	0	—	0	0
E	1	—	1	2	0.67
F	—	0	1	1	0.33

总比重值：3

根据各主观因素的重要性指数 I_k 和各选址位置的主观评比值 S_{ik}，可以计算每个可行位置的主观量度值 SM_i。

现将各主观因素做评比总结，各候选厂址主观评比值 S_{ik} 如表 5-14 所示。

表 5-14 各候选厂址主观评比值 S_{ik}

因素		D	E	F	重要性指数 I_k
a	S_{ia}	0	0	1	0.6
b	S_{ib}	0.33	0	0.67	0.3
c	S_{ic}	0	0.67	0.33	0.1

计算可得：

$$SM_D = 0\times0.6+0.33\times0.3+0\times0.1 = 0.099$$

$$SM_E = 0\times0.6+0\times0.3+0.67\times0.1 = 0.067$$

$$SM_F = 1\times0.6+0.67\times0.3+0.33\times0.1 = 0.834$$

③位置量度值的计算。

由于题中没有给出成本因素与非成本因素的相互比重，现假设两者相等即同等重要，故主观比重值 $X=0.5$。

根据公式：$LM_i=X\cdot SM_i+(1-X)\cdot OM_i$

可计算出：$LM_D=0.5\times0.099+0.5\times0.3395=0.21925$

$LM_E=0.5\times0.067+0.5\times0.3382=0.2026$

$LM_F=0.5\times0.834+0.5\times0.3223=0.57815$

④决策。

根据各位置量度值 LM_i 的大小，F 厂址所得位置量度值在三个候选地址中最高，故选 F 厂址作为建厂厂址。

（三）层次分析法

1. 层次分析法原理

层次分析法（Analytic Hierarchy Process，AHP）是一种定性和定量相结合的多准则目标决策方法。这一方法的特点是在对复杂决策问题的本质、影响因素以及内在关系等进行深入分析之后，构建一个层次结构模型，然后利用较少的定量信息，把决策的思维过程数学化，从而为求解多目标、多准则或无结构特性的复杂决策问题，提供一种简便的决策方法。该方法尤其适用于对人的定性判断起重要作用的、对决策结果难以直接准确计量的场合。AHP 评估层次结构如图 5-4 所示。

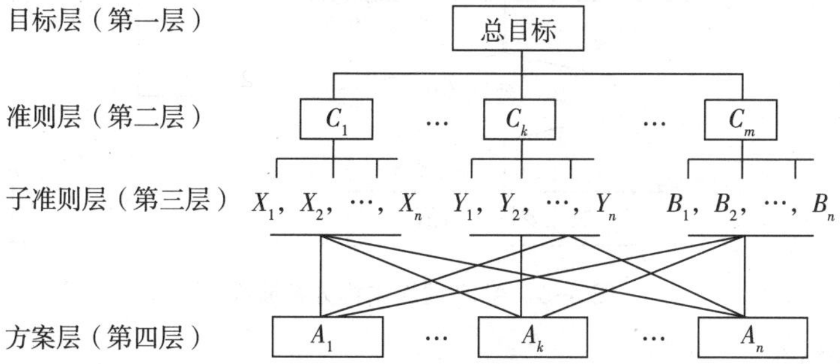

图 5-4　AHP 评估层次结构

运用层次分析法进行决策时，根据决策问题的性质和要达到的总目标，将问题分解为不同组成因素，并按照因素间的相互关联以及隶属关系将因素按不同层次聚集组合，形成一个多层次的分析模型，然后再把系统分析归结为最底层（供决策的方案、措施）相对于最高层（总目标）的相对重要性权值的确定或相对优劣次序的排序问题。

2. AHP 选址决策应用步骤

物流设施选址评价方案的选择就是一个综合评价单排序问题，即在建立的有序递阶指标体系的基础上，利用 1-9 标度法构建判断矩阵，通过计算判断矩阵的最大特征根及其对应的特征向量，计算出某一层次相对于上一层次某个元素的相对重要性权值。在计算出某一层次相对于上一层次各个因素的单排序权值后，用上一层次因素本身的权值加权综合，即可计算出层次总排序权值，进而进行方案的决策。AHP 层次结构分析流程如图 5-5 所示。

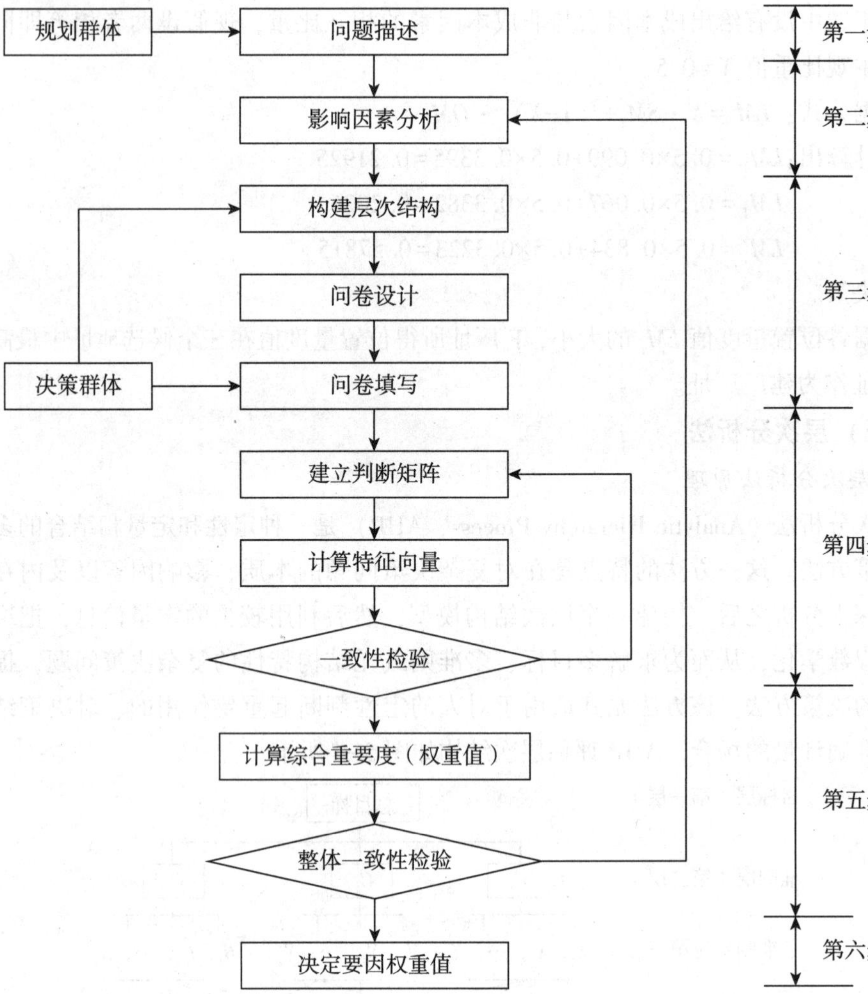

图 5-5　AHP 层次结构分析流程

（1）问题描述

对于要评估的问题，充分考虑其目标与机能，同时成立规划评估小组，对问题对象的范围加以界定。

（2）影响因素分析

决策评估小组根据知识和经验归纳出影响因素，对于可量化的因素，转变为基准货币单位衡量，非量化的因素则需进一步定义各因素的内容、意义与包含范围。

（3）构建层次结构

决定主要评价因素，并将这些因素进行层次和组别的划分，即对构成评价系统的目标、评价要素（准则）等建立多级梯阶的层次模型，如图 5-4 所示。一般每个层次的要素不宜超过 7 个，且各要素均假设具有独立性。

（4）问卷设计与填写

对同属一级的要素以上一级的要素为准则进行两两比较，确定其相对重要程度，评价尺度一般采用 1-9 标度法，其具体含义如表 5-15 所示。此评判需设计问卷，让决策者与调查群体填写。

表 5-15　1-9 标度法

标度	定义（比较要素 i 和要素 j）
1	要素 i 与要素 j 一样重要
3	要素 i 比要素 j 稍微重要
5	要素 i 比要素 j 明显重要
7	要素 i 比要素 j 更为重要
9	要素 i 比要素 j 绝对重要
2，4，6，8	两相邻判断要素的中间值
倒序	当比较要素 j 和要素 i 时，$a_{ji}=1/a_{ij}$

（5）建立判断矩阵

根据调查要素评判结果，建立判断矩阵 $\boldsymbol{A}=(a_{ij})_{n\times m}$，其中，$a_{ij}$ 就是要素 i 与要素 j 相对于上一层准则的重要度比值。判断矩阵具有如下性质：$a_{ij}>0$；$a_{ji}=1/a_{ij}$；$a_{ij}=1(i=j)$；i，$j=1$，2，3，…，n。AHP 评估指标要素判断矩阵如表 5-16 所示。

表 5-16　AHP 评估指标要素判断矩阵

对比系数	A_1	A_2	…	A_j	…	A_n
A_1	a_{11}	a_{12}	…	a_{1j}	…	a_{1n}
A_2	a_{21}	a_{22}	…	a_{2j}	…	a_{2n}
A_3	a_{31}	a_{32}	…	a_{3j}	…	a_{3n}
…	…	…	…	…	…	…
A_i	a_{i1}	a_{i2}	…	a_{ij}	…	a_{in}
…	…	…	…	…	…	…
A_n	a_{n1}	a_{n2}	…	a_{nj}	…	a_{nn}

（6）计算特征向量

计算判断矩阵的特征向量以确定各要素的相对重要程度（权重）。计算判断矩阵的最大特征根及其对应的特征向量，主要方法有求和法、方根法、特征根法、最小二乘法等。

以求和法为例步骤如下。

①将判断矩阵 $\boldsymbol{A}$ 按列归一化，即得出各要素评判值为一个小于 1 的系数判断矩阵，元素评判系数值之和为 1，计算公式如下。

$$u_{ij} = a_{ij} / \sum_{i=1}^{n} a_{ij} \quad i=1, 2, \cdots, n \quad j=1, 2, \cdots, n$$

②将归一化后的矩阵按列再求和，计算公式如下。

$$v_j = \sum_{i=1}^{n} u_{ij} \qquad i=1, 2, \cdots, n \quad j=1, 2, \cdots, n$$

③再归一化，计算公式如下。

$$w_j = v_j / \sum_{j=1}^{n} v_j \qquad j=1, 2, \cdots, n$$

所得 w_j ($j=1, 2, \cdots, n$) 即为判断矩阵 $\boldsymbol{A}$ 的特征向量的近似值。AHP 评估要素权重系数如表 5-17 所示。

表 5-17 AHP 评估要素权数系数（第一次归一化结果）

对比系数	A_1	A_2	…	A_j	…	A_n
A_1	u_{11}	u_{12}	…	u_{1j}	…	u_{1n}
A_2	u_{21}	u_{22}	…	u_{2j}	…	u_{2n}
A_3	u_{31}	u_{32}	…	u_{3j}	…	u_{3n}
…	…	…	…	…	…	…
A_i	u_{i1}	u_{i2}	…	u_{ij}	…	u_{in}
…	…	…	…	…	…	…
A_n	u_{n1}	u_{n2}	…	u_{nj}	…	u_{nn}
小计	v_1	v_2	…	v_j	…	v_n
特征向量	w_1	w_2	…	w_i	…	w_n

（7）一致性检验

一致性检验的目的是检查评价者对要素比较判断的逻辑的一致性，也就是分析各成员填表内容是否具有一致性，若一致性指标在接受范围内，则评比结果可以采用。否则，重新填表。

根据层次法原理，利用判断矩阵 $\boldsymbol{A}$ 的理论最大特征值 $\lambda_{\max}$ 与 n 之差检验一致性。一致性检验指标为：

$$CI = \frac{\lambda_{\max} - n}{n - 1}$$

其中：$\lambda_{\max} = \frac{1}{n} \sum_{i=1}^{n} \frac{(\boldsymbol{AW})_i}{w_i}$，$\boldsymbol{A}$ 为初始评价比较值矩阵向量；$\boldsymbol{W}$ 为再归一化标准值矩阵向量。

判断矩阵完全一致时，$CI=0$。CI 值越大，偏差度越高，一般 $CI<0.1$ 时，可以接受。

判断矩阵维数也影响矩阵的一致性，维数 n 越大，判断矩阵的一致性也越差。因此放宽对维数大的矩阵的一致性要求，引入修正值 RI（见表 5-18），令修正平均值 $CR=\frac{CI}{RI}$，将更为合理的 CR 作为衡量判断矩阵一致性的指标。

同理，$CR<0.1$ 时，就认为判断矩阵基本符合一致性要求。

表 5-18　　AHP 各阶矩阵的平均随机一致性检验指标

n	1	2	3	4	5	6	7
CR	0	0	0.58	0.9	1.12	1.24	1.32
n	8	9	10	11	12	13	14
CR	1.41	1.45	1.49	1.52	1.54	1.56	1.58

（8）计算综合重要度（权重值）

获得同一层次各要素之间的相对重要度后，就可以自下而上地计算各级要素对总体的综合重要度。假设上一级准则层 B 共有 m 个要素 B_1，B_2，…，B_m，它们对总值 C 的重要度为 w_1，w_2，… w_m；下一层次方案层 A 设有 A_1，A_2，…，A_n 共 n 个要素，令 A_i 对 B_j 的重要度为 z_{ij}，则 A 级要素 A_i 的综合重要度 z_i 如表 5-19 所示，即 $z_i=\sum_{j=1}^{m} z_{ij}w_j$（$i=1, 2, 3, \cdots, n$）。依据 A 各方案综合重要度的大小，即可对方案进行排序、决策。

表 5-19　　AHP 层次总排序

方案层 A	准则层 B					A 层总排序权重
	B_1	B_2	B_3	…	B_m	
	w_1	w_2	w_3	…	w_m	
A_1	z_{11}	z_{12}	z_{13}	…	z_{1m}	$z_1=\sum_{j=1}^{m} z_{1j}w_j$
A_2	z_{21}	z_{22}	z_{23}	…	z_{2m}	$z_2=\sum_{j=1}^{m} z_{2j}w_j$
…	…	…	…	…	…	…
A_n	z_{n1}	z_{n2}	z_{n3}	…	z_{nm}	$z_n=\sum_{j=1}^{m} z_{nj}w_j$

【本章实验 1】

基于 Excel-微分迭代法的物流中心选址决策

（一）实验目的

运用 Excel 建立微分迭代法计算表格模型，通过迭代计算选址坐标、与各资源点

（需求点）的距离及总运费，得出总费用最低的选址地点（坐标）方案，加深对微分迭代法选址原理与计算步骤的理解。

（二）实验要求

模拟实例中 Excel 数值迭代模型构建步骤与 Excel 命令操作，熟悉 Excel 单元格公式设置方法、散点图绘制方法及“规划求解”约束参数设置方法，掌握 Excel 微分迭代法在电子数据表格中构建模型的方法及计算求解技巧，为复杂的选址问题建模奠定求解方法与计算工具软件应用的基础。

（三）实验数据

某物流中心在某地区有 A_1、A_2 两个资源点和 B_3、B_4、B_5 三个需求点，其坐标、供应量与需求量如表 5-20 所示，请根据微分迭代法的求解步骤，利用 Excel 建模求解，得出物流中心最为经济合理的选址地点。

表 5-20　　资源点和需求点的基本数据

	资源量或需求量（运量）W_i	运费率 a_i	横坐标 X_i	纵坐标 Y_i
A_1	4000	0.45	3	7
A_2	3000	0.5	8	2
B_3	3500	0.7	2	5
B_4	2000	0.65	6	4
B_5	1500	0.75	9	8

（四）实验步骤

1. 构建 Excel 电子表格模型

建立图 5-6 所示的 Excel 计算表格，按表 5-21 设置好单元格。

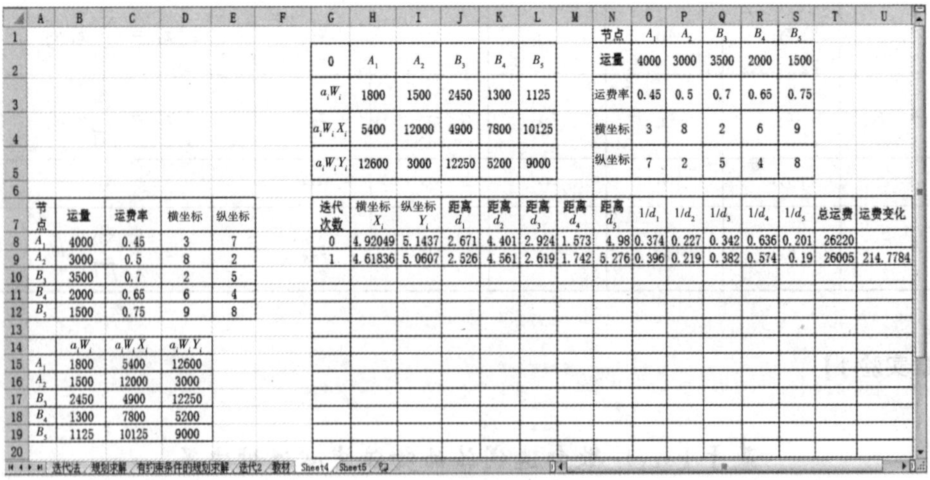

节点	运量	运费率	横坐标	纵坐标
A_1	4000	0.45	3	7
A_2	3000	0.5	8	2
B_3	3500	0.7	2	5
B_4	2000	0.65	6	4
B_5	1500	0.75	9	8

	a_iW_i	$a_iW_iX_i$	$a_iW_iY_i$
A_1	1800	5400	12600
A_2	1500	12000	3000
B_3	2450	4900	12250
B_4	1300	7800	5200
B_5	1125	10125	9000

0	A_1	A_2	B_3	B_4	B_5
a_iW_i	1800	1500	2450	1300	1125
$a_iW_iX_i$	5400	12000	4900	7800	10125
$a_iW_iY_i$	12600	3000	12250	5200	9000

节点	A_1	A_2	B_3	B_4	B_5
运量	4000	3000	3500	2000	1500
运费率	0.45	0.5	0.7	0.65	0.75
横坐标	3	8	2	6	9
纵坐标	7	2	5	4	8

迭代次数	横坐标 X_i	纵坐标 Y_i	距离 d_1	距离 d_2	距离 d_3	距离 d_4	距离 d_5	$1/d_1$	$1/d_2$	$1/d_3$	$1/d_4$	$1/d_5$	总运费	运费变化
0	4.92049	5.1437	2.671	4.401	2.924	1.573	4.98	0.374	0.227	0.342	0.636	0.201	26220	
1	4.61836	5.0607	2.526	4.561	2.619	1.742	5.276	0.396	0.219	0.382	0.574	0.19	26005	214.7784

图 5-6　微分迭代法的 Excel 电子表格模型

表 5-21　　图 5-6 中单元格的设置

单元格	工作表里的公式	备注
B15	=B8 * C8	得到 A_1 的运费率与运量的乘积 a_1W_1，向下填充至 B19
C15	=B15 * D8	$a_1W_1X_1$，向下填充至 C19
D15	=B15 * E8	$a_1W_1Y_1$，向下填充至 D19
G2：L5	=TRANSPOSE（A14：D19）	得到 A14：D19 的转置矩阵。在选定单元格 G2：L5，按 Ctrl+Shift+Enter 录入公式=TRANSPOSE（A14：D19）
N1：S5	=TRANSPOSE（A7：E12）	得到 A7：E12 的转置矩阵。在选定单元格 N1：S5，按 Ctrl+Shift+Enter 录入公式=TRANSPOSE（A7：E12）
G9	=1+G8	向下填充可得迭代次数
H8	=SUMPRODUCT（B8：B12，C8：C12，D8：D12）/SUMPRODUCT（B8：B12，C8：C12）	为重心法初始选址地点 X^0 坐标，是 B8：B12，C8：C12，D8：D12 三列数字乘积之和与 B8：B12，C8：C12 两列数字乘积之和的比值
I8	=SUMPRODUCT（B8：B12，C8：C12，E8：E12）/SUMPRODUCT（B8：B12，C8：C12）	为重心法初始选址地点 Y^0 坐标，是 B8：B12，C8：C12，E8：E12 三列数字乘积之和与 B8：B12，C8：C12 两列数字乘积之和的比值
J8	=SQRT（（O$4-$H8）^2+（O$5-$I8）^2）	计算物流中心至节点 A_1 的距离 d_1，向右填充至 N8，O$4 为绝对行引用，$H8 为绝对列引用
O8	=1/J8	向右填充至 S8，得初始选址地点到各节点的距离的倒数 $1/d_i$
T8	= SUMPRODUCT（H3：L3，J8：N8）	H3：L3，J8：N8两行乘积之和，初始选址地点到各节点总运费，H3 为绝对单元格引用形式
H9	= SUMPRODUCT（H4：L4，O8：S8）/SUMPRODUCT（H3：L3，O8：S8）	为一次迭代选址地点 X_1 坐标，是 H4：L4，O8：S8 两行数字乘积之和与 H3：L3，O8：S8两行数字乘积之和的比值
I9	= SUMPRODUCT（H5：L5，O8：S8）/SUMPRODUCT（H3：L3，O8：S8）	为一次迭代选址地点 Y_1 坐标，是 H5：L5，O8：S8 两行数字乘积之和与 H3：L3，O8：S8两行数字乘积之和的比值
J9	=SQRT（（O$4-$H9）^2+（O$5-$I9）^2）	A_1 到物流中心的距离，向右填充至 N9，得各节点到物流中心的距离
O9	=1/J9	向右填充至 S9，得物流中心第 1 次迭代到各节点的距离的倒数 $1/d_i$

续表

单元格	工作表里的公式	备注
T9	= SUMPRODUCT（H3：L3，J9：N9）	H3：L3，J9：N9两行乘积之和，第 1 次迭代选址地点到各节点总运费
U9	=T8-T9	第 1 次迭代总运费变化

2. 迭代计算

按表 5-21 设置好单元格公式后，选择 G9：U9向下填充 20 行，如图 5-7 所示，便得到了迭代 20 次的物流中心最佳选址方案，此时的最佳选址坐标为（3.883，5.355）。

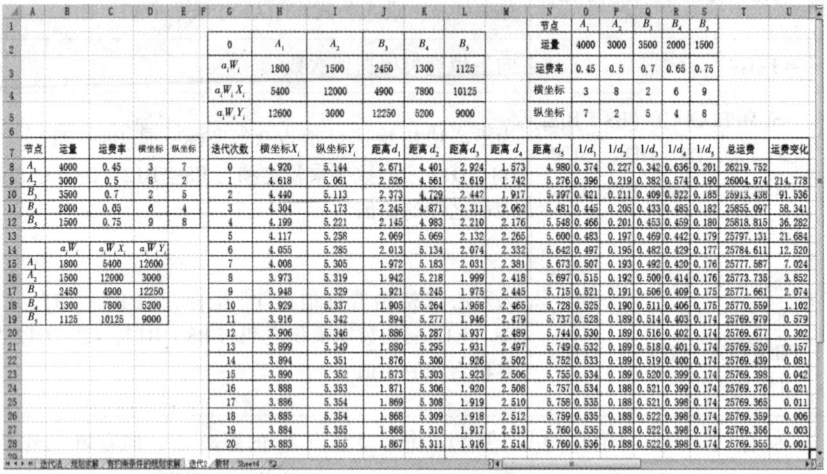

0	A_1	A_2	B_3	B_4	B_5
a_iW_i	1800	1500	2450	1300	1125
$a_iW_iX_i$	5400	12000	4900	7800	10125
$a_iW_iY_i$	12600	3000	12250	5200	9000

节点	A_1	A_2	B_3	B_4	B_5
运量	4000	3000	3500	2000	1500
运费率	0.45	0.5	0.7	0.65	0.75
横坐标	3	8	2	6	9
纵坐标	7	2	5	4	8

节点	运量	运费率	横坐标	纵坐标
A_1	4000	0.45	3	7
A_2	3000	0.5	8	2
B_3	3500	0.7	2	5
B_4	2000	0.65	6	4
B_5	1500	0.75	9	8

	a_iW_i	$a_iW_iX_i$	$a_iW_iY_i$
A_1	1800	5400	12600
A_2	1500	12000	3000
B_3	2450	4900	12250
B_4	1300	7800	5200
B_5	1125	10125	9000

迭代次数	横坐标X_i	纵坐标Y_i	距离d_1	距离d_2	距离d_3	距离d_4	距离d_5	$1/d_1$	$1/d_2$	$1/d_3$	$1/d_4$	$1/d_5$	总运费	运费变化
0	4.920	5.144	2.671	4.401	2.924	1.573	4.980	0.374	0.227	0.342	0.636	0.201	26219.752	
1	4.618	5.061	2.526	4.561	2.619	1.742	5.276	0.396	0.219	0.382	0.574	0.190	26004.974	214.778
2	4.440	5.113	2.373	4.729	2.442	1.917	5.397	0.421	0.211	0.409	0.522	0.185	25913.438	91.536
3	4.304	5.173	2.245	4.871	2.311	2.062	5.481	0.445	0.205	0.433	0.485	0.182	25855.097	58.341
4	4.199	5.221	2.145	4.983	2.210	2.176	5.548	0.466	0.201	0.453	0.459	0.180	25818.815	36.282
5	4.117	5.258	2.069	5.069	2.132	2.265	5.600	0.483	0.197	0.469	0.442	0.179	25797.131	21.684
6	4.055	5.285	2.013	5.134	2.074	2.332	5.642	0.497	0.195	0.482	0.429	0.177	25784.611	12.520
7	4.008	5.305	1.972	5.183	2.031	2.381	5.673	0.507	0.193	0.492	0.420	0.176	25777.587	7.024
8	3.973	5.319	1.942	5.218	1.999	2.418	5.697	0.515	0.192	0.500	0.414	0.176	25773.735	3.852
9	3.948	5.329	1.921	5.245	1.975	2.445	5.715	0.521	0.191	0.506	0.409	0.175	25771.661	2.074
10	3.929	5.337	1.905	5.264	1.958	2.465	5.728	0.525	0.190	0.511	0.406	0.175	25770.559	1.102
11	3.916	5.342	1.894	5.277	1.946	2.479	5.737	0.528	0.189	0.514	0.403	0.174	25769.979	0.579
12	3.906	5.346	1.886	5.287	1.937	2.489	5.744	0.530	0.189	0.516	0.402	0.174	25769.677	0.302
13	3.899	5.349	1.880	5.295	1.931	2.497	5.749	0.532	0.189	0.518	0.401	0.174	25769.520	0.157
14	3.894	5.351	1.876	5.300	1.926	2.502	5.752	0.533	0.189	0.519	0.400	0.174	25769.439	0.081
15	3.890	5.352	1.873	5.303	1.923	2.506	5.755	0.534	0.189	0.520	0.399	0.174	25769.398	0.042
16	3.888	5.353	1.871	5.306	1.920	2.508	5.757	0.534	0.188	0.521	0.399	0.174	25769.376	0.021
17	3.886	5.354	1.869	5.308	1.919	2.510	5.758	0.535	0.188	0.521	0.398	0.174	25769.365	0.011
18	3.885	5.354	1.868	5.309	1.918	2.512	5.759	0.535	0.188	0.522	0.398	0.174	25769.359	0.006
19	3.884	5.355	1.868	5.310	1.917	2.513	5.760	0.535	0.188	0.522	0.398	0.174	25769.356	0.003
20	3.883	5.355	1.867	5.311	1.916	2.514	5.760	0.536	0.188	0.522	0.398	0.174	25769.355	0.001

图 5-7　迭代 20 次后的物流中心最佳选址方案

3. 绘制选址坐标图

利用 Excel“散点图”功能，输入各节点坐标值，绘制物流中心选址位置图，如图 5-8 所示。

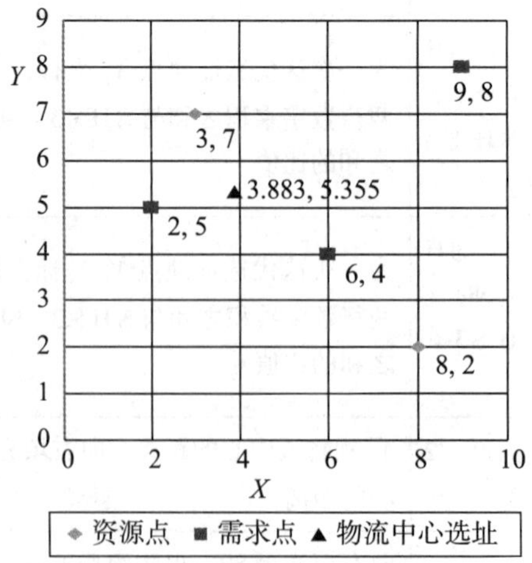

图 5-8　物流中心选址位置

4. 约束条件及规划求解

假设上述选址区域有河流湖泊限制，已知以坐标（4，5）为中心、半径为 1.2 的圆为湖泊所在地，因各资源点与需求点地形路况不同，现假设已知至 A_1、A_2、B_3、B_4、B_5 直线距离修正系数分别为 1.3、1.2、1、1.2、1.4，如何确定物流中心的选址位置？

这是一个非线性规划问题，可以利用 Excel 建模求解，如图 5-9 所示，各单元格按表 5-22 设置。

	A	B	C	D	E	F	G	H
1	节点	需求量 W_i	运费率 a_i	横坐标 X_i	纵坐标 Y_i	距离修正系数		至节点运费
2	A_1	4000	0.45	3	7	1.3		
3	A_2	3000	0.5	8	2	1.2		
4	B_3	3500	0.7	2	5	1		
5	B_4	2000	0.65	6	4	1.2		
6	B_5	1500	0.75	9	8	1.4		
7	微分法迭代选址位置			3.882864	5.354867759		总运费=	
8	物流中心位置							
9			R=	1.2	河流湖泊限制=			

图 5-9　有河流湖泊限制和道路里程修正的非线性规划 Excel 模型

表 5-22　　　　　　　　　　　　图 5-9 中单元格的设置

单元格	工作表里的公式	备注
H2	=B2 * C2 * F2 * SQRT（（D2-D8）^2+（E2-E8）^2）	计算物流中心至各节点的运输费用，向下填充至 H6
H7	=SUM（H2：H6）	计算总运费
G9	=SQRT（（D8-4）^2+（E8-5）^2）	河流湖泊限制

在 Excel 数据窗口点击规划求解，如图 5-10 所示，选择“H7”为设置目标（最小值），可变单元格选“D8：E8”，约束条件选“添加”填写“G9>=1.2”，点击“求解”，得到最低总运费为 32130.73，物流中心选址位置坐标为（3.73，6.17）如图 5-11 所示。

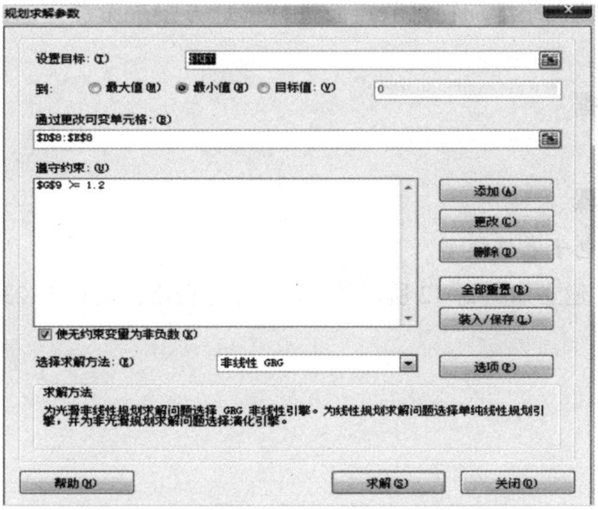

图 5-10　有约束的单一节点选址规划求解参数设置

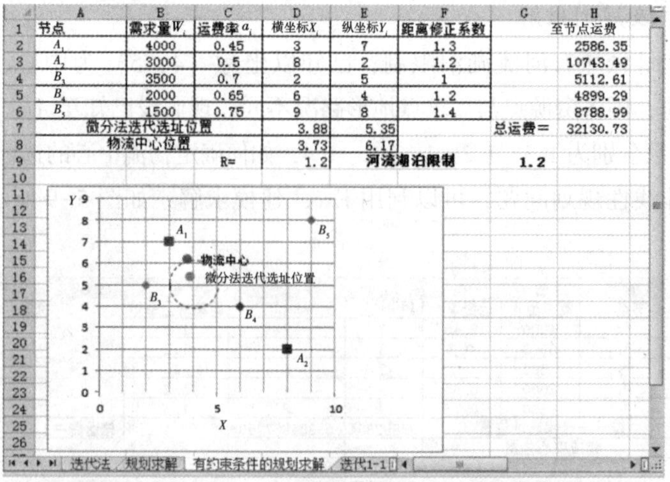

	A	B	C	D	E	F	G	H
1	节点	需求量 W_i	运费率 a_i	横坐标 X_i	纵坐标 Y_i	距离修正系数		至节点运费
2	A_1	4000	0.45	3	7	1.3		2586.35
3	A_2	3000	0.5	8	2	1.2		10743.49
4	B_3	3500	0.7	2	5	1		5112.61
5	B_4	2000	0.65	6	4	1.2		4899.29
6	B_5	1500	0.75	9	8	1.4		8788.99
7	微分法迭代选址位置			3.88	5.35		总运费＝	32130.73
8	物流中心位置			3.73	6.17			
9			R=	1.2	河流湖泊限制		1.2	

图 5-11　有约束的单一节点选址规划求解结果

【本章实验 2】

基于 Excel-线性规划法的配送中心地址选择

（一）实验目的

运用 Excel 建立线性规划最小元素法计算表格模型，通过最小配送网络储运总费用的计算比较，得出配送中心的最佳选址方案。加深对线性规划最小元素法原理与计算步骤的理解。

（二）实验要求

模拟实例中 Excel 线性规划模型构建步骤与 Excel 命令操作，熟悉 Excel 单元格公式设置方法、需求点货物流入总量与资源点货物流出总量约束条件及“规划求解”约束参数设置方法，掌握 Excel 线性规划法在电子数据表格中构建模型的方法及计算求解技巧，为在复杂物流网络增加物流节点而进行选址方案决策奠定求解方法与计算工具软件应用基础。

（三）实验数据

例 5-4 数据。

（四）实验步骤

1. 构建 Excel 电子表格模型

假设选址 F_3，建立如图 5-12 所示的 Excel 计算表格，按表 5-23 设置好单元格。

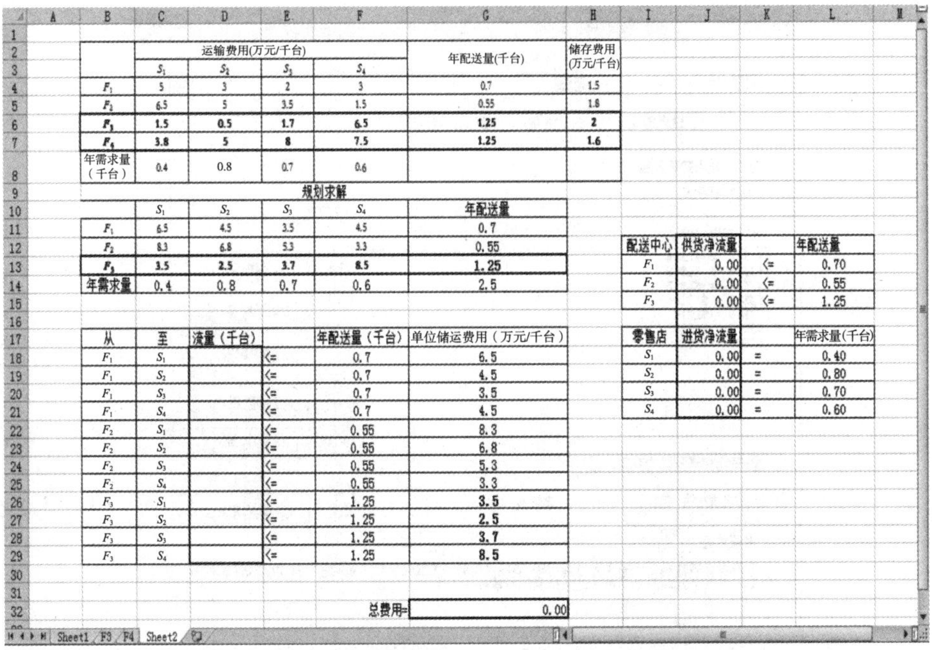

	运输费用(万元/千台)				年配送量(千台)	储存费用(万元/千台)
	S_1	S_2	S_3	S_4		
F_1	5	3	2	3	0.7	1.5
F_2	6.5	5	3.5	1.5	0.55	1.8
F_3	1.5	0.5	1.7	6.5	1.25	2
F_4	3.8	5	8	7.5	1.25	1.6
年需求量（千台）	0.4	0.8	0.7	0.6		

规划求解

	S_1	S_2	S_3	S_4	年配送量
F_1	6.5	4.5	3.5	4.5	0.7
F_2	8.3	6.8	5.3	3.3	0.55
F_3	3.5	2.5	3.7	8.5	1.25
年需求量	0.4	0.8	0.7	0.6	2.5

从	至	流量（千台）		年配送量（千台）	单位储运费用（万元/千台）
F_1	S_1		<=	0.7	6.5
F_1	S_2		<=	0.7	4.5
F_1	S_3		<=	0.7	3.5
F_1	S_4		<=	0.7	4.5
F_2	S_1		<=	0.55	8.3
F_2	S_2		<=	0.55	6.8
F_2	S_3		<=	0.55	5.3
F_2	S_4		<=	0.55	3.3
F_3	S_1		<=	1.25	3.5
F_3	S_2		<=	1.25	2.5
F_3	S_3		<=	1.25	3.7
F_3	S_4		<=	1.25	8.5

总费用= 0.00

配送中心	供货净流量		年配送量
F_1	0.00	<=	0.70
F_2	0.00	<=	0.55
F_3	0.00	<=	1.25

零售店	进货净流量		年需求量(千台)
S_1	0.00	=	0.40
S_2	0.00	=	0.80
S_3	0.00	=	0.70
S_4	0.00	=	0.60

图 5-12　选址 F_3 的 Excel 计算表格

表 5-23　　图 5-12 中单元格的设置

单元格	工作表里的公式	备注
G32	=SUMPRODUCT（D18：D29，G18：G29）	计算配送中心储运总费用
J13	=SUM（D18：D21）	F_1 供货净流量
J14	=SUM（D22：D25）	F_2 供货净流量
J15	=SUM（D26：D29）	F_3 供货净流量
J18	=D18+D22+D26	S_1 进货净流量，填充至 J21

2. 计算候选地点 F_3 储运总费用

在 Excel 数据窗口点击规划求解，如图 5-13 所示。选择“＄G＄32”为设置目标（最小值），可变单元格选“＄D＄18：$D＄29”，约束条件选“添加”填写“＄J＄13<=＄L＄13”“＄J＄14<=＄L＄14”“＄J＄15<=＄L＄15”“＄J＄18=＄L＄18”“＄J＄19=＄L＄19”“＄J＄20=＄L＄20”“＄J＄21=＄L＄21”，点击“求解”，得到最低配送中心储运总费用为 7.9 万元，配送分拨路径与数量如图 5-14 所示。

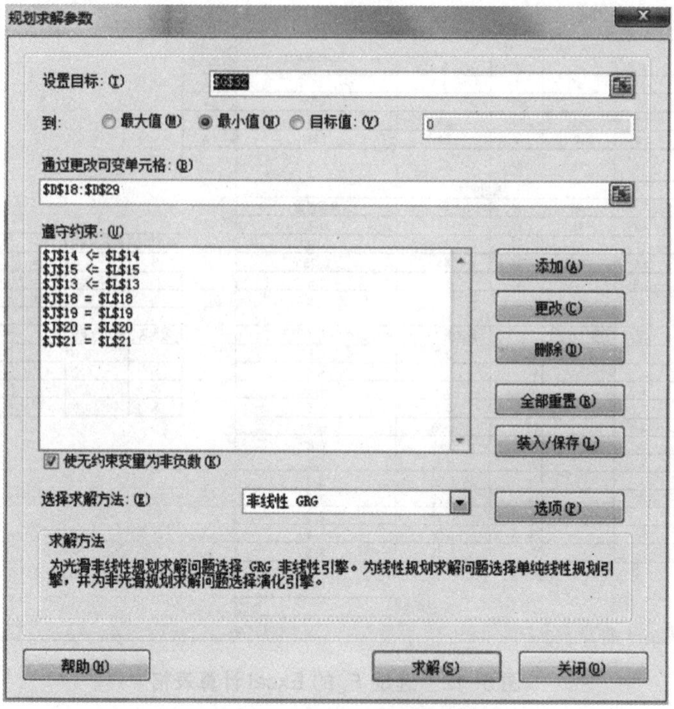

图 5-13　规划求解参数设置

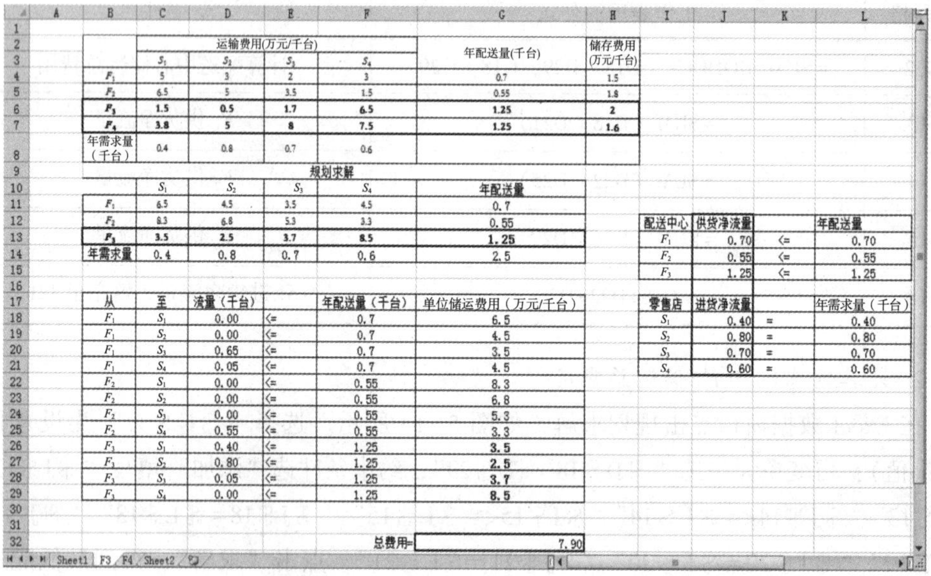

图 5-14　选址 F_3 的计算结果

3. 计算候选地点 F_4 储运总费用

在图 5-12 的 Excel 表格中将 F_3 改为 F_4，并变更 C13：G13 的单位储运费用，可得选址 F_4 的配送中心储运总费用为 12.24 万元，配送分拨路径与数量如图 5-15 所示。

4. 选址地点决策

比较两方案的配送中心储运总费用，选址 F_3 形成的配送中心储运总费用低，应选

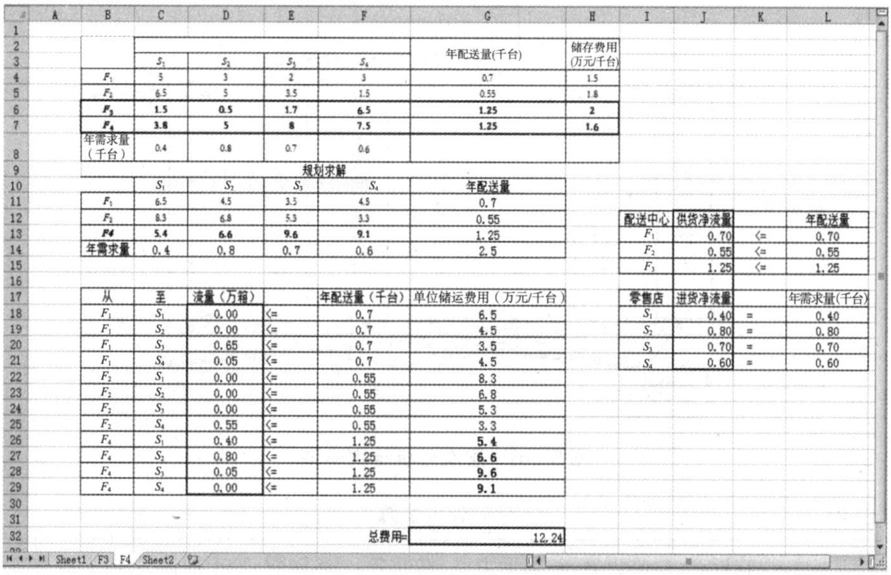

图 5-15　选址 F_4 的计算结果

F_3 为新增配送中心选址方案。

【本章实验 3】

基于 AHP 与 Excel 建模的分销仓库选址方案决策

（一）实验目的

通过 Excel 电子数据表格模型的建立与各种指标参数的计算，加深对层次分析法原理与计算步骤的理解，掌握计算机辅助决策软件工具的使用。

（二）实验要求

模拟实例中层次分析法 Excel 模型的构建与各种指标参数的计算过程，熟悉 Excel 电子表格单元格公式设置的有关操作，重点掌握 SUMPRODUCT、MMULT 等计算公式的应用；对比矩阵构建过程、各层面判断矩阵的特征向量值及一致性检验的结果，得出各选址方案综合重要度得分，并依此对选址方案进行决策。

（三）实验数据

某汽车销售公司拟建一个新的工业品分销仓库，备选地址分别为甲、乙、丙三地。考虑经营环境和地理交通环境等因素，具体涉及八方面的评价指标，层次分析结构模型如图 5-16 所示。

采用 1-9 标度法，通过专家对各影响因素两两比较打分，评价指标值如表 5-24、表 5-25 所示。

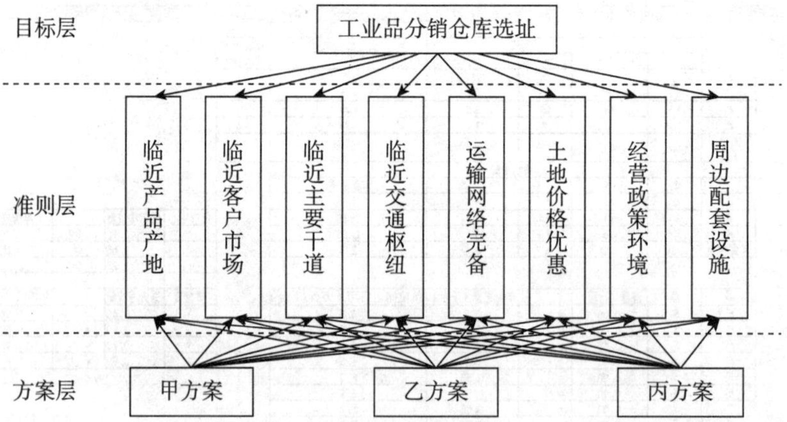

图 5-16　层次分析结构模型

表 5-24　准则评价矩阵

$A=(a_{ij})$	临近产品产地	临近客户市场	临近主要干道	临近交通枢纽	运输网络完备	土地价格优惠	经营政策环境	周边配套设施
临近产品产地	1	3	2	5	5	5	1/2	1/2
临近客户市场	1/3	1	1/3	4	3	3	1/5	1/4
临近主要干道	1/2	3	1	7	3	3	6	1/2
临近交通枢纽	1/5	1/4	1/7	1	1/3	1/4	1/7	1/8
运输网络完备	1/5	1/3	1/3	3	1	1/2	1/4	1/7
土地价格优惠	1/5	1/3	1/3	4	2	1	1/3	1/8
经营政策环境	2	5	1/6	7	4	3	1	1/3
周边配套设施	2	4	2	8	7	8	3	1

表 5-25　选址因素各方案评价矩阵

因素	选址方案	甲	乙	丙
临近产品产地	甲	1	3	5
	乙	1/3	1	4
	丙	1/5	1/4	1
临近客户市场	甲	1	5	1/3
	乙	1/5	1	1/8
	丙	3	8	1
临近主要干道	甲	1	7	5
	乙	1/7	1	1/3
	丙	1/5	3	1

续表

因素	选址方案	甲	乙	丙
临近交通枢纽	甲	1	2	3
	乙	1/2	1	2
	丙	1/3	1/2	1
运输网络完备	甲	1	5	4
	乙	1/5	1	1/3
	丙	1/4	3	1
土地价格优惠	甲	1	8	4
	乙	1/8	1	1/5
	丙	1/4	5	1
经营政策环境	甲	1	1/2	1/2
	乙	2	1	1
	丙	2	1	1
周边配套设施	甲	1	1/7	1/5
	乙	7	1	3
	丙	5	1/3	1

请根据层次分析结构模型构建对比矩阵，计算判断矩阵的特征向量，确定各要素的相对重要程度（权重值），并进行一致性检验，最后根据综合评价值对方案进行排序，得出最佳的选址方案。

（四）实验步骤

1. 依 1-9 标度法构建对比矩阵

建立 10 个 Excel 工作表，分别命名为准则层 A 对比矩阵；方案层 B 对比矩阵（临近产品产地 B_1；临近客户市场 B_2；临近主要干道 B_3；临近交通枢纽 B_4；运输网络完备 B_5；土地价格优惠 B_6；经营政策环境 B_7；周边配套设施 B_8）；综合评价表。

（1）将专家对准则层各影响因素指标两两比较得出的打分值 a_{ij} 输入表格，如图 5-17 所示。

	A	B	C	D	E	F	G	H	I
1	准则评价矩阵								
2	$A=a_{ij}$	临近产品产地	临近客户市场	临近主要干道	临近交通枢纽	运输网络完备	土地价格优惠	经营政策环境	周边配套设施
3	临近产品产地	1	3	2	5	5	5	1/2	1/2
4	临近客户市场	1/3	1	1/3	4	3	3	1/5	1/4
5	临近主要干道	1/2	3	1	7	3	3	6	1/2
6	临近交通枢纽	1/5	1/4	1/7	1	1/3	1/4	1/7	1/8
7	运输网络完备	1/5	1/3	1/3	3	1	1/2	1/4	1/7
8	土地价格优惠	1/5	1/3	1/3	4	2	1	1/3	1/8
9	经营政策环境	2	5	1/6	7	4	3	1	1/3
10	周边配套设施	2	4	2	8	7	8	3	1

图 5-17 准则层 A 对比矩阵

（2）将专家针对准则层各影响因素指标所进行的选址方案两两比较打分值 b_{ij} 输入准则层各因素指标对比矩阵 B_1、…、B_8 表中，以临近产品产地因素指标 B_1 为例，如图 5-18 所示。

	A	B	C	D
1	“临近产品产地”因素B_1打分值			
2	$B_1=b_{ij}$	甲	乙	丙
3	甲	1	3	5
4	乙	1/3	1	4
5	丙	1/5	1/4	1

图 5-18　临近产品产地因素指标 B_1 的对比矩阵

2. 准则层特征向量值的计算及检验

（1）将对比矩阵 **A** 依 $u_{ij}=a_{ij}/\sum_{i=1}^{n}a_{ij}$ 公式逐次按列归一化，并依 $v_i=\sum_{j=1}^{n}u_{ij}$ 公式按行求和，得判断矩阵 **A**，如图 5-19 所示。

	A	B	C	D	E	F	G	H	I	J
13	Ⅰ. 将判断矩阵A按列归一化，并按行求和									
14–15	$u_{ij}=a_{ij}/\sum_{i=1}^{n}a_{ij}$	临近产品产地	临近客户市场	临近主要干道	临近交通枢纽	运输网络完备	土地价格优惠	经营政策环境	周边配套设施	$v_i=\sum_{j=1}^{n}u_{ij}$
16	临近产品产地	0.1554	0.2011	0.3170	0.1282	0.1974	0.2105	0.0438	0.1680	1.4214
17	临近客户市场	0.0518	0.0670	0.0528	0.1026	0.1184	0.1263	0.0175	0.0840	0.6205
18	临近主要干道	0.0777	0.2011	0.1585	0.1795	0.1184	0.1263	0.5251	0.1680	1.5547
19	临近交通枢纽	0.0311	0.0168	0.0226	0.0256	0.0132	0.0105	0.0125	0.0420	0.1743
20	运输网络完备	0.0311	0.0223	0.0528	0.0769	0.0395	0.0211	0.0219	0.0480	0.3136
21	土地价格优惠	0.0311	0.0223	0.0528	0.1026	0.0789	0.0421	0.0292	0.0420	0.4010
22	经营政策环境	0.3109	0.2956	0.0264	0.1795	0.1579	0.1263	0.0875	0.1120	1.2016
23	周边配套设施	0.3109	0.2682	0.3170	0.2051	0.2763	0.3368	0.2626	0.3360	2.3129

图 5-19　判断矩阵 A 按列归一化并求和

（2）依 $w_i=v_i/\sum_{i=1}^{n}v_i$ 公式再归一化，得判断矩阵 **A** 的特征向量 **W** 的近似值 w_i，同时结合准则层 A 对比与矩阵各因素指标行的对比值，利用 MMULT 公式按行计算，得各因素指标 AW 值、$\frac{(AW)_i}{w_i}$ 值。如图 5-20 所示。

	A	B	C	D
25	Ⅱ. 再归一化，求准则矩阵A的最大特征向量值			
26–27		$w_i=v_i/\sum_{j=1}^{n}v_i$	AW	$(AW)_i/w_i$
28	临近产品产地	0.1756	1.5559	8.8605
29	临近客户市场	0.0766	0.6508	8.4970
30	临近主要干道	0.1921	1.9594	10.1997
31	临近交通枢纽	0.0215	0.1755	8.6130
32	运输网络完备	0.0387	0.3304	8.5372
33	土地价格优惠	0.0495	0.4223	8.5387
34	经营政策环境	0.1601	1.4141	8.8328
35	周边配套设施	0.2851	2.6126	9.1445
36				
37	Ⅲ. 对判断矩阵进行一致性检验			
38–40	判断矩阵A的理论最大值特征值 λmax	$\lambda_{max}=\frac{1}{n}\sum_{i=1}^{n}\frac{(AW)_i}{w_i}$	8.90	
41–43	一致性检验指标	$CI=\frac{\lambda_{max}-n}{n-1}$	0.1286	
44	$n=8$	$RI=1.41$		
45–46	平均随机一致性检验指标	$CR=\frac{CI}{RI}$	0.0912	<0.1

Microsoft Excel 中MMULT函数，返回两个数组的矩阵乘积。MMULT(array1, array2)
结果矩阵的行数与array1的行数相同，矩阵的列数与array2 的列数相同。

图 5-20　判断矩阵 A 的特征向量 W 及判断矩阵一致性检验

（3）对判断矩阵进行一致性检验。

为检查评价者对要素比较判断逻辑的一致性，对判断矩阵进行一致性检验，计算

$CR=\frac{CI}{RI}$值（其中：$CI=\frac{\lambda_{\max}-n}{n-1}$，$\lambda_{\max}=\frac{1}{n}\sum_{i=1}^{n}\frac{(AW)_i}{w_i}$）。$CR$ 值为0.0912，小于0.1，判断矩阵基本符合一致性要求，如图 5-20 所示。

图 5-19、图 5-20 中单元格的设置如表 5-26 所示。

表 5-26　　图 5-19、图 5-20 中单元格的设置

单元格	工作表里的公式	备注
B16	=B3/SUM（B $3：B$10）	填充至 B23
C16	=C3/SUM（C $3：C$10）	填充至 C23
D16	=D3/SUM（D $3：D$10）	填充至 D23
E16	=E3/SUM（E $3：E $10）	填充至 E23
F16	=F3/SUM（F $3：F $10）	填充至 F23
G16	=G3/SUM（G $3：G $10）	填充至 G E23
H16	=H3/SUM（H $3：H $10）	填充至 H23
I16	=I3/SUM（I $3：I $10）	填充至 I23
J16	=SUM（B16：I16）	填充至 J23
B28	=J16/SUM（$J $16：$J $23）	填充至 B35
C28	=MMULT（B3：I3，$B $28：$B $35）	填充至 C35
D28	=C28/B28	填充至 D35
C38	=（1/8）* SUM（D28：D35）	
C41	=（C38-8）/(8-1)	
C45	=C41/C44	

3. *方案层特征向量值计算及检验*

针对准则层 8 个指标，重复步骤 1、步骤 2、步骤 3 的操作。现以“临近产品产地”指标 B_1 为例，具体如图 5-21 所示，图 5-21 有关单元格的设置如表 5-27 所示。

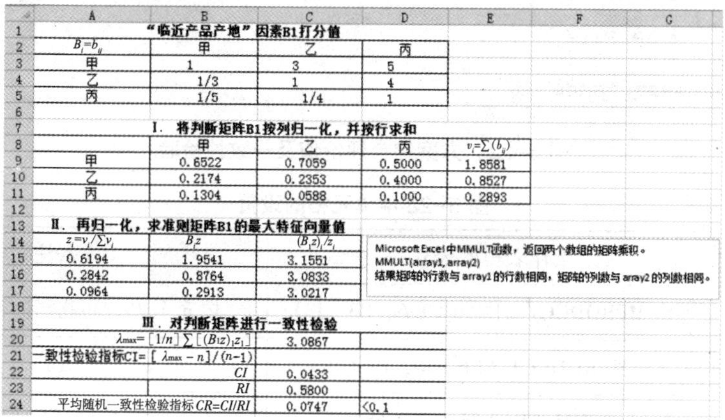

	A	B	C	D	E
1	“临近产品产地”因素B1打分值				
2	$B_i=b_{ij}$	甲	乙	丙	
3	甲	1	3	5	
4	乙	1/3	1	4	
5	丙	1/5	1/4	1	
6					
7	Ⅰ. 将判断矩阵B1按列归一化，并按行求和				
8		甲	乙	丙	$v_i=\sum(b_{ij})$
9	甲	0.6522	0.7059	0.5000	1.8581
10	乙	0.2174	0.2353	0.4000	0.8527
11	丙	0.1304	0.0588	0.1000	0.2893
12					
13	Ⅱ. 再归一化，求准则矩阵B1的最大特征向量值				
14	$z_i=v_i/\sum v_i$	B_iz	$(B_iz)_i/z_i$		
15	0.6194	1.9541	3.1551		
16	0.2842	0.8764	3.0833		
17	0.0964	0.2913	3.0217		
18					
19	Ⅲ. 对判断矩阵进行一致性检验				
20	$\lambda_{\max}=[1/n]\sum[(B_1z)_1z_1]$		3.0867		
21	一致性检验指标CI=[$\lambda_{\max}-n$]/(n-1)				
22		CI	0.0433		
23		RI	0.5800		
24	平均随机一致性检验指标CR=CI/RI		0.0747	<0.1	

Microsoft Excel 中MMULT函数，返回两个数组的矩阵乘积。
MMULT(array1, array2)
结果矩阵的行数与 array1 的行数相同，矩阵的列数与 array2 的列数相同。

图 5-21　指标 B_1 特征向量值及一致性检验

表 5-27　　图 5-21 中单元格的设置

单元格	工作表里的公式	备注
B9	=B3/SUM（B＄3：B$5）	填充至 B11
C9	=C3/SUM（C＄3：C$5）	填充至 C11
D9	=D3/SUM（D＄3：D$5）	填充至 D11
E9	=SUM（B9：D9）	填充至 E11
A15	=E9/SUM（＄E＄9：$E＄11）	填充至 A17
B15	=MMULT（B3：D3，＄A＄15：$A＄17）	填充至 B17
C15	=B15/A15	填充至 C17
C20	=1/3＊SUM（C15：C17）	
C22	=（C20-3）/（3-1）	
C24	=C22/C23	

4. 综合评价与选址决策

将准则层判断矩阵 **A** 的特征向量值与准则层 8 个指标判断矩阵 B_1-B_8 的特征向量值、一致性检验指标 *CI* 复制到综合评价表，如图 5-22 所示，图 5-22 有关单元格的设置如表 5-28 所示。*CR*<0.1，按综合得分排序，甲方案最佳。

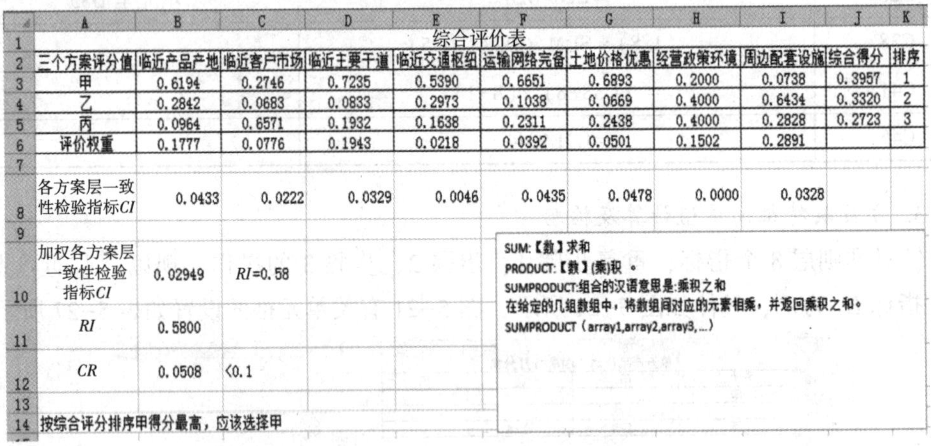

	A	B	C	D	E	F	G	H	I	J	K
1	综合评价表										
2	三个方案评分值	临近产品产地	临近客户市场	临近主要干道	临近交通枢纽	运输网络完备	土地价格优惠	经营政策环境	周边配套设施	综合得分	排序
3	甲	0.6194	0.2746	0.7235	0.5390	0.6651	0.6893	0.2000	0.0738	0.3957	1
4	乙	0.2842	0.0683	0.0833	0.2973	0.1038	0.0669	0.4000	0.6434	0.3320	2
5	丙	0.0964	0.6571	0.1932	0.1638	0.2311	0.2438	0.4000	0.2828	0.2723	3
6	评价权重	0.1777	0.0776	0.1943	0.0218	0.0392	0.0501	0.1502	0.2891		
7											
8	各方案层一致性检验指标*CI*	0.0433	0.0222	0.0329	0.0046	0.0435	0.0478	0.0000	0.0328		
9											
10	加权各方案层一致性检验指标*CI*	0.02949	*RI*=0.58								
11	*RI*	0.5800									
12	*CR*	0.0508	<0.1								
13											
14	按综合评分排序甲得分最高，应该选择甲										

SUM:【数】求和
PRODUCT:【数】(乘)积 。
SUMPRODUCT:组合的汉语意思是:乘积之和
在给定的几组数组中，将数组间对应的元素相乘，并返回乘积之和。
SUMPRODUCT（array1,array2,array3,...）

图 5-22　方案综合评价值及一致性检验

表 5-28　　图 5-22 中单元格的设置

单元格	工作表里的公式	备注
J3	=SUMPRODUCT（B＄6：I$6，B3：I3）	填充至 J5，可得各方案综合得分
B10	=SUMPRODUCT（B6：I6，B8：I8）	*CI*
B11	=SUM（B6：I6）＊0.58	*RI*

续表

单元格	工作表里的公式	备注
B12	=B10/B11	$CR=CI/RI$

【作业思考题】

1. 物流设施选址决策应经过哪些阶段与程序？
2. 物流设施地区选择与具体位置选择应考虑哪些影响因素？
3. 基于成本因素的选址决策方法有哪些？
4. 基于综合因素的选址决策方法有哪些？
5. 简述数值迭代法的原理与计算步骤。
6. 简述层次分析法的原理与计算步骤。

第六章　物流设施规划分析与系统布置设计

【导　言】

物流设施规划与设计是站在物流网络角度来看待与物流系统有关的节点设施布局问题，除构成物流网络结构的物流节点设施如何选址以外，还包括物流节点设施系统内部空间布局规划问题，即如何优化作业单位建筑的面积、方位与空间距离，机器设备的空间配置安排，以达到提高设施系统物流作业效率的目的。本章在阐述物流设施规划与设计与各经济领域设施规划的相关性的基础上，主要介绍物流设施规划与设计的含义、内容、阶段与程序、物流设施系统布置规划的要素与流程，重点介绍设施规划与设计所需的物流分析工具与方法以及设施平面布置的方法。

【学习目标】

通过本章的学习，了解一般生产系统或服务系统设施物流系统功能与目标差异，理解物流系统规划与设计和设施规划的相关性，领悟物流设施规划与设计的含义，知晓物流设施规划与设计的内容、原则、步骤，掌握物流中心内部系统布置规划的要素、系统布置规划的流程以及设施规划物流分析工具与方法。能分析一般生产系统或服务系统设施物流合理化问题，并运用所学方法得出设施系统平面布置的合理规划方案。

【教学要点】

- 物流设施规划与设计的含义、内容与原则、阶段与程序；
- 物流设施系统布置规划的要素，系统布置规划（SLP）流程；
- 物料 ABC 分类、物流连线图、物流从至表、物流量—距离坐标图、物流相关表等物流分析工具与方法的原理及应用；
- 设施平面布置方法及应用步骤；
- 常用的设施布置方案评价方法。

第一节　物流设施规划与设计概述

一、物流设施规划与设计的含义

物流设施规划与设计是针对企业个体中的生产或服务系统的生产或转换活动，从投入到产出的全部过程中，将人员、物料及所需的相关设备设施，做出最有效的组合与安排，并与其他相关设施协调，以期获得安全、效率与经济的操作，满足企业经营需求，同时更进一步对企业长期的组织功能和发展产生更积极的影响和效益。

由于各经济领域的企业性质不同，其设施的功能也不一样，但只要从事商品生产或流通，设施就与物流活动有关联，就存在物流系统的优化问题。因此，物流系统规划与设计的理念与内涵就包含在各种生产流通设施规划与设计中。物流系统规划与设计与各经济领域设施规划的相关性如图 6-1 所示。

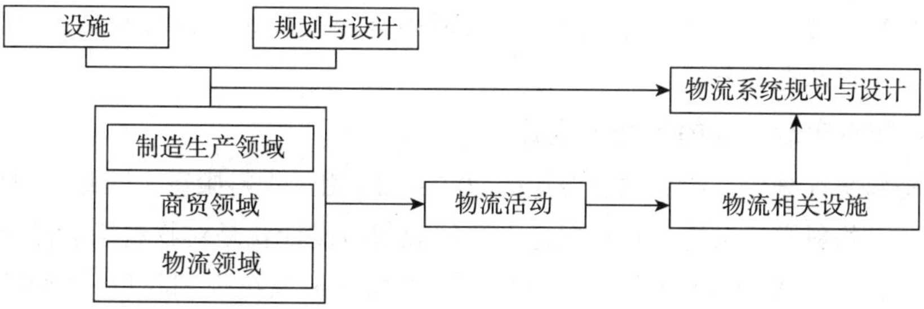

图 6-1　物流系统规划与设计与各经济领域设施规划的相关性

从物流系统规划与设计与各经济领域设施规划的相关性来看，我们可以将与物流活动密切相关的一般设施以及物流活动专用设施的规划与设计都近似地看成物流设施规划与设计。

生产制造领域、商贸领域和专门的物流领域都有物流活动，也就是说各行各业都存在自己的物流系统，但由于各经济领域企业主体功能不同，其所属物流系统的地位与作用也就不一样，自然其物流设施规划与设计的内涵与目标就有差异。

在一般生产或服务系统设施规划与设计中，尽管也追求物流系统优化，但因设施的基本功能是生产、营销或其他服务，物流只是支持体系，物流合理化只是设施规划与设计必须考虑的内容。

在专门的物流领域，如物流中心、配送中心、仓库等，由于物流活动是设施的主体活动或业务，因此在物流设施规划与设计时其地位完全不同。物流活动合理化是规划的重点，并要求其他相关作业或服务设施与物流活动相协调，效率化的物流系统的建立，能有效地服务于生产与营销，促进企业战略目标的实现。

二、物流设施规划与设计的内容

物流设施规划与设计就是通过对设施系统的物流、人流、信息流进行分析，对建筑物、机器设备、运输通道和场地做出有机的组合与合理配置，达到系统内部布置最优化、物料存储与移动成本相对较低、物流效率最高的目标。物流设施规划与设计的内容应包括以下四个方面。

（一）建筑物的空间和面积规划

建筑物是生产服务的重要设施，也是进行物流作业的重要场所，一般的物流活动多是在建筑物内部或建筑物之间实施的，一方面它的面积、空间及方位决定生产与物流作业的能力与效率，另一方面物流活动合理化程度又影响建筑物的面积、空间的利用。也就是说，建筑物的空间、方位、面积、形状、功能区划与物流作业效率、成本密切相关。因此，建筑物的面积、方位与空间距离的确定是物流设施规划与设计的重点内容。

（二）机器设备的配置与安排

按照企业个体不同的经营属性，机器设备的需求也常有不同，而机器设备的数量、排列、作业弹性和空间配置等安排，将对生产或服务系统的整体物流运作产生关键性的影响，如影响搬运的距离、路径及效率。所以机器设备的配置与安排在物流系统详细设计方案中也非常重要。

（三）物料搬运系统的规划与设计

根据资料统计分析，产品制造费用的20%~50%用于物料搬运，因此，现代管理理论都非常注重物料搬运系统。物料搬运系统的规划与设计就是对物料搬运路线、运量、搬运方法和设备、储存场地等做出合理安排。物料搬运系统规划与设计以及物品进出控制方式、储存方式等均和设施布局密切关联，在设施规划与设计过程中必须重视。

（四）建筑工程设计与公用工程设计

建筑工程设计与公用工程设计在物流设施规划与设计研究中不是重点，但要能根据生产或物流作业功能和空间的需要对建筑工程设计与公用工程设计提出要求，以保证建筑物安全、经济、适用、美观的要求，通过对建筑与公用设施进行系统、协调的设计，可为整个系统的高效运营提供可靠的保障。

三、物流设施规划与设计的原则

（一）减少或消除不必要的作业

这是提高企业劳动生产率和降低消耗最有效的方法之一。只有在时间上缩短生产周期，空间上减少占地，物料上减少停留、搬运和库存，才能保证投入的资金最少、生产成本最低。

（二）以流动的观点作为设施规划与设计的出发点

因为生产或服务系统的有效运行依赖于人流、物流、信息流的合理化，因此必须以流动的观点作为设施规划与设计的出发点，并贯穿于规划与设计的始终。

（三）追求系统的整体优化

即运用系统的概念、系统分析的方法求得整个系统的优化，而不仅是物流系统的优化。

（四）重视人的因素

运用人机工程理论，进行综合设计，并考虑环境的条件，包括空间大小、通道配置、色彩、照明、温度、湿度、噪声等因素对人的工作效率和身心健康的影响。

（五）反复迭代及并行设计

物流设施规划与设计是从宏观到微观，又从微观到宏观的反复迭代、并行设计的过程。要先进行总体布置，再进行详细布置，而详细布置方案又要反馈到总体布置方案中，对总体方案进行修正。

总之，物流设施规划与设计就是要综合考虑各种相关因素，对生产系统或服务系统进行分析、规划、设计，使系统资源得到合理的配置。

四、物流设施规划与设计的阶段与程序（见图 6-2）

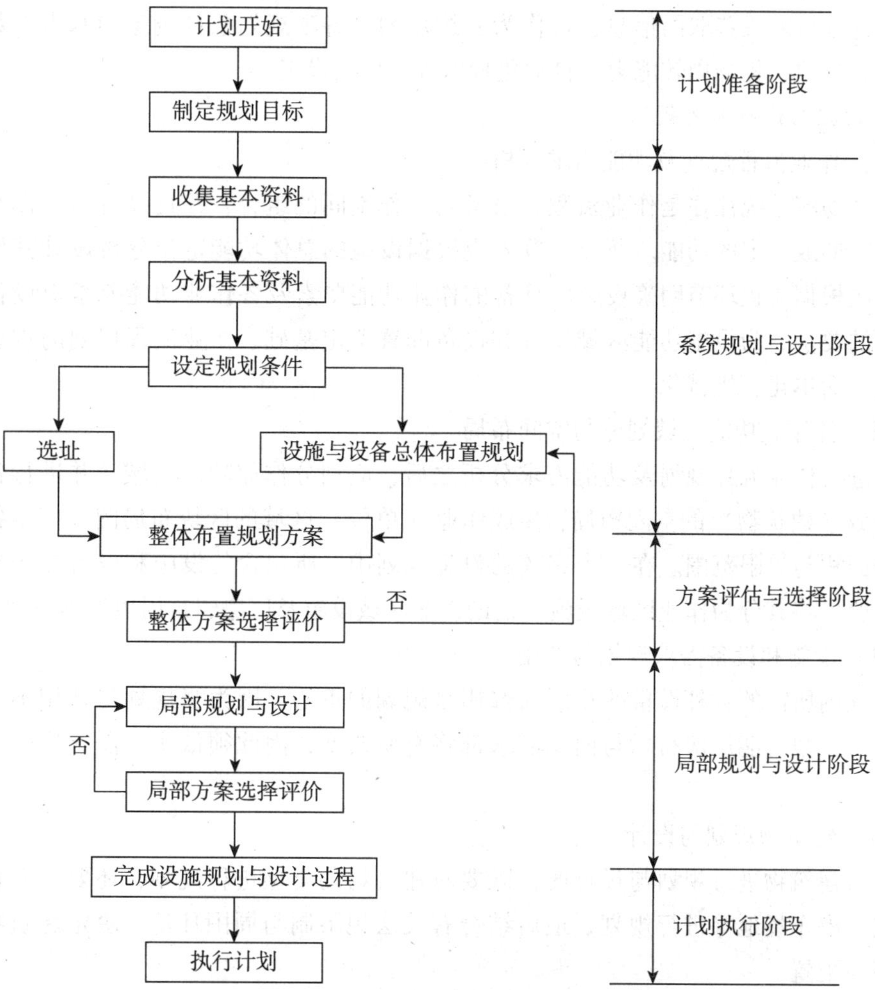

图 6-2　物流设施规划与设计的阶段与程序

（一）计划准备阶段

明确设施建设的基本任务和目标以及有关的背景条件，建立筹建小组（或委员会）进行具体事宜的规划。筹建小组根据企业经营决策的基本方针，进一步确认设施建设的必要性和可行性。

计划准备阶段既是概念设计阶段也是设施项目可行性的详细研究论证阶段，它将为以后的规划与设计打下坚实的基础。若这一阶段的工作证明原来的决策有误，可能导致项目终止，或有方向性的变更。因为该阶段要进行大量的调查和研究工作，必须足够重视该阶段，投入必要的人力和财力。

（二）系统规划与设计阶段

1. 分析基本资料

对获自企业使用者的原始资料做进一步的整理和分析，以作为本阶段的参考依据。其分析内容包括物品需求趋势、物品品种数量、物品特征等。

2. 设定规划条件

在各分析阶段获取的信息，可作为后续规划中各项规划条件设定的基本参数，如基本储运单位、货物周转能力、自动化程度等条件的设定。

3. 设施与设备布置规划

（1）作业流程规划及功能需求分析

一个物流系统往往是作业流程、设备与工作空间的组合，并且设备与工作空间的组合往往形成一定的功能。所以，首先应根据设施的总体功能定位分析设计其作业流程，其次根据流程环节明确设施应具备的作业功能要素及各作业功能要素对设备与工作空间的要求，为设施功能区域划分和设备配置奠定基础。作业流程规划的重点在于合理化、简单化、机械化。

（2）各作业功能区域划分与空间布局

在进行作业流程规划及功能需求分析之后，应划分作业功能区域，并进行各作业功能区域（建筑物）的空间布局，生成作业（单位）区域的区块布局图，标示各作业区域的面积与界限范围。在一个完整的设施规划中，所包含的设施和设备是相当广泛的，一般可将其分为作业区域设施、辅助作业区域设施及厂房建筑周边设施三大部分。

（3）设施和设备需求规划与选用

设施内所需的各种设备的规划与选用是规划的重心。因为当规划与选用不同功能的设备时，很可能厂房布局与面积需求都将有所改变，因此须依实际需求决定适合的设备。

（4）建筑物规划与设计

在对建筑物进行规划与设计时，既要对建筑物的类型进行规划，还要对车辆的行驶路线、停车场地等进行规划。最后结合有关法规限制与周围环境，决定建筑物的最终形态与配置。

本阶段，除对设施与设备进行规划外，同时还需要对设施运行的基本业务流程、运营体制、项目进度计划以及预算等进行全面的规划与设计。

（三）方案评估与选择阶段

各种设施规划方案经过周详的系统规划程序后，会产生几个可行的布局方案，规划与设计者应本着对各方案特征的了解，提供完整且客观的方案评估报告，采用各种系统评价方法或计算机仿真方法，对各方案进行比较和评估，从中选择一个最优的方案进行详细设计。同时，方案评估方法的客观性对规划结果的影响极为深远，做选择时应特别谨慎。

（四）局部规划与设计阶段

经过方案的评估与选择，可以确认要进行局部规划与设计的方案，此时主要的设备与周边设施均已规划完成，但其详细规格尚未确定，因此，在局部规划与设计阶段，需先进行各项作业设备与周边设施的规格设计，然后进行局部布局，即依照各设备的规格完成设备面积与实际方位的配置，再配合各项实体限制做局部的调整。当局部调整的结果改变系统规划与设计阶段的区域布局内容时，则须返回前一阶段，做必要的修正后，继续回到局部规划与设计阶段，进行实际位置的配置与调整。最后整合作业区域与周边设施的各项配合需求，完成整个设施的布局。

（五）计划执行阶段

当完成各项成本及效益评估的分析后，如果企业决定设置该设施，则可进入计划执行阶段。

第二节　物流设施系统布置规划的要素与流程

整个物流设施从建筑角度看，主要由作业区域厂房设施、厂房周边设施、辅助作业区域设施构成；从作业单位部门看，由作业车间、工厂、货场、职能管理部门、辅助作业及生活服务部门这几个作业单位构成。设施系统布置规划的目的主要就是完成设施系统总平面布置和各作业区域布置，使生产制造或服务系统资源配置最优，物流作业系统效率最高。

一、物流设施内部系统布置规划的基本要素

物流设施内部系统布置规划的要素就是系统布置分析时所必须掌握的原始数据。由于不同设施的物流功能存在差异，规划的目标与采用的分析方法不同，因此设施内部系统布置规划的要素有所不同。下面就生产工厂与物流中心两种典型物流设施内部系统布置规划的要素进行介绍。

（一）生产工厂内部系统布置规划的基本要素

在理查德·缪瑟提出的工厂系统布置规划理论中，把产品 P（Product）、产量 Q（Quantity）、生产路线 R（Route）、部门 D（Department）及时间 T（Time）作为系统布置规划工作的基本出发点，因此，将产品 P、产量 Q、生产路线 R、部门 D 及时间 T 称为生产工厂内部系统布置规划的基本要素，如表 6-1 所示。

表 6-1　　生产工厂内部系统布置规划的基本要素

基本要素		规划说明
产品	P	指原材料或者加工的零部件和成品等。产品这一要素影响生产系统的组成及各作业单位间相互关系、生产设备的类型、物料搬运方式等

续表

基本要素		规划说明
产量	Q	指所生产的产品的数量，可以用件数、重量、体积等表示。产量这一要素影响生产系统的规模、设备的数量、运输量、建筑物面积大小等
生产路线	R	为了完成产品的加工，必须制定加工工艺流程，进而形成生产路线。生产路线可以用工艺过程表（卡）、工艺过程图、设备表等表示。它影响各作业单位之间的联系、物料搬运路线、仓库及堆放地的位置等
部门	D	在实施系统布置工作以前，必须就生产系统的组成情况有一个总体的规划，可以大致分为生产车间、职能管理部门、辅助生产部门、生活服务部门及仓储部门等。生产车间是工厂布置的主体部分，因为它体现工厂的生产能力与内部物流效率。但有时，除生产车间外的其他部门的占地总面积接近甚至大于生产车间所占面积，所以其他部门布置设计时应给予足够的重视
时间	T	时间要素指在什么时候、用多少时间生产出产品，包括各工序的操作时间。在工艺过程设计中，根据时间因素，确定生产所需各类设备的数量、占地面积和操作人员数量，来平衡各工序的生产时间

（二）物流中心内部系统布置规划的基本要素

物流中心的规划除了必须先了解其属于哪种类型，还要注意物流中心内部系统布置规划的基本要素，也就是订单 E（Entry）、商品种类 I（Item）、商品数量 Q（Quantity），物流通路 R（Route），服务水平 S（Service），内部服务单位划分 D（Department），交货时间 T（Time）、物流成本 C（Cost）等（见表 6-2）。

表 6-2 物流中心内部系统布置规划的基本要素

基本要素		规划说明
订单	E	往往客户不同，其订货要求就不一样，也就说订单品种、规模、数量存在很大差异，那么物流中心的设备、作业流程、功能区划分与布置等都会存在区别。如果配送对象是经销商，则订货量大、品种少，那么物流中心出入库功能要强；如果配送对象是零售店，则订货量小、品种多，那么物流中心的分拣功能要强
商品种类	I	物流中心储存的商品的品项数往往差异非常大，由于商品的品项数不同，其复杂性与困难性也有所不同，如所处理的商品品项数为上万种的物流中心与处理商品的品项数只有 1 种到 2 种的物流中心是完全不同的，商品的储位安排也完全不同。另外处理的商品种类不同，其物流特性也完全不同，物流中心的厂房硬件及物流设备的选择也完全不同。如食品及日用品可采用托盘置于货架，而家电产品的尺寸较大只能采用托盘置于平地。商品种类这一要素影响物流中心的组成及各作业单位间相互关系、储存搬运设备的类型、搬运方式等

续表

基本要素		规划说明
商品数量	Q	物流中心商品的出货数量，也影响物流中心的规划布置。如一些季节性商品，由于季节等因素的影响，出货数量经常出现波动。因此在进行物流中心的储存区域面积规划时，是以最大出货数量来衡量，还是以最小出货数量来考虑，或是以平均出货数量来考虑，是一个值得深思的问题。如以高峰时的最大出货数量考虑空间分配，低峰时太浪费，若以最小出货数量来考虑，则高峰时商品不够卖。商品数量这一要素影响物流中心的规模、储存搬运设备的数量、运输量、建筑物面积大小等
物流通路	R	物流通路可从两方面理解，一是供应链物流渠道，因物流中心在供应链中的位置不一样，其服务的对象就不一样，也就是说其功能就不一样。二是货物在物流中心根据作业流程安排在作业区域间的流转路线。它反映货物在物流中心内的流向和距离，它的合理性影响物流中心的作业效率与作业成本，特别是商品搬运的效率、分拣配货的效率等
服务水平	S	服务水平的影响因素包括交货时间、供应保证度等
内部服务单位划分	D	内部服务单位划分影响物流中心的服务水平，也就说其作业区域（单位）与辅助服务区域（单位）的设置不同，其服务水平就存在差异。如存储型的物流中心，其主要功能是仓储，就必须设置面积大的仓库；如果是转运型的物流中心，其理货服务很重要，就应设置面积大的理货场地
交货时间	T	交货时间非常重要，因为交货时间太长或不准时都会严重影响物流服务水平，可以说交货时间是物流服务水平的衡量指标，而交货时间在很大程度上取决于物流中心的物流设施作业能力。物流设施作业能力又取决于物流中心系统布置与装备水平。如采用自动分拣系统，交货时间短，配货也精确、可靠
物流成本	C	在新物流中心的设立中除了考虑以上基本要素外，还应该注意研究传送商品的作业费用和设施建造费用

二、系统布置规划流程

依照理查德·缪瑟提出的系统布置规划思想，系统布置规划一般经过下列步骤。

（一）准备原始资料

在系统布置规划开始时，首先必须明确给出原始资料——系统布置规划的基本要素，同时也需要对作业单位的划分情况进行分析，通过分解与合并，得到最佳的作业单位划分方案，以上均作为系统布置规划的原始资料。

（二）物流分析与作业单位相互关系分析

对物流中心、配送中心而言，物流分析是系统布置规划中最重要的方面。另外，针对某些以生产流程为主的工厂，物料移动是工艺过程的主要部分，如一般的机械制造厂，物流分析是布置中最重要的方面；对某些辅助服务部门或某些物流量小的工厂来说，各作业单位之间的相互关系（非物流联系）对系统布置规划就显得更重要了。介于上述两种情况，则需要综合考虑作业单位之间物流与非物流相互关系。

作业单位间的物流分析的结果可以用物流强度等级及物流相关表表示；作业单位非物流的相互关系可以用量化的关系等级及作业单位相互关系表表示。在需要综合考虑作业单位间物流与非物流的相互关系时，可以采用简单加权的方法将物流相关表及作业单位间相互关系表综合成综合相互关系表。

（三）绘制作业单位位置相关图

根据物流相关表与作业单位相互关系表，考虑每对作业单位间相互关系等级的高或低，决定两作业单位相对位置的远或近，得出各作业单位之间的相对位置关系，有些资料上也称为拓扑关系。这时并未考虑各作业单位具体的占地面积，从而得到的仅是作业单位相对位置，称为位置相关图。

（四）作业单位占地面积计算

各作业单位所需占地面积与设备、人员、通道及辅助装置等有关，计算出的面积应与可用面积相适应。

（五）绘制作业单位面积相关图

把各作业单位占地面积附加到作业单位位置相关图上，就形成了作业单位面积相关图。

（六）作业单位面积相关图的修正

作业单位面积相关图只是一个原始布置图，还需要根据其他因素进行调整与修正。此时需要考虑的修正因素包括物品搬运方式、操作方式、储存周期等，同时还需要考虑实际限制条件，如成本、安全和职工倾向等。考虑了各种修正因素与实际限制条件以后，对作业单位面积相关图进行调整，得出数个有价值的可行性设施布置方案。

（七）方案评价与择优

针对前面得到的数个方案，需要进行技术、费用及其他因素评价，通过对各方案比较评价，选出或修正设计方案，得到布置方案图。

系统布置规划流程如图 6-3 所示。

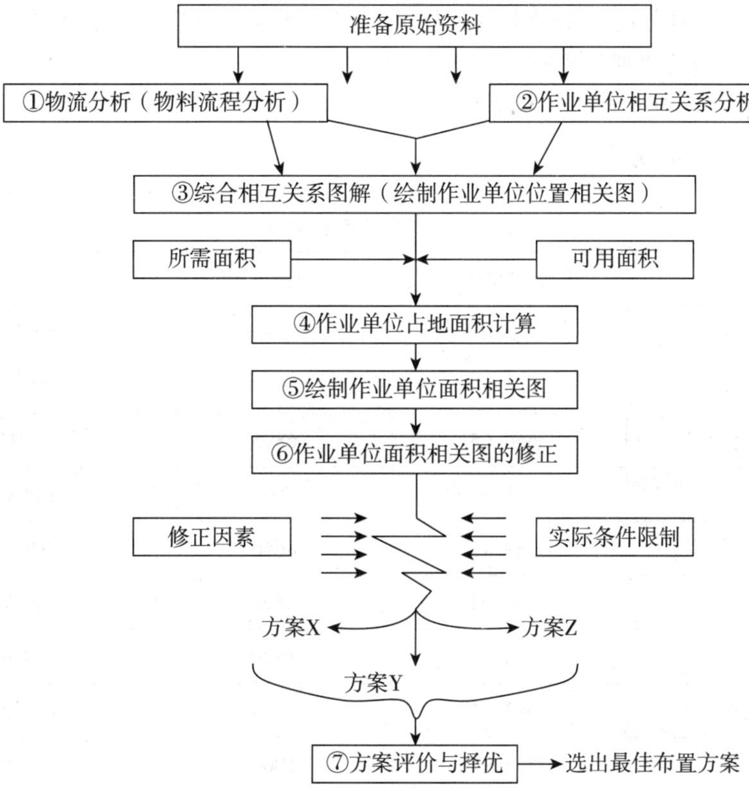

图 6-3　系统布置规划流程

第三节　设施规划物流分析工具与方法

在进行设施规划时，必须对设施物流系统进行物流分析，通过物流分析归纳总结出设施物流系统运作特征与移动规律，方能对设施物流系统进行有效配置和合理安排。设施规划物流分析工具与方法主要包括以下几种。

一、物料 ABC 分类

收集完备所研究的系统范围内有关的原始数据，并厘清物料的种类、性质和数量，因为物料的数量与特征决定了物料装运的程序和方法。同时，只有将物料归类，才能使物流系统分析简化。

在实际工作中物料通常按其物理特征进行分类，其分类依据包括尺寸、重量、形状、损坏可能性、状态、数量、时限七种主要因素。

为了不使物料分类过多，便于日后进行物流分析，一般在企业物流范围内将物料分类控制在 10 类左右，最多也不宜超过 15 类。

一般，A 类物料占总品种数的 5%～10%，物流量占 70%以上；B 类物料占总品种数的 20%左右，物流量占 20%左右；C 类物料占总品种数的 70%以上，物流量仅占 5%～

10%。当然，上述百分比不是绝对的。物流系统分析与设计以及管理的重点也按 ABC 分类进行。这样做可以抓住重点，有利于进行分析与设计。必要时，可忽略 C 类物料。

【例 6-1】已知某工厂钢材仓库库存数据如表 6-3 所示，试用 ABC 分类法对该工厂仓库钢材进行 ABC 分类。

表 6-3　某工厂钢材仓库库存数据

货物名称	单价（元/吨）	使用量（吨）	库存金额（元）
鞍钢冷板	3663.07	1633	5981791
鞍钢热板	2623.88	371	973459
本钢冷板	3666.65	6895	25281555
哈卡镀锌板	4675.74	231	1080095
哈卡冷板	3389.43	8646	29304974
哈卡热板	2626.04	2592	6806707
邯钢热板	2580.81	1820	4697067
太钢热板	2683.41	1035	2777328
武钢冷板	2735.97	1000	2735970

第一步对该工厂仓库的不同型号的钢材按库存金额从大到小排序，如表 6-4 所示。

表 6-4　对仓库钢材按库存金额从大到小进行排序

货物名称	单价（元/吨）	使用量（吨）	库存金额（元）
哈卡冷板	3389.43	8646	29304974
本钢冷板	3666.65	6895	25281555
哈卡热板	2626.04	2592	6806707
鞍钢冷板	3663.07	1633	5981791
邯钢热板	2580.81	1820	4697067
太钢热板	2683.41	1035	2777328
武钢冷板	2735.97	1000	2735970
哈卡镀锌板	4675.74	231	1080095
鞍钢热板	2623.88	371	973459

第二步对排序后的库存金额进行累计，计算各种钢材库存金额累计百分比，再根据 ABC 分类标准，得出钢材管理类别，如表 6-5 与图 6-4 所示。

表 6-5　　库存钢材 ABC 分析

货物名称	库存金额累计（元）	库存金额累计百分比	类别	库存金额比重	品种数	品种比例
哈卡冷板	29304974	36.80%	A	68.54%	2	22.22%
本钢冷板	54586529	68.54%				
哈卡热板	61393236	77.09%	B	21.96%	3	33.33%
鞍钢冷板	67375027	84.60%				
邯钢热板	72072094	90.50%				
太钢热板	74849422	93.99%	C	9.50%	4	44.44%
武钢冷板	77585392	97.42%				
哈卡镀锌板	78665487	98.78%				
鞍钢热板	79638946	100.00%				
合计					9	

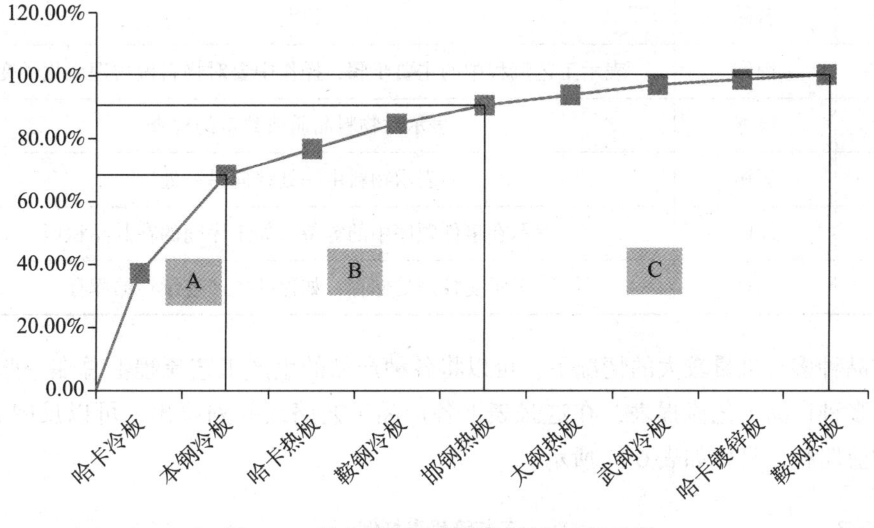

图 6-4　按库存金额分类的钢材 ABC 分类

二、工艺流程图表

在大量生产中，产品品种很少，用标准符号绘制必要的工艺流程图，能直观地反映出工厂生产的详细情况，此时，进行物流分析只需在工艺流程图上注明各道工序之间的物流量，就可以清楚地表现出工厂生产过程中的物料搬运情况。

工艺流程图样例如图 6-5 所示。美国机械工程师学会（ASME）对有关物料操作制定了一套标准符号，如表 6-6 所示。

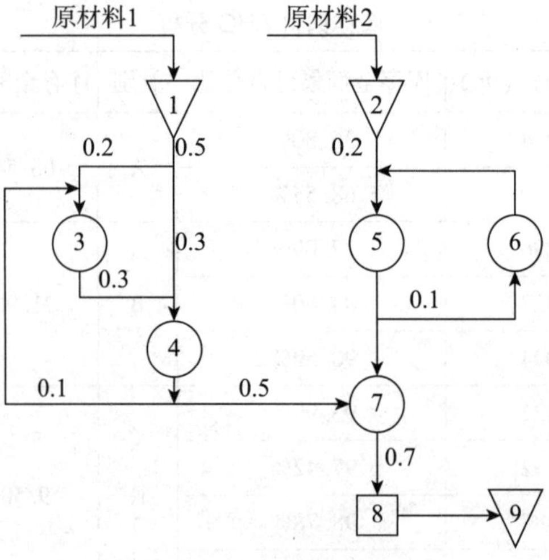

图 6-5　工艺流程图样例

表 6-6　ASME 物料操作标准符号

符号	名称	说明
○	操作	表示工艺流程中的主要步骤，操作中要对物料做物理或化学变革
□	检查	表示对物料品质或数量的检查
→	运输	表示物料由一处移向另一处
D	停留	表示在事件顺序中的等待，如工序间的在制品积压
▽	储存	表示受控制的储存，如保持生产连续性的库存

在品种多且批量较大的情况下，可以将各种产品的生产工艺流程汇总在一张表上，就形成多种产品工艺流程表，在这张表上各产品工艺路线并列绘出，可以反映各个产品的物流路径，具体如表 6-7 所示。

表 6-7　工艺流程表样例

产品号	工艺路线	每月产量（件）
1	A→B→C→D→E	200
2	A→D→E	900
3	A→B→C→E	400
4	A→C→D→E	650

三、物流连线图

将各条物流路线物流量的大小用物流连线表示，并与经过的物流节点一起绘制在平面图上，构成物流连线图（或物流图），如图 6-6 所示。

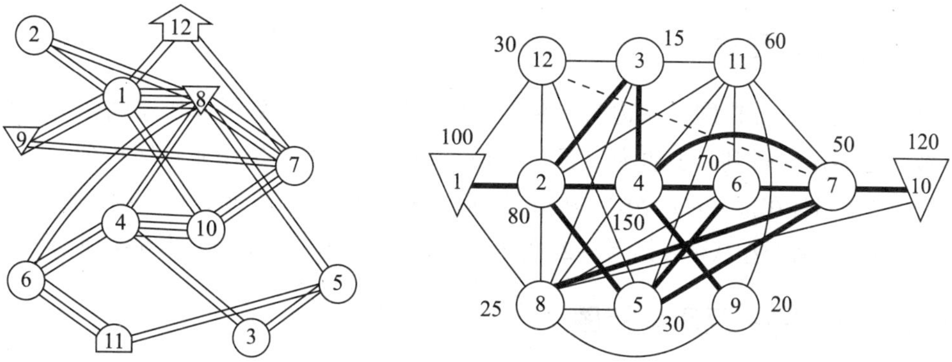

图 6-6　物流连线图样例

通常用简单几何要素图形（圆形或菱形等）表示工作单位，如车间、仓库、车站等，工作单位之间用线连起来就表示各条物流路线，用线的粗细、线外旁注表示物流量、物流流向等，但也不能将此物流的特性和参数全都表达清楚，只能大致说明问题。这种类型的图都称为物流连线图。物流连线图可以形象地表达系统的物流情况，有利于分析与设计。

四、物流简图

在布置方案图上，直接绘制物料搬运路线图。绘制时，用箭头表示物料搬运方向，用线条宽度、线条类型或颜色表示物料搬运量，也可直接标注出物料种类、特点、搬运距离及搬运量（体积、数量、重量等）。物流简图是描述企业物流状况的有效工具，可以直观形象地反映布置方案的物流状况，进而判断布置方案的合理性。如图 6-7 所示是某企业物流简图样例。

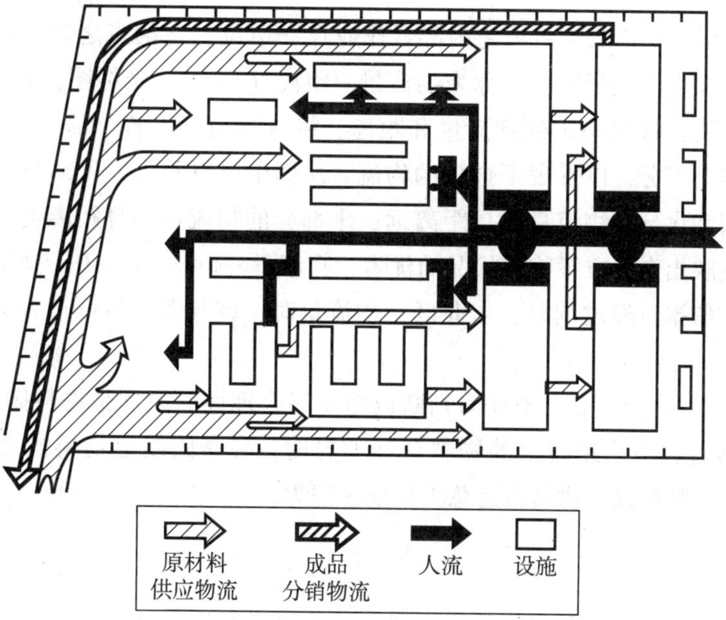

图 6-7　物流简图样例

五、物流从至表

从至表是一张方格图，左边为“从”（From）边，从上到下按作业顺序（用作业区域或设备表示）排列，上边为“至”（To）边，从左到右按作业顺序排列，然后将作业路径物流量标在相应的方格中。从至表实际上表示从某一工作地到另一工作地的总物流量及其分布。各种类型从至表如例6–2中的表6–9、表6–10、表6–11、表6–12所示。

六、物流量—距离坐标图

在设施布置方案图上，确定各作业单位之间的物料搬运路线，同时，测出各条路线的距离，编制成物流量—距离表，如表6–8所示。表中的框格同时标出物料搬运发送作业单位（从）至物料搬运接收作业单位（至）的物料搬运量（物流强度）f_{ij} 及物料搬运路线长度（距离）d_{ij}，其中 i 表示从作业单位序号，j 表示至作业单位序号。表中框格若为空白则表示两作业单位之间无明显物流。

表6–8　　物流量—距离表样例

至作业单位 j / 从作业单位 i	1	2	…	n
1	f_{11}/d_{11}	f_{12}/d_{12}	…	f_{1n}/d_{1n}
2	f_{21}/d_{21}	f_{22}/d_{22}	…	F_{2n}/d_{2n}
…				
n	f_{n1}/d_{n1}	f_{n2}/d_{n2}	…	f_{nn}/d_{nn}

根据物流量—距离表，将设施内部各作业点（单位）每两点之间的物流，按物流量和距离绘制在直角坐标图上，称为物流量—距离（$F—D$）坐标图，如图6–8所示。根据分析的需要，按照确定的物流量和距离，将该图划分为若干部分，如划分为Ⅰ、Ⅱ、Ⅲ、Ⅳ四个部分，以发现不合理的物流。从图中可以看出，Ⅳ部分和Ⅰ部分的物流不合理，因为Ⅳ部分物流量大且距离远，Ⅰ部分的物流量小且距离近。根据上述分析，清楚地反映出布置方案物流状况的优劣，物流量—距离（$F—D$）坐标图可作为平面布置调整的依据。经过调整，当Ⅱ区无物流量时，该方案才为可行方案。无法调整的情况例外。

物流量—距离（$F—D$）坐标图判断设施布局合理性的原理是物料搬运工作强度。当忽略不同物料、不同路线上的物料搬运差异时，各条路线上物料搬运工作强度与 $f_{ij}\cdot d_{ij}$ 成正比，则可以将物料搬运总工作量 S 记为：

$$S=\sum_{i=1}^{n}\sum_{j=1}^{n}f_{ij}\cdot d_{ij}$$

为了使物料搬运总工作量 S 最小，则当 f_{ij} 大时，d_{ij} 应尽可能小，当 f_{ij} 小时，d_{ij} 可以大一些，即 f_{ij} 与 d_{ij} 应遵循负相关规律。这就是说，f_{ij} 大的作业单位之间应该靠近，

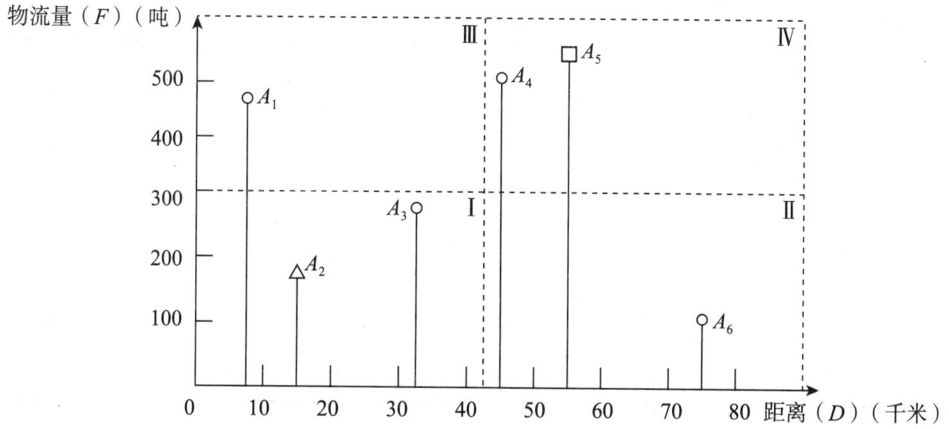

图 6-8　物流量—距离（F—D）坐标图样例

且道路便捷，f_{ij} 小的作业单位之间可以远离，道路可以长一些。

【例 6-2】某工厂有 A、B、C、D、E 五个车间，平面布置如图 6-9 所示，其中“+”为各车间距心。该工厂生产四种产品，各产品的工艺路线和每月产量如表 6-7 所示，而且每种产品的生产批量为 50 件。

①试以直角距离计算两两车间的距离从至表。

②计算物料搬运量从至表。

③计算物料搬运量，并以此为物流强度填制从至表。假设每批次搬运移动 1 米的成本是 2 元，试将上述物流强度从至表转化为物流成本从至表。

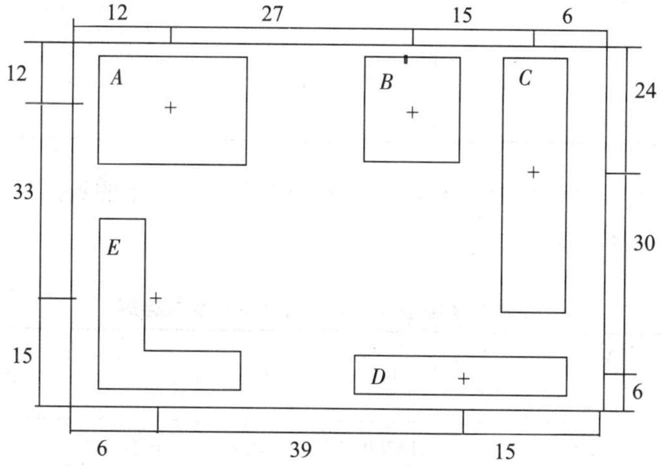

图 6-9　某工厂平面布置

解：①直角距离意味从一距心到另一距心只能水平或竖直行走，只能直角转弯，可以表示为两点坐标的 x 值和 y 值之差的绝对值之和即：

$$dr = | x_B - x_A | + | y_B - y_A |$$

本例题设以左下角为原点，可得各点坐标分别为：A（12，48），B（39，48），C（54，36），D（45，6），E（6，15），从而车间 A 到车间 B 的直角距离为 27 米，同理可以算出其他车间的直角距离，进而得距离从至表，如表 6-9 所示。

表 6-9　　距离从至表样例

从＼至	A	B	C	D	E
A		27	54	75	39
B	27		27	48	66
C	54	27		39	69
D	75	48	39		48
E	39	66	69	48	

②物料搬运量按产品计算，将各产品的工艺路线的每段搬运量分别列入从至表对应的方格中，最后要将不同产品在同一格子中的数据相加，得物料搬运量从至表（见表 6-10）。

表 6-10　　物料搬运量从至表样例

从＼至	A	B	C	D	E
A		600	650	900	
B			600		
C				850	400
D					1750
E					

③以物料搬运量表示的物流强度从至表（见表 6-11）中的数据为表 6-9、表 6-10 同一格子中对应元素的乘积。

表 6-11　　以物料搬运量表示的物流强度从至表样例

从＼至	A	B	C	D	E	合计
A		16200	35100	67500		118800
B			16200			16200
C				33150	27600	60750
D					84000	84000
E						
合计						279750

若每批次搬运成本为 2 元/米，则每件产品每米物流成本为 2/50 元，以此为系数

乘上表 6-11 各数据得表 6-12。

表 6-12　　物流成本从至表样例

从＼至	A	B	C	D	E	合计
A		648	1404	2700		4752
B			648			648
C				1326	1104	2430
D					3360	3360
E						
						11190

从表 6-11 得该布置方案的总物流强度为 279750，表 6-12 得搬运物流总成本为 11190 元，进行物流量—距离（*F*—*D*）坐标分析，发现车间 D 到车间 E 物流量大、费用高，且距离远，不合理，宜改进，如图 6-10 所示。

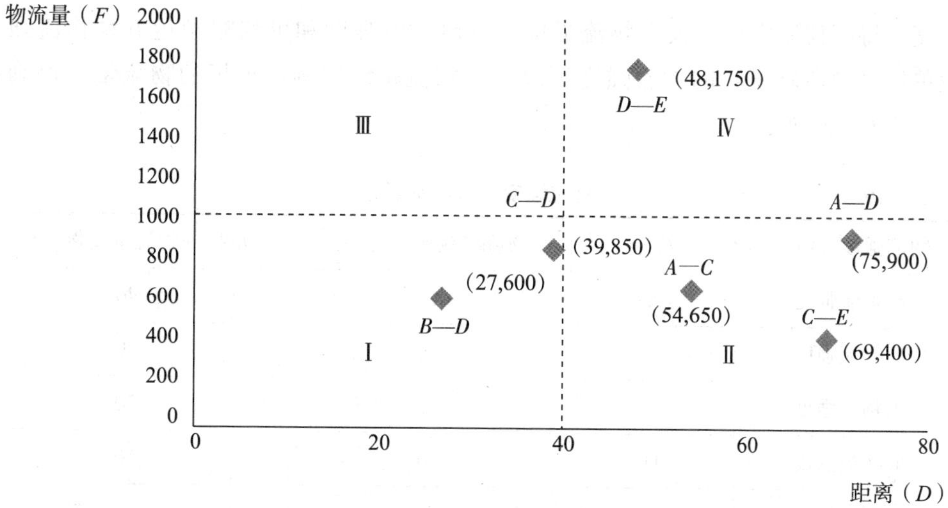

图 6-10　物流量—距离（*F*—*D*）坐标图样例

七、物流相关表

当产品品种很少但产量很大时，应采用工艺流程图进行物流分析，随着产品品种的增加，可以利用从至表统计具体物流量。

在采用系统布置规划法进行工厂布置时，不必关心各作业单位之间具体的物流强度，而是通过划分等级的方法研究物流状况，在此基础上，引入物流相关表，以简洁明了的形式表示工厂总体物流状况。某工厂作业单位物流相关表样例如图 6-11 所示。

由于直接分析大量物流数据比较困难且没有必要，系统布置规划中将物流强度转化成五个等级，分别用符号 A、E、I、O、U 表示，其物流强度逐渐减小，对应超高物

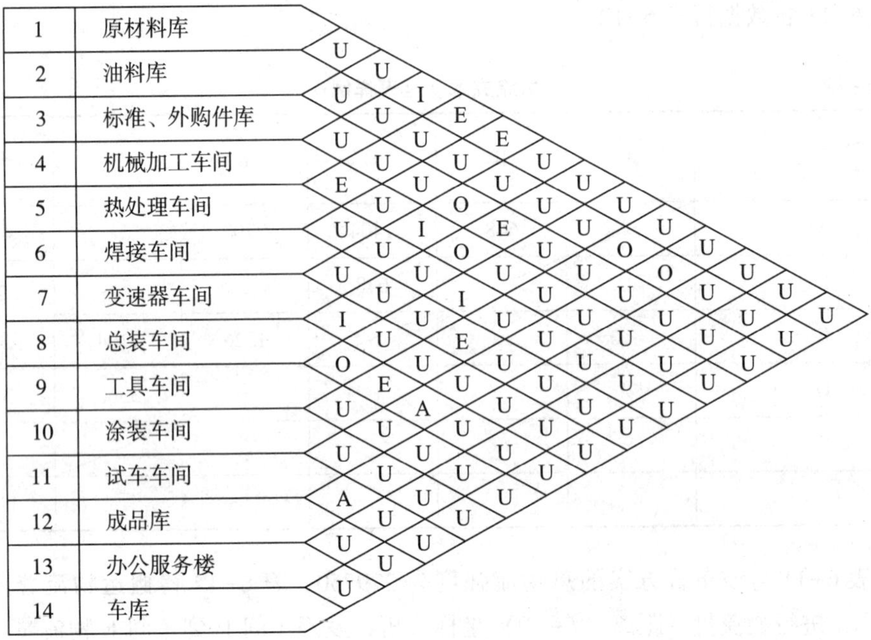

图 6-11　某工厂作业单位物流相关表样例

流强度、特高物流强度、较大物流强度、一般物流强度和可忽略搬运五种物流强度。作业单位（物流路线）的物流强度等级应按物流路线比例或承担的物流量比例确定，可参考表 6-13 划分。

表 6-13　物流强度等级比例划分

物流强度等级	符号	物流路线比例（%）	承担的物流量比例（%）
超高物流强度	A	10	40
特高物流强度	E	20	30
较大物流强度	I	30	20
一般物流强度	O	40	10
可忽略搬运	U		

第四节　设施平面布置的方法

当各单位之间存在大量物流时，就要以物流为主考虑其相互关系，可以利用物流相关表进行平面布置。当不存在大量物流时，如电子工业厂需要运输的物料很少、化工厂主要用管道输送物料，就不必改用相互关系图作为布置的依据。制造业的很多企业中，各生产作业单位间存在大量物流关系，而各辅助部门间都为非物流关系，则需要将物流关系和非物流关系结合在一起统一考虑。以下进一步讨论设施平面布置的方法。

一、根据 TCR 布置各作业单位

【例 6-3】已知各作业单位对流物流强度权重赋值（A=6，E=5，I=4，O=3，U=2，X=1）及物流强度等级（Total Closeness Rating，TCR）如表 6-14 所示，试对下列 5 个作业单位进行合理布置。

表 6-14　　各作业单位对流物流强度权重赋值及物流强度等级

作业单位	1	2	3	4	5	TCR	面积（m^2）
1		6	3	2	2	13	20
2	6		3	4	4	17	40
3	3	3		2	2	10	40
4	2	4	2		4	12	60
5	2	4	2	4		12	20

根据表 6-14 中 TCR 和面积的值确定布置顺序。表中作业单位 2 的 TCR 最高，故先布置。随后布置与作业单位 2 有 A 级关系的作业单位 1；然后布置与作业单位 2 有 I 级关系的作业单位 4 和作业单位 5，但作业单位 4 面积更大，故先布置作业单位 4；再布置与作业单位 2 有 O 级关系的作业单位 3；故布置顺序为 2—1—4—5—3。接下来，由各作业单位面积确定最终平面布置。设施平面布置过程与结果如图 6-12 所示。

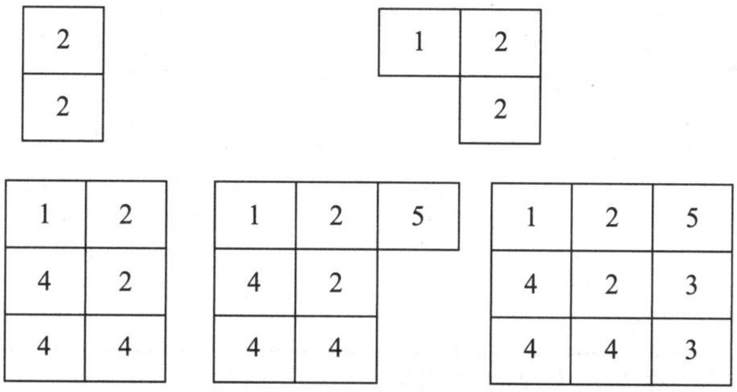

图 6-12　设施平面布置过程与结果

二、利用物流相关表进行设施平面布置

【例 6-4】已知某物流中心各作业单位单向物流从至表如表 6-15 所示。

表 6-15　　物流中心各作业单位单向物流从至表样例

	A1	A2	A3	A4	A5	A6	面积（m^2）
A1		2	12		1		300
A2			1	3		1	200

续表

	A1	A2	A3	A4	A5	A6	面积（m^2）
A3		2		4			100
A4		1			1		200
A5				1		1	100
A6				1			100

表 6-15 中的列为发出物流量的各作业单位，行为相应接受物流量的各作业单位，表中的数字为各作业单位由始发点流向到达点的物流量。另已知物流强度等级比例划分标准为表 6-13 所列标准。

①试对物流中心各作业单位进行物流强度分析，并绘制物流相关表。

②若只考虑物流关系进行作业单位布置，试绘制作业单位位置平面相关图与面积相关图。

解：第一步，首先在表 6-15 的基础上将顺行的物流量与逆行的物流量相加，得对流物流量，具体如表 6-16 所示。

表 6-16　　物流中心各作业单位对流物流量

	A1	A2	A3	A4	A5	A6	面积（m^2）
A1		2（5）	12（1）		1（7）		300
A2			3（4）	4（2）		1（7）	200
A3				4（2）			100
A4					2（5）	1（7）	200
A5						1（7）	100
A6							100

注：括号内的数字为物流量从大到小的排序。

第二步，有了对流物流量，根据对流物流量从大到小的顺序，进行物流强度分析，确定各单位之间的物流强度等级，如表 6-17 所示。

表 6-17　　物流中心各作业单位物流强度分析

序号	作业单位对	强度值	物流强度 | 1 | 2 | 3 | 4 | 5 | 6 | 7 | 8 | 9 | 10 | 11 | 12 |	路线累计	路线比例（%）	物流强度比例（%）	物流强度等级
1	A1—A3	12		1	10	39	A

续表

序号	作业单位对	强度值	物流强度 1 2 3 4 5 6 7 8 9 10 11 12	路线累计	路线比例（%）	物流强度比例（%）	物流强度等级
2	A3—A4	4	________	2	20	26	E
3	A2—A4	4	________	3			E
4	A2—A3	3	______	4	30	23	I
5	A1—A2	2	____	5			I
6	A4—A5	2	____	6			I
7	A1—A5	1	__	7	40	13	O
8	A2—A6	1	__	8			O
9	A4—A6	1	__	9			O
10	A5—A6	1	__	10			O
合计		31					

以单位配对关系计算公式［N（N-1）/2(N 为单位个数)］计算，可得本例作业单位有 15 对配对关系［计算过程：6（6-1）/2=6×5/2=15］，而实际发生物流关系的路线只有 10 条。因此按实际发生物流关系的路径进行等级 A、E、I、O 划分，没有物流关系的路径其搬运可忽视，均定义为 U 级。

根据表 6-13 物流强度等级标准，本例作业单位对 A1—A3 物流强度等级为 A 级（路线比例：1/10=10%；物流强度比例：12/31=39%），其他作业单位对的等级如表 6-17 所示。

第三步，在行与列的相交方格中填入行作业单位与列作业单位间的物流强度等级，得物流原始相关表，如表 6-18 所示。

表 6-18　　物流中心各作业单位物流原始相关表样例

	A1	A2	A3	A4	A5	A6
A1		I	A	U	O	U
A2	I		I	E	U	O
A3	A	I		E	U	U
A4	U	E	E		I	O
A5	O	U	U	I		O
A6	U	O	U	O	O	

第四步，绘制物流相关表。因为表 6-18 中行作业单位与列作业单位排列顺序相

同，所以得到的是右上三角矩阵表格与左下三角矩阵表格对称的方阵表格，除掉多余的左下三角矩阵表格，将右上三角矩阵变形，就得到系统布置规划中著名的物流相关表，如图 6-13 所示。

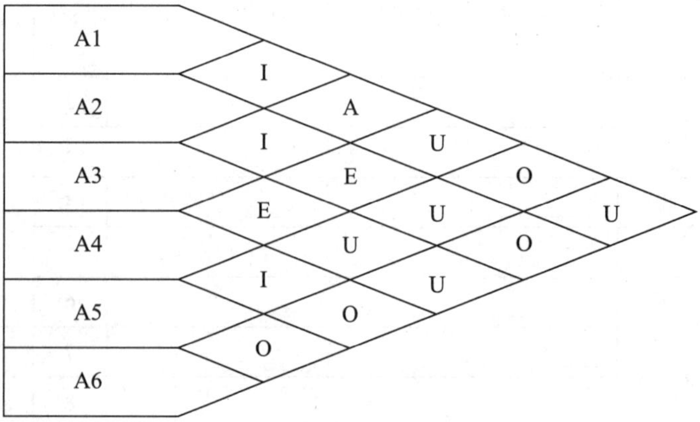

图 6-13 物流相关表样例

第五步，利用物流原始相关表计算各作业单位的物流强度，再根据各作业单位∑TCR 大小，对作业单位的物流强度等级进行排序，绘制物流强度等级排序表，如表 6-19 所示。

表 6-19 物流中心各作业单位物流强度等级排序表样例

	A1	A2	A3	A4	A5	A6	面积（m^2）
A1		2/I	4/A	0/U	1/O	0/U	300
A2	2/I		2/I	3/E	0/U	1/O	200
A3	4/A	2/I		3/E	0/U	0/U	100
A4	0/U	3/E	3/E		2/I	1/O	200
A5	1/O	0/U	0/U	2/I		1/O	100
A6	0/U	1/O	0/U	1/O	1/O		100
∑TCR	7	8	9	9	4	3	
物流强度等级排序	4	3	1	1	5	6	

注：物流强度等级分值 A=4，E=3，I=2，O=1，U=0。

第六步，绘制作业单位平面位置相关图。布置思路：按∑TCR 从大到小的排序，先布置 A 级关系，再布置 E、I、O、U 级关系。表 6-19 中作业单位 A3 和 A4 的 TCR 值最高，但 A3 的物流强度等级中包含 A 级，故先布置，随后布置与 A3 有 A 级关系的作业单位 A1；接下来布置 E 级关系，与作业单位 A3 有 E 级关系的作业单位 A4，与作业单位 A4 有 E 级关系的作业单位 A2，接下来，再布置 I 级关系的作业单位与 O 级关系的作业单位，如图 6-14 所示。

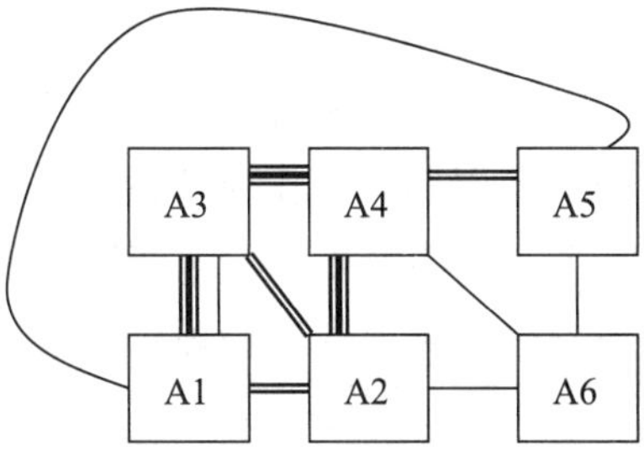

图 6-14　作业单位平面位置相关图样例

第七步，绘制作业单位平面位置面积相关图。考虑面积因素对作业单位平面位置相关图进行修正，可得作业单位平面位置面积相关图，如图 6-15 所示。

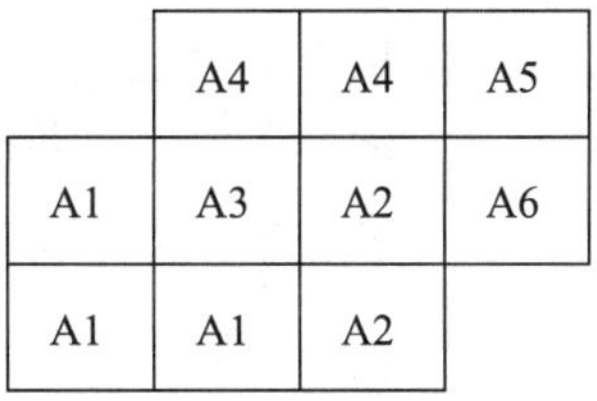

图 6-15　作业单位平面位置面积相关图样例

三、用作业单位关系图法布置平面图

（一）作业单位关系图及其分析

在设施布置中，各设施间除了通过物流联系外，还有人际、工作事务、行政事务等活动，尤其是在行政、服务等各种单位中，都存在人和工作的联系。这些联系可以表示为各种单位之间的关系，也可以称为非物流关系。通过单位之间活动的频繁程度可以说明单位之间关系是密切或者疏远。这种对单位之间密切程度的分析称为作业单位关系分析。根据单位之间关系的密切程度布置设施或设备，这是除物流外决定设施布置的另一个重要原则。

不论是制造业还是服务业，用这一方法都可表示各单位之间关系的密切程度。可采用一种“密切程度”代码反映不同单位之间的不同关系，“密切程度”代码如表 6-20 所示。此外还要用一种“密切程度”理由代码说明达到此种密切程度的理由，如表 6-21 所示。

表 6-20　“密切程度”代码

代码	A	E	I	O	U	X
实际含义	绝对必要	特别重要	重要	一般	不重要	不要靠近

表 6-21　“密切程度”理由代码

理由代码	1	2	3	4	5	6	7	8
理由	共用场地	物流	服务	方便	库存控制	联系	零部件流动	清洁

下面研究作业单位相互关系表的制法，表的形式如图 6-16 所示。表的左方为需要进行设施布置的各作业单位，对一个工厂的总平面布置来说，作业单位为办公室、车间、仓库等；对一个生产车间的布置而言，作业单位为毛坯材料库、装配台等；对一个餐厅的布置，作业单位为厨房、收款服务台、顾客用餐区等。所谓作业单位相互关系分析就是对作业单位之间关系的密切程度进行评价。表右方的每个菱形框表示和左方相对应的两个作业单位之间的关系。菱形框上半部为“密切程度”代码，下半部为“密切程度”理由代码。

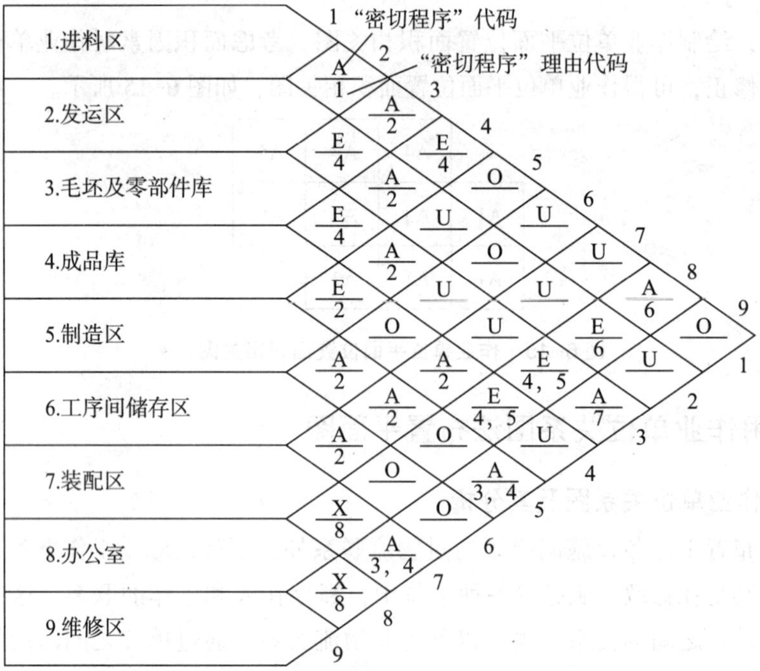

图 6-16　作业单位相互关系表样例

（二）用作业单位关系图法布置平面图

作业单位关系图法是一种系统而规律的方法，可用以有效布置作业单位的平面。这一方法通常分为两个阶段：第一阶段先确定各作业单位的相对位置；第二阶段再根据各作业单位的应有面积画出带面积的平面布置图。

【例 6-5】已知某工厂的各作业单位原始数据如表 6-22、表 6-23 所示。试用作业单位关系图法布置平面图。

表 6-22　各作业单位代码、名称及面积

作业单位代码	作业单位名称	面积（m^2）
T	原材料库	120
U	铣削工段	80
V	冲压工段	60

续表

作业单位代码	作业单位名称	面积（m^2）
W	车削工段	120
X	装配工段	80
Y	涂装工段	120
Z	发货库	120

表 6-23　　作业单位关系表样例

	T	U	V	W	X	Y	Z
T		E	O	I	O	U	U
U			U	E	I	I	U
V				U	U	O	U
W					I	U	U
X						A	I
Y							A
Z							

解：第一阶段的做法如下。

首先取纸板用刀划出尺寸相同的方块作为样板，每块样板代表一个作业单位，样板中央写上作业单位名称、代码，在样板的四角根据表 6-23 对应的作业单位关系写上各种关系代码，如图 6-17 所示。

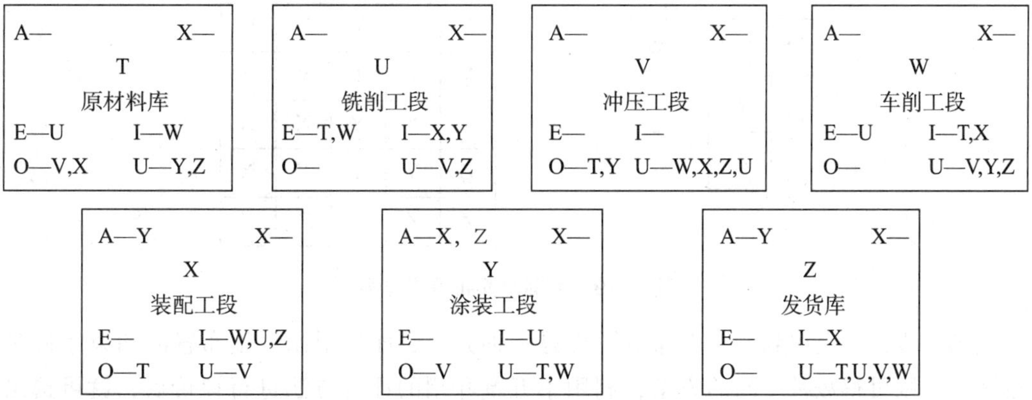

图 6-17　方块样板

然后选出“A”关系数量最多的一块样板（作业单位）。如果遇到不止一块样板有相同数量的“A”关系，则再找下一级“E”关系进行比较，如果数量还相同则进一步再找“I”关系做比较，以此类推。即在“A”关系数量相同的样板中挑选出“E”关系数量最多的一块样板，同时亦是“X”级关系数量最少者。将挑出的样板布置在平面图的中部位置。例题中“A”关系最多的样板是Y，所以先将Y布置在平面图中部，如图6-18所示。

其他按“A”“E”“I”“O”“U”“X”类推，如图6-18中（a）、（b）、（c）、（d）、（e）所示。

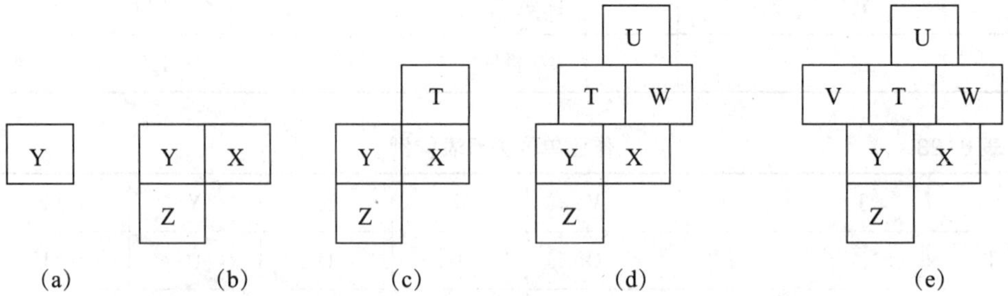

图6-18 确定各方块样板的相对位置

第二阶段的步骤如下。

在第一阶段已得到各作业单位相对位置的平面布置图，将各作业单位面积用实际面积代替，就可得到真实平面布置图。实际工作可按如下步骤进行。

第一步，根据表6-22选择一个单位面积，要求各作业单位面积除以单位面积后其商近似为整数。如此则每个作业单位面积就是单位面积样板的整数倍。由表6-22可见，以$20m^2$为单位面积样板块，则可求出各作业单位的单位面积样板块数。

第二步，按原先的平面布置图，再将各作业单位的实际样板块数置入，就可得到如图6-19所示的实际平面布置图。

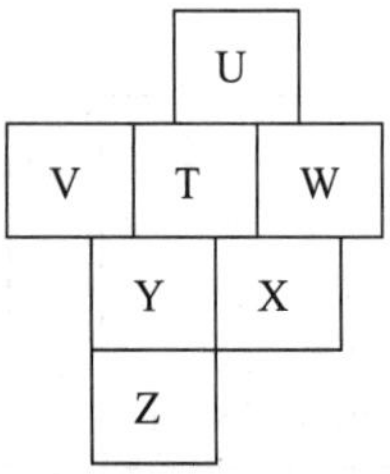

V	U	U	U	U
V	T	T	W	W
V	T	T	W	W
Y	T	T	W	W
Y	Y	Y	X	X
Z	Y	Y	X	X
Z	Z	Z	Z	Z

图6-19 实际平面布置图样例

第三步，以上得到的平面布置图仅是一种方案，如将限制设施布置的约束条件考虑在内，则可得数种不同的方案，利用第五章介绍的评价方法进行评价后，就可选出优化的方案。

四、利用作业单位综合相互关系进行平面布置

在制造企业或物流企业中，各作业单位间不仅有物流关系，也有非物流关系，即使在服务业中，例如，餐饮业、医疗卫生业也存在一定的物流关系。因此在系统化设

施布置中，必须将作业单位间的物流关系和非物流关系进行综合，综合后的相互关系即综合相互关系。此时就应该从作业单位间综合相互关系出发，设计出作业单位的合理布置。

（一）利用作业单位综合相互关系绘制作业单位位置相关图

现以某叉车总装厂设计布局为例，说明利用作业单位综合相互关系绘制作业单位位置相关图的过程和步骤。

【例 6-6】叉车总装厂作业单位物流相关表和非物流相关表如图 6-20 与图 6-21 所示。

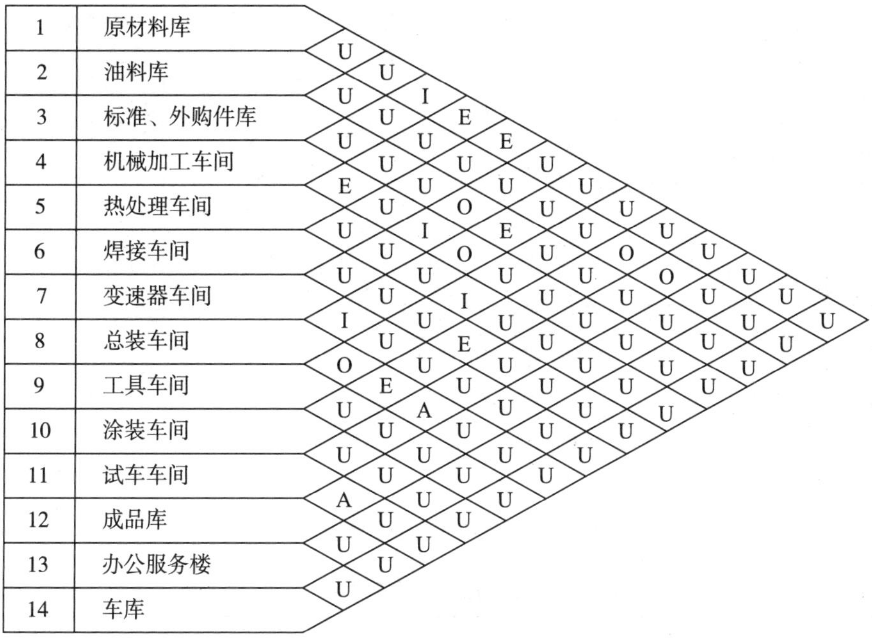

图 6-20　作业单位物流相关表样例

1. 选用综合关系加权值

综合关系加权值是作业单位之间物流关系（m）和非物流关系（n）的占比，通常这一比值 $m:n$ 的范围为1：3—3：1。如比值大于 3：1，意味着物流关系占主要地位，设施布置只要考虑物流关系就可以；当比值小于 1：3时，说明物流关系的影响很小，设施布置只要考虑非物流关系即可。现实情况下按照物流关系和非物流关系的相对重要性，将比值 $m:n$ 取为3：1，2：1，1：1，1：2，1：3。对叉车总装厂布置来说，物流关系和非物流关系的影响因素大体相当，因此取加权值 $m:n=1:1$

2. 综合相互关系计算

设任意两个作业单位分别为 A_i 和 A_j，其物流关系密切程度等级为 MR_{ij}，非物流关系密切程度等级为 NR_{ij}，则作业单位 A_i 和 A_j 之间的综合相互关系密切程度 $CR_{ij}=mMR_{ij}+nNR_{ij}$。根据上述公式，可求出叉车总装厂作业单位综合相互关系，如表 6-24 所示。

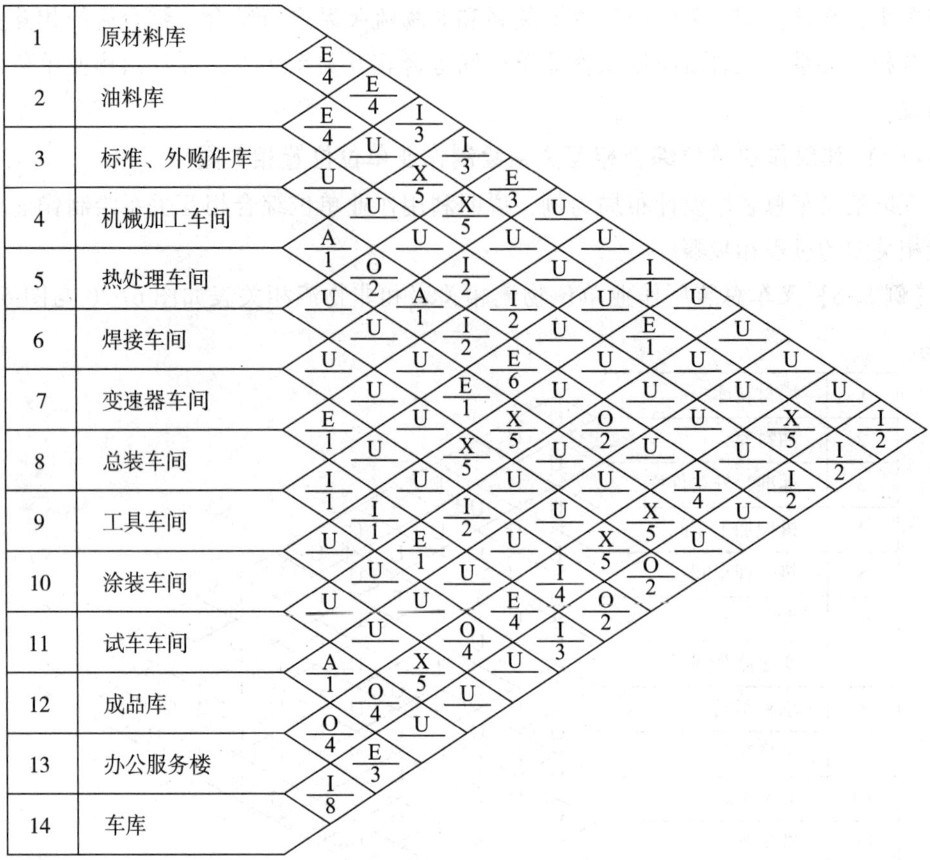

图 6-21 作业单位非物流相关表样例

表 6-24 **作业单位综合相互关系**

作业单位对	关系密切程度等级				综合相互关系		
	物流关系（权值 1）		非物流关系（权值 1）				
	等级	分值	等级	分值	综合分值	等级	等级值
1—2	U	0	E	3	3	I	2
1—3	U	0	E	3	3	I	2
1—4	I	2	I	2	4	E	3
…	…	…	…	…	…	…	…
6—10	E	3	X	−1	2	U*	0
…	…	…	…	…	…	…	…
10—13	U	0	X	−1	−1	X	−1

注：该表只是让读者了解此种表格的形式，因此只列出部分内容。

当作业单位总量为 N 时，总的作业单位对数 P 可用下式计算，即 $P=N(N-1)/2$。对该例题，$N=14$，则 $P=91$，因此表 6-24 中共有 91 个综作业单位对，即 91 个综合相互关系。

3. 划分综合相互关系密切程度等级

由表 6-24 可以看出，作业单位综合相互关系中的各作业单位对综合分值范围为 -1~8，按分值区段对作业单位综合分值从大到小排序，逐次累计出各分数区段作业单位对比例，对照表 6-25 给定的综合相互关系密切程度等级划分标准，可将其转化为综合相互关系密切程度等级，如表 6-26 所示。

表 6-25　综合相互关系密切程度等级划分标准

综合相互关系密切程度等级	等级符号	作业单位对数量比例（%）
绝对必要	A	1~3
特别重要	E	2~5
重要	I	3~8
一般	O	5~15
不重要	U	20~85
不希望靠近	X	0~10

应该说明的是将物流关系和非物流关系进行综合时，应该注意 X 级关系的处理，任何一级物流关系与 X 级非物流关系密切级综合时，不应超过 O 级。对于某些绝不能靠在一起的作业单位间的相互关系，可定为 XX 级。

表 6-26　综合相互关系密切程度等级划分

总分	综合相互关系密切程度等级	等级值	线条数	作业单位对数	占总对数百分比（%）
7~8	A	4	////	3	3.3
4~6	E	3	///	9	9.9
2~3	I	2	//	18	19.8
1	O	1	/	8	8.8
0	U	0		46	50.5
-1	X	-1	- - -	7	7.7
总计				91	100

从综合相互关系计算等级结果来看，综合相互关系应该是合理的，如表 6-24 中标明"U*"为作业单位 6 与作业单位 10 之间物流关系为 E 级，但是非物流关系则为 X 级；经过计算后其结果则为 I 级，I 级意思为重要的密切关系，显然是不合理的，经过人工调整后改为 U 级。

4. 绘制作业单位综合相互关系图

根据表 6-24 中的综合分值所对应的密切程度等级，绘制作业单位综合相互关系图，如图 6-22 所示。

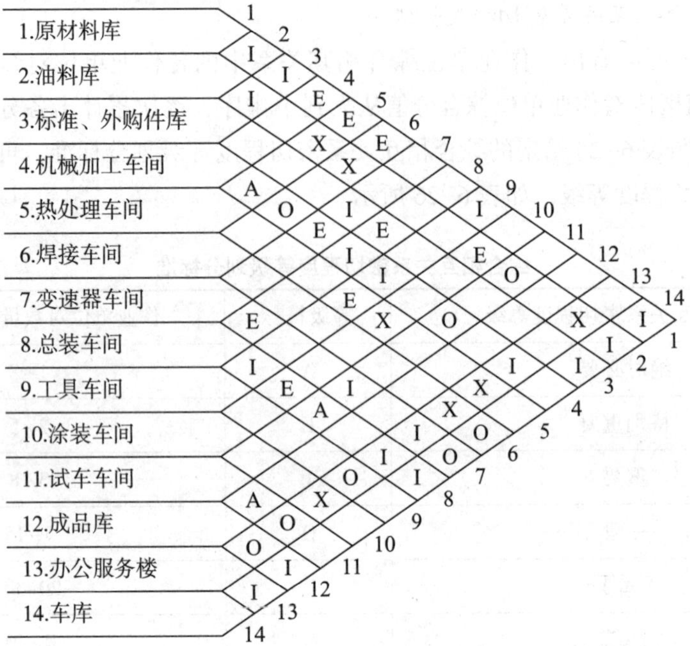

图 6-22　作业单位综合相互关系图样例

5. 综合接近程度排序表

根据图 6-22 作业单位综合相互关系图，制作综合接近程度排序表，即将作业单位对相应的等级与分值填入相应的表格中，并按列对每个单位的综合相互关系分值求和，得出每个作业单位的 TCR 值，并按 TCR 值从大到小排序。有了这个综合接近程度排序表（见表 6-27），就可以根据排序结果绘制叉车总装厂作业单位位置相关图。

表 6-27　综合接近程度排序表样例

单位	1	2	3	4	5	6	7	8	9	10	11	12	13	14
1		I/2	I/2	E/3	E/3	E/3	U/0	U/0	I/2	U/0	U/0	U/0	U/0	I/2
2	I/2		I/2	U/0	X/−1	X/−1	U/0	U/0	U/0	E/3	O/1	U/0	X/−1	I/2
3	I/2	I/2		U/0	U/0	U/0	I/2	E/3	U/0	U/0	U/0	U/0	U/0	I/2
4	E/3	U/0	U/0		A/4	O/1	E/3	I/2	I/2	U/0	O/1	U/0	I/2	U/0
5	E/3	X/−1	U/0	A/4		U/0	U/0	U/0	E/3	X/−1	U/0	U/0	X/−1	U/0
6	E/3	X/−1	U/0	O/1	U/0		U/0	U/0	U/0	U/0	U/0	U/0	X/−1	O/1
7	U/0	U/0	I/2	E/3	U/0	U/0		E/3	U/0	U/0	I/2	U/0	I/2	O/1
8	U/0	U/0	E/3	I/2	U/0	U/0	E/3		I/2	E/3	A/4	U/0	I/2	I/2
9	I/2	U/0	U/0	I/2	E/3	U/0	U/0	I/2		U/0	U/0	U/0	O/1	U/0
10	U/0	E/3	U/0	U/0	X/−1	U/0	U/0	E/3	U/0		U/0	U/0	X/−1	U/0
11	U/0	O/1	U/0	O/1	U/0	U/0	I/2	A/4	U/0	U/0		A/4	O/1	U/0

续表

单位	1	2	3	4	5	6	7	8	9	10	11	12	13	14
12	U/0	U/0	U/0	U/0	U/0	U/0	U/0	U/0	U/0	U/0	A/4		O/1	I/2
13	U/0	X/−1	U/0	I/2	X/−1	X/−1	I/2	I/2	O/1	X/−1	O/1	O/1		I/2
14	I/2	I/2	I/2	U/0	U/0	O/1	O/1	I/2	U/0	U/0	U/0	I/2	I/2	
总分	17	7	11	18	7	3	13	21	10	4	13	7	7	14
排序	3	9	7	2	9	14	5	1	8	13	5	9	9	4

6. 绘制作业单位位置相关图

首先处理关系密切程度等级为“A”的作业单位对。

（1）有8—11、4—5、11—12，将综合相关关系密切程度分值最高的作业单位8布置在位置相关图的中心位置，与其成“A”级关系的作业单位11相邻。关系用1单位距离四条线画出，如图6-23（a）所示。

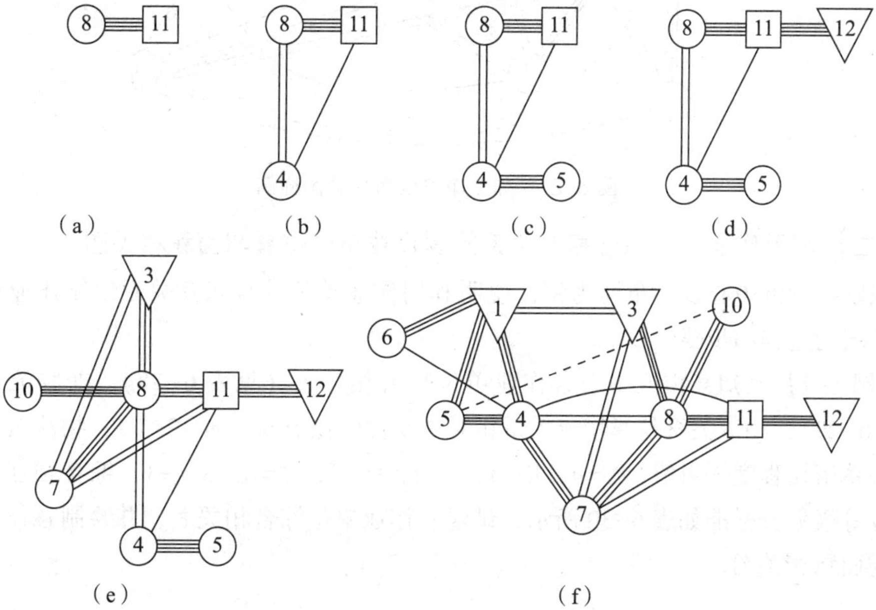

图6-23　作业单位位置相关图绘制步骤

（2）布置综合相关关系密切程度分值次高的作业单位4的位置。它与作业单位8和作业单位11分别有I级关系和O级关系，故作业单位4用3单位长双线与作业单位8连接，用4单位长单线与作业单位11相连，如图6-23（b）所示。

（3）处理与作业单位4有关的A级关系的作业单位5，而作业单位5与作业单位8和作业单位11均为U级关系，不予考虑，则作业单位4旁布置作业单位5，如图6-23（c）所示。

（4）再看已布置在图上的作业单位11，与作业单位11有A级关系的是作业单位12，也用1单位四根线布入。作业单位12与作业单位8、作业单位4、作业单位5的关系均为 U 级，故不予考虑，如图 6-23（d）所示。

至此，综合接近程度排序表中，具有 A 级关系的作业单位对之间的相对位置均已确定。

然后处理综合相互关系为 E 级的作业单位对。从作业单位 8 开始，布置方法类似 A 级的布置。

接下来依次是 I 级、O 级、U 级作业单位对。最后重点调整 X 级作业单位对之间的相对位置（注意尽量远离），得出最终作业单位位置相关图，如图 6-24 所示。

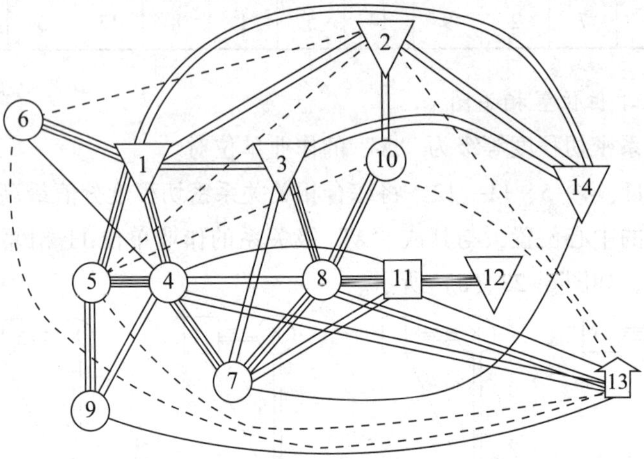

图 6-24　作业单位位置相关图样例

（二）利用作业单位综合相互关系绘制作业单位位置与面积相关图

现以某物流中心设计布局为例，说明利用作业单位综合相互关系绘制作业单位面积相关图的过程和步骤。

【例 6-7】 已知某物流中心各作业单位物流相关表（见表 6-28）、非物流相关表（见表 6-29），物流关系与非物流关系相对重要性的比值 $m:n=2:1$，物流关系与非物流关系密切程度等级值：A=4，E=3，I=2，O=1，U=0，X=-1，综合相互关系密切程度等级划分标准如表 6-30 所示，试建立作业单位综合相关表，并绘制各作业单位位置与面积相关图。

表 6-28　物流中心各作业单位物流相关表样例

	收发区	理货区	加工区	保管区	拣选区
收发区		A	I	U	U
理货区			I	A	U
加工区				E	E
保管区					A
拣选区					

表 6-29　　物流中心各作业单位非物流相关表及作业单位面积

	收发区	理货区	加工区	保管区	拣选区	面积（m^2）
收发区		A	U	U	E	200
理货区			O	I	O	200
加工区				E	U	400
保管区					U	600
拣选区						400

表 6-30　　综合相互关系密切程度等级划分标准

综合相互关系密切程度等级	总分	等级符号	作业单位对数量比例（%）
绝对必要	11～12	A	1～10
特别重要	9～10	E	2～20
重要	6～8	I	3～30
一般	3～5	O	5～40
不重要	0～2	U	50～80
不希望靠近		X	0～10

（1）划分综合相互关系，如表 6-31 所示。

表 6-31　　作业单位综合相互关系

序号	作业单位对		关系密切程度				综合相互关系	
	部门	部门	物流关系（权值 2）		非物流关系（权值 1）			
			等级	分值	等级	分值	分值	等级
1	收发区	理货区	A	4	A	4	12	A
2	收发区	加工区	I	2	U	0	4	O
3	收发区	保管区	U	0	U	0	0	U
4	收发区	拣选区	U	0	E	3	3	O
5	理货区	加工区	I	2	O	1	5	O
6	理货区	保管区	A	4	I	2	10	E
7	理货区	拣选区	U	0	O	1	1	U
8	加工区	保管区	E	3	E	3	9	E
9	加工区	拣选区	E	3	U	0	6	I
10	保管区	拣选区	A	4	U	0	8	I

（2）依作业单位综合相互关系计算，得作业单位综合相互关系表（见表 6-32）与

作业单位综合接近程度排序表（见表6-33）。

表6-32　　作业单位综合相互关系表样例

	收发区	理货区	加工区	保管区	拣选区	面积（m^2）
收发区		A	O	U	O	200
理货区			O	E	U	200
加工区				E	I	400
保管区					I	600
拣选区						400

表6-33　　作业单位综合接近程度排序表样例

	收发区	理货区	加工区	保管区	拣选区	面积（m^2）
收发区		A/4	O/1	U/0	O/1	200
理货区	A/4		O/1	E/3	U/0	200
加工区	O/1	O/1		E/3	I/2	400
保管区	U/0	E/3	E/3		I/2	600
拣选区	O/1	U/0	I/2	I/2		400
总分	6	8	7	8	5	
排序	4	1	3	1	5	

（3）根据作业单位综合接近程度排序表所确定的等级分值顺序与关系等级，绘制作业单位位置相关图，如图6-25所示。

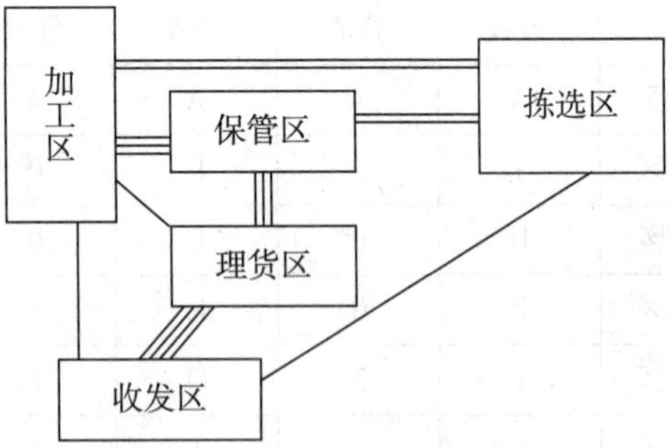

图6-25　作业单位位置相关图样例

（4）根据已知面积绘制作业单位面积相关图，如图6-26所示。

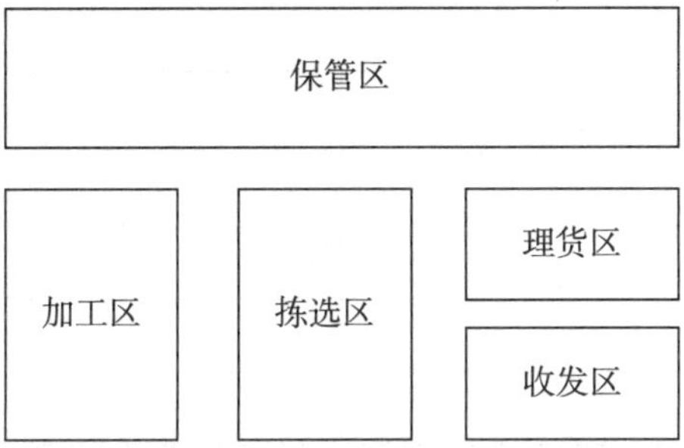

图 6-26　作业单位面积相关图样例

第五节　设施布置方案的评价与选择

设施规划设计本身就是一个反复修正、反复迭代、逐步细化、逐步完善的过程，在设施布置过程中，由于受多种因素的影响，可能会产生多种平面布置方案。各种布置方案各有优缺点，显然人们希望得到一个最合理的设施系统。因此，要选择合适的方法对不同的布置方案进行评价，从中找出最合理的布置方案。常用的设施布置方案的评价与选择方法，除前文所述的物流简图、物流量—距离（*F—D*）坐标图等方法外，还可以采用优缺点比较法、加权因素法和成本比较法等。

一、优缺点比较法

优缺点比较法只是将每个方案的布置图、物流动线、搬运距离、扩充弹性等相关优缺点分别列举出来进行比较。这种方法简单省时，但缺乏说服力，常用于概略方案的初步选择。有时为了使优缺点比较法更加准确，可对优缺点的重要性加以讨论并用数值表示。表 6-34 为配送中心布置方案的优缺点评估。

表 6-34　　配送中心布置方案的优缺点评估

方案		A	B	C
布置图		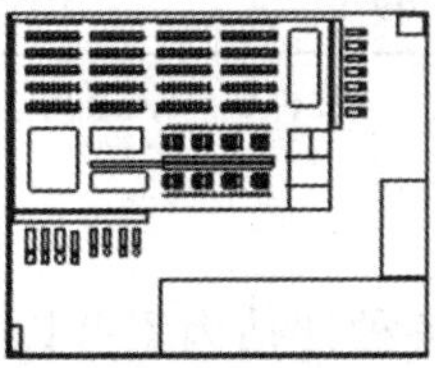	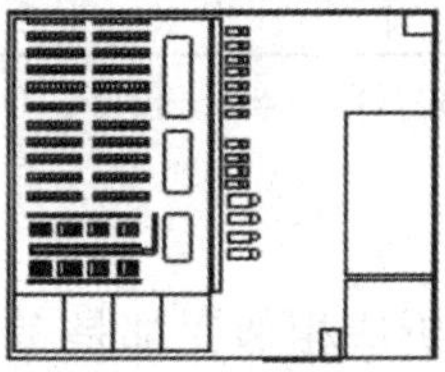	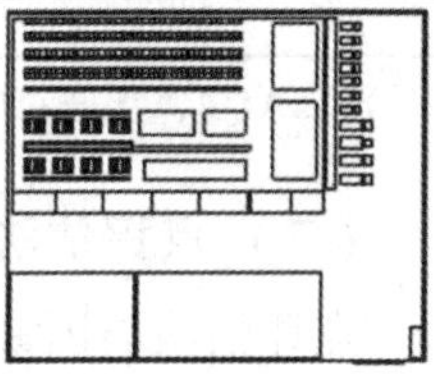
评估项目	空间使用效率			
	物流动线			
	搬运距离			
	扩充弹性			

续表

方案		A	B	C
评估项目	建设成本			
	营运成本			
	作业安全性			
	管理程序需求			

二、加权因素法

加权因素法可以分为因素分析法、点评估法、权值分析法和层次分析法（AHP）。

（一）因素分析法

因素分析法是对方案按规划的目标因素进行分析，从而确定方案优劣的一种方法。一般由规划者与决策者共同讨论列出多个目标因素，并设定各因素的重要程度——权重。权重可用百分比或数值（如1~10）表示，如表6-35所示。然后用各个因素评估比较各个方案，确定每个方案中各因素的评分数值（如4、3、2、1、0），当所有因素评估完成后，再将各因素的权重与评分数值相乘加总，数值最大的为最优的方案。

表6-35　因素分析法评估因素权重分析

评估因素	权重	方案		
		A	B	C
服务方便性	10	U/0	I/20	E/30
可控制性	6	O/6	A/24	E/18
扩充性	5	O/5	I/10	O/5
投资成本	8	U/0	E/24	I/16
弹性	7	A/28	O/7	E/21
搬运经济性	10	O/10	I/20	E/30
总计	46	49	105	120

注：A=4，很好；E=3，好；I=2，较好；O=1，一般；U=0，不好。

（二）点评估法

点评估法与因素分析法相似，都是考虑各种评估因素并以各方案的得分，作为方案取舍的依据。本方法主要包括两大步骤。

步骤一：评估因素权重的分析，其程序如表6-36所示。

（1）经小组讨论，确定各项评估因素。

（2）各项评估因素两两比较，若A>B，权重=1；A=B，权重=0.5；A<B，权重=0，以此为依据建立评估矩阵，并分别统计其得分，计算权重及排序。

表 6-36　　点评估法评估因素权重分析

评估因素		A	B	C	D	E	F	G	权重和	权重（%）	排序
面积需求	A	—	1	1	0.5	1	1	1	5.5	26.2	1
扩充性	B	0	—	0	0	0.5	1	0.5	2	9.5	5
弹性	C	0	1	—	0	1	0.5	0	2.5	11.9	4
人力需求	D	0.5	1	1	—	0	1	1	4.5	21.4	2
自动化程度	E	0	0.5	0	1	—	1	1	3.5	16.7	3
整体性	F	0	0	0.5	0	0	—	0.5	1	4.8	7
先进先出	G	0	0.5	1	0	0	0.5	—	2	9.5	5
合计									21	100	

步骤二：进行方案评估，其程序如表 6-37 所示。

（1）制定评估分值标准：如非常满意——5 分、佳——4 分、满意——3 分、可——2 分、尚可——1 分、差——0 分。

（2）以规划评估小组表决的方式，就各项评估因素，依据方案评估资料给予适当分数。

（3）分数×权重=乘积。

（4）统计各方案乘积和，排出方案优先级。

表 6-37　　点评估法方案选择

评估因素		权重（%）	方案 1		方案 2		方案 3	
			分值	乘积	分值	乘积	分值	乘积
面积需求	A	26.2	3	78.6	5	131	5	131
扩充性	B	9.5	5	47.5	3	28.5	5	47.5
弹性	C	11.9	4	47.6	2	23.8	2	23.8
人力需求	D	21.4	3	64.2	2	42.8	2	42.8
自动化程度	E	16.7	4	66.8	4	66.8	2	33.4
整体性	F	4.8	1	4.8	5	24	1	4.8
先进先出	G	9.5	3	28.5	5	47.5	2	19
合计		100	—	338	—	364.4	—	302.3
优先顺序				2		1		3

（三）权值分析法

权值分析法是一种更细化更准确的评估方法，它是将各个评估因素分成不同的组别和层次，然后分别进行评估和比较的方法。其步骤如下。

（1）设定评估因素项目。

（2）将评估因素适当分组及分层，建立评估指标及详细评估因素。

（3）将各组的指标因素给予适当的百分比权重，再对各评估指标所属的因素分配权重。

（4）评估确定各方案各评估因素的得分。

（5）计算各方案中各项因素的权重与其对应得分的乘积之和。

（6）选择最合适的方案。

【例6-8】现以某配送中心输送系统评估为例说明权值分析法的评价过程，如表6-38和表6-39所示。

表6-38　　权值分析法——评估因素群组与权重分配

层次	评估因素编号	群组与主要因素	权重	
			组别	因素
Ⅰ	1	输送系统	100	
Ⅱ	1.1	经济面	30	
	1.2	技术面	20	
	1.3	系统面	35	
	1.4	建筑面	15	
Ⅲ	1.1	经济面	30	
	1.1.1	投资成本		6
	1.1.2	营运成本		8
	1.1.3	人力成本		5
	1.1.4	保证条件		4
	1.1.5	财务可行性		2
	1.1.6	期间摊销		5
	1.2	技术面	20	
	1.2.1	自动化程度		4
	1.2.2	人员适应性		7
	1.2.3	搬运距离		3
	1.2.4	物料流程与路线		6
	1.3	系统面	35	
	1.3.1	整体观		5
	1.3.2	储位弹性		4
	1.3.3	系统扩充性		6
	1.3.4	可维护性		5

续表

层次	评估因素编号	群组与主要因素	权重	
			组别	因素
Ⅲ	1.3.5	易学习导入		8
	1.3.6	操作安全性		7
	1.4	建筑面	15	
	1.4.1	土地面积		5
	1.4.2	地面平整程度		3
	1.4.3	地面承载能力		1
	1.4.4	柱子的跨度		2
	1.4.5	厂房高度		3
	1.4.6	空间的适用性		1

表 6-39　权值分析法——方案评估

群组	评估因素编号	权重①	方案					
			甲		乙		丙	
			得分②	权重积分 ③=①×②	得分④	权重积分 ⑤=①×④	得分⑥	权重积分 ⑦=①×⑥
经济面	1.1.1	6	4	24	2	12	2	12
	1.1.2	8	5	40	5	40	3	24
	1.1.3	5	4	20	4	20	5	25
	1.1.4	4	4	16	4	16	3	12
	1.1.5	2	3	6	4	8	4	8
	1.1.6	5	4	20	2	10	2	10
	Σ	30	126		106		91	
技术面	1.2.1	4	4	16	5	20	5	20
	1.2.2	7	4	28	3	21	3	21
	1.2.3	3	5	15	4	12	4	12
	1.2.4	6	3	18	3	18	5	30
	Σ	20	77		71		83	

续表

群组	评估因素编号	权重①	方案					
			甲		乙		丙	
			得分②	权重积分 ③=①×②	得分④	权重积分 ⑤=①×④	得分⑥	权重积分 ⑦=①×⑥
系统面	1.3.1	5	4	20	5	25	4	20
	1.3.2	4	3	12	2	8	3	12
	1.3.3	6	4	24	3	18	3	18
	1.3.4	5	4	20	3	15	4	20
	1.3.5	8	2	16	3	24	2	16
	1.3.6	7	3	21	5	35	4	28
	∑	35	113		125		114	
建筑面	1.4.1	5	1	5	5	25	5	25
	1.4.2	3	4	12	2	6	2	6
	1.4.3	1	4	4	4	4	4	4
	1.4.4	2	4	8	4	8	2	4
	1.4.5	3	4	12	1	3	3	9
	1.4.6	1	5	5	3	3	4	4
	∑	15	46		49		52	
合计		100	362		351		340	
方案选择顺序			1		2		3	

（四）层次分析法

层次分析法（AHP）原理在第五章已述。下面主要介绍设施布置方案决策评价中AHP原理的简化应用示例。

【例6-9】现以配送中心为例说明AHP的评价过程。

（1）构建配送中心系统评估因素层次，如表6-40所示。

表6-40 配送中心系统评估因素层次

第一阶层评估因素	第二阶层评估因素	第三阶层评估因素
配送中心系统	经济	土地总面积
		库房建筑面积
		机器设备成本
		人力需求
		能源消耗

续表

第一阶层评估因素	第二阶层评估因素	第三阶层评估因素
配送中心系统	技术	设备维护保养
		设备可靠性
		自动化程度
	作业	储位弹性
		系统作业弹性
		系统扩充性
		人员安全性
		人员素质需求

（2）建立评估因素评分标准，如表 6-41 所示。

表 6-41　评估因素评分标准

评估因素	点数	评估参考
1. 土地总面积	5	3500～4500㎡
	4	4500～5000㎡
	3	5000～5500㎡
	2	5500～6000㎡
	1	6000㎡以上
2. 库房建筑面积	5	2500㎡以下
	4	2500～3000㎡
	3	3000～3500㎡
	2	3500～4000㎡
	1	4000㎡以上
3. 机器设备成本（占每年估计盈余的百分比）	5	5%以下
	4	6%～10%
	3	10%～15%
	2	15%～20%
	1	20%以上
4. 人力需求	5	70 人以下
	4	71～80 人
	3	81～90 人
	2	91～100 人
	1	100 人以上

续表

评估因素	点数	评估参考
5. 能源消耗 （每符合一项减1分）	5	需要特殊动力设备
	4	需要较多的搬运车辆，如叉车等
	3	需要仓库全区域照明
	2	需要较大吨位的空气调节器
	1	需要较多的计算机和控制设备
6. 设备维护保养	5	由操作人员保养
	4	由其他人员保养
	3	由专门人员保养
	2	由其他公司人员保养
	1	由原制作公司保养
7. 设备可靠性	5	发生任何故障都仍可进行配发作业
	4	发生重要系统故障时均可使用其他作业系统代替
	3	发生重要系统故障时可迅速修复
	2	发生重要系统故障时部分情况下可使用其他作业系统代替
	1	发生重要系统故障时必须等待厂商修复
8. 自动化程度 （符合一项得1分）	5	搬运省力化
	4	出入库自动化
	3	拣货自动化
	2	信息处理自动化
	1	系统自动化整合
9. 储位弹性	5	存储空间易于变更调整
	4	储位可依需要弹性调整使用
	3	储位可通过移仓调整使用
	2	储位不易移仓调整使用
	1	储位只限定存放特定物品
10. 系统作业弹性	5	系统易于变更
	4	系统作业原则可以变更
	3	系统作业程序可以变更
	2	系统作业方法可以变更
	1	系统作业不可以变更

续表

评估因素	点数	评估参考
11. 系统扩充性（符合一项得 1 分）	5	系统扩充时不需要改变原有布置形式
	4	系统扩充时不需要改变原有建筑
	3	系统扩充时原有设备仍可用
	2	系统扩充时不需要改变现有作业方式
	1	系统扩充时不需要扩充土地
12. 人员安全性（符合一项得 1 分）	5	仓库构架的稳定性佳
	4	人员与搬运设备、搬运路径间没有频繁的作业往来与交错
	3	物品避免由人员直接自高处搬运以致摔落伤及人员
	2	电器设备避免发生走火或意外事故
	1	信道流通顺畅避免意外灾难逃生困难
13. 人员素质需求	5	所需专业人员 15 人以下
	4	所需专业人员 16~20 人
	3	所需专业人员 21~25 人
	2	所需专业人员 26~30 人
	1	所需专业人员 30 人以上

（3）AHP 评估因素相对权重值计算，依评估因素层次建立的各阶层评估因素权重分配，如表 6-42 所示。

表 6-42　　依评估因素层次建立的各阶层评估因素权重分配

第二阶层评估因素权重（配送中心系统）

评估因素	经济	技术	作业	合计		因素权重 ④=③+②+①	
经济	1	5	3	9	①	0.605	①/④
技术	1/5	1	1/3	1.533	②	0.103	②/④
作业	1/3	3	1	4.333	③	0.291	③/④

第三阶层评估因素权重（经济）

评估因素	土地总面积	库房建筑面积	机器设备成本	人力需求	能源消耗	因素权重
土地总面积	1	2	3	3	5	0.393
库房建筑面积	1/2	1	2	2	4	0.267
机器设备成本	1/3	1/2	1	1	2	0.136
人力需求	1/3	1/2	1	1	2	0.136
能源消耗	1/5	1/4	1/2	1/2	1	0.069

第三阶层评估因素权重（技术）

评估因素	设备维护保养	设备可靠性	自动化程度	因素权重
设备维护保养	1	1/2	3	0.282
设备可靠性	2	1	7	0.626
自动化程度	1/3	1/7	1	0.092

第三阶层评估因素权重（作业）

评估因素	储位弹性	系统作业弹性	系统扩充性	人员安全性	人员素质需求	因素权重
储位弹性	1	1/5	3	1/7	1/2	0.094
系统作业弹性	5	1	5	1/5	3	0.274
系统扩充性	1/3	1/5	1	1/7	1/2	0.042
人员安全性	7	5	7	1	5	0.483
人员素质需求	2	1/3	2	1/5	1	0.107

各评估因素相对权重的综合计算

第二阶层评估因素	第二阶层评估因素权重值①	第三阶层评估因素	第三阶层评估因素权重值②	各评估因素相对权重值①×②
经济	0.605	土地总面积	0.393	0.238
		库房建筑面积	0.267	0.162
		机器设备成本	0.136	0.082
		人力需求	0.136	0.082
		能源消耗	0.069	0.042
技术	0.103	设备维护保养	0.282	0.030
		设备可靠性	0.626	0.064
		自动化程度	0.092	0.009
作业	0.291	储位弹性	0.094	0.027
		系统作业弹性	0.274	0.080
		系统扩充性	0.042	0.012
		人员安全性	0.483	0.141
		人员素质需求	0.107	0.031

（4）对各方案因素评点评分。

评估小组将各方案评估因素评点结果列出，如表 6-43 所示。

表 6-43　　各方案评估因素评点评分

评估因素	方案 A	方案 B	方案 C
土地总面积	5	2	2
库房建筑面积	5	2	2
机器设备成本	1	3	3
人力需求	5	4	2
能源消耗	3	3	2
设备维护保养	1	3	4
设备可靠性	1	4	5
自动化程度	4	3	2
储位弹性	3	3	5
系统作业弹性	2	3	4
系统扩充性	2	2	3
人员安全性	4	3	1
人员素质需求	3	2	2
合计			

（5）计算各方案评点总分及优先次序。

将各方案的评点值与权重值相乘合计后加以汇总比较，并列出方案，比较其优先次序，如表 6-44 所示。

表 6-44　　各方案评点总分

评估因素			方案 A		方案 B		方案 C	
第二阶层评估因素	第三阶层评估因素	各评估因素相对权重值	评点	乘积	评点	乘积	评点	乘积
经济	土地总面积	0.238	5	1.19	2	0.476	2	0.476
	库房建筑面积	0.162	5	0.81	2	0.324	2	0.324
	机器设备成本	0.082	1	0.082	3	0.246	3	0.246
	人力需求	0.082	5	0.41	4	0.328	2	0.164
	能源消耗	0.042	3	0.126	3	0.126	2	0.084
	乘积小计	—	—	2.618	—	1.495	—	1.294

续表

评估因素			方案 A		方案 B		方案 C	
第二阶层评估因素	第三阶层评估因素	各评估因素相对权重值	评点	乘积	评点	乘积	评点	乘积
技术	设备维护保养	0.03	1	0.03	3	0.09	4	0.12
	设备可靠性	0.064	1	0.064	4	0.256	5	0.32
	自动化程度	0.009	4	0.036	3	0.027	2	0.018
	乘积小计	—	—	0.13	—	0.373	—	0.458
作业	储位弹性	0.027	3	0.081	3	0.081	5	0.135
	系统作业弹性	0.08	2	0.16	3	0.24	4	0.32
	系统扩充性	0.012	2	0.024	2	0.024	3	0.036
	人员安全性	0.141	4	0.564	3	0.423	1	0.141
	人员素质需求	0.031	3	0.093	2	0.062	2	0.062
	乘积小计	—	—	0.922	—	0.83	—	0.694
各方案评点总分			—	3.67	—	2.703		2.446
建议方案选择优先级			1		2		3	

本例是 AHP 法的简化应用，也可参照第五章，按 AHP 层次结构分析流程步骤，计算特征值与特征向量并进行一致性检验，利用 Excel 建模求解。

三、成本比较法

成本比较法是以投入成本比较或经济效益分析等量化数据进行分析评估的一种方法，是最实用和最具参考价值的方案评估方法。虽然成本分析结果未必是决策唯一的衡量依据，但大多数的决策评估者都会将其列为一项重要的评估内容。

成本分析比较的方法很多，常用的分析方法及评估指标包括年成本法、现值法、投资收益率法等（有专门的工程技术经济等图书介绍，这里不再赘述）。各方法各具特色，但究竟哪种方法最优，并无一致的看法，须视评估对象的特性决定。

【本章案例】

基于 SLP 模式的管材加工车间的平面布置

某自行车制造公司管材加工车间是该企业自行车生产过程中的一个机加工车间，由于该车间的现有设施布置是建厂初期规划设计的，随着生产量的不断提高，加工设备逐步增加，原有布置已经不能满足新的产量要求，车间内物料倒流、无效装卸次数增加、在制品数量和停留时间增加等现象日趋严重，虽然设备加工能力增加，但生产能力得不到相应的提高，同时还增加了产品质量控制的难度。

为适应产品产量的增加，该企业在管材加工车间生产面积不变的情况下，应用 SLP 对该车间设施布置进行重新设计，改善生产物流，以达到通过提高生产效率从而提高生产能力的目的。

1. 管材加工工艺流程分析

管材加工车间的主要物料是各种钢管，来自原材料仓库，经过切管、铣（冲）弧口、去毛刺等工序，加工成座管、上管、下管、平叉、立叉，再运送至焊接车间焊接成自行车车架（每部车架有座管、上管、下管各 1 根，平叉、立叉各 2 根）。管材加工工艺流程如图 6-27 所示。

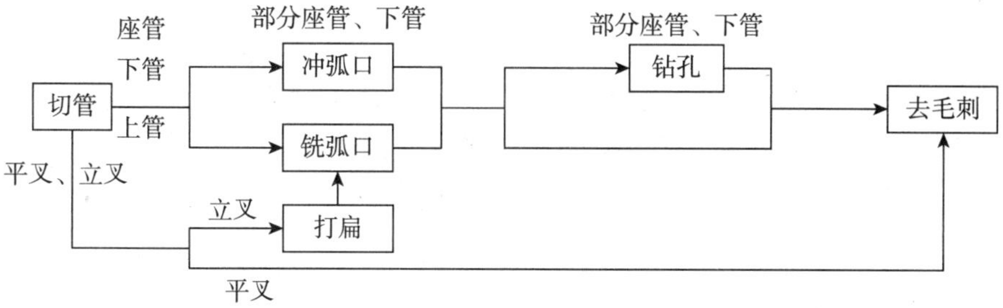

图 6-27　管材加工工艺流程

2. 作业单位相互关系分析

管材加工车间的基本作业单位有钢管暂存、切管、打扁、铣弧口、冲弧口、钻孔、去毛刺、检验、磨铣刀、半成品库、工具房和车间办公室，它们之间有物流关系和非物流关系，根据对原有车间相关资料的分析，影响车间生产效率的主要原因是物流混乱，因此，在确定作业单位相互关系时，重点考虑物流因素的影响。

（1）作业单位相互关系

根据上述原则，画出作业单位相互关系，如图 6-28 所示。

（2）作业单位面积与特殊要求

对各作业单位进行位置安排时，须确定各作业单位的面积，常用的方法有：计算法、标准面积法、概略布置法、转换法等。一般地，先根据设计生产能力和单台设备生产能力，计算出各类设备的数量，再按上述方法确定面积。

本例应用计算法，结合车间已定形状和总的可用面积加以调整，得出各作业单位的面积。与此同时，找出各作业单位中对相对位置、加工环境与条件等有特殊要求的作业单位，如表 6-45 所示。以便在必要时对作业单位相互关系做出局部调整，并最终在设施布置时予以体现。

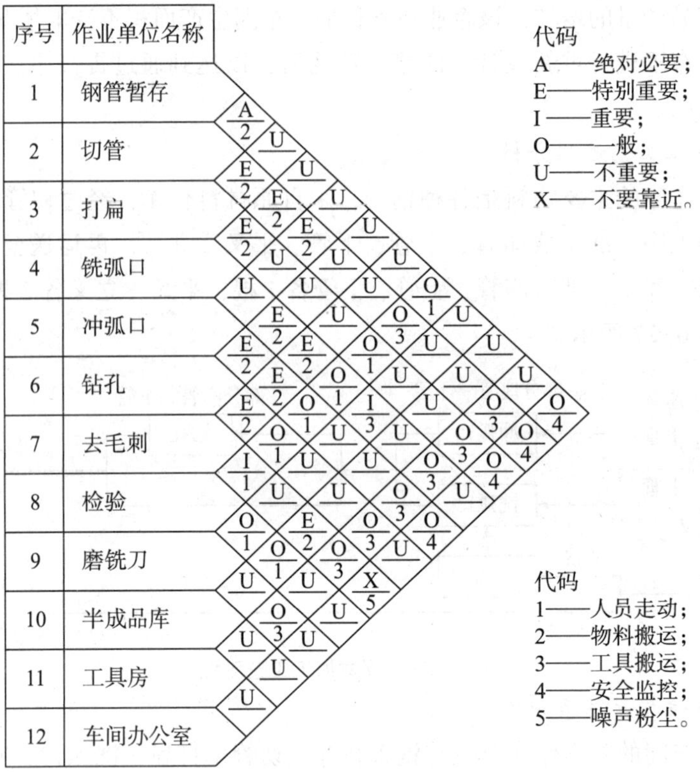

图 6-28　作业单位相互关系

表 6-45　作业单位面积及特殊要求

序号	作业单位	设备（台）	面积（m^2）	特殊要求等级			
				供水排气	压缩空气	特殊通风	直通车间大门
1	钢管暂存		100				A
2	切管	切管机 1； 台车床 2	80		E		
3	打扁	冲床 1（2）	15				
4	铣弧口	铣床 14（17）	150				
5	冲弧口	冲床 3（4）	30				
6	钻孔	钻床 7（8）	70				
7	去毛刺	打磨机 5	50	E		E	
8	检验		25		I		
9	磨铣刀	工具磨床 2	20				
10	半成品库		120				E
11	工具房		60				

续表

序号	作业单位	设备（台）	面积（m^2）	特殊要求等级			
				供水排气	压缩空气	特殊通风	直通车间大门
12	车间办公室		80				
合计			800				

注：特殊要求栏中 A——绝对必要；E——特别重要；I——重要。

（3）作业单位间关系连线图

根据作业单位相互关系和作业单位面积，画出作业单位关系连线图，如图 6-29 所示。该图比较直观地反映了各作业单位之间的关系密切程度，与图 6-28 相同，该图是进行设施初步布置的重要依据。

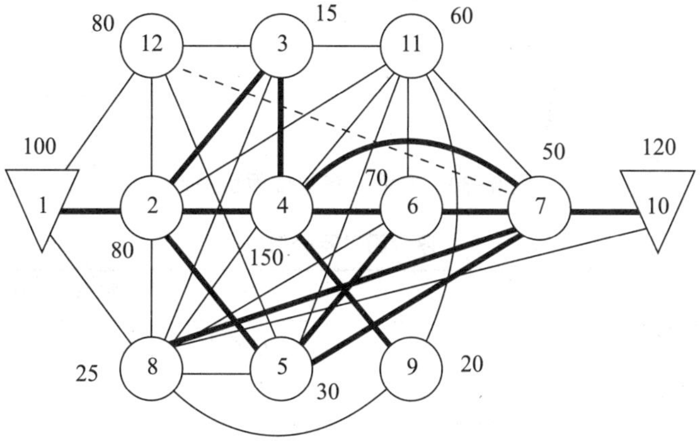

图 6-29　作业单位间关系连线图

3. 初步布置方案

根据作业单位间关系连线图，作业单位面积，特殊要求和车间实际使用面积、形状，以及水电气安装的位置等，设计出不同的设施布局作为初步布置方案。在本步骤中，要特别注意将各工序中物流量大的作业单位靠近，以使物流顺畅，避免产生不合理搬运，同时，要充分考虑相关作业单位的特殊要求。

车间初步布置方案一般以块状区划面积关系图表达，按照以上原则和方法，提出管材加工车间初步布置的三个方案，因篇幅所限，图 6-30 仅表现出方案 A 而略去了方案 B 和方案 C。

4. 对各初步布置方案进行评价

对各初步布置方案进行评价，以得出最优方案。常用的评价方法有：分级加权评分法、因次分析法、费用对比法等。本例应用分级加权评分法对各方案进行评价，该步骤的关键是确定各因素的权重和等级，这里采用领导与专家意见相结合的方法，确定各因素的权重和等级。具体评价因素及分值如表 6-46 所示。

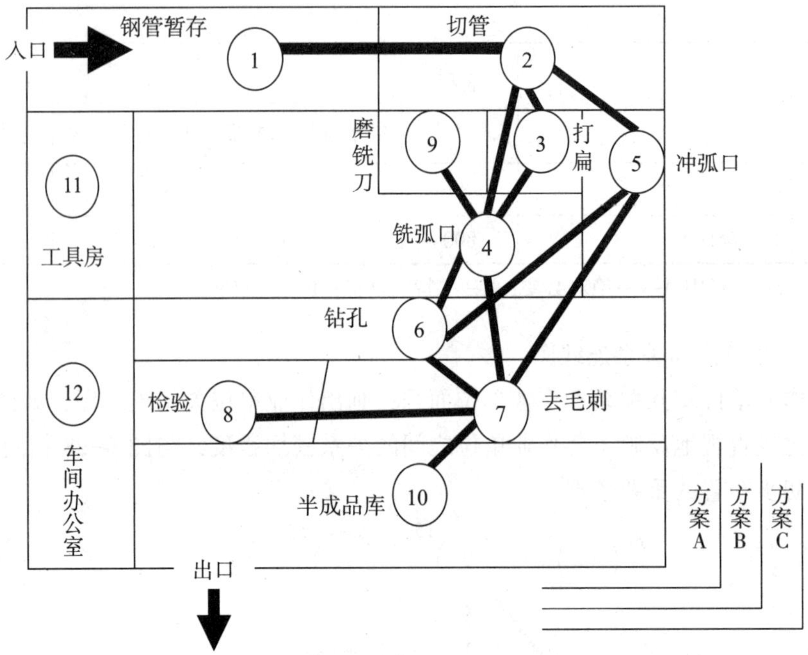

图 6-30　方案 A 各单位面积关系

表 6-46　评价因素及分值

序号	因素	权重	等级/分值		
			方案 A	方案 B	方案 C
1	柔性	5	A/20	E/15	A/20
2	扩张的可能性	2	E/6	E/6	A/8
3	物流合理化程度	10	A/40	E/30	I/20
4	人流合理化程度	3	E/9	A/12	A/12
5	安全性	5	A/20	E/15	E/15
6	作业环境	3	A/12	I/6	E/9
7	利用自然光线	2	O/2	E/6	E/6
8	耗用资金	6	A/24	I/12	E/18
合计			133	102	108

注：A=4；E=3；I=2；O=1。

显而易见，方案 A 得分最高，为 3 个初步布置方案中的最优方案。

5. 对选定方案进行详细布置

对选定的方案 A 进行详细布置，同时，要考虑工件放置区、物流通道、人行通道、水电气安装的位置等。图 6-31 为方案 A 的详细布置方案。

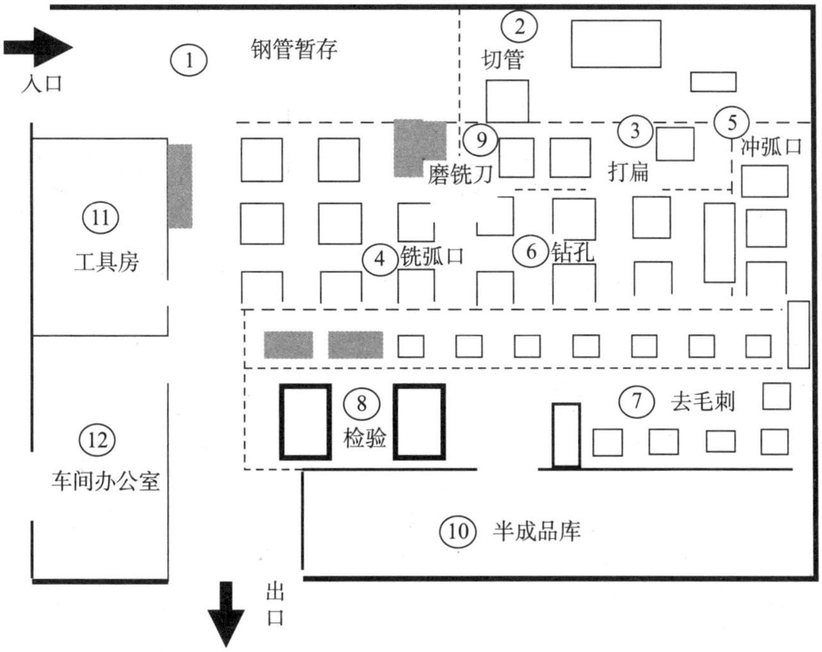

图 6-31　方案 A 的详细布置方案

6. 效果分析

通过对该车间设施重新布置前后的对比分析可知，由于理顺了加工过程中工序间的物流关系，车间内生产物流得到了明显改善，物流效率提高，使得单台加工设备的利用率得到了相应提高，车间整体生产效率也随之提高，同时，作业环境得到改善。具体表现为：设备方面减少了铣床 3 台、冲床 2 台、钻床 1 台，人员方面减少了机床操作工 6 人、搬运工 1 人、仓库管理员 1 人，生产效率提高了 12%，生产能力增加了 100000 部车架管料/年，经济效益显著增加。

【作业思考题】

1. 简述物流设施规划与设计与各经济领域设施规划的相关性。
2. 不同领域物流设施规划与设计的含义有何不同？
3. 物流设施规划与设计包括哪些工作内容？
4. 物流设施规划与设计一般分为哪几个阶段？有哪些程序？
5. 生产工厂内部系统与物流中心内部系统布置规划分析的基本要素有何区别？
6. 简述系统布置规划（SLP）的流程模式。
7. 在设施布局合理性判断中，系统布置规划（SLP）的基本指导思想是什么？
8. 物流设施系统布置有哪些物流分析工具与方法？
9. 简述利用作业单位相互关系进行平面布置的基本步骤。

第七章 物料搬运系统分析与设计

【导 言】

物料搬运（Material Handling）是物流系统的重要组成部分，也是衔接其他物流活动的桥梁与手段，其活性程度和系统合理化对企业的物流效率与效益有至关重要的影响。据统计：在中等批量的生产车间里，零部件在机床上的时间仅占生产时间的5%，而95%的时间消耗在原材料、工具、零部件的搬运、等待上，物料搬运的费用占全部生产费用的30%~40%。因此，设计合理、高效、柔性的物料搬运系统，进行搬运系统分析，对压缩库存资金占用、缩短物流搬运所占时间、优化企业内部物流系统有着十分重要的意义。根据搬运系统分析（System Handling Analysis，SHA）理论，搬运系统分析与设计包括三个方面的内容，一是记录、描绘搬运系统现状，并将其图表化；二是分析搬运系统存在的问题及其原因；三是采用基本程序形成系统设计方案，找到解决搬运问题的方法。本章就物料搬运系统分析与设计的基本要素、基本程序、分析方法及方案设计进行初步介绍。

【学习目标】

通过本章的学习，了解物料搬运系统分析与设计的含义、目的、原则与要求，知晓物料搬运系统分析与设计的基本要素、基本程序，理解物料搬运系统分析与系统布置设计的关系，基于SHA流程模式，重点掌握物料搬运系统各项移动分析方法及图表化方法，物料搬运路径与设备决策方法、初步搬运方案的制定方法。

【教学要点】

- 物料搬运系统分析与设计的含义；
- 物料搬运系统分析与设计的基本要素、设计原则、基本程序；
- 物料搬运系统各项移动分析方法、图表化方法；
- 物料搬运路径与设备决策方法、初步搬运方案的制定方法。

第一节 物料搬运系统分析与设计概述

一、物料搬运系统分析与设计的含义

（一）物料搬运系统

物料搬运是指在同一场所范围内为改变物料的存放状态和空间位置，利用各种器

具、采用各种方法对物料进行水平与垂直移动。说得更完整些，就是对物料、产品、零部件或其他物品进行搬动、运输以改变其位置。往往要完成这些移动、改变物品空间位置，就要有相应的作业人员、移动设备和容器（搬运单元）及移动路径等。物料、作业人员、移动设备与容器（搬运单元）、移动路径的组合就构成了物料搬运系统。

（二）物料搬运系统分析

物料搬运系统分析就是了解搬运系统的合理化程度，减少搬运作业工作强度，消除不必要的搬运活动，提高搬运活动的活性指数，对构成物料搬运系统的物料、作业人员、移动设备与容器（搬运单元）、移动路径及其影响因素进行分析，并将各种移动图表化，为系统设计与优化提供决策依据，以促进设施内部物流活动合理化。因此物料搬运系统分析的基本内容有三项：一是搬运的物料，二是移动的路径，三是搬运的移动设备与容器（搬运单元），这三项内容是所有搬运分析的基础。

（三）物料搬运系统设计

物料搬运系统设计在物料搬运系统分析的基础上，利用物料搬运的相关知识和经验，考虑各种条件和限制，并计算各项需求，形成最佳的物料搬运方案，即搬运作业人员、移动设备与容器、移动路径与设施布置形成最佳的组合，建立一个包括人员、程序和设施布置在内的有效工作体系。

二、物料搬运系统分析与设计的思考法则

物料搬运系统分析的基本内容是物料、移动的路径、移动设备与容器，这三项内容的组合也就构成了搬运方法。因此，物料搬运系统分析与设计就是优化物料搬运方法，并考虑设施布置，形成经济实用的物料搬运系统方案，构筑一个效率化的企业内部物流作业系统。为合理地制定物料搬运系统方案，物流规划设计者必须在进行物料搬运分析与设计之前解决 6 个问题（6W），如图 7-1 所示。

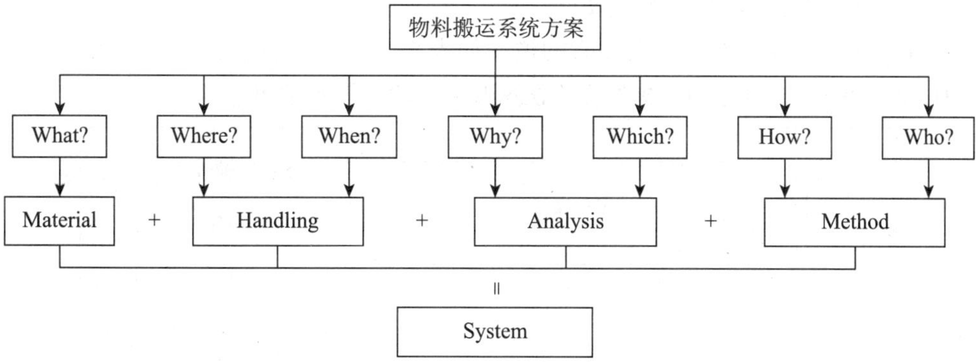

图 7-1　物料搬运系统分析与设计方程式

“What”：要移动的对象是什么？其有何特征？搬运的物料有哪些种类？数量有多少？分析需要什么资料，资料如何取得？系统规划的范围是什么？是否需要机械化/自动化？需要什么设备？是否需要人工控制？有无意外情况？

“Where”：物料搬到哪里？应该存放在哪里？由哪儿提供物料？哪些地方存在搬运

问题？哪些地方应该使用搬运设备？哪些搬运操作可以消除、合并、简化？

“Which”：搬运活动受到哪些因素影响？哪种操作是必要的？哪些问题需要先研究？哪种搬运设备可以考虑选用？哪种物料要及时控制？可以取得哪些方案？每个方案的利弊？哪种方案最佳？用哪种标准评价设计方案？衡量物料搬运的绩效指标有哪些？

“When”：什么时候需要移动物料？什么时候需要自动化？什么时候需要整理物料？什么时候要删减作业？什么时候要扩充系统容量？

“Why”：为什么要搬运？为什么要这样搬运？为什么要按此流程操作？为什么物料要存放在这里？为什么物料搬运要用这种容器、工具、设备？

“How”：物料如何移动？如何分析物料搬运问题？如何取得主要人员的赞同？如何学习更多的物料搬运知识？如何应对意外情况？

“Who”：谁搬运物料？谁参与系统设计？谁审核系统？谁提供系统的设备？谁安装系统？谁评价此系统？

三、物料搬运系统分析与设计的基本要素

物料搬运系统分析与设计是一个十分复杂的问题，分析设计人员要将复杂的问题简单化，首先就必须掌握影响物料搬运系统的各种基本因素，这些基本因素是进行物料搬运系统分析与设计的主要基础数据，我们称为物料搬运系统分析与设计的基本要素，它主要包括：

P：物料（部件、零部件、商品）；

Q：数量（销售量或合同订货量）；

R：路径（操作顺序和加工过程）；

S：后勤服务（如库存管理、订货单管理、维修等）；

T：时间（时间要求和操作次数）。

以上内容如图 7-2 所示。各要素的说明如表 7-1 所示。注意钥匙齿端的三个字母 W，H，Y（Why）。这是为了提醒你确认这些主要输入资料的可靠性。

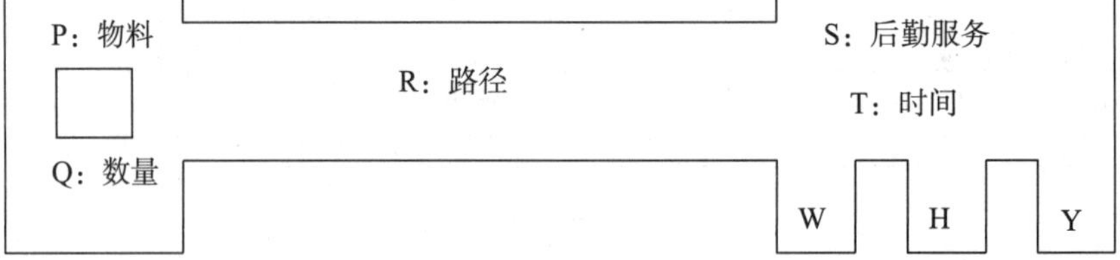

图 7-2　物料搬运系统分析与设计的基本要素

表 7-1　　物料搬运系统分析与设计的基本要素

基本要素	影　响　特　征
P：物料	物料的可运性取决于其特性和所用容器的特性。而且每个工厂都有其经常搬运的物料
Q：数量	数量有两种意义：①单位时间的数量（物流量）；②单独一次的数量（最大载荷）。不管按哪种意义，只要搬运的数量越大，搬运所需的单位费用就越低
R：路径	每次搬运都包括一项固定的终端（取、放点）费用和一项可变的行程费用。注意路径的具体条件，并注意条件变化（室内或室外）及方向变化所引起的费用变化
S：后勤服务	传送过程、维修人员、发货、文书等均属服务性质，搬运系统和搬运设备都依赖于这些服务。工厂布置、建筑物特性和储存设施都属于周围环境，搬运系统及搬运设备都必须在此环境中运行
T：时间	一项重要的时间因素是规律性——物料搬运必须按其执行的规律进行；另一项重要因素是时间的持续长度——这项工作需要持续多长时间；紧迫性和步调的一致性也会影响搬运费用

四、物料搬运系统设计的原则

物料搬运专家根据数十年的经验，总结出了物料搬运的 20 条原则，这 20 条原则是物料搬运系统设计必须遵循的原则，如表 7-2 所示。

表 7-2　　物料搬运系统设计必须遵循的原则

序号	原则	说明
1	规划原则	以获得系统整体最大工作效益为目标，规划所有的物料搬运和物料存储工作
2	系统化原则	尽可能广泛地把各种搬运活动当作一个整体，使之组成相互协调的搬运系统。其范围包括供货厂商，消费用户以及收货、储存、生产、检验、包装、成品储存、发货和运输部门等
3	物流顺畅原则	在确定生产顺序与设备平面布置时，应力求物流系统的最优化
4	精简原则	减少、取消或合并不必要的动作与设备，以简化搬运工作
5	利用重力原则	在可能的条件下，尽量利用重力搬运物料，但应注意防止磕碰
6	利用空间原则	最大可能地充分利用建筑物的整个空间
7	集装单元化原则	尽可能采用标准容器，以利于搬运过程的标准化、集装化
8	机械化原则	合理采用搬运机械设备，提高搬运机械化程度
9	自动化原则	在生产、搬运和储存过程中力求作业自动化
10	最少设备原则	考虑被搬运物料各个方面的特点，选择最少的设备

续表

序号	原则	说明
11	标准化原则	使搬运方法、搬运设备、搬运器具的类型和尺码标准化
12	灵活性原则	在专用设备非必要的情况下，所采用的搬运方法和搬运设备应能适应各种不同的搬运任务和实际应用的要求
13	减轻自重原则	降低移动式设备的自重与载荷的比例
14	充分利用原则	力求使人员与搬运设备得到充分利用
15	维修保养原则	为全部搬运设备制定预防性保养和计划维修制度
16	摒弃落后原则	当出现可提高效率的方法和设备时，合理更新陈旧设备与过时方法
17	控制原则	利用物料搬运工作，改进对生产、库存和接收订单、发货等工作的控制管理
18	生产能力原则	利用搬运设备促使系统达到要求的生产能力
19	作业效能原则	以搬运一件单元货物所耗的成本为指标考核搬运作业的效能
20	安全原则	为保证搬运安全，提供合适的方法和设备

这些原则可以作为对物料搬运系统进行判断的依据。但要注意，有些原则是相互冲突的，需要根据具体情况做出取舍。物料搬运系统设计，旨在提高搬运作业的效率，并使整个物料搬运系统运行费用降低，以构筑一个合理化的企业内部物流作业系统。因此，在物料搬运系统设计时除了上述基本原则，还应遵循搬运活性指数最大化原则、距离缩短化原则和费用低廉化原则。

五、物料搬运系统分析与设计的过程

（一）物料搬运系统分析与设计阶段划分

每个搬运方案的产生与形成都有一定的工作过程，从最初提出目标到具体实施完成，可以分为四个阶段，如图 7-3 所示。

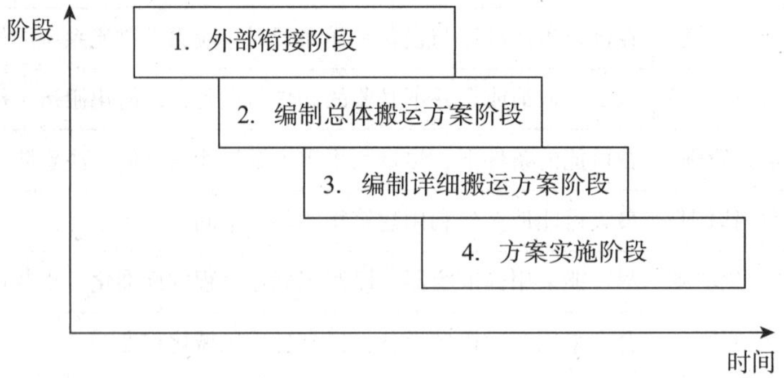

图 7-3　物料搬运系统分析与设计阶段划分

1. 外部衔接阶段

这个阶段要弄清整个区域或所分析区域全部物料的进出搬运活动。在这之前，先要考虑所分析区域以外的物料搬运活动，就是把区域内具体的物料搬运问题同外界情况或外界条件联系起来考虑，这些外界情况有的是我们能控制的，有的是我们不能控制的。例如，对区域的各道路入口、铁路设施要进行必要的修改，以与外部条件协调一致，使工厂或仓库内部的物料搬运同外界的大运输系统结合成为一个整体。

2. 编制总体搬运方案阶段

这个阶段要确定各主要区域之间的物料搬运方法。对物料搬运的基本路线、搬运设备的类型以及运输单元或容器做出总体决策。

3. 编制详细搬运方案阶段

这个阶段要考虑每个主要区域内部各工作地点之间的物料搬运，要确定详细的物料搬运方法。例如，各工作地点之间具体采用哪种路径、设备和运输单元（容器）。如果说，第二阶段是分析工厂内部各车间或各厂房之间的物料搬运问题，那么第三阶段就是分析从一个工位到另一个工位或者从一台设备到另一台设备的物料搬运问题。

4. 方案实施阶段

任何方案都要在实施之后才算完成。这个阶段要进行必要的准备工作：订购设备、完成人员培训、制订并实现具体搬运设施的安装计划。然后，对所规划的搬运方法进行调试，验证操作规程，并对安装完毕的设施进行验收，确定它们能正常运转。

上述四个阶段是按时间顺序依次进行的。但是为取得最好的效果，各阶段在时间上应有重叠。总体方案和详细方案的编制是物流搬运系统分析与设计人员的主要任务。

（二）物料搬运系统分析（SHA）的基本程序

物料搬运系统分析（SHA）的基本程序，如图 7-4 所示。

1. 物料的分类

在制定搬运方案过程中，首要的工作就是分析物料（产品或零部件），也就是物料的分类，即按物料的物理性能、数量、时间要求或特殊控制要求进行分类。

2. 系统布置设计

在对搬运活动进行分析或图表化之前，先要有一个布置方案，一切搬运方案都是在这个布置方案内进行的。

3. 各项移动的分析

各项移动的分析主要是确定每种物料在每条路径（起点到终点）上的物流量和移动特点。

4. 各项移动的图表化

各项移动的图表化就是把分析结果转化为直观的图形，通常用物流图或距离与物流量指示图体现。

5. 物料搬运方法的理解

在确定搬运方法前，需要掌握与物料搬运方法有关的知识，运用相关知识选择各种搬运方法。

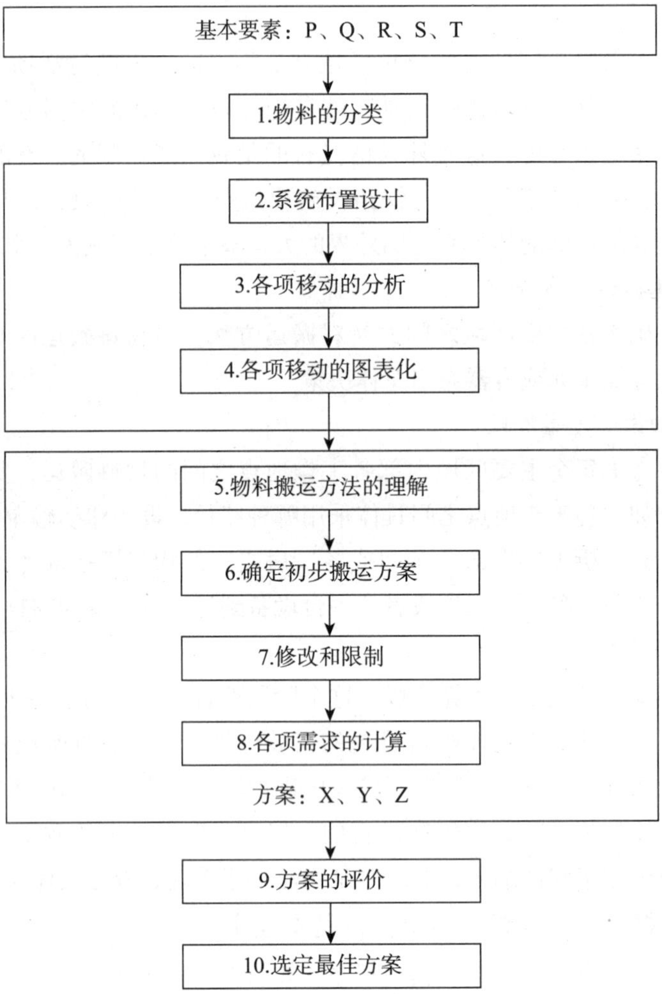

图 7-4　物料搬运系统分析（SHA）的基本程序

6. 确定初步搬运方案

在这一步，要提出关于路径、设备和运输单元（容器）的初步搬运方案，也就是把收集的全部资料和数据进行汇总，从而确定具体的搬运方法。往往要提出几个合理、可行的初步方案。

7. 修改和限制

在考虑一切有关的修正因素和限制因素后，对初步方案做进一步调整。在这一步，要修正和调整每个方案，把可能性变为现实性。

8. 各项需求的计算

对初步方案进行调整或修正是为了消除所有不能实现的设想。但是在选择最佳方案前，还要计算出所需设备的台数或运输单元的数量以及所需费用和操作次数。

9. 方案的评价

对几个比较方案进行评价。评价的目的是从几个方案中选出一个最优的方案。不过，在评价过程中，往往会把两个或多个方案结合起来形成一个新的方案。

10. 选定最佳方案

经过评价，从中选出一个最佳方案。

需要说明的是，物料搬运系统分析的流程对于总体搬运方案和详细搬运方案都适用。也就是说，虽然两个阶段的工作深度不同，但分析的步骤却是一样的。

六、物料搬运系统分析的图例符号

在进行物料搬运系统分析与设计时，往往要用到一些图例符号，表示搬运活动。图例符号包括各种图形、字符、线条和数字等。用这些图例符号可以标识物流的起点和终点，实现各种搬运活动的图表化等。

七、物料搬运系统分析（SHA）与系统布置设计（SLP）的关系

（一）SHA 和 SLP 的关系

1. 二者具有共同的目标，其出发点都是力求物流合理化

SLP 的重点在于空间的合理规划，使物流路线最短，位置合理，尽可能减少物流路线的交叉、迂回、往复现象。SHA 的重点在于搬运方法和手段的合理化，即根据所搬运物料的物理特征、数量、搬运距离和速度、频度等，确定合理的搬运方法，选定合适的搬运设备，使搬运系统的综合指标达到最优。

2. SLP 和 SHA 具有相互制约、相辅相成的关系

良好的系统布置和合理的物料搬运系统相结合才能保证物流合理化的实现。

在进行系统布置设计时，必须同时考虑物料搬运系统的要求，若采用输送带作为主要物料搬运设备，则各种设施应该按输送带的走向呈直线分布；若采用叉车，则应考虑有适当的通道和作业空间。如果对物料搬运系统中的临时储存场所、中间库、成品包装作业场地等没有合理的布置，则投产后可能造成生产系统物料拥挤、混乱的现象。

总之，系统布置设计是物料搬运系统分析的前提，只有完善了系统布置设计，物料搬运系统才能合理。所以说，系统布置设计和物料搬运系统分析是一对伙伴。

（二）SLP+SHA 的方法

一般 SLP 根据产品的工艺设计进行，即根据产品加工工艺流程和加工设备规格，进行布置设计。而 SHA 则以布置设计为前提，选择适当的搬运设备，确定搬运工艺。由于二者之间的相辅相成关系，这两个步骤不应孤立地进行，且必须注意以下两点。

1. 进行 SLP 时，尽可能考虑到 SHA 的需要

SLP 的主要依据虽然是产品加工工艺流程和加工设备的规格，但是，对尚未进行设计的物料搬运系统仍应有相应的估计。例如：①采用连续输送还是单元输送；②采用传送带、叉车或是其他起重运输机械；③作为物流缓冲环节的临时储存场所和中间库的数量、规模；④原料以及产品包装的存放场所；⑤切屑、废料的排除方法等。要全面考虑这些因素，尽可能为 SHA 创造良好的条件。

2. SLP 和 SHA 交叉进行、互相补足

SLP 是 SHA 的前提，一般情况下 SLP 先于 SHA 设计，可以根据加工设备的规格和经验数据为物料搬运系统留出必要的空间。但是，由于搬运设备尚未选定，也存在一定的盲目性。当 SHA 完成后，可以对 SLP 的结果进行修正，相互补足，使这两部分工作能得到较为完善的结合，实现比较理想的物流合理化。

第二节　物料搬运系统设计的基本程序分析

一、物料的分类

在分析、设计物料搬运系统时，影响较大的因素通常是要搬运的物料。对任何物料的搬运，都要先解决搬运什么的问题？如果需要搬运的物料只有一种，也就是单一物料或单一产品，那么我们唯一要做的就是了解这种物料的特性，对同一类的物料采用同一种方式进行搬运。如果有多种物料，则必须按“物料类别”对它们进行分类，归并为几种物料类别。

物料分类的基本原则是按物料特征进行分类，但在实际分类时，还要考虑物料可运性（移动的难易程度）等各种影响因素，才能确定能否采用同一种搬运方法。

影响物料搬运的主要特征因素有物理特征因素、数量特征因素、时间特征因素和管理特征因素。①物理特征因素主要包括物料形状、体积、运输单元重量、密度、化学性能、表现状态等。②数量特征因素主要是物料搬运量的大小。③时间特征因素主要表现为经常性、紧迫性、季节性。一般，急件的搬运成本高，而且要考虑采用不同于普通件的搬运方法，季节的变化也会影响搬运物料所属的类别。④管理特征因素主要指政府法规、工厂标准、操作规程对搬运的要求。管理特征因素往往对物料分类有决定性作用。如麻醉剂、弹药、贵重毛皮、饮料酒类、珠宝首饰等都会受政府法规、市政条例、公司规章或工厂标准的制约。物料搬运的主要特征因素的分类如表 7-3 所示。

表 7-3　物料搬运的主要特征因素的分类

物品名称	最小单元	单元物料的物理特征							其他特征			类别
		尺寸			重量	形状	损伤的可能性（对物料、人、设备）	状态（湿度、稳定性、刚度）	数量	时间	管理	
		长	宽	高								

工作人员在物料搬运的主要特征因素的分类表中记录其物理特征和其他特征，并分析每种物料或每类物料的特征，确定哪些特征是主导的或特别重要的，在起决定性

作用的特征下面画红色线（或黑实线），在对物料分类有特别重大影响的特征下面画橘黄色线（或黑虚线）。一般把那些具有相似的主导特征或特殊影响特征的物料归并为一类，同时应注明分类依据。应注意的是，在搬运过程中起主导作用的往往是装物料的容器。因此，我们要按物料的实际最小集装单元（瓶、罐、盒等）分类，或者按最便于搬运的运输单元（瓶子装在纸箱内，衣服包扎成捆，板料放置成沓等）进行分类。在大多数物料搬运问题中都可以把物料归纳为 8~10 类，一般应避免超过 15 类。

二、系统布置设计

对物料进行鉴别并分类后，下一步就是分析物料的移动。在分析之前，应该先对系统布置进行分析。系统布置决定了起点与终点之间的距离，这个移动的距离是选择搬运方法的主要参考因素。

（一）系统布置对搬运的影响

当我们根据现有的系统布置模式制定搬运方案时，距离是已经确定的。然而，只要能达到充分节省费用的目的，我们就可能改变系统布置模式。所以，我们往往要同时对搬运系统和设施系统布置进行分析。当然，如果项目本身要求考虑新的系统布置，并作为改进搬运方法的规划工作的一部分，那么规划人员就必须把两者结合起来考虑。

（二）对系统布置进行分析

在对物料搬运系统进行分析时，我们需要从系统布置中了解相关信息，这些信息大致包括四个方面：一是每项移动的起点和终点（提取和放下的地点）具体在哪里。二是有哪些路线及这些路线上有哪些物料搬运方式，搬运方案是在规划之前就已经确定了吗？还是只做出了初步的规划？三是物料运进、运出和穿过各作业区涉及的建筑特点是什么（包括地面负荷、厂房高度、柱子间距、屋架支承强度、室内还是室外、有无采暖、有无灰尘等）。四是物料运进、运出的各作业区进行的是什么工作，作业区内已有的（或大体规划的）布置是怎样的。

当进行某个区域的搬运分析时，应该先准备好这个区域的布置草图或规划图，这是非常必要的。如果是分析一个厂区内若干建筑物之间的搬运活动，那就应该取得厂区布置图。如果是分析一个加工车间或装配车间内两台机器之间的搬运活动，那就应该取得这两台机器所在区域的布置详图。总之，我们最终确定的搬运方案必须是建立在物料搬运作业与具体系统布置相结合的基础上的。

三、各项移动的分析

（一）各项移动的分析资料

在分析各项移动时，需要掌握的资料包括物料（物料类别）、路线（起点和终点，或搬运路径）和物流（搬运活动）。

1. 物料

在分析各项移动之前，首先需要对搬运物料的类别进行分析。

2. 路线

用标注起点（取货地点）和终点（卸货地点）的方法标明每条路线。起点和终点是用符号、字母或数字标注的，也就是用一种“符号语言”简单明了地描述每条路线。路线分析主要分析路线的距离及其状况。路线的距离是每条路线的长度，即从起点到终点的距离，距离的常用单位是米。距离往往是指两点间的直线距离。除移动距离外，还要了解路线的具体情况，如衔接程度和直线程度、拥挤程度和路面情况、气候与环境、取货和卸货地点的数量及分布、起点和终点的具体布置、起点和终点的组织管理情况等。

3. 物流

这里的物流主要是指物料搬运的物流量。物流量是指在一定时间内，在一条具体路线上移动（被移动）的物料的数量。物流量一般以每小时多少吨或每天多少吨表示。但有时物流量的这些典型计量单位并没有真正的可比性。例如，一种空心的大件货物，如果只用重量表示，并不能真正说明它的可运性，而且无法与重量相同但质地密实的物料比较。在碰到这类问题时，应该采用物流当量“玛格数”来计量。除物流量外，我们通常还需要了解物流的条件。物流的条件包括：①数量条件，如物料的组成、每次搬运的件数、批量大小、少量多批还是大量少批、搬运的频繁性（连续的、间歇的还是不经常的）、每个时期的数量（季节性）及以上这些情况的规律性。②管理条件，主要指针对搬运活动的规章制度或方针政策及其稳定性。如为了控制质量，要求把不同炉次的金属分开；另外，搬运活动是否与有关人员、有关事项及其他物料协调一致。③时间条件，即对搬运快慢、缓急程度的要求，作业时间是否稳定有规律等。

（二）各项移动的分析方法

1. 流程分析法

流程分析法是每次只观察一类物料（产品），并跟随其沿整个生产过程收集资料，必要时要从原料库跟随到成品库。在这里，我们需要对每种或每类物料（产品）都进行一次分析。表 7-4 为物料流程表。

表 7-4　　物料流程表

序号	作业工序（说明）	数量（箱）	距离（米）	时间（分）	符号					备注
					○	⇨	D	□	▽	
1	从货车卸下，置于斜板上		1.2		●	⇨	D	□	▽	2 人
2	在斜板上滑下到储藏处		5	10	○	➡	D	□	▽	2 人
3	码垛				●	⇨	D	□	▽	2 人
4	等待启封			30	○	⇨	◗	□	▽	—
5	卸货垛				●	⇨	D	□	▽	2 人

续表

序号	作业工序（说明）	数量（箱）	距离（米）	时间（分）	符号					备注
					○	⇨	D	□	∇	
6	置于手推车		1		●	⇨	D	□	∇	2人
7	推向收货台		9	5	○	➡	D	□	∇	2人

2. *起讫点分析法*

起讫点分析法又细分为两种方法：一种是搬运路线分析法，另一种是区域进出分析法。

（1）搬运路线分析法

搬运路线分析法是通过观察每项移动的起讫点收集资料，编制搬运路线一览表，每次分析一条路线，收集在这条路线上移动的物料（产品）的相关资料，每条路线要编制一个搬运路线一览表，如表 7-5 所示。

表 7-5　　搬运路线一览表样例

物料类别		路线状况			物流或搬运活动		等级依据
名称	类别代号	起点	路程	终点	物流量（单位时间搬运物料数量）	物流要求（数量、时间和管理要求）	

（2）区域进出分析法

区域进出分析法是每次对一个区域进行观察，收集运进运出这个区域的所有物料的相关资料，每个区域要编制一个物料进出表，如表 7-6 所示。

表 7-6　　物料进出表样例

⇨运进					区域	运出⇨				
物料品种或类别	单位时间搬运数量			来自		物料品种或类别	单位时间搬运数量			去往
	单位	平均值	最大值				单位	平均值	最大值	

（三）搬运活动一览表

为了把收集的资料进行汇总，达到全面了解情况的目的，编制搬运活动一览表，这是一种实用的方法，如表 7-7 所示。

表 7-7　　　　搬运活动一览表样例

路线 □单向运输 □双向运输 路线编号	起	止	距离（m）	具体情况	物料类别 空桶（a） 物流量（t/天）/物流条件	空桶（a） 物流等级/运输工作量（t·m/天）	实桶（b） 物流量（t/天）/物流条件	实桶（b） 物流等级/运输工作量（t·m/天）	袋（c） 物流量（t/天）/物流条件	袋（c） 物流等级/运输工作量（t·m/天）	其他物品（d） 物流量（t/天）/物流条件	其他物品（d） 物流等级/运输工作量（t·m/天）	每条路线合计 物流量（t/天）	每条路线合计 运输工作量（t·m/天）	相对重要性等级
1	铁路车辆	空桶库	76	Ⅰ	2.7	O							2.7	2	O
					a，b	2									
2	铁路站台	原料库	91	Ⅱ			4.5	O	78	A	19	I	101.5	92.7	A
							b	4.3	b	71	b	17.4			
3	成品库	铁路站台	91	Ⅱ			24.8	I	30	E			54.8	49.9	E
							b	22.5	b	27.4					
……															
每类物料合计	物流量				13.8		136.6		216		38		404.4		
	运输工作量					22.4		172.9		485.4		98.8		779.5	
	相对重要性等级				O		E		A		I				

在表 7-7 中，需要对每条路线、每类物料和每项移动的相对重要性进行标定。一般用五个英文元音字母划分等级，即 A、E、I、O、U。

简要地说，搬运活动一览表包含下列资料：①所有路线状况，包括每条路线的方向、距离和具体情况；②所有物料的类别状况，如固体、液体、气体等；③各项移动情况，即每类物料在每条路线上的移动情况，包括起点终点、流转速度（每小时若干 t，每天若干件等）、搬运方式（编号说明）、各项搬运活动相对重要性等级（用元音字母或颜色标定，或两者都用）；④每条路线物流强度状况，包括总的物流量及每类物料的物流量、总的运输工作量及每类物料的运输工作量、每条路线的相对重要性等级（用元音字母或颜色标定，或两者都用）。

四、各项移动的图表化

做了各项移动的分析，并取得了具体的区域布置图后，就要把这两部分综合起来，用图表表示实际作业情况。一张清晰的图表比文字说明更容易表达清楚。

物流图表化有以下两种不同的方法。

（一）在布置图上绘制的物流图

在布置图上绘制的物流图是画在实际的布置图上的，图上标出了准确的位置，所以能标明每条路线的距离、物流量和物流方向，可以作为选择搬运方法的依据。如图 7-5 所示。

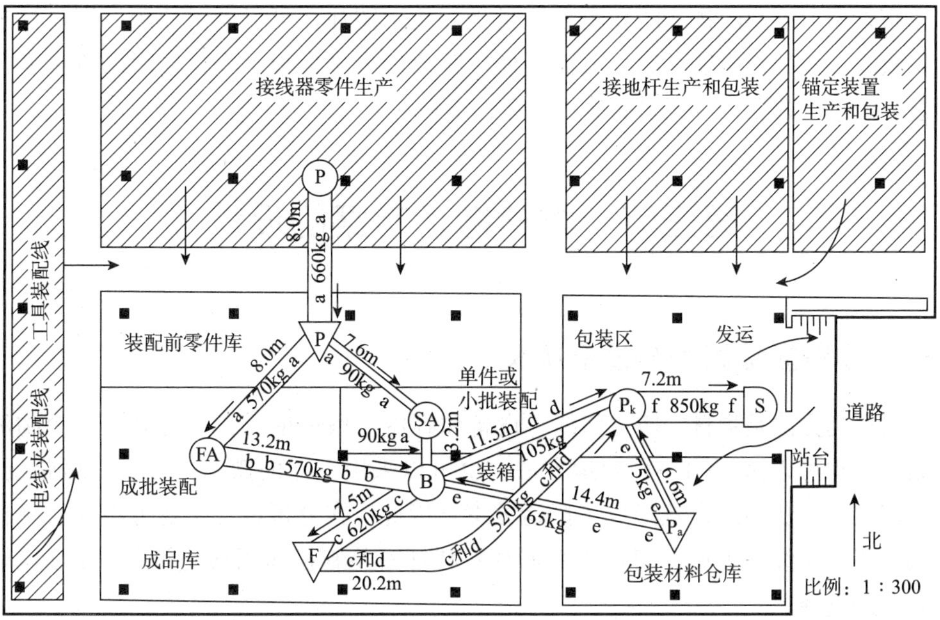

图 7-5　在布置图上绘制的物流图样例

虽然流向线可按物料移动的实际路线来画，但一般仍画成直线。除非有特别的说明，距离总是按水平上的直线距离计算。当采用直角距离、垂直距离（如楼层之间）或合成的当量距离时，分析人员应该有文字说明。

（二）距离流量坐标指示图

距离流量坐标指示图就是距离与物流量的指示图。图上的横纵坐标（X，Y）表示搬运地点的位置，箭线表示搬运路径与方向。每项搬运活动按其距离和物流量用具体的数字标在坐标图搬运路线上。

制图时，可以绘制单独的搬运活动（每条路线上的每类物料），也可以绘制每条路线上所有物料总的搬运活动，或者把两者画在同一张图上，如图 7-6 所示。

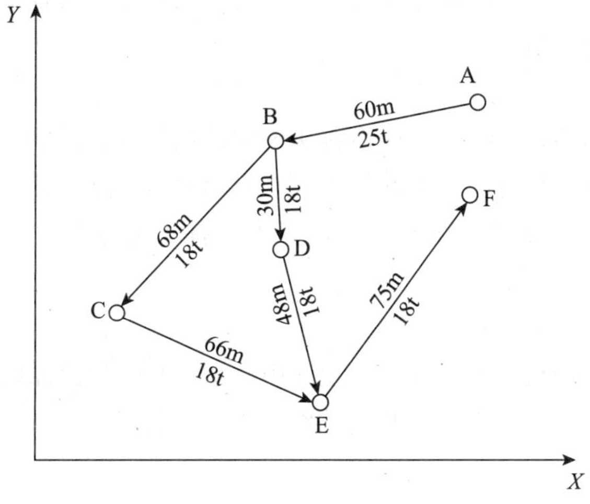

图 7-6　距离流量坐标指示图样例

在布置图上绘制的物流图和距离流量坐标指示图往往可以同时使用。当设计项目的面积较大，各种费用较高时，就需要使用距离流量坐标指示图，但距离流量坐标指示图会因图上的数据符号太多而显得零乱，不易看清。

第三节　物料搬运方案的设计

一、物料搬运路线与设备决策

物料搬运方法是物料、搬运路线、设备和容器（搬运单元）的总和。一个物流设施的搬运活动可以采用同一种搬运方法，也可以采用不同的搬运方法。一般情况下，几种不同搬运方法的组合就形成了搬运方案。因此，在分析设计搬运方案时，不仅要了解物料搬运路线的类型，而且要根据物料特征对物料搬运路线与设备（搬运单元）做出合理的选择。

（一）物料搬运路线的类型

物料搬运路线一般分为以下几种类别。

1. 直接型

各种物料能直接从起点移动到终点的称为直接型物料搬运路线系统，如图 7-7（a）所示。对于直接型物料搬运路线系统来说，各种物料从起点到终点经过的路线最短。当物流量大、距离短或距离中等时，一般采用这种方式是最经济的，尤其是物料有一定的特殊性而时间又较紧迫时，选择该方式更为有利。

2. 渠道型

物料在预定的路线上移动，来自不同起点的物料沿着同一条路线一起运到同一个终点的称为渠道型物料搬运路线系统，如图 7-7（b）所示。当物流量为中等或少量，而距离为中等或较长时，采用这种方式是经济的，尤其是当布置是不规则的分散布置时，选择该方式更为有利。

3. 中心型

中心型物料搬运路线系统是各种物料从不同的起点先移动到一个中心，然后在中心处分拣或分发，再运往终点，如图 7-7（c）所示。当物流量小而距离中等或较远时，选择这种方式是非常经济的，尤其是当厂区外形基本为方形且管理水平较高时更为有利。

4. 环型

环型物料搬运路线系统类似于渠道型和中心型，只是搬运路线是一个环线，如图 7-7（d）所示。例如，在环型物料搬运路线系统中，物料可以从 B 直接回到 A。不需要经过 D、C 返回 A。

（二）物料搬运路线的选择

一般可根据距离流量坐标指示图选择其路线类型，如图 7-8（a）所示。

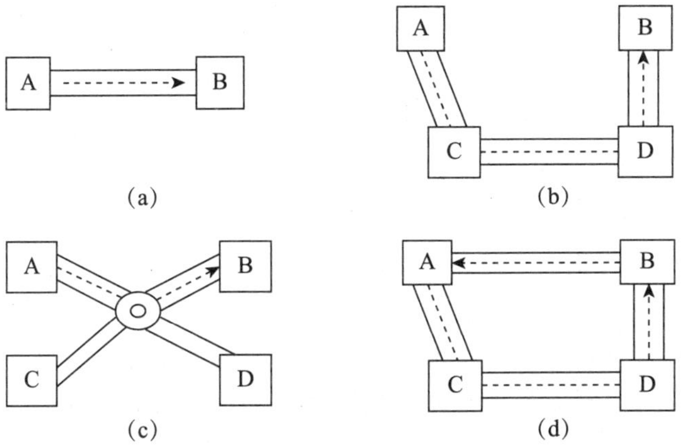

图 7-7 物料搬运路线的类型

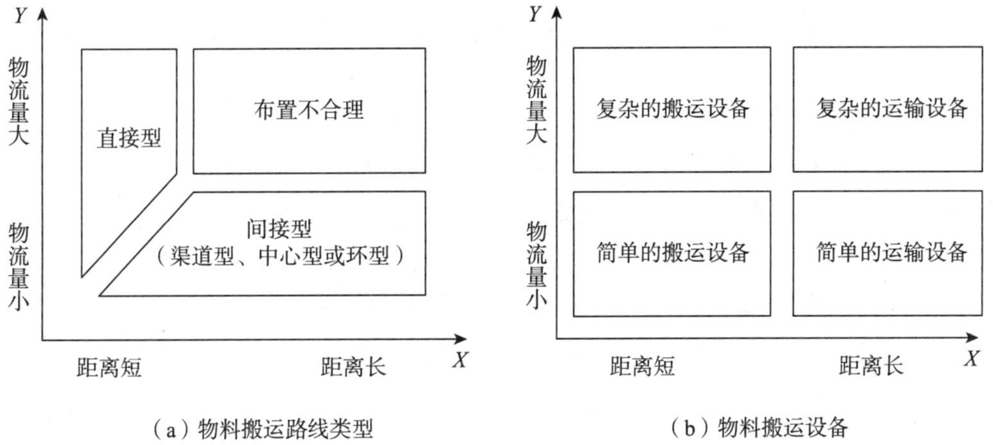

图 7-8 距离流量指示图

由图 7-8（a）可以看出：直接型用于距离短而物流量大的情况；间接型用于距离长而物流量小的情况。根据物料搬运的观点，若物流量大而距离又长，则说明这样的布置不合理。如果有许多点标在这样的区域里，那么主要问题是改善布置而不是搬运问题。当然，工序和搬运是有联系的。如铸件冷却时，冷却作业和搬运是结合在一起的，这时若出现长距离移动的大流量物料也是合理的。

（三）物料搬运设备的选择

1. 物料搬运设备的选择原则

根据费用对物料搬运设备进行分类，具体来说，就是把物料搬运设备分成四类，如图 7-8（b）所示。

（1）简单的搬运设备：设备价格便宜，但可变费用（直接运转费）高。设备能迅速、方便地取放物料，不适宜长距离运输，适用于距离短、物流量小的情形。

（2）复杂的搬运设备：设备价格高，但可变费用（直接运转费）低。设备能迅速、方便地取放物料，不适宜长距离运输，适用于距离短和物流量大的情形。

（3）简单的运输设备：设备价格便宜而可变费用（直接运转费）高。设备是按长距离运输设计的，但装卸不方便，适用于距离长和物流量小的情形。

(4) 复杂的运输设备：设备价格高而可变费用（直接运转费）低。设备是按长距离运输设计的，但装卸不方便，适用于距离长和物流量大的情形。

可根据图 7-8（b），对搬运设备进行决策：距离短、物流量小的采用简单的搬运设备；距离长、物流量小的选择简单的运输设备；距离短、物流量大的选择复杂的搬运设备；距离长、物流量大的选择复杂的运输设备。

2. 选择物料搬运设备时应考虑的因素

(1) 技术因素

选择物料搬运设备应考虑的技术因素包括设备的技术性能、设备的可靠性、工作环境的配合和适应性、可操作性和使用的方便性、与物料的适配程度、物料的运动方式等。

(2) 经济因素

选择物料搬运设备应考虑的经济因素包括设备投资回收期、性能价格比、运行使用费用、能耗等。

（四）运输单元的选择

运输单元是指物料搬运时的状态，即搬运物料的单位。搬运物料时一般有三种可供选择的运输单元：散装、单件和托盘或容器。

1. 散装搬运

一般来说，散装搬运是最简单和最便宜的移动物料的方法，当然，物料在散装搬运过程中必须不被破坏、不受损失或不对周围环境产生任何危险。散装搬运通常要求物料数量很大。

2. 单件搬运

单件搬运常用于尺寸大、外形复杂，容易损坏和易于抓取或用架子支起的物料。相当多的物料搬运设备是为这种情形设计的。由于使用各种容器要增加装、捆、扎、垛等作业，会增加投资，把用过的容器回收到发运地点，也要增加额外的搬运工作。而单件货物的搬运就比较容易。许多工厂选用了便于单件搬运的设备，因为物料能够以其原样进行搬运。当采用流水线生产时，大量的小件货物也采取单件搬运的方式。

3. 托盘或容器搬运

除上面所说的散装搬运和单件搬运外，大部分的搬运活动要使用托盘或容器。单件物品可以合并、聚集或分批地用桶、纸盒、箱子等组成运输单元。这些新的单元（托盘或容器）变得更大、更重，常常要使用一些能力大的搬运方法。但是单元化运件可以保护物料并减少搬运费用。

标准化的集装单元，其尺寸、外形和设计都一致，这就能节省在每个搬运终端（起点和终点）的费用。而且标准化还能简化物料分类，从而减少搬运设备的数量及种类。

二、初步的搬运方案制定

在对物料进行了分类，对布置方案中的各项搬运活动进行了分析和图表化，并对搬运方法具有了一定的了解之后，就可以初步确定具体的搬运方案。

初步的搬运方案制定，就是将物料搬运方法做“系统化方案汇总”，即将确定的搬运路线系统、搬运设备及运输单元的组合用图例符号或工作表表达出来。

（一）用图例符号绘制搬运方案

在 SHA 中，除各个区域、物料和物流量的符号外，还有一些字母或符号用于表示搬运路线系统、搬运设备和运输单元。例如：D 代表直接型物料搬运路线系统；K 代表渠道型物料搬运路线系统；G 代表中心型物料搬运路线系统，另外还可以用一些符号或图形表示搬运设备和运输单元。值得注意的是，这些图形都要求形象化，能不言自明。它们很像实际设备，并且通用部件是标准化的。但图形只表示设备的总类型，必要时可以加注其他字母或数字说明。利用这些搬运设备和运输单元的符号，连同代表搬运路线系统的字母，就可以用简明的“符号语言”表达每种搬运方案。

（二）在普通工作表格上编制搬运方案

填写工作表格也是编制搬运方案的方法，即在表上列出每条路线上每种（或每类）物料的搬运路线系统、搬运设备和运输单元。如果物料品种是单一的或只有很少的几种，而且在各条路线上是顺次流通而无折返的，那么这种表格就很实用。如表 7-8 所示。

表 7-8　在普通工作表格上编制搬运方案

路线		物料类别		建议方法			备注
从	至	集装单位	符号	搬运路线系统	搬运设备	运输单元	
进厂	原材料库	桶	a	直接型	叉车	托盘	建议重建卸货站台
进厂	原材料库	袋	b	直接型	叉车	托盘	
进厂	原材料库	贵重物料	d	直接型	人工	纸箱	
原材料库	造粒车间	袋	b	直接型	叉车	托盘	由主管人搬运
原材料库	造粒车间	贵重物料	d	直接型	人工	盒	
原材料库	造粒车间	桶	a	直接型	叉车	托盘	
造粒车间	片剂车间	桶	a	渠道型	手推车	桶	
造粒车间	药水车间	桶	a	渠道型	手推车	桶	
装瓶装箱	成品库	纸箱	c	直接型	叉车	托盘	堆放在货架上
成品库	发运	纸箱	c	直接型	叉车	托盘	

（三）在流程图上编制搬运方案

直接在以前编制的流程图（或其复制件）上标注建议采用的搬运方案，也是搬运方案编制的另一种简便方法。这种做法看起来更易理解。

（四）在汇总表上表示搬运方案

编制汇总表同编制搬运活动一览表一样，适用于路线和物料类别较多的情形。采用前面规定的符号，把每项移动（一种物料在一条路线上的移动）建议的搬运路线系统、搬运设备和运输单元填写在汇总表相应的位置。汇总表上还有一些空格，供填写其他资料数据之用，如其他的搬运方案、时间和设备利用情况等。

从一张汇总表，既可以全面了解所有物料的搬运情况，也可以汇总各种搬运方案，记录修改布置的建议。表7-9为搬运系统方案汇总。

表7-9　　搬运系统方案汇总

物料类别	类别号____				类别号____				类别号____				类别号____			
路线	说明____				说明____				说明____				说明____			
□从—至 □双向	Q		E	T	Q		E	T	Q		E	T	Q		E	T
	代用	S			代用	S			代用	S			代用	S		
1																
	□				□				□				□			
2																
	□				□				□				□			
…																
	□				□				□				□			
搬运方案的代用方案																
	a				b				c				d			

填表说明：□栏表示第二代用方案；Q栏表示物流量；S栏表示搬运路线系统形式；E栏填写搬运设备；T栏填写运输单元

三、方案修改和限制

有了几个初步方案后，就应按照严谨的物料搬运观点看这些方案是否切实可行。因此必须考虑实际的限制条件并进行一些修改。

物料搬运是企业必不可少的一项常规物流作业，但在加工、装配（或拆卸）、储存、检验和包装等生产作业过程中它只是其中的一部分，并且处于附属地位。但搬运活动仍是整个企业物流设施规划和生产经营活动中不可缺少的有机组成部分，因此有许多因素会影响搬运方案的选择，必须根据企业的一些影响与限制条件对各物料搬运方案进行修正。搬运方案经常涉及的一些修改和限制内容有：已确定的同外部衔接的搬运方法；企业远期的发展变化；要求与生产流程及设备保持一致；现有公用设施和辅助设施的利用；系统布置的面积、场地空间的限制条件（外廓形状）；建筑物及其结构的特征；库存制度以及存放物料的方法和设备；投资的限制；设计进度和允许的期限；原有搬运设备和容器的数量、适用程度及其价值；工人安全等。

四、说明并测算可行方案的各项需求

对几个初步搬运方案进行修改后，就开始逐一说明和计算那些被认为最有现实意义的方案。

对每个方案要做的说明有：每条路线上每种物料的搬运方法；其他必要的变动，如作业计划、生产流程、建筑物、道路等。

测算可行方案的各项需求，主要是计算方案搬运设备和人员的需求，计算投资和预期的经营费用等。

五、方案的评价

从几个合理可行的方案中选择最佳的方案。方案评价的方法有费用比较或财务比较法、优缺点比较法、因素加权分析法等。

六、详细搬运方案的设计

总体搬运方案设计确定了整个工厂的总的搬运路线系统、搬运设备、运输单元。搬运方案详细设计是在此基础上制定一个车间内部从工作地到工作地，或从具体取货点到具体卸货点之间的搬运方法。详细搬运方案必须与总体搬运方案协调一致。

搬运方案详细设计与搬运方案初步设计采用的模式相同，只是在实际运用中，两个设计阶段的设计区域范围不同、搬运方案详细程度不同。详细设计阶段需要大量的资料、更具体的指标和更多的实际条件。

【本章案例】

某电机厂线圈搬运的改善

某电机厂要验收并压接厂外制造的线圈。每件线圈的重量达 10~40 千克。搬运很困难，尤其是对于女工而言，而且也不安全，因此工厂决定研究改进物料搬运系统。

该作业的工艺过程为：卡车交货→称重→压接→检验→下一道工序。

工序虽然简单，但搬运工作量大，经过分析发现：从卡车交货到检验搬运的总距离为 30 米，从卡车交货到下一道工序搬运移动共 4 次，装卸次数达 7 次。

线圈搬运工序如图 7-9 所示，搬运活性指数分析如图 7-10 所示。

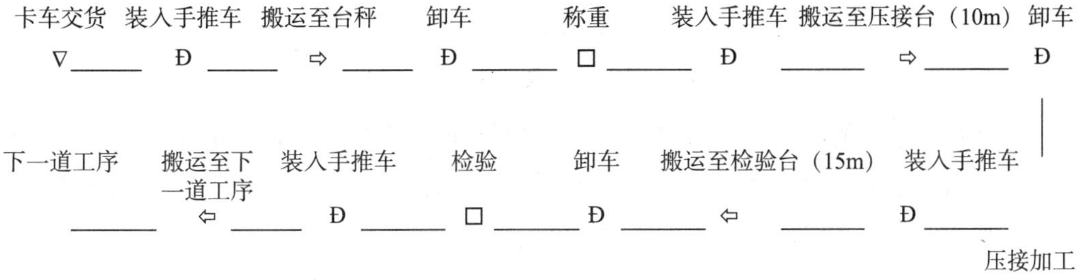

图 7-9 线圈搬运工序

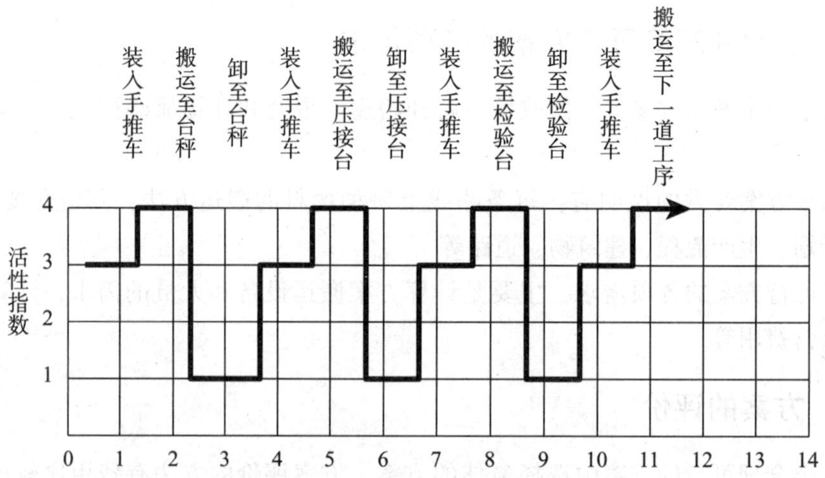

图 7-10　搬运活性指数分析

根据分析结果，改进的着眼点归纳如下：

（1）装卸货次数过多，想办法减少。

（2）改进活性系数低的搬运工序。

（3）缩短移动距离。

按照这些着眼点，考虑连手推车一起称重，然后减去手推车的重量即可。同理在手推车上进行压接和检验，从而消除了 6 项装卸作业，同时也提高了活性指数。改进后一名女工可以独立进行作业。另外改变了压接机的位置，搬运距离大为缩短，从 30 米降到了 10 米。搬运系统改进前后的系统布置如图 7-11 所示。

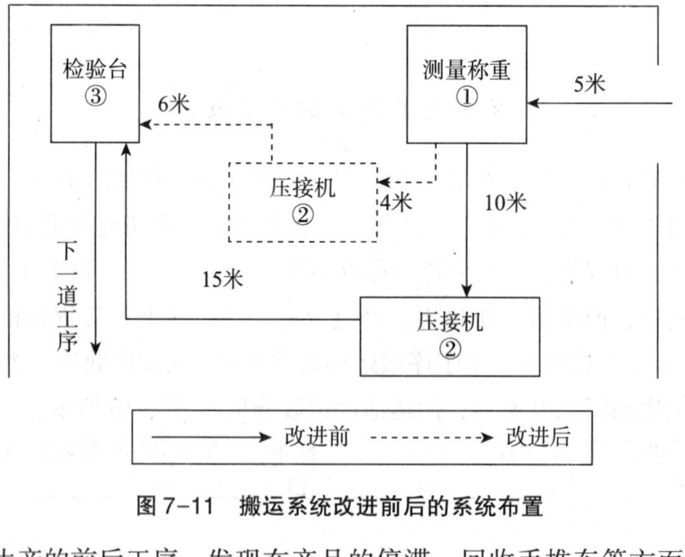

图 7-11　搬运系统改进前后的系统布置

仔细观察生产的前后工序，发现在产品的停滞、回收手推车等方面还存在改进的余地。为消除停滞，把合格产品顺利送入下一道工序，可扩大分析对象范围并进一步分析工艺作业详情，以达到缩短工作时间和安全作业的目标。

【作业思考题】

1. 物料搬运系统分析与物料搬运系统设计的内容与目的分别是什么？有何区别？
2. 物料搬运系统分析与设计的基本要素是什么？应遵循哪些原则？
3. 简述物料搬运系统分析（SHA）的流程模式。
4. 什么是搬运活性指数？研究活性指数有何意义？
5. 如何处理物料搬运系统分析与系统布置设计的关系？
6. 制定物料搬运方案时如何对物料搬运路线系统与搬运设备进行决策？

第八章　EIQ 规划分析技术

【导　言】

在工厂设施布置规划分析中，强调以产品与数量分析作为布置规划的参考依据，是一种生产导向的规划分析理念。但在供应链下游，以顾客需求为主的产品分销流通环境中，顾客订单需求零星而多变，因此以市场需求为导向的规划分析理念才能真正符合分销物流系统的设计要求，特别是流通型物流配送中心的实际作业要求。日本的铃木震先生曾积极倡导以订单、品项、数量分析方法（EIQ）进行商品流通过程的物流系统规划，即从客户订单的品项、数量与订购次数等方面出发，进行出货特性的分析。EIQ 确实是一种简明有效的物流规划与分析工具。本章专门就 EIQ 分析的基础要素、分析方法与步骤及其应用做简要的介绍。

【学习目标】

通过本章的学习，了解 EIQ 分析的作用、分析步骤及所需的基础资料与相关基础分析，理解 EIQ 分析与拣储策略规划关系。重点掌握各类 EIQ 统计图表的制作方法，通过 EQ、EN、IQ、IK 组合分析及图表数据判读分析，能分析归纳出物流系统的作业特征及其存在的问题，并能提出物流系统相应问题的解决方案。

【教学要点】

- EIQ 分析的基本思想，所需的基础资料及相关基础分析；
- 单日 EIQ 与加入时间范围的 EIQT 资料分析格式，EIQ 常用的统计方法及其图表制作；
- EQ、EN、IQ、IK 组合分析方法及其图表数据判读与应用分析；
- EIQ 分析与拣储策略规划的关系。

第一节　EIQ 分析概述

一、EIQ 分析的含义及基本思想

EIQ 分析就是基于市场需求导向，收集、处理商品流通过程中的有关订单（E）、品项（I）、数量（Q）等基础数据资料，通过对订单、品项、数量这三个物流作业管理的基本要素及其影响因素的多维度组合进行统计分析，找出流通环节物流系统运行规律，把握客户需求与物流作业特征，为物流作业系统问题诊断分析、物流作业方式

改善、能力配置、效率提升和物流业务管理提供决策依据，同时也为物流系统设备模块构建与设施布置规划设计提供支持数据。

二、EIQ 分析的作用

（一）掌握客户需求特性

通过订单出货数量分析（EQ 分析）和订单出货品项数分析（EN 分析），可以了解客户的订货数量，哪些品项是大量销售的畅销款，哪些是滞销款，哪些客户是大客户，哪些是小客户。通过储运单位分析（PCB），可以了解客户的订货单位集装特征，是整箱还是单件，亦可掌握客户的地理分布、要货时间规律、对物流作业的要求等，为客户服务管理提供决策依据。

（二）提供销售出货预测数据

历史 EIQ 数据可作为销售预测的重要参考，同时也可以此预测未来的物流量，及时合理地做好各项作业计划，进而提高库存周转率、作业效率，降低配送的前置时间。

（三）改善物流系统作业效率

通过各品项出货数量分析（IQ 分析）、品项出货次数分析（IK 分析），可以掌握货物品项存储、出库周转状况，为货物储存、拣选、分类提供参考。同时可以比较各个阶段物流作业的时间、成本，发现物流系统存在的问题和改善点。

（四）进行储位空间规划与管理

通过各品项出货数量分析（IQ 分析）和 ABC 分类分析，可计算库存货位总需求和备货、分拣等作业区域空间需求，进而优化储位管理，提高仓储设施空间利用率。

（五）为物流设备选型提供依据

通过对 EIQ 资料的分析计算，可以确定物流系统规划所需的配送车辆型号及吨位需求、储存分拣设备种类或自动化程度，避免过度自动化造成财力上的浪费和作业能力不足影响客户服务水平。

（六）评估物流作业系统能力需求

从储运单位分析（PCB）中得知出货量与标准工时，便能计算出栈板、箱和单件拣取所需的设备数量及人员数量。

三、EIQ 分析所需的基础资料

EIQ 分析所需的基础资料，可根据分析的目的要求，按时间特征分为现行资料和未来需求资料，如表 8-1 所示。

表 8-1　　EIQ 分析所需的基础资料

资料种类		具体内容
现行资料	基本营运资料	包括业务形态、营业范围、营业额、人员数量、车辆数量等
	商品管理资料	包括商品形态、分类、品项数、供应来源、保管形态（自有/他人）等
	商品订单资料	包括订购的商品种类、数量、单位、订货日期、交货日期、订货厂商等，最好能包含一个完整年度的订单数据资料和历年以月（年）分类的订单统计资料
	物品特性资料	包括物态、气味、温湿度需求、腐蚀变质特性、装填性，物品重量、体积、尺寸等包装规格与种类（单品、内外包装），储存保管要求、有效期限等资料
	销售统计资料	可依地区类别、商品类别、渠道通路类别、客户类别及时间类别分别统计销售额资料，并可依相关产品单位换算为同一计算单位的销货量资料（体积、重量等）
	物流作业流程	包括一般物流作业（进货、储存、拣货、补货、流通加工、出货、运输、配送）、退货作业、盘点作业、仓储配合作业（移仓调拨、容器回收流通、废弃物回收处理）等作业流程现况
	业务流程单据	包括接单、订单处理、采购、拣货、出货、配派车等作业和相关单据流程，以及其他进销存库存管理、应收与应付账款系统等作业
	厂房设施资料	包括厂房仓库的使用情况、厂房大小与布置形式、地理环境与交通状况、使用设备主要规格、产能与数量等资料
	人力工时资料	人力组织架构、各作业区人数需求、工作时长、作业时间与时间顺序分布
	物料搬运资料	包括进、出货及在库的搬运单位，车辆进、出货频率与数量，进、出货车辆类型与时段等
	供货厂商资料	包括供货厂商类型、供货厂商规模及特性、供货厂商数量及分布、送货时段、接货地需求等
	配送据点与分布	包括配送通路类型，配送据点的规模、特性及分布，卸货地状况，交通状况，收货时段，特殊配送需求等
未来需求资料	企业战略与中长期发展规划	即考虑所服务企业的历史背景、文化、未来发展战略与中长期发展规划、外部环境变化及政府政策调整变化等因素的影响
	商品未来需求预测	依目前所服务企业的产品市场增长率及所服务企业的未来产品发展战略，预估未来物流配送市场发展趋势
	品项数量的变动趋势	分析所服务企业产品种类可能发生的变化及未来的变化趋势
	可使用场址与面积	分析是否可利用现有场地或有无发展的空间
	业务范围发展	分析物流配送中心的服务范围，是否包含服务企业的经营项目范围，有无新的经营项目或新的企业加入

续表

资料种类		具体内容
未来需求资料	物流作业功能的发展	分析物流配送中心是否要考虑未来物流功能的增加，如流通加工、包装、储位出租等，以及是否需配合商流与物流通路拓展
	预算的可行性与物流运行模式的变化	预先估计可行的资金预算额度范围及可能的资金来源，必要时必须考虑独资、合资、部分出租或与其他经营者合作的可能性，也可以考虑建立物流联盟或开展共同配送等物流营运模式
	时程计划限制	预计物流配送中心营运年度，并考虑是否以分年、分阶段方式落实计划的可行性
	未来的工作时长与人力需求	估计未来的工作时长、作业班次及人力组成，包括正式、临时及外包等不同性质的人力编制
	未来扩充需求	考虑物流配送中心未来发展

四、EIQ 相关基础分析

（一）储运单位分析（PCB）

储运单位是物品储存、搬运时的物流单位，它对实际物流作业效率产生很大影响。所谓储运单位分析，即对各种订货单位和包装单位进行分析，以得知物流包装单位特性。

一般企业的订单资料中会同时含有产品的各种出货形态，如订单中同时包括整箱与单品两种出货单位。在物流配送中心的各个作业（进货、储存、拣货、出货）环节中，大多是以各种包装单位（P—托盘、C—箱子、B—单品）作为作业的基础，如图 8-1 所示。

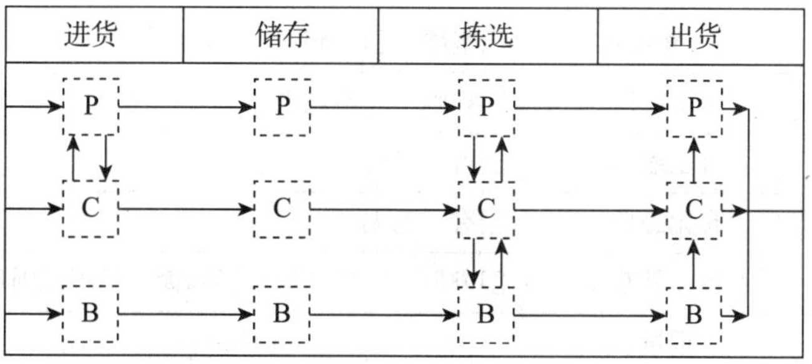

图 8-1　物流作业时商品包装单位的变化

从图 8-1 中可以看出，每个作业环节都需要人员、设备的参与，即每移动一种包装单位或转换一种包装单位，都需使用设备和人力资源，且不同的包装单位可能有不同的设备和人力需求。掌握物流过程中的单位转换相当重要，所以也要将这些包装单位（P、C、B）要素加入 EIQ 分析中。

在订单品项与数量分析时，要结合订单出货资料与物品包装储运单位进行 EIQ-PCB 关联及交叉分析，其目的是将订单资料以 PCB 为单位进行分类统计，以正确计算各区实际的需求，使仓储及拣货区域（设备）规划合理。常见于物流配送中心的储运单位组合形式如表 8-2 所示。

表 8-2　　常见于物流配送中心的储运单位组合形式

入库单位	储存单位	拣货单位
P	P	P
P	P、C	P、C
P	P、C、B	P、C、B
P、C	P、C	C
P、C	P、C、B	C、B
C、B	C、B	B

（二）物品特性分析

物品特性资料也是物品分类的参考因素，如根据物品的储存保管特性分为干货区、冷冻区及冷藏区。物品特性与包装单位分析，如表 8-3 所示。

表 8-3　　物品特性与包装单位分析

特性	资料项目	资料内容
物品特性	物态	□气体　□液体　□半液体　□固体
	气味	□中性　□散发气味　□吸收气味　□其他
	储存保管特性	□干货　□冷冻　□冷藏
	温湿度需求	℃，　%
	内容物特性	□坚硬　□易碎　□松软
	装填特性	□规则　□不规则
	可压缩性	□可　□否
	有无磁性	□有　□无
	单品外观	□方形　□长条形　□圆筒　□不规则形　□其他
单品规格	重量	（单位：　）
	体积	（单位：　）
	尺寸	长　×宽　×高　（单位：　）
	物品基本单位	□个　□包　□条　□瓶　□其他

续表

特性	资料项目	资料内容
内包装单位规格	重量	（单位：　）
	体积	（单位：　）
	外部尺寸	长　×宽　×高　（单位：　）
	物品基本单位	□个　□包　□条　□瓶　□其他
	包装单位个数	（个/包装单位）
	包装材料	□纸箱　□捆包　□金属容器　□塑料容器　□袋　□其他
外包装单位规格	重量	（单位：　）
	体积	（单位：　）
	外部尺寸	长　×宽　×高　（单位：　）
	物品基本单位	□个　□包　□条　□瓶　□其他
	包装单位个数	（个/包装单位）
	包装材料	□纸箱　□捆包　□金属容器　□塑料容器　□袋　□其他

（三）订单需求变动趋势分析

所有利用历史资料进行的分析，均是利用过去的经验值推测未来趋势的变化。在物流配送中心的规划过程中，首先需要针对历史销售或出货资料进行分析，以了解销货趋势及变动情况。如能找出各种可能的变动趋势或周期性变化，则有利于后续 EIQ 资料的分析。

一般分析过程的时间单位应视资料收集的范围而定，如要预测未来成长的趋势，通常以年为单位；如要了解季节变动的趋势通常以月为单位；要分析月或周内的倾向或变动趋势，则需将选取的期间展开至旬、周或日等时间单位，如此将使分析资料更为充实，但是花费的时间及分析过程也相对繁复许多。如果分析时间有限，则找出特定单月、单周或单日平均量及最大量、最小量的销货资料进行分析，也是可行的方法。订单需求变动趋势分析常用的方法包括时间数列分析、回归分析等。

常见的变动趋势包括以下内容。

1. 长期趋势

在长时间内呈现持续渐增或渐减的趋向，应配合年周期的成长趋势加以判断，但必须在时间数列中去除其他可能的影响因素。在进行规划分析时可以以中期的需求量为规模依据。若需要考虑长期递增的需求，则可以预留空间或考虑设备扩充的弹性，以分阶段投资方式设置物流配送中心。

2. 季节变动

以一年为周期的循环变动，发生原因通常是自然气候、文化传统、商业习惯等因素；旺季时可考虑部分外包或租用设备的方式，以避免设施投资过多造成淡季时的闲置；淡季时应争取互补性的商品业务以增加仓储设施利用率。

3. 循环变动

以固定周期（如月、周）为单位的变动趋势，部分长期的循环（如景气循环）有时长达数年。如果需求高低峰差距不大且周期较短，可以进行周期变动内的最大值规划。

4. 偶然变动

偶然变动为一种不规则的变动趋势，无明显规律，可能为多项变动因素的混合结果。系统较难规划时，宜采用泛用型的设施，以增加使用的弹性，仓储格位亦以容易调整及扩充者为宜，以应付可能突增的作业需求量。

第二节　EIQ 分析步骤与方法

一、EIQ 分析步骤

EIQ 分析的步骤从资料的收集、取样、分解、整理到数据统计及制作分析图表，整个 EIQ 分析步骤如图 8-2 所示。

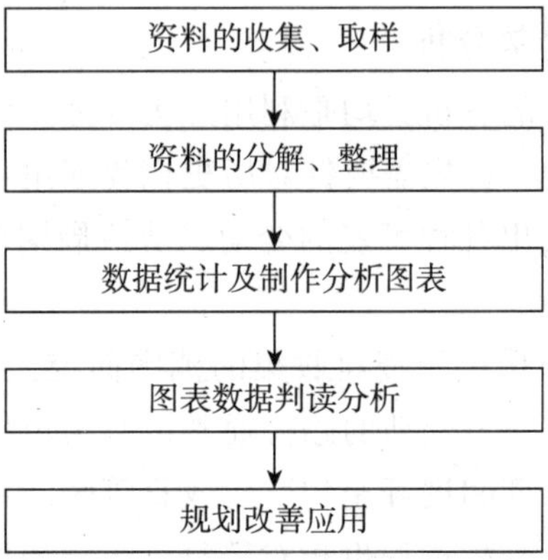

图 8-2　EIQ 分析步骤

（一）资料的收集、取样

在分析之前应先取得订单、品项和数量的资料，一般取一日、一月或一年的 EIQ 资料进行分析。但一般物流配送中心一天的订单量可能有上百个，订货品项可能有上千项，要集中处理这些资料不是一件容易的事，这就需要资料的取样分类分析。若 EIQ 的资料数量过大，不易处理，通常可依据物流配送中心的作业周期性，先取一个周期的资料加以分析（若物流配送中心作业量有周期性的波动），或取一周的资料样本进行分析。若有必要，再进行月、年更全面详细的资料分析。

资料的收集、取样，也可依商品特性或客户特性将订单资料分成数个群组，针对不同的群组分别进行 EIQ 分析。或是以某群组为代表，进行分析后再将结果乘以倍数，以求得全体资料。也可以采取抽样方式，分析后再将结果乘以倍数，以求得全体资料。不管采用何种分类和抽样方式进行资料取样，都必须注意所取样的资料能否反映、代表总体的状态。

（二）资料的分解、整理

EIQ 分析就是利用订单、品项、数量这三个物流关键要素，通过 EQ、EN、IQ、IK 四个类别的组合分析，研究物流配送中心的需求特性与作业特征，为物流配送中心提供规划依据。因此物流配送中心规划者获取原始资料后，应对其做进一步的分解、整理。

在进行资料的分解、整理时，首先应考虑的是 EIQ 分析的时间范围，可以工作日对主要订单出货资料进行分解，也可以选用某个周期时间段（如一周、一个月或一年等）对订单出货资料进行分解、整理。表 8-4 是单日 EIQ 资料统计。

表 8-4　　单日 EIQ 资料统计

订单（E）	品项（I）						数量（Q）	品项数（N）
	I_1	I_2	I_3	I_4	I_5	…		
E_1	Q_{11}	Q_{12}	Q_{13}	Q_{14}	Q_{15}	…	Q_1	N_1
E_2	Q_{21}	Q_{22}	Q_{23}	Q_{24}	Q_{25}	…	Q_2	N_2
E_3	Q_{31}	Q_{32}	Q_{33}	Q_{34}	Q_{35}	…	Q_3	N_3
…	…	…	…	…	…	…	…	…
…	…	…	…	…	…	…	…	…
单品出货量	Q'_1	Q'_2	Q'_3	Q'_4	Q'_5	…	Q	N
单品出货次数	K_1	K_2	K_3	K_4	K_5	…	—	K

注：Q_1（订单 E_1 的出货量）= $Q_{11}+Q_{12}+Q_{13}+Q_{14}+Q_{15}+\cdots$

Q'_1（品项 I_1 的出货量）= $Q_{11}+Q_{21}+Q_{31}+Q_{41}+Q_{51}+\cdots$

N_1（订单 E_1 的出货品项数）= 计数（Q_{11}，Q_{12}，Q_{13}，Q_{14}，Q_{15}，…）>0 者

K_1（品项 I_1 的出货次数）= 计数（Q_{11}，Q_{21}，Q_{31}，Q_{41}，Q_{51}，…）>0 者

N（所有订单的出货总的项数）= 计数（N_1，N_2，N_3，N_4，N_5，…）>0 者

K（所有品项的总出货次数）= $K_1+K_2+K_3+K_4+K_5+\cdots$

上述 EIQ 格式乃针对某一天的出货资料进行分析，若时间范围为周期时间段（如一周、一个月或一年等），则另需加入时间参数，即为 EIQT 分析，如表 8-5 所示。

表 8-5　　加入时间参数的 EIQT 分析

日期	订单（E）	品项（I）						数量（Q）	品项数（N）
		I_1	I_2	I_3	I_4	I_5	…		
T_1	E_{11}	Q_{111}	Q_{121}	Q_{131}	Q_{141}	Q_{151}	…	Q_{11}	N_{11}
	E_{21}	Q_{211}	Q_{221}	Q_{231}	Q_{241}	Q_{251}	…	Q_{21}	N_{21}
	…	…	…	…	…	…	…	…	…
	单品出货量	Q'_{11}	Q'_{21}	Q'_{31}	Q'_{41}	Q'_{51}	…	Q_1	N_1
	单品出货次数	K_{11}	K_{21}	K_{31}	K_{41}	K_{51}	…	—	K_1
T_2	E_{12}	Q_{112}	Q_{122}	Q_{132}	Q_{142}	Q_{152}	…	Q_{12}	N_{12}
	E_{22}	Q_{212}	Q_{222}	Q_{232}	Q_{242}	Q_{252}	…	Q_{22}	N_{22}
	…	…	…	…	…	…	…	…	…
	单品出货量	Q'_{12}	Q'_{22}	Q'_{32}	Q'_{42}	Q'_{52}	…	Q_2	N_2
	单品出货次数	K_{12}	K_{22}	K_{32}	K_{42}	K_{52}	…	—	K_2
…	…	…	…	…	…	…	…	…	…
合计	单品总出货量	Q'_1	Q'_2	Q'_3	Q'_4	Q'_5	…	Q	N
	单品出货次数	K'_1	K'_2	K'_3	K'_4	K'_5	…	—	K

注：Q_1（T_1 期间单品出货量）$= Q_{11}+Q_{21}+Q_{31}+Q_{41}+Q_{51}+\cdots$

Q（T 期间所有品项总出货量）$= Q_1+Q_2+Q_3+Q_4+Q_5+\cdots$

K'_1（T 期间品项 I_1 的出货次数）$= K_{11}+K_{12}+K_{13}+K_{14}+K_{15}+\cdots$

K（T 期间所有品项的总出货次数）$= K_1+K_2+K_3+K_4+K_5+\cdots$

在资料整理过程中，除时间范围要注意外，还要注意数量单位的一致性，必须将所有订单品项的出货量转换成相同的计量单位，否则分析将失去意义。金额的单位与价值功能分析有关，常用于按货物价值进行分区管理的情形。体积与重量等单位则与物流作业有密切关系，影响整个物流配送中心的系统规划，因此在资料整理过程中，需再将物品特性资料加入，才可进行单位转换。

一般收集的企业订单出货资料数据庞大且资料格式不易直接使用，最好能从企业信息系统数据库中直接取得电子数据，便于数据的格式转换。

（三）数据统计及制作分析图表

将收集的 EIQ 资料经过整理后，则可利用统计方法进行 EQ/EN/IQ/IK 分析。同时还将得出的分析数据图表化，这些数据、图表即为 EIQ 的资料分析结果。EQ、EN、IQ、IK 分析意义如表 8-6 所示。

表 8-6　　EQ、EN、IQ、IK 分析意义

分析项目	说明	目的
订单出货数量分析（EQ 分析）	单张订单出货数量的分析	研究订单对货物搬运作业能力的要求

续表

分析项目	说明	目的
订单出货品项数分析（EN 分析）	单张订单出货品项数的分析	研究订单对拣选设备及作业能力的要求
各品项出货数量分析（IQ 分析）	每单一品项（SKU）总出货数量的分析	研究出货的拆零比例
品项出货次数分析（IK 分析）	每单一品项（SKU）出货次数的分析	对拣选作业频率的统计，主要决定拣选作业方式和拣选作业区的规划

二、常用的 EIQ 分析方法

EIQ 分析以量化的分析为主，常用的方法包括算术平均值法、最大最小值法、总数法、全距法、众数法、次数分布法、相对百分比法、ABC 分析法、柏拉图分析法、交叉分析法等，如表 8-7 所示。

表 8-7　EIQ 分析常用的统计方法

方法	具体内容
算术平均值法	取平均值
最大最小值法	取上、下限
总数法	取总数
全距法	最大值与最小值的差距
众数法	出现次数最多的数值
次数分布法	各组资料出现次数的统计
相对百分比法	将个别值加以排列并计算百分比
ABC 分析法	将数值按大小排列，并累计其百分比
柏拉图分析法	将订单或单品项出货量经过排序后绘图，并将其累计量以曲线的形式表示出来
交叉分析法	将两种以上的资料进行组合分析

以下就柏拉图分析法、次数分布法、ABC 分析法及交叉分析法进行说明。

（一）柏拉图分析法

在物流配送中心的一般作业中，如将订单或单品项出货量经过排序后绘图，并将其累计量以曲线的形式表示出来，即为柏拉图。柏拉图分析为 EIQ 分析最基本的绘图分析工具，只要有表示品项与数量的关系的资料，均可采用柏拉图分析法。如某配送中心某年度某品项销售量的柏拉图分析，如图 8-3 所示。

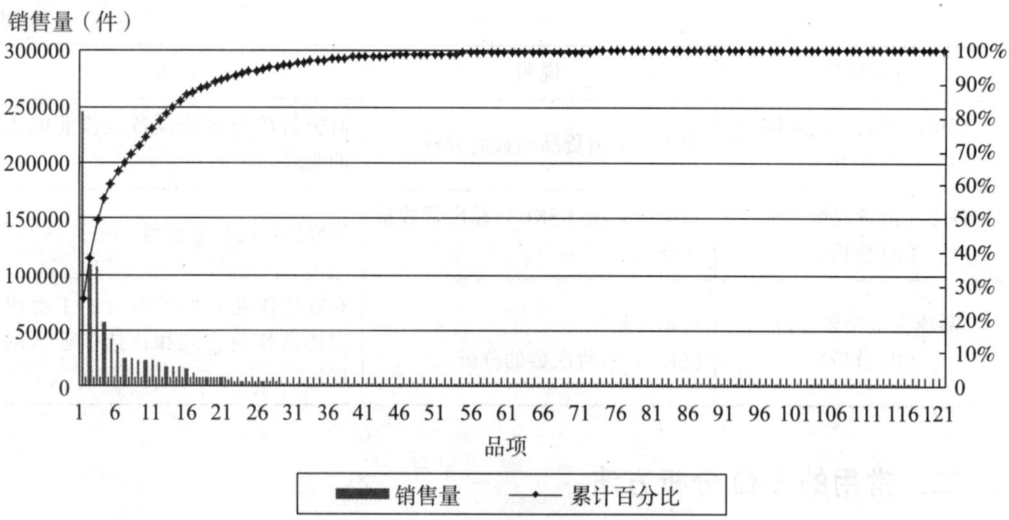

图 8-3 某品项销售量的柏拉图分析

（二）次数分布法

若想进一步了解上例配送中心各品项销售量的情形，计算该季度各品项的出货次数，则可进行各品项出货次数分布分析，如图 8-4 所示。

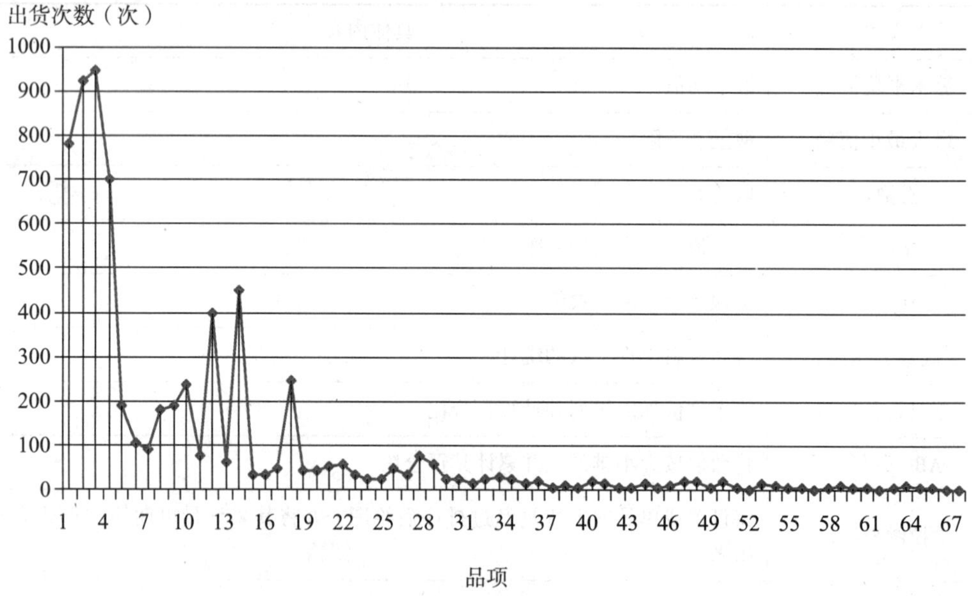

图 8-4 各品项出货次数分布分析

（三）ABC 分析法

在制作 EQ、IQ、EN、IK 等统计分布图时，可由次数分布图找出分布趋势，进一步根据 ABC 分析法将特定百分比内的主要订单或产品找出，以做进一步的分析及重点管理。通常先以出货量排序，以占前 20% 及 50% 的品项数（或订单件数），计算所占出货量的百分比，并作为重点分类的依据。如果出货量集中在少数品项（或订单），则可针对该产品组（少数品项占有较大出货比重）做进一步的分析及规划，以达事半功倍之效。而出货量较少、产品种类很多的产品组群，在规划过程中可先不考虑或以分类分区规划方式处理，以简化系统的复杂程度，并提高规划设备的可行性及利用率。某配送中心销售量情况 ABC 分析如图 8-5 所示。

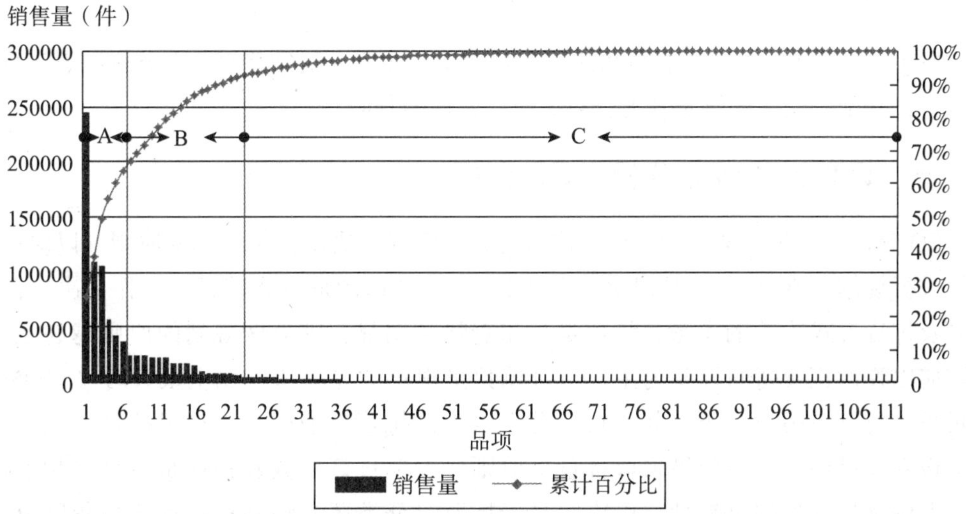

图 8-5 某配送中心销售量情况 ABC 分析

（四）交叉分析法

在进行 EQ、IQ、EN、IK 分析和 ABC 分类后，还可以进行组合式的交叉分析。如将单日或整年的资料进行组合分析，或 EQ 与 EN、IQ 与 IK 等项目，均可分别进行交叉分析，以找出有利的分析信息。如某配送中心的 IQ、IK 交叉分析如图 8-6 所示。

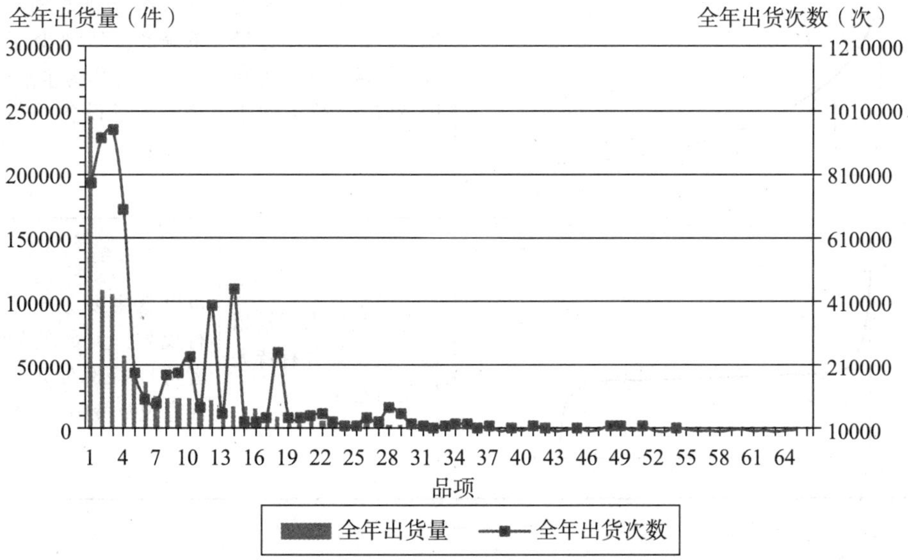

图 8-6 某配送中心的 IQ、IK 交叉分析

第三节　EIQ 图表分析

EIQ 图表分析是订单资料分析过程中最重要的步骤，通常要对各个分析图表进行认真分析，并配合交叉分析及其他资料做出综合性的判断。

一、订单出货数量分析（EQ 分析）

EQ 分析主要是了解单张订单订购量的分布情况，决定订单处理的原则，以对拣货系统进行规划。EQ 分析通常以单一营业日为主。EQ 图形分布特征，可作为决定储区规划及拣货方式决策的参考，订单量分布趋势越明显，则分区规划的原则越易运用，否则应以弹性化较高的设备为主。当订单数量很小的订单所占比重很大时（>50%），应可将该类订单另行分类，如先拣后分，以提高拣货作业效率。如果按订单别拣取，则需设立零星拣货区，如果采取批量拣取则要看单日订单数及物性是否具有相似性，综合考虑物品分类的可行性，以决定是于拣取时分类还是物品拣出后于分货区分类。EQ 分布图的类型分析如表 8-8 所示。

表 8-8　　　　EQ 分布图的类型分析

EQ 分布图类型	特征分析	规划应用
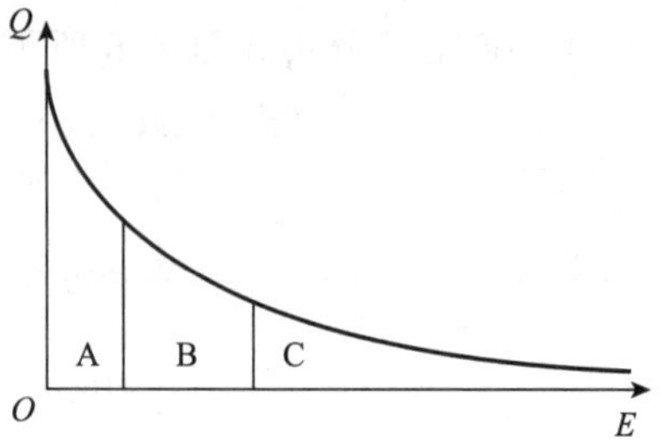	为一般配送中心常见模式，由于订单数量分布呈两极化，可利用 ABC 分类法做进一步分类	拣货作业规划时可将订单分类，品种少而量大的订单可作为重点管理，相关拣货设备的使用也可分级
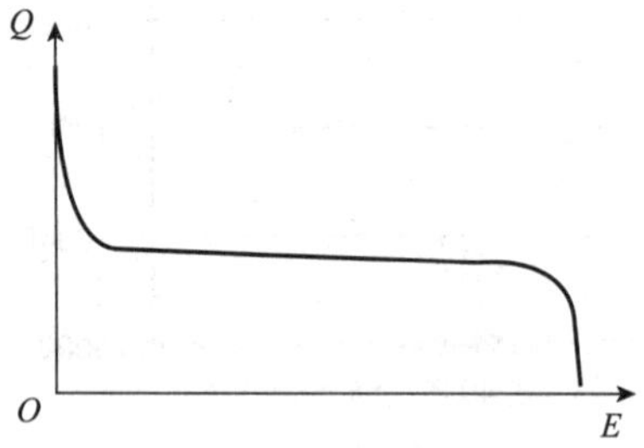	大部分品项出货量相近，仅少部分有特大量及特小量	可以就主要分布范围进行规划，少数差异较大者可以特例处理，但要注意规范特例处理模式

续表

EQ 分布图类型	特征分析	规划应用
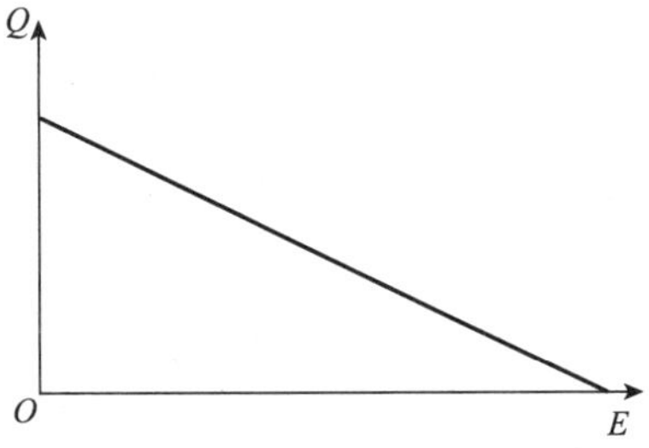	订单量分布呈逐次递减趋势，无特别集中于某些订单或范围	系统较难规划，宜采用泛用型的作业设备，以增加运用的弹性，货位也以容易调节者为宜
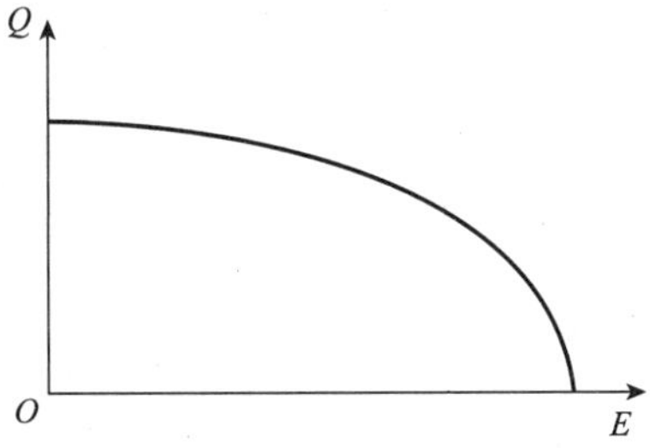	订单量分布相近，仅少数订单量较少	可分成两种类型，大部分量大的订单可以采用批处理方式，少量订货数量小的订单可以安排零星拣选方式
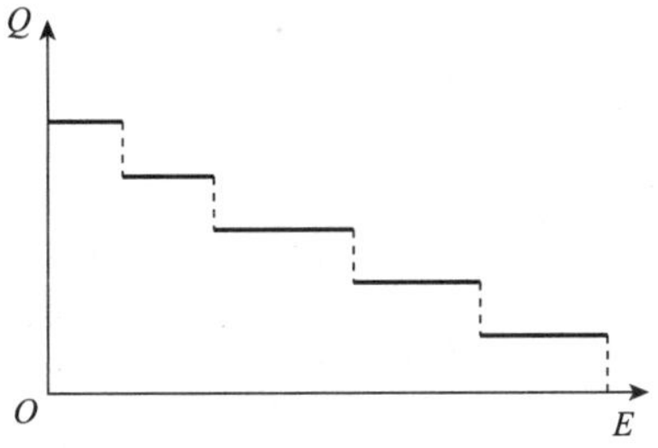	订单量集中于特定数量而无连续性递减，可能为整数（箱）出货，或为大型货物的少量出货	可采用较大单元负载规划分拣出货作业，而不考虑零星出货

二、各品项出货数量分析（IQ 分析）

IQ 分析主要是了解各类产品出货量的分布状况，分析产品的重要程度与运量规模。可用于仓储系统的规划、储位空间的估算，并将影响拣货方式及拣货区的规划。IQ 分布图的类型分析如表 8-9 所示。

表 8-9　　IQ 分布图的类型分析

IQ 分布图类型	特征分析	规划应用
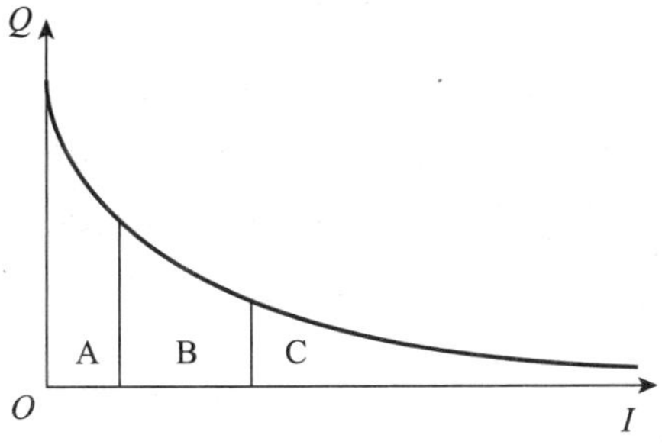	为一般配送中心常见模式，由于订单量分布趋于两极化，可利用 ABC 分类法做进一步分类	对产品分类储存，各类产品储存单位、存货数量可设定不同水平

续表

IQ 分布图类型	特征分析	规划应用
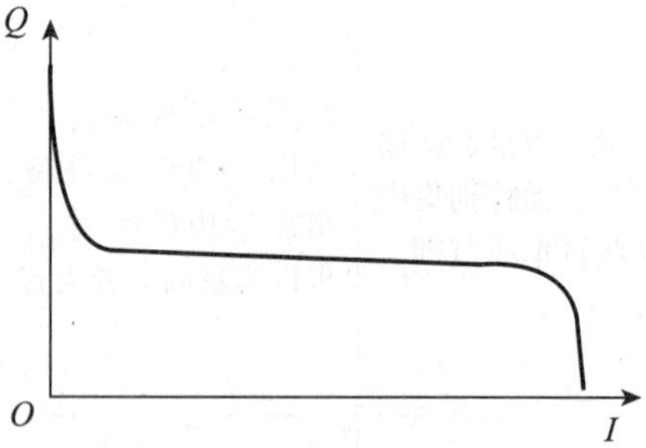	大部分品项出货量相近，仅少部分有特大量及特小量	可以按同一规格进行储位空间规划，并采用寻址（储位）型出入库方式，少数差异较大者可以特例处理
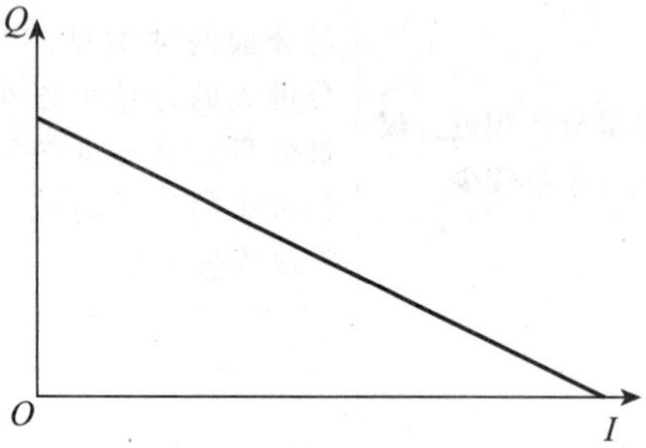	各品项出货量分布呈逐次递减趋势，无特别集中于某些品项或范围	系统较难规划，宜规划泛用型的作业设备，以增加运用的弹性，货位也以容易调节者为宜
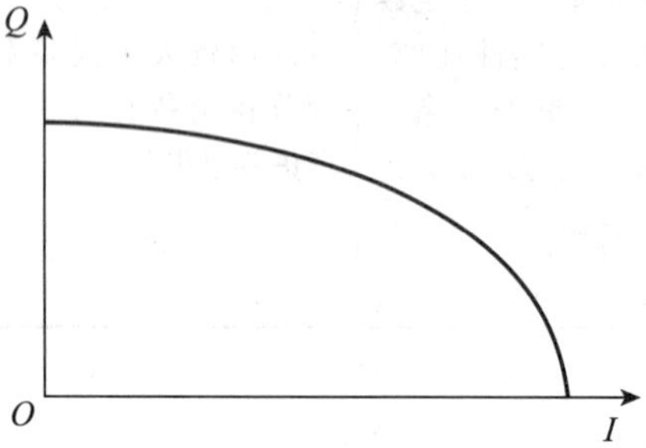	各品项出货量相近，仅少数品项出货量较少	可分成两种类型，大部分需求量大的品项可以选用重量型存储设备存放，部分需求量少的品项可以选用轻量型储存设备存放
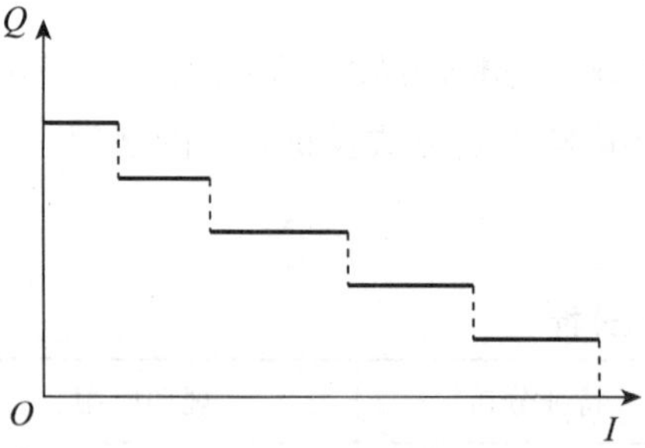	出货量集中于特定数量而无连续性递减，可能为整数（箱）出货，或为大型货物但出货量较小	可采用能承载较大单元的集装单位或重量型储存设备进行储存系统规划，但仍需配合物品特性加以综合考虑

在规划储区时应以一时间周期（通常为一年）的 IQ 分析为主，若配合进行拣货区的规划，则需参考单日的 IQ 分析。另外，单日各品项出货数量与全年各品项出货数量是否对称也是分析观察的重点，因为结合出货量与出货频率进行关联性的分析时，整个仓储拣货系统的规划将更趋于实际，因此可进行单日各品项出货数量与全年各品项出货数量的交叉分析。

若将单日及全年的 IQ 图以 ABC 分类法将品项依出货量分为 A、B、C（大、中、小）三类，并产生对照组合后进行交叉分析，则将其物流特性分成以下几类，如表8-10 所示。

表 8-10　　单日与全年的品项出货量 IQ-ABC 交叉分析

全年＼单日	A	B	C
A	Ⅰ	Ⅱ	Ⅱ
B	Ⅰ	Ⅴ	Ⅴ
C	Ⅲ	Ⅲ	Ⅳ

Ⅰ：年出货量及单日出货量均很大。为出货量最大的主力产品群，仓储拣货系统的规划应以此类为主，仓储区以固定储位为佳，进货周期宜缩短而存货水平较高，以应付单日可能出现的大量出货，通常为厂商型配送中心或工厂发货中心。

Ⅱ：年出货量大但单日出货量较小。通常出货天数多且出货频繁，而使累积的年出货量放大，可考虑以零星出货方式规划，仓储区可以固定储位规划，进货周期宜缩短并采取中等存货水平。

Ⅲ：年出货量小但单日出货量大。虽然总出货量很少，但是可能集中于少数几天内出货，容易造成拣货系统混乱。若以单日出货量为基础规划，易造成空间浪费及多余库存；若以弹性储位规划，平时基本不进货，于接到订单后再行进货，必须缩短进货前置时间。

Ⅳ：年出货量小且单日出货量也小。虽出货量不高，但是所占品项数通常较多，是容易占用仓储空间、降低周转率的主要产品群。因此仓储区可以采取弹性储位规划，以便调整储存设施。通常拣货区可与仓储区合并规划以减少多余库存，进货周期宜缩短并降低存货水平。

Ⅴ：年出货量中等，单日出货量中等或较小。为分类意义较不突出的产品群，可视实际产品分类特性再归入相关分类中。

三、订单出货品项数分析（EN 分析）

EN 分析主要了解订单别订购品项数的分布，该分析对于订单处理的原则及拣货系统的规划有很大影响，并影响出货方式及出货区的规划。通常对单一订单出货品项数（N_e）、总出货品项数（$N.$）、出货品项累计数（GN）三项指标进行分析。以 Q_{ei} 表示单一订单订购某品项的数量，参考单日 EIQ 资料统计（见表 8-4），各指标的意义如下。

（一）单一订单出货品项数 N_e

计算单一订单中出货量大于 0 的品项数 N_e，如表 8-11 订单 E_1 中，N_1 = COUNT（Q_{11}，Q_{12}，Q_{13}，Q_{14}，Q_{15}，…）>0 者，出货品项数 $N_1=5$。

（二）总出货品项数 $N.$

计算所有订单中出货量大于 0 或出货次数大于 0 的品项数 N_e，总出货品项数 $N.$，即计数 COUNTIF（Q_1，Q_2，Q_3，Q_4，Q_5，…，“> 0”）或 COUNT（K_1，K_2，K_3，K_4，

K_5，…，“> 0”），如表 8-11 中，配送中心总出货品项数（$N.$）为 11，且 $N \geqslant N_e$，即配送中心所有品项数大于等于任何单一订单出货品项数，如表 8-11 中配送中心所有品项数（N）为 12，大于等于任何单一订单出货品项数 N_e =（5，6，5，9，8，…），且 $N. \geqslant N_e$，即总出货品项数 $N.$ 必定大于单一订单出货品项数 N_e，如表 8-11 中配送中心总出货品项数 $N.$ 为 11，大于等于任何单一订单出货品项数 N_e =（5，6，5，9，8，…）。总出货品项数 $N.$ 最大值即为配送中心所有品项数 N。若采用批量拣取策略，则最少的拣取次数即为总出货品项数 $N.$。

表 8-11　　某配送中心 EIQ 资料统计（年）

订单（E）	品项（I）												数量（Q）	品项数（N）
	I_1	I_2	I_3	I_4	I_5	I_6	I_7	I_8	I_9	I_{10}	I_{11}	I_{12}		
E_1	2362				2362			3384		3384		3419	14911	5
E_2	2946				2946			3264		3264	3863	4129	20412	6
E_3	3619	4254			3619	4254					3894		19640	5
E_4	4214	3102		3798	4214	3102		3798		3798	3933	4254	34213	9
E_5	3419	2704		3894	3419	2704		3894		3894		4962	28890	8
E_6	3619		3912		3619				3912				15062	4
E_7			3992						3992				7984	2
E_8		3102				3102					2704		8908	3
E_9	3419	3197			3419	3197					6962	4962	25156	6
E_{10}	4129	2704	3341		4129	2704			3341				20348	6
品项出货数量	27727	19063	11245	7692	27727	19063	0	14340	11245	14340	21356	21726	195524	11
品项出货次数	8	6	3	2	8	6	0	4	3	4	5	5	—	54

（三）出货品项累计数 *GN*

将所有订单出货品项数加总所得数值即为 GN，$GN = N_1 + N_2 + N_3 + N_4 + N_5 + \cdots$。出货品项累计数 $GN \geqslant N.$（订单之间的品项重复率越高，则 $N.$ 相对越小），表 8-11 配送中心所有品项数 N 为 12，总出货品项数 $N.$ 为 11，出货品项累计数 GN 为 54，此配送中心出货品项累计数 GN 远大于总出货品项数 $N.$ 与配送中心所有品项数 N。若采取订单别（一单一拣）拣取方式，则拣取次数即为 GN，54 次。

由单一订单出货品项数（N_e）、总出货品项数（$N.$）、出货品项累计数（GN）三项指标说明并进行比较，可整理 EN 分布图的类型分析，如表 8-12 所示。图中各判断指标的大小，需视配送中心产品特性、配送中心所有品项数、总出货品项数的相对大小及订单出货品项的重复率决定，并配合其他因素综合考虑。

表 8-12　　　　EN 分布图的类型分析

EN 分布图类型	特征分析	规划应用
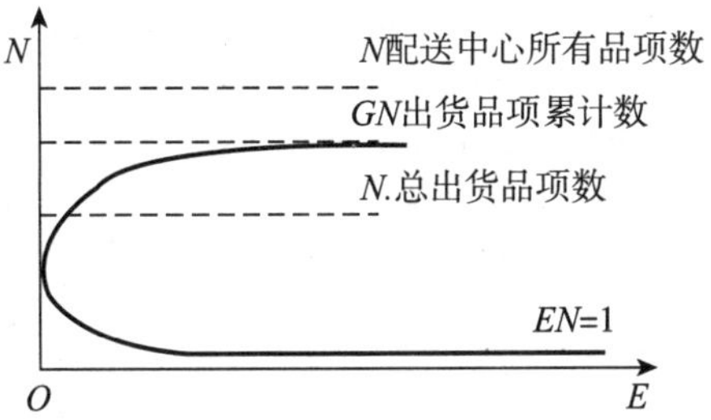	单一订单出货品项数较小，EN=1 的比例很高，总出货品项数（N.）不大，与出货品项累计数（GN）差距不大，并均小于配送中心所有品项数（N），说明订单出货品项重复率不高	可考虑订单别拣取方式作业，或采取批量拣取配合边拣边分类作业
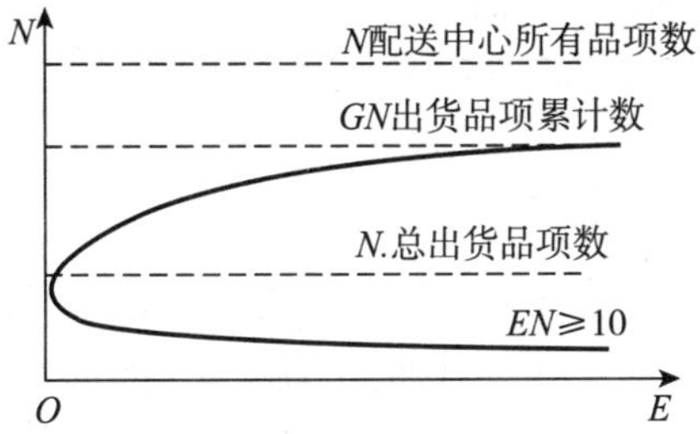	单一订单出货品项数较大，EN ≥ 10，总出货品项数（N.）及出货品项累计数（GN）均仅占配送中心所有品项数的小部分，说明配送中心所有品项数（N）很多、规模较大，受订的品项较少	可采用订单别拣取方式作业，但由于配送中心规模大导致拣货区路线很长，因此可以采用订单分割方式分区拣货再集中，或以接力方式进行拣取作业
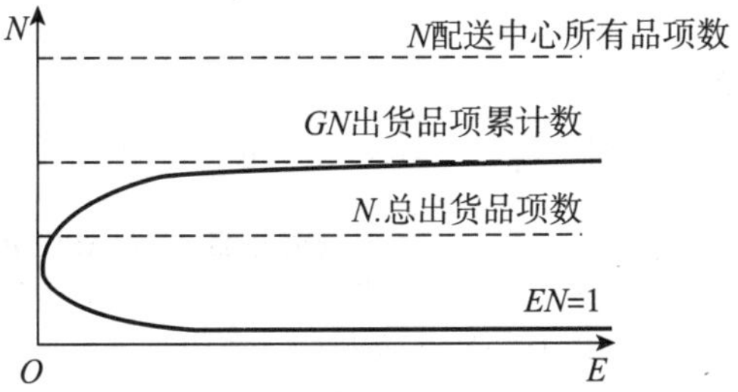	单一订单出货品项数较小，EN=1 的比例较高，由于配送中心所有品项数（N）很多，总出货品项数（N.）及出货品项累计数（GN）均仅占配送中心所有品项数（N）的比重较小。说明配送中心所有品项数（N）很多、规模较大，客户订单品种需求单一，需求量较大	可采用订单别安排拣取作业，并将拣货区按品种分区规划，根据订单以区域别排序并以分区按单拣货
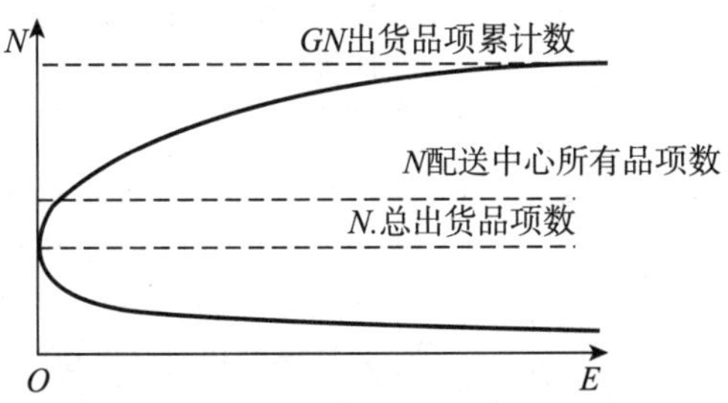	单一订单出货品项数较多，而配送中心所有品项数（N）不多；出货品项累计数（GN）较配送中心所有出货品项数（N.）大出数倍，并比配送中心所有品项数（N）多很多，说明订单出货品项的重复率非常高	可采用批量拣取方式作业，另需参考物性及物流量大小决定于拣取时分类（边拣边分）或拣出后再分类（先拣后分），同时适合采用自动分货系统以提高效率

续表

EN 分布图类型	特征分析	规划应用
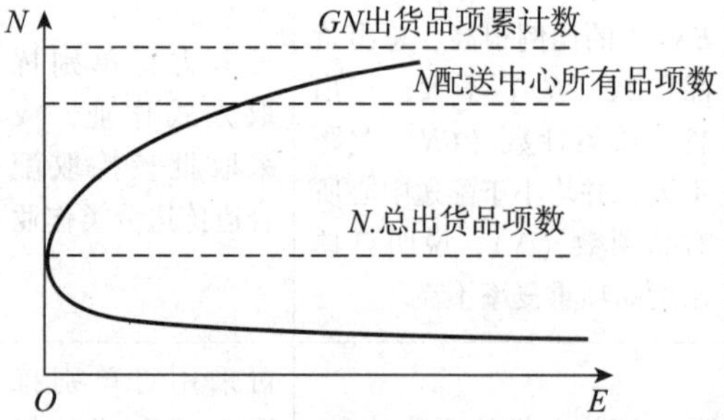	单一订单出货品项较多，配送中心所有品项数（N）也多，出货品项累计数（GN）与配送中心所有品项数（N）较总出货品项数（N.）大出数倍，并且出货品项累计数（GN）比配送中心所有品项数（N）大，说明品项需求重复率高，出货集中在某些品项	可考虑以批量拣取方式作业。若单张订单品项数多且重复率不高，需考虑分类的难度，否则可以将订单分割，批量拣取与按单拣取相结合进行分拣作业

四、品项出货次数分析（IK 分析）

IK 分析主要分析产品别出货次数的分布，对于了解产品别的出货频率有很大的帮助，主要功能可配合 IQ 分析决定储存与拣货系统的选择。另外，当储存、拣货方式确定后，有关储区的划分及储位配置，均可利用 IK 分析的结果作为规划参考的依据，基本仍以 ABC 分类法为主，并确定储位配置的原则。IK 分布图的类型分析如表 8-13 所示。

表 8-13　　IK 分布图的类型分析

IK 分布图类型	特征分析	规划应用
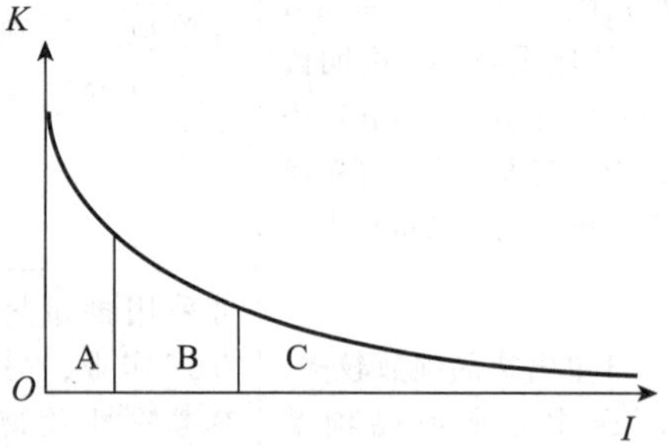	为一般配送中心常见模式，由于出货次数分布趋两极化，可进行 ABC 分类	规划时可依产品 ABC 分类结果划分储区及储位配置，A 类可接近出入口或便于作业的位置及楼层，以缩短行走距离。若品项多时，可考虑采用订单分割的方式分类分区拣取
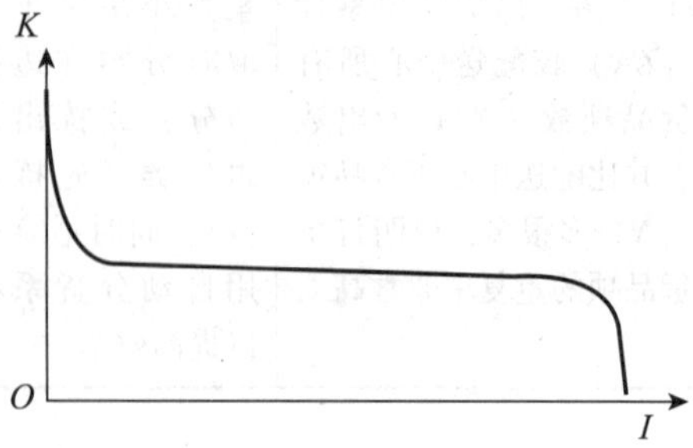	大部分产品出货次数相近，仅少部分产品有特大量及特小量	大部分品项出货次数相同，因此主要依物品特性配置储位空间，少部分特异量仍可依 ABC 分类法确定配置位置，或规划设立特别储区

五、IQ 及 IK 交叉分析

将 IQ 分析、IK 分析与 ABC 分类法结合起来交叉进行，为拣货策略的制定提供参考依据，如图 8-7 所示。将交叉分析的分布可能出现的几种情况整理如表 8-14 所示。依其品项分布的特性，可将配送中心分拣作业规划为按订单别拣取方式或批量拣取方式两种作业形态，或者采取分类分区复合式拣取方式运作。实际上拣货策略的制定，仍需视品项与数量的相对量做出判断。

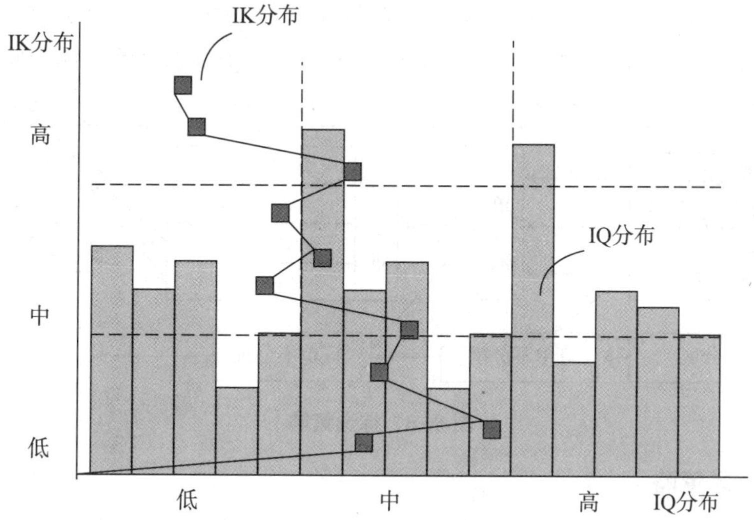

图 8-7　IQ 及 IK 交叉分析

表 8-14　IQ 及 IK 交叉类型分析

IK \ IQ	高	中	低
高	可采用批量拣取方式，再配合分类作业处理，也可采用自动分拣设备	可采用批量拣取方式，视数量及品项决定是边拣取边分类，还是批量拣取后先集中再分货	可采用先批量拣取，然后再分货的方式
中	以订单别拣取为宜	以订单别拣取为宜	以订单别拣取为宜
低	以订单别拣取为宜，并集中于接近出入口位置	以订单别拣取为宜	以订单别拣取为宜，可考虑分割为零星拣货区

第四节 EIQ 分析与拣储策略规划

一、EIQ 分析与拣选策略规划

影响拣选作业效率的因素很多，因此，需要对不同的订单需求采取不同的拣选策略，即拣货生产如何组织运作的问题。决定拣选策略的主要因素是分区、订单分割、订单分批及分类。这四个主要因素交互运用，可产生多个拣选策略，如图 8-8 所示。

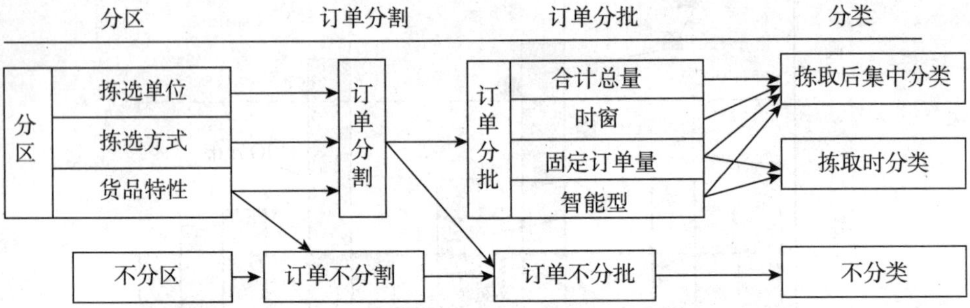

图 8-8 拣选策略

（一）分区策略

分区就是将拣选作业区做出区域划分。按分区原则的不同，有以下三种分区方法。

1. 按货品特性分区

按货品特性分区就是根据货品原有的性质，将需要特别储存和搬运的货品进行分隔，以保证货品的品质在储存期间维持稳定。

2. 按拣选单位分区

将拣选作业区按拣选单位（PCB）划分，如箱装拣选区、单品拣选区等。其目的是使储存单位与拣选单位统一，以方便分拣与搬运单元化，使分拣作业简化。一般，按拣选单位分区所形成的区域范围是最大的。

3. 按拣选方式分区

在不同的拣选单位分区中，按拣选方式和拣选设备的不同，又可以分为若干区域，通常以货品销售的 ABC 分类法为原则，按数量的大小和拣选次数的多少做 ABC 分类，然后选用合适的拣选设备和分拣方式，如图 8-9 所示。其目的是使拣选作业一致，减少不必要的重复行走时间。在同一单品拣选区中，按拣选方式的不同，又可分为台车拣选区和输送机拣选区。

在相同的拣选方式下，将拣选作业区再进行划分，由一个或一组固定的拣选人员负责分拣某区域内的货品。该策略的主要优点是拣选人员需要记忆的存货位置和移动的距离减少，拣选时间缩短，还可以配合订单分割策略，让多组拣选人员在短时间内共同完成订单的分拣，但要注意工作平衡的问题。接力式分拣是工作分区的一种形式，只是其订单不进行分割或不分割到各工作分区，拣选人员以接力的方式完成所有的分

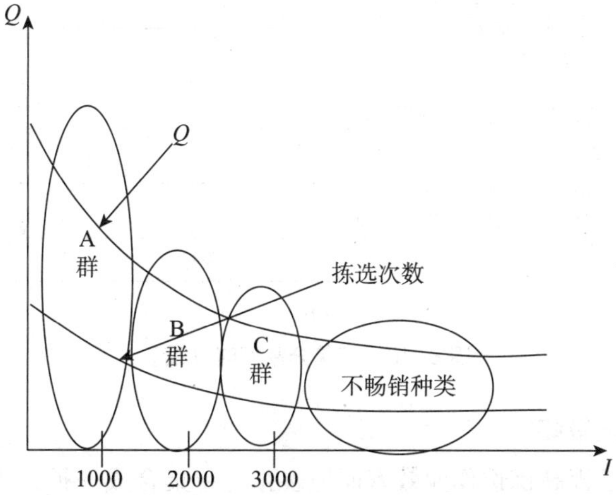

图 8-9　按拣选方式分区

拣动作。这种方式比由一位拣选人员把一张订单所需的货品分拣出来效率更高，但投入的人力较多。

（二）订单分割策略

当订单上订购的品项较多，或是拣选系统要求及时快速处理时，为使其能在短时间内完成拣选处理，可将订单分成若干子订单交给不同的拣选区域同时进行拣选作业。将订单按拣选区域进行分解的过程叫订单分割。订单分割一般是与拣选分区相对应的，对于采用拣选分区的配送中心，其订单处理过程的第一步就是要按区域进行订单分割，各个拣选区域根据分割后的子订单进行分拣作业，各拣选区域子订单拣选完成后，再进行订单的汇总。

订单分割策略如图 8-10 所示。

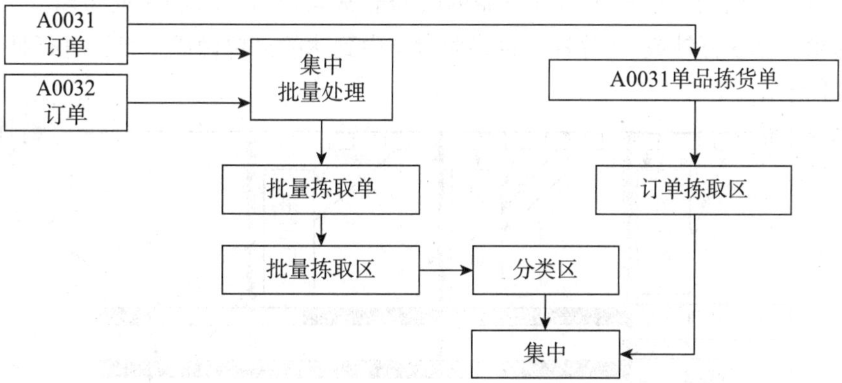

（a）

图 8-10　订单分割策略

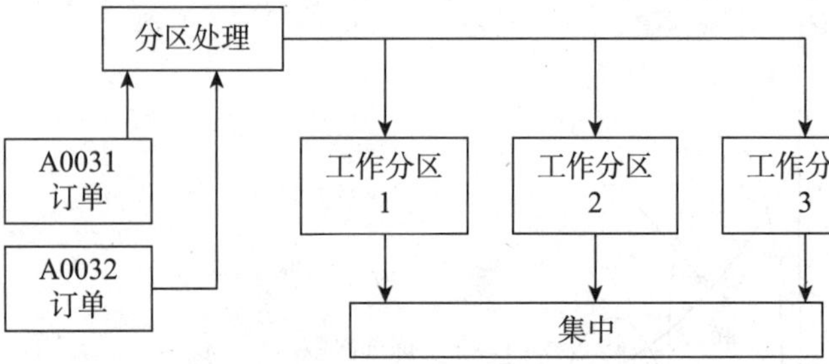

（b）

图 8-10　订单分割策略（续）

（三）订单分批策略

订单分批是为了提高拣选作业效率而把多张订单集合成一批，进行批次拣选作业。其目的是缩短分拣时行走、搬运的距离和时间。若再将每批次订单中的同一货品品项加总后分拣，再把货品分给每个客户订单，则形成批量分拣，这样不仅缩短了分拣时行走、搬运的距离，也减少了重复寻找货位的时间，而使拣选效率提高。但如果每批次订单数过多，则会耗费较多的分类时间，甚至要有强大的自动化分类系统的支持。订单分批的原则包括以下四个。

1. 合计总量分批

通过合计所有累积订单中每个品项的总量，再根据这一总量进行分拣以将分拣路径减至最短，同时储存区域的储存单位也可以单纯化，但需要有功能强大的分类系统的支持。这种方式适用于固定点之间的周期性配送，可以在中午前收集所有的订单，下午进行合计总量分批分拣单据的打印等信息处理，第二天一早进行分拣分类等工作。

2. 时窗分批

当从订单开始到拣选完成出货所需的时间非常紧迫时，可利用此策略开启短暂而固定的时窗，如5分钟或10分钟，再将此时窗中到达的订单做成一批，进行批量分拣。如图8-11所示。

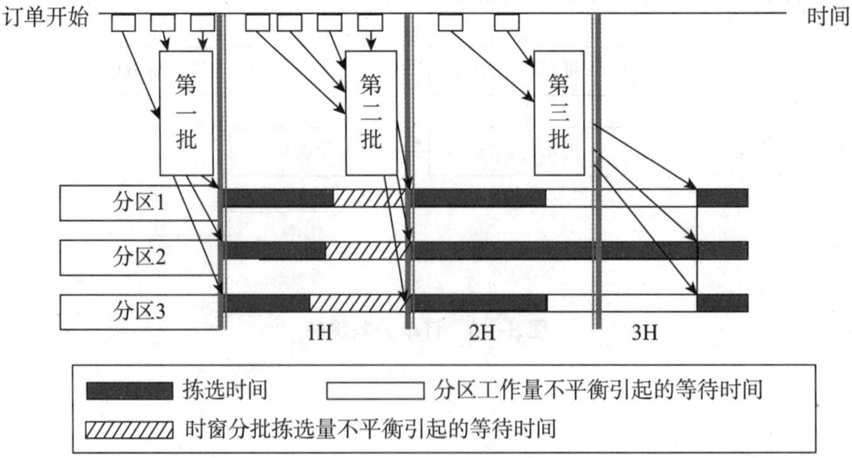

图 8-11　时窗分批

该方式常与分区及订单分割联合运用，特别适合于到达时间短而平均的订单形态，同时数量和品项不宜太大。各拣选区利用时窗分批同步作业时，会因分区工作量不平衡和时窗分批拣选量不平衡产生作业等待，如能将这些等待时间缩短，可以大大提高拣选效率。此分批方式适合密集频繁的订单，能应付紧急插单的需求。

3. 固定订单量分批

固定订单量分批按先到先处理的基本原则，当累计订单量到达设定的固定量时，开始进行拣选作业。适合的订单形态与时窗分批类似，但这种订单分批的方式更注重维持稳定的作业效率，而处理速度与前者相比较慢。图 8-12 是固定订单量分批的分拣，固定订单量为 4，当进入系统的订单累计数到达 4 时，则集合成一批进行分区批量拣选。

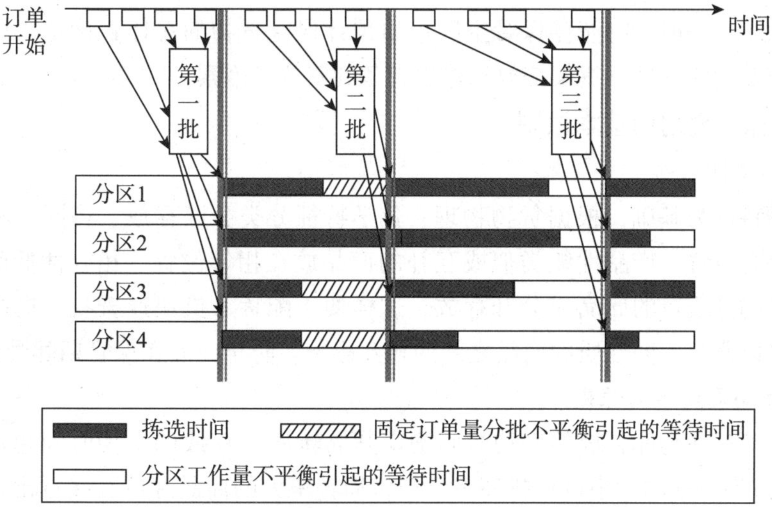

图 8-12 固定订单量分批

4. 智能型分批

智能型分批是将订单汇总后经过较复杂的计算，将分拣路径相近的订单分成一批同时处理，可大量缩短拣选行走和搬运的距离。采用这种分批方式的配送中心，通常将前一天的订单汇总后，经计算机处理，在当天下班前生成次日的拣选单据，因此对紧急插单作业处理较为困难。除以上分批方式外，还有其他可能的方式，如按配送地区、配送路线分批，按配送的数量、车次、金额分批或按货品种类、特性分批等。

（四）分类策略

当采用批量拣选作业方式时，拣选完成后还必须进行分类，因此需要相匹配的分类策略。分类方式大概可以分为以下两类。

（1）拣取时分类

拣取时分类是在拣取的同时将货品按各订单分类。这种分类方式常与固定订单量分批或智能型分批方式联合使用，因此需以计算机辅助台车作为拣选设备，才能加快拣取速度，同时避免错误发生。该种方式较适于少量多样的情形，且由于计算机辅助台车不可能太大，所以每批次的客户订单量不宜过大。

(2) 拣取后集中分类

拣取后集中分类是指分批按合计总量拣取后再集中分类。一般有两种分拣方法，一种方法是以人工作业为主，将货品总量搬运到空地上进行分发，而每批次的订单量及货品数量不宜过大，以免超出人员负荷。另一种方法是利用分类输送机系统进行集中分类，是自动化的作业方式，订单分割越细、分批批量品项越多，越适宜采用后一种方式。

二、EIQ 分析与储位规划

对于货物储存保管空间的规划与分配，首先应根据不同货物的形状、重量、体积和性质，对储存区域进行分类分区，然后再根据计划储存货物的数量，确定拟占用储存空间的大小。一般货物储存保管空间可由预计保管货物的总体积确定，但必须考虑货物搬运作业的便利性、货架摆放和输送设备的安放等因素。

（一）储位规划的基本原则

1. 商品特性原则

以商品特性为基础，根据货物物理、化学特征分类分区存放。将同一种商品储存在同一个保管位置，产品性能类似或互补的商品放在相邻位置。相容性低的商品，特别是互相影响其质量的商品应分开存放。这样便于配货人员快速查找，提高配货作业效率，还可以避免不同性质的商品之间的相互影响，防止商品在保管期间受到损坏。

2. 以提高周转率为原则

应根据商品在仓库存放的平均时间确定其周转率（存放的平均时间越短，周转率越大），并按周转率的大小进行排序。一般将周转率大的商品存放在接近出入口的位置或易于移动的位置，将周转率小的商品存放在远离出入口处。

3. 产品相关性原则

产品相关性大的，通常会被同时订购，也就是同时进出仓的可能性较大，因此为缩短拣货时间和搬运距离，并简化清点工作，可以将其尽可能地存放在相邻位置。产品相关性大小可以通过订单上的信息分析出来。

4. 体积重量特性原则

在储位规划时，必须同时考虑商品体积、形状和单位重量，以确定商品堆码所需的空间。通常，重、大的商品保管在地面上或货架的下层位置。为了保证货架的安全并方便人工搬运，人的腰部以下的高度通常宜储放重物或体积较大的商品。重、大商品还应储存在坚固货架并接近出货区。

5. 先进先出原则

先进先出即先入库的商品先安排分拣配货，这一原则对于寿命周期短的商品尤其重要，如食品、化学品等。在运用这一原则时，必须注意在产品形式变化少、寿命周期长、质量稳定不易变质的情况下，要综合考虑先进先出所引起的管理费用的增加。而对于食品、化学品等易变质的商品，应考虑的原则是“先到期的先出货”，一般在保质期到期前 2~3 个月就必须考虑退货或折价处理。

此外，为了提高储存空间的利用率和作业效率，还要利用合适的积层架、托盘等工具，使货物储放向空间延伸。储放时应尽量使货物面对通道，以方便作业人员识别编号、名称，提高货物搬运的活性化程度。保管商品的位置必须明确标识，保管场所必须清楚，易于识别、联想和记忆。

（二）储位空间规划方法

储位空间规划方法是根据已确定的商品分类保管方案、仓容定额，规划、确定库房和货场的货位与货架摆放形式。库房和货场的货位与货架摆放方式有两种：一种是横列式，如图 8-13 所示；另一种是纵列式，如图 8-14 所示。

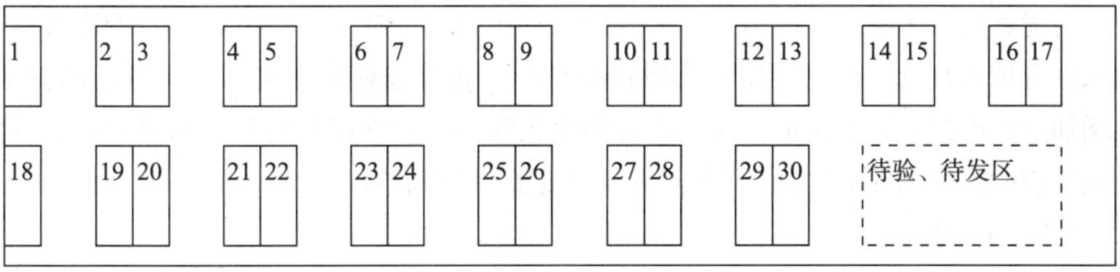

图 8-13　横列式布置货位、货架

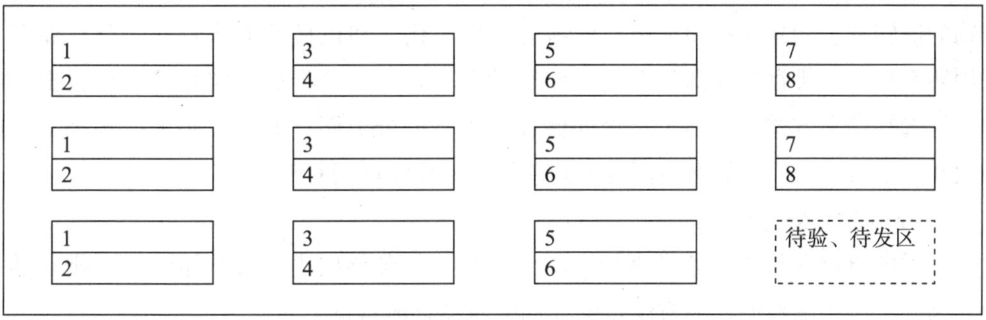

图 8-14　纵列式布置货位、货架

库房和货场的货位与货架的摆放方法一般与其主作业通道成垂直方向，以便装卸和搬运。但货位与货架的布置应注意：①既要考虑操作的需要，又要考虑商品的安全，留出一定的作业通道、垛距、墙距等；②要合理、充分利用库房面积，尽量提高仓库的利用率；③货位布置应明显，可用漆线在地坪上画线固定，堆放商品时以漆线为界。

（三）储位安排规划

由于各货物的性质、体积、重量、价值、形状不一样，并且储存时间要求也有区别，有些货物是暂存，储存时间短，有些货物的储存时间相对长一些，因此货物储存方式不能采用固定的模式，应根据具体物流业务的要求，因地制宜地选用合理的货物储存方式。一般储位安排规划有以下几种形式。

1. 定位储存

定位储存是指每个货物都有固定的储位，货物在储存时不可互相串位，采用这种储存方法时，注意每个货物的储位容量必须大于其可能的最大在库量。定位储存的优点有：①储位能被记录、固定和记忆，便于提高作业效率；②储位按周转率排序，通常周转率高的货物储位安排在出入口附近，可以缩短出入库搬运距离；③针对不同货物的特性安排储位，可以将货物之间的不良影响降到最低。其缺点主要是需要较大的储存空间，还会影响库房及设施使用效率。

2. 随机储存

随机储存是指根据库存商品及储位使用情况，随机安排和使用储位，每种商品的储位可随机改变。模拟研究显示，随机储存系统比定位储存系统，可节省35%移动库存货物的时间，储存空间利用率可提高30%。通常随机储存适用于下列两种情况：①库房空间有限，需尽量利用储存空间；②品项少，多数是批量或体积较大的货物。随机储存的优点是由于储位可共用，储区空间的利用率高。缺点有以下四点：①增加货物出入库管理及盘点工作的难度；②周转率高的货物可能存放在离出入口较远的位置，会增加出入库搬运的工作量；③有些可能发生物理、化学影响的货物相邻存放，可能造成货物的损坏或发生危险；④储位不易于记忆，货物难以查找。

3. 分类储存

分类储存是指所有货物按一定特性加以分类，每类货物固定其储存位置，同类货物不同品种又按一定的法则安排储位。分类储存应考虑的因素主要有：货物的相关性、货物的周转率、货物体积和重量、货物的物理、化学和机械性能等特性。分类储存如按周转率高低安排存取，则具有定位储放的各项优点。分类后各储存区域再根据货物的特性选择储存方式，有助于货物的储存管理。但分类储存的储位必须按各类货物的最大在库量设计，因此储区空间的平均使用效率低于随机存储。

4. 分类随机储存

分类随机储存是指每类货物均有固定储位，但各储区内，每个储位的安排是随机的，因此，分类随机储存兼有定位储存和随机储存的特点。

5. 共同储存

共同储存是指在知道各种货物进出仓库确切时间的前提下，不同货物共用相同的储位，这种储存方式在管理上较复杂，但储存空间及搬运时间更经济。

（四）储位编号方法

储位编号就是给储存的每个货物一个明确的“地址”。它是储存业务不可或缺的基础管理工作。其意义表现在两个方面：一是便于仓储管理人员快速、准确地找到所需货物；二是让管理人员能及时、准确地掌握仓库每个货位的货物品种、数量等情况。

一般储位编号的方法是：储存库编号→储存区编号→货位排（列）编号→货位架编号→货位层编号→货位格编号。我国传统的货位编号方法是“四号定位”法，即一个货位号为一组数字，因最多只用四个号码即可定位，故称“四号定位”，也就是将库房号、货架号、层数、货格四者统一编号。例如1-12-2-12，即为1号库，12号货架，第2层，12号货格。为了防止库房、货场、货棚有相同编号，产生差错，可在第一组数字后加上其拼音的第一个字母“K”“C”“P”，以作区分。如1K-12-2-12，即为1号库，12号货架，第2层，12号货格。

（五）储位存货数量控制

储存的目的是调节生产供给与需求的矛盾，但不适当的存货往往会造成货物有形或无形的损失。尤其对于流通速度极快但客户订货需求无法事前预测的销售型配送中心，储位存货数量控制就显得更加重要。

1. 储位存货数量基准

储位存货数量控制的关键是各储位应维持多少存货的问题。为此，必须制定储位存货数量基准。储位存货数量基准包括储位最低订购点存量、安全库存量、最高库存量、订（补）货时间、订（补）货数量等。

（1）最低订购点存量（Q_L）

最低订购点存量又称订购周期使用量，也就是采购期间维持货品配送需求的数量。

（2）安全库存量（Q_σ）

安全库存量是为了保险起见所确定的最低安全库存量，以防供应不及时发生缺货。一旦货品存量低于此界限，则有缺货、停工的风险。

（3）最高库存量（Q_D）

最高库存量是为防止存货过多、浪费资金而设定的各种货品库存数量的最高界限，一般作为内部存货管理警戒的指标。

（4）订（补）货时间

订（补）货时间，即订购点的时间，是指储位货品数量降至一定量时，应立即申请补货的时点界限。如果补货的时间太早，则使存货增加，不但会造成储位空间紧张，而且增加了货品的在库成本。若补货的时间太晚，则会造成缺货，甚至流失客户、影响信誉。

（5）订（补）货数量

订（补）货数量即订购量，是指储位货品数量降至一定数量时，决定申请补货的数量。如果订购量过多，则货品的在库成本增加。若订购量太少，货品有可能供应间断，且订购次数必然增加，也提高了订购成本。

2. 储位合理库存数量的确定

储位合理库存数量的确定是仓储管理的重要内容。尽管每个企业的具体情况不同，没有统一的模型，但企业应根据自己的特殊要求，抓住补货、存货、供给等这几个相互联系的过程，掌握每日存货增减状态的情况和有关项目的内容，确定最佳库存的管理模型。储位合理库存数量的确定步骤如图 8-15 所示。

（1）按品种分类

最常见的分类方法是 ABC 分类法。分类标准可以按销售量、出货量、库存金额等确定。然后在分类的基础上，分别采取不同的库存管理政策。

（2）预测需求量

预测需求量时，主要根据客户订单、客户代存配送服务合同和市场需求预测三个方面确定，其中最难的是未确定的市场需求预测。对于合约外的市场需求预测一方面要确定好预测期间，另一方面是选择预测方法。预测期间可以分为按年预测和按供应期间预测两种方式。预测方法可以通过经验推测，也可以将经验推测与数学分析并重。

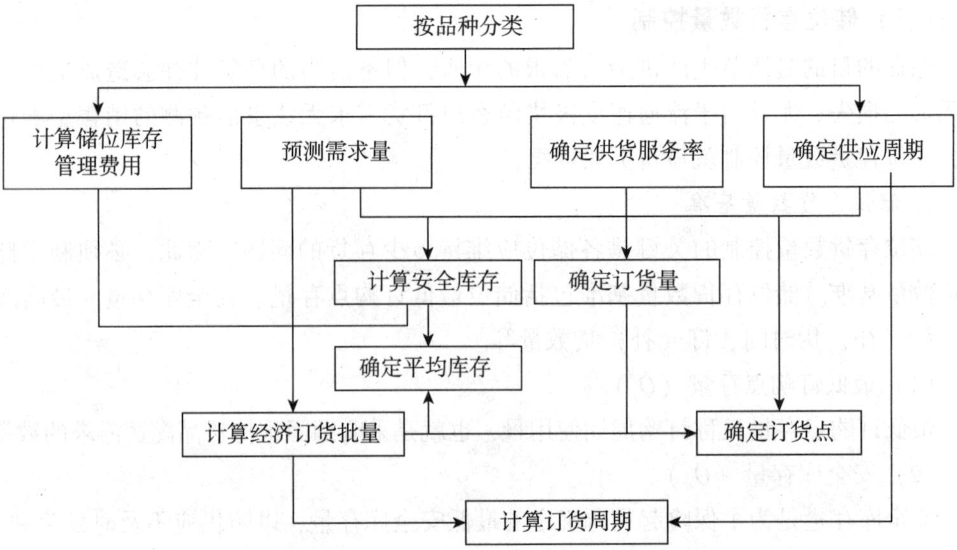

图 8-15　储位合理库存数量的确定步骤

预测的数学分析方法有很多，包括简单算术平均数法、移动平均数法、指数平滑法、变动趋势预测法、季节性变动趋势的连环比率法、二次曲线趋势预测法、几何平均数法等。但要注意，需求量变动小的品项，预测期间要加倍，才符合总成本的要求。预测值和实际值完全一致的情况很少，所以，还要考虑预测的误差，以保证安全库存量。由于实际情况和模型之间存在一定差异，必须对模型进行修正。

（3）计算储位库存管理费用

在划分商品品类的基础上，分两步计算各类商品库存管理费用。第一，要掌握库存管理中的所有费用；第二，对费用进行核算。识别库存管理费用是很困难的。这是因为会计实务操作中难以按商品品类划分费用，而且会计上的费用划分有一定的原则，费用一般是固定、连续的，但是与库存有关的管理费用，会因周围情况和计划的长短而变更项目的内容。对于跨部门的费用等，一般采用经验推测和统计手段。库存管理费用一般包括与订货有关的费用和与保管有关的费用。

（4）确定供货服务率

供货服务率是指在一定期间内，如一年、半年，能做到订单、品项和数量不缺货的比率。供货服务率的相反面就是缺货率，两者之和为 1。供货服务率的大小，对储存经营有重要意义。供货服务率越高，要求库存量就越多。必须根据企业的战略、商品的重要程度确定该指标。重要商品（如 A 类品项和促销品）的服务率可定为 95%～100%。对于次重要或不重要的品项，其供货服务率可以定得相对低些。应当注意的是，供货服务率提高，库存管理费用随之增加。总之，供货服务率最终取决于经营者的判断。

（5）确定供应周期

供应周期是指从订货到交货所需要的天数，主要是根据供应商的情况确定的。如果是从生产商处直接进货，必须充分了解生产商的生产过程、生产计划、工厂仓库的能力等，并进行全面的讨论后再确定一个合理的供应周期。由于供应周期的变动，会影响安全库存量，因此，在满足交易条件的情况下，还要确定有约束的安全供应周期。

（6）确定订货点

订货有两种方式：一是定期订货；二是订货点订货。定期订货是指在一定期间内补充库存的方式。这种方式适于管理重要商品。

① 定期订货

采用定期订货时，确定订货时点的做法是确定一个相对固定的订货周期，如每周、每个月或每 3 个月为一个周期，预先确定订货，以防缺货，如图 8-16 所示。其计算公式为：

订货周期＝平均一次订货量/单位时间内平均出货量

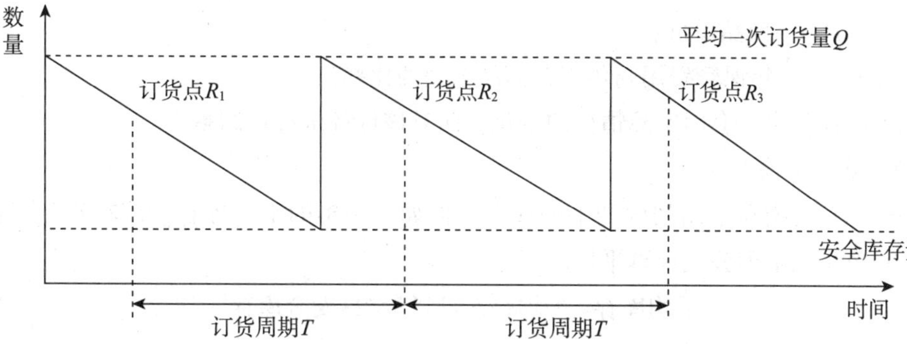

图 8-16　定期订货

② 订货点订货

订货点订货是指储位库存量即将低于一定水平时，马上发出订货指令。订货点是指在提出补充库存的时点上，仓库的库存量。如图 8-17 所示。

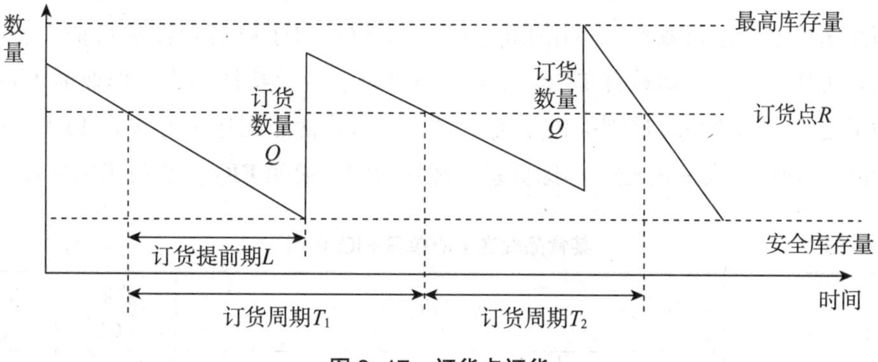

图 8-17　订货点订货

订货点上的库存量，要满足货物交货期间的需要量。其表示如下。

当需要量和供应周期没有变动时：订货点＝供应周期日需要量×供应周期。

当需要量和供应周期发生变化时：订货点＝（单位时间内平均需要量×平均供应周期）+安全库存。

（7）计算安全库存

安全库存是指除了保证正常状态下的库存计划量外，为防止不确定因素引起的缺货，而备用的缓冲库存。如果不确定因素过多，那么就会导致库存过剩。不确定因素主要来自两个方面：需求量预测不确定和供应周期不确定。其计算公式如下。

安全库存=安全系数×根据需要及供应周期的变动确定的库存量

（8）确定订货量

此时的订货量也称经济订货批量。其计算公式如下：

$$Q=\sqrt{\frac{2DC}{Ph}}$$

式中：Q——订货量（经济订货批量）；

D——年客户订单需求量；

C——平均每次订货费用；

P——商品单价；

h——年保管费用与年库存商品金额的比率。

在实际操作中，会因实际情况的变化，而对该订货量进行调整。

（9）确定平均库存

平均库存是指在某期间内的平均库存。例如，一年的平均库存。库存量每天都在变化，一般采用下列公式计算平均库存：

平均库存=平均每次订货量/2+安全库存

【本章案例】

某食品配送中心拣货系统EIQ规划分析

拣货系统是配送中心的重要作业系统，科学、合理、经济地设计拣货系统，将大大提高配送中心的运行效率。运用EIQ分析，不仅可以了解客户需求特征，还可以了解物流系统作业特征，如从订单内容了解订货特征、接单特征和出货作业需求特征等，从而为配送中心拣货系统规划提供参考依据。已知某食品配送中心单日EIQ资料如表8-15所示，现以该食品配送中心拣货系统规划为例，说明EIQ分析技术的应用过程。

表8-15　　某食品配送中心单日EIQ资料

订单（E）	品项（I）										数量（Q）	品项数（N）
	I_1	I_2	I_3	I_4	I_5	I_6	I_7	I_8	I_9	I_{10}	EQ	EN
E_1	22	20	30	12	14	0	12	26	0	34	170	8
E_2	10	48	0	14	21	52	8	37	34	20	244	9
E_3	61	13	34	16	0	15	23	31	26	13	232	9
E_4	30	33	21	42	18	36	25	0	13	21	239	9
E_5	21	20	12	30	20	21	10	32	25	95	286	10
E_6	61	20	40	20	30	31	23	25	32	15	297	10
E_7	34	30	27	39	24	42	21	12	18	62	309	10

续表

订单（E）		品项（I）										数量（Q）	品项数（N）
		I_1	I_2	I_3	I_4	I_5	I_6	I_7	I_8	I_9	I_{10}	EQ	EN
E_8		42	20	0	20	31	24	18	24	32	59	270	9
E_9		86	0	52	0	20	35	24	38	52	69	376	8
E_{10}		23	20	0	18	0	21	13	0	31	25	151	7
E_{11}		19	25	29	0	24	31	19	27	36	0	210	8
E_{12}		31	20	0	18	0	24	23	24	15	65	220	8
E_{13}		48	0	22	0	12	26	0	34	25	58	225	7
E_{14}		98	20	0	10	24	24	28	37	39	48	328	9
E_{15}		48	30	32	20	15	21	18	24	36	98	342	10
E_{16}		54	20	0	10	24	25	23	36	47	65	304	9
品项出货数量	IQ	688	339	299	269	277	428	288	407	461	747	4203	$N.=10$
品项出货次数	IK	16	14	10	13	13	15	15	14	15	15	—	$GN=140$

1. IQ 分析

根据表 8-15，计算品项与数量累计百分比及所占比重，如表 8-16 所示。

表 8-16　IQ 数据分析情况

序号	品项（I）	品项累计百分比	数量（Q）	数量百分比	数量累计百分比	管理类别	品项比重	数量比重
1	I_{10}	10.0%	747	17.77%	17.77%	A	20.0%	34.14%
2	I_1	20.0%	688	16.37%	34.14%			
3	I_9	30.0%	461	10.97%	45.11%	B	30.0%	30.84%
4	I_6	40.0%	428	10.18%	55.29%			
5	I_8	50.0%	407	9.68%	64.98%			
6	I_2	60.0%	339	8.07%	73.04%	C	50.0%	35.02%
7	I_3	70.0%	299	7.11%	80.16%			
8	I_7	80.0%	288	6.85%	87.01%			
9	I_5	90.0%	277	6.59%	93.60%			
10	I_4	100.0%	269	6.40%	100.00%			

（1）ABC 分析

IQ 分析中的 ABC 分析主要分析品项与数量的关系，目的在于对众多的商品进行分类和重点管理，也就是观察多少百分比的品项，占多少百分比的数量，数量是否集中于某些商品？IQ 分析中的 ABC 分析，一般是观察 20%的品项，是否占 80%的数量，但通常也有 10%、20%、30%、40%、50%的品项占 80%的数量。若 IQ 分析结果显示

10%、20%的品项占80%的数量，则表示数量集中在某些商品，此时可调整商品管理策略，加强这10%~20%商品的管理。本例中因考虑的数据较少，确定占品项比重20%的商品 I_{10}、I_1 为A类商品，数量比重为34.14%；商品 I_9、I_6、I_8 的品项比重为30%，数量比重为30.84%，确定为B类商品；其余商品的品项比重为50%，数量比重为35.02%，确定为C类商品。绘制IQ曲线，如图8-18所示。

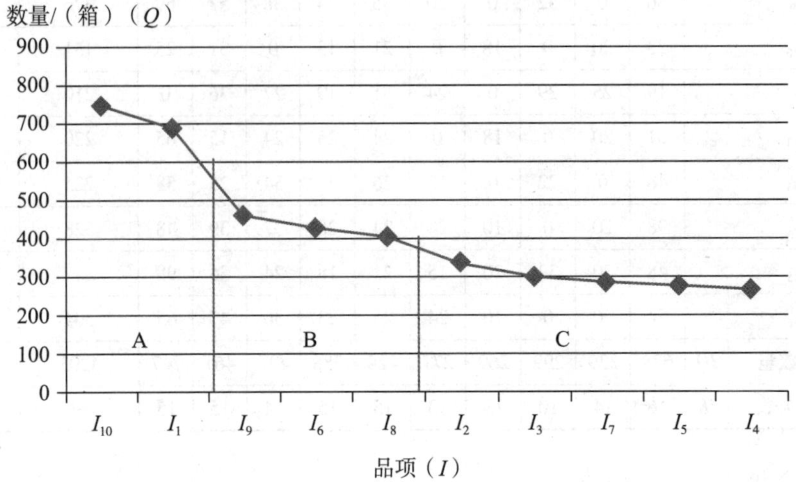

图8-18 IQ曲线

（2）规划策略

①分拣作业自动化策略

要管理库房里众多的商品，不是一件容易的事，若采用自动化设备进行辅助，则要对所有的商品给予自动化，是相当耗费成本的。此时若通过IQ曲线进行分析，则将A类商品先予以自动化，只有约34.14%的数量实现自动化，若将A、B两类商品先予以自动化，也就是64.98%的数量实现自动化，难以用20%的自动化成本，达到80%的自动化效益。IQ分析认为该配送中心采用自动化分拣系统效果不是很好。

②储存设备与储位管理

该食品配送中心啤酒品项为10种，属于少品种大批量配送，拣货单位为箱，根据玻璃瓶的包装特征，保管方式可采用平置堆码方式或者把货品堆码于托盘上，再保管于托盘式货架上或自动化立体仓库中。通过IQ分析，将占品项比重20%的 I_{10}、I_1 两种A类商品，实施重点管理，固定其储位，保证存货充足以满足客户订货需求，储位位置安排在接近出货口的位置，以方便出货。

2. EQ分析

根据表8-16，计算订单与数量累计百分比及所占比重，如表8-17所示。

表 8-17　　EQ 数据分析

序号	订单（E）	订单累计百分比	数量（Q）	数量百分比	数量累计百分比	管理类别	订单比重	数量比重
1	E_9	6.25%	376	8.95%	8.95%	A	25.00%	32.24%
2	E_{15}	12.50%	342	8.14%	17.08%			
3	E_{14}	18.75%	328	7.80%	24.89%			
4	E_7	25.00%	309	7.35%	32.24%			
5	E_{16}	31.25%	304	7.23%	39.47%	B	31.25%	33.33%
6	E_6	37.50%	297	7.07%	46.54%			
7	E_5	43.75%	286	6.80%	53.34%			
8	E_8	50.00%	270	6.42%	59.77%			
9	E_2	56.25%	244	5.81%	65.57%			
10	E_4	62.50%	239	5.69%	71.26%	C	43.75%	34.43%
11	E_3	68.75%	232	5.52%	76.78%			
12	E_{13}	75.00%	225	5.35%	82.13%			
13	E_{12}	81.25%	220	5.23%	87.37%			
14	E_{11}	87.50%	210	5.00%	92.36%			
15	E_1	93.75%	170	4.04%	96.41%			
16	E_{10}	100.00%	151	3.59%	100.00%			

（1）ABC 分析

EQ 分析中的 ABC 分析主要分析订单与数量的关系，目的在于面对众多的处理对象时给予分类管理，或是在资源有限时给予重点管理，以达到事半功倍的效果，也就是观察多少百分比的订单，占多少百分比的数量，数量是否集中于某些客户？EQ 分析中的 ABC 分析，一般是观察 20%的订单，是否占 80%的数量，但通常也有 10%、20%、30%、40%、50%的订单占 80%的数量。若 EQ 分析结果显示 10%、20%的订单占 80%的数量，则表示出货量集中于某些客户，此时可调整客户的管理策略，加强这 20%客户的管理，或是考虑将其订单单独处理，看是否能提升作业效率，以求在有限资源下达到事半功倍的效果。

本例因考虑的数据较少，确定占订单比重 25%的 E_9、E_{15}、E_{14}、E_7 的客户订单为 A 类订单，数量比重为 32.24%；E_{16}、E_6、E_5、E_8 和 E_2 的订单比重为 31.25%，数量比重为 33.33%，确定为 B 类订单；其余的订单比重为 43.75%，数量比重为 34.43%，确定为 C 类订单。绘制 EQ 曲线，如图 8-19 所示。

由 EQ 分析得知，该食品配送中心可以将订单分类，对出货品种少数量多的 A 类订单 E_9、E_{15}、E_{14}、E_7 实施重点管理，用计算机制定统一的订单格式并优先处理，以实现订货信息的快速、准确传递和转换，实现合理而迅速的订单分批和订单分割。

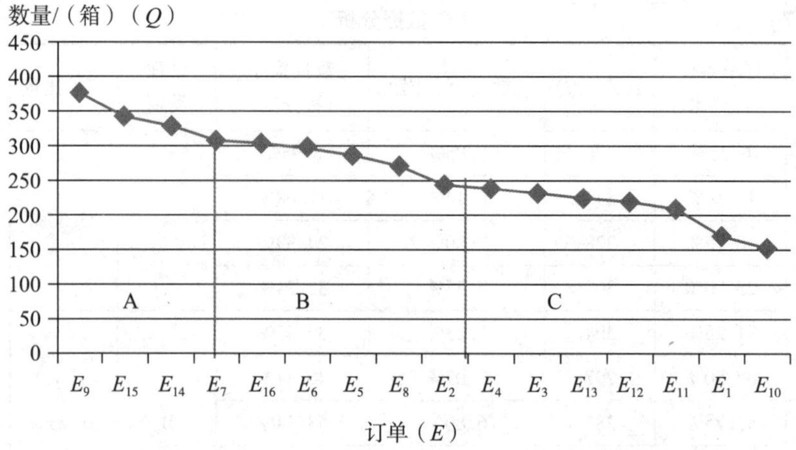

图 8-19　EQ 曲线

（2）EQ（max）分析

EQ（max）为订单 E_9，日订货量为 376 箱，且订单 E_{15}、E_{14}、E_7、E_{16} 的订货数量均大于 300 箱，这些订货客户是重点客户，应做好客户关系管理。

（3）EQ（min）分析

EQ（min）为订单 E_{10}，日订货量为 151 箱。没有零散 $EQ<150$ 箱的订单，可考虑采用批量拣货方式，然后再分货，以提高分拣配货作业效率。

（4）EQ 度数分布

由 EQ 度数分布，如图 8-20 所示，可以看出客户订货特征，本例 56. 25%的订单数量集中在 200~300 箱，超出 300 箱的订单占 31. 25%，订单数量 150~200 箱的客户占 12. 5%，订单数量小于 150 箱的没有。说明该食品配送中心客户对象基本为批发商和大型零售商。

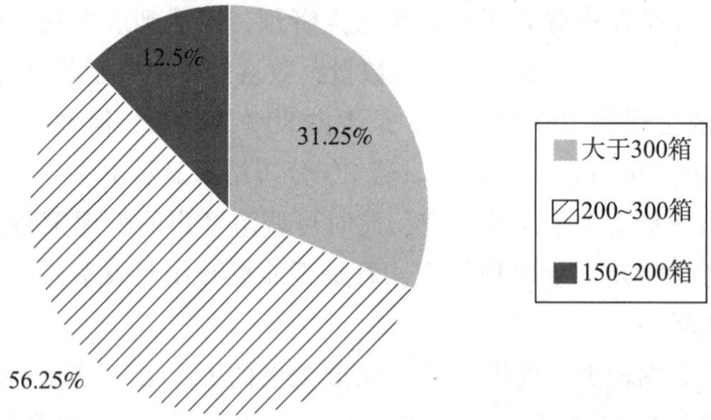

图 8-20　EQ 度数分布

3. EN 分析

（1）EN 分析

本例中，总出货品项数 N. 为 10 种，出货品项累计数（GN）为 140 种，食品配送中心总品项数 N 为 10 种。根据这三个指标分析得出 EN 分析图，如图 8-21 所示。

通过 EN 分析可知，该配送中心的订单出货品种重复率高，可以采取批量拣取方式

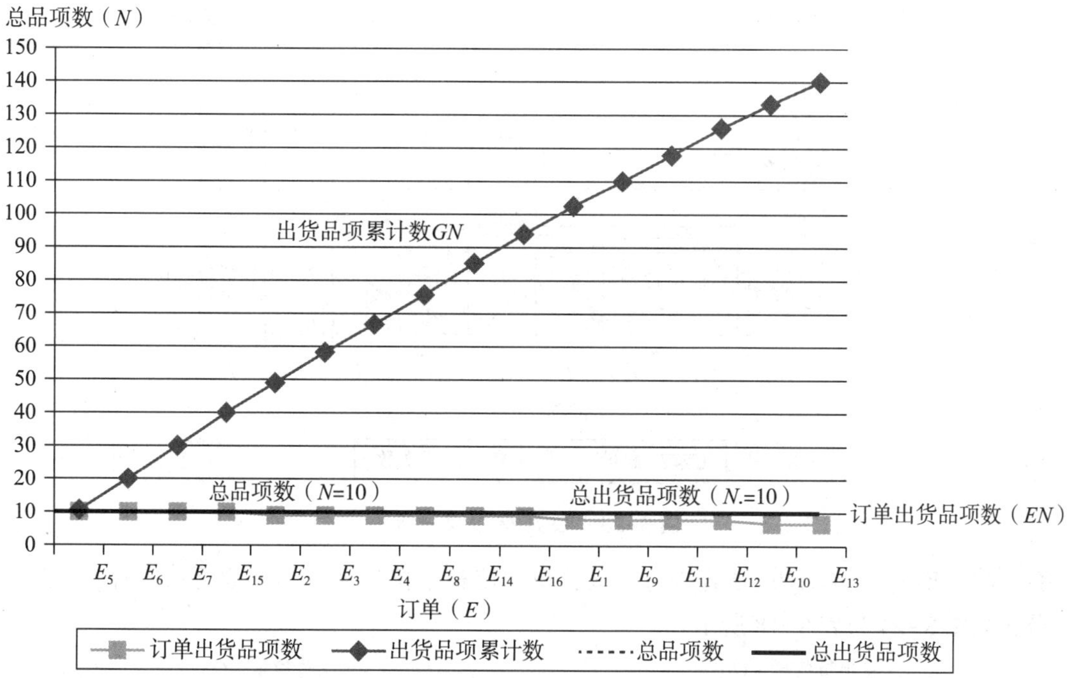

注：总品项数曲线和总出货品项数曲线重合。

图 8-21　EN 分析

拣货，并根据物品特性及物流量的大小确定拣取时分类还是拣取后分类。若该配送中心采用订单别的拣货作业方法，*GN* 为所有订单订货品项数的累加值，则 *GN* 可表示为总拣货次数，拣货次数为 140 次，拣货时间长、拣货人力消耗大，按单拣选明显不合适。

（2）EN 度数分析

从图 8-22 可以看出，*EN* = 10 和 *EN* = 8 的订单均占全部订单比重的 25%；*EN* = 9 的订单占全部订单比重的 37. 5% ；*EN* = 7 的订单占全部订单比重的 12. 5%；这些订单的出货品项数差别不大，重复率高，适合采用批量拣货作业方式。

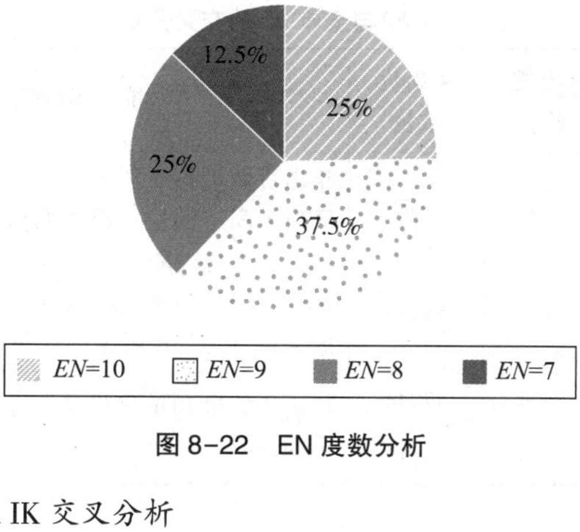

图 8-22　EN 度数分析

4. IK 分析和 IQ 及 IK 交叉分析

根据表 8-15 中 *IQ* 与 *IK* 可得 IQ 及 IK 交叉分析，如图 8-23 所示。

食品配送中心拣货系统规划通常以一年的 IQ 分析为主，已知各品项全年出货天

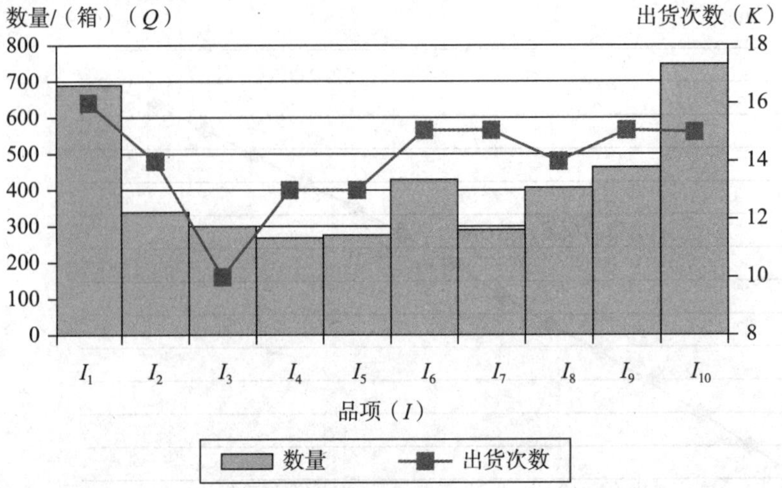

图 8-23　IQ 及 IK 交叉分析

数，将全年 *IQ* 与单日 *IQ* 结合进行交叉分析，使整个拣货系统的规划更加合理，具体分析如图 8-24 与表 8-18 所示。

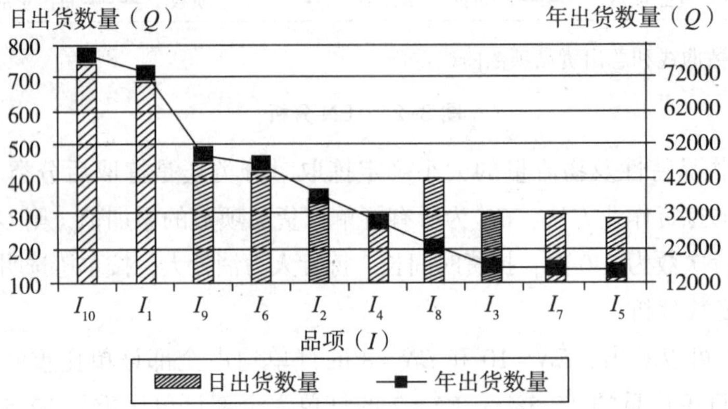

图 8-24　单日 *IQ* 与全年 *IQ* 的交叉分析

表 8-18　　单日 *IQ* 与全年 *IQ* 的交叉分析

出货品项	日出货数量	出货次数	年出货数量	拣货系统的规划设计
I_{10}	747	104	77688	年出货数量和单日出货数量均大，进出货频繁，仓储区应为固定储位，储位布置于库房出口位置比较合适，这样可以减少搬运距离。应缩短进货周期，存货水平可以适当提高以保证单日最大出货数量。可考虑采用自动分拣系统进行分拣
I_1	688	104	71552	
I_9	461	104	47944	年出货数量和单日出货数量较大，为分类意义不突出的商品，根据商品分类特性归为相应的类别中
I_6	428	104	44512	

续表

出货品项	日出货数量	出货次数	年出货数量	拣货系统的规划设计
I_2	339	104	35256	年出货数量和单日出货数量相对较小，出货次数仍然频繁，储位规划可选择库区中间尽量靠近出口的位置，可考虑人力加机械拣选，注意控制库存数量
I_4	269	104	27976	
I_8	407	52	21164	单日出货数量较大，年出货数量较小，出货频率低，储位可规划于库区靠里的位置或货架上层，也可以采用弹性规划，注意库存时间控制
I_3	299	52	15548	年出货数量和单日出货数量小，仓储区为弹性储位，货位大小应宜于调整，拣货区与储存区合并规划以减少多余库存，缩短进货周期，降低存货水平
I_7	288	52	14976	
I_5	277	52	14404	

5. PCB 分析

PCB 分析是将各订单的订货数量以托盘（P）、箱子（C）、单品（B）等单位加以换算分析。如一张订单有多少托盘、多少箱子、多少单品，全部订货量里有多少 PCB，各品项的 PCB 及所有出货品项的 PCB，以了解客户的订货规模、品项的出货规模。

（1）P—EIQ

将 EIQ 表中的箱数换算为托盘数，可看出各订单以托盘出货的出货数量以及托盘出货的出货品项数；全部订单以托盘出货的出货数量及以托盘出货的出货品项数。

这样不仅可以看出客户的订货规模，而且可以作为以托盘为单位的拣货方法、拣货设备、拣货储区规划的依据。

（2）C—EIQ

将 EIQ 表中的箱数换算为托盘数后，将剩余的箱数做成 EIQ 表。从表中可看出以箱为单位的出货情况，作为以箱为单位的拣货方法、拣货设备、拣货储区规划的依据。

（3）EQ—PCB

从 EIQ 表中，换算出客户订单中每个品项直接以托盘为出货单位的数量以及从托盘上以箱拣取所需的托盘数。

（4）IQ—PCB

从 EIQ 表中，换算出每个出货品项以托盘为单位的出货数量以及从托盘上以箱拣取所需的托盘数。

（5）PC—CB

换算以箱拣取所需的托盘数，以及以单品拣取所需箱数。

【作业思考题】

1. EIQ 规划分析主要应用于哪些领域？
2. EIQ 规划分析技术与 SLP 规划技术有何区别？

3. EIQ 规划分析的主要作用与目的是什么？
4. EIQ 规划分析常用的统计方法有哪些？
5. EIQ 分析的要素是什么？
6. EQ、EN、IQ、IK 及交叉分析有何应用意义？
7. 物流拣选作业可选用的拣选策略有哪些？
8. 储位安排规划可以采用的策略有哪些？

第九章　仓库的规划设计

【导　言】

仓库是用于储存、保管物品的建筑物及场所，是重要的物流作业专用设施，仓库存储空间规划设计的科学合理对企业增加产出、改善物流、降低成本、提高客户服务水平有着十分重要的意义。由于仓库的规划设计是要解决货物如何存、如何流的问题，因此仓库的建筑形式、储存区域面积、空间需求计算、储存方法与设备配置、仓库出入库作业方式与作业能力等，是仓库规划设计的主要内容。本章将在普通仓库空间规划的基础上重点就单元货格式立体仓库的总体规划设计问题进行简要介绍。

【学习目标】

通过本章的学习，了解普通仓库的构成、储存区域空间规划的内容及影响因素，知晓立体仓库规划设计的步骤与工作内容，理解储存方法与仓储设备配置的关系，掌握普通仓库储存区域面积、仓库通道宽度、柱子间距、库房高度等空间规划指标计算方法与单元货格式立体仓库货格尺寸的确定方法。通过平均作业周期与出入库能力的计算，理解并掌握单元货格式立体仓库总体尺寸的确定方法，进而能确定高架区堆垛机的布置方式、高架区与出入库作业区之间的衔接方式，完成立体仓库总体布置方案设计。

【教学要点】

- 普通仓库储存区域空间规划的内容与影响因素，普通仓库储存区域面积、仓库通道宽度、柱子间距、库房高度等空间规划指标计算方法；
- 立体仓库的构成与种类、立体仓库规划设计的步骤与工作内容；
- 单元货格式立体仓库货格尺寸与总体尺寸的确定方法，平均作业周期与出入库能力的计算方法；
- 单元货格式立体仓库高架区堆垛机的布置方式、高架区与出入库作业区之间的衔接方式。

第一节　普通仓库的规划设计

仓库一般由物料储存区、验收分发作业区、管理室、生活间及辅助设施组成。仓库的规划设计就是对上述区域的空间与设备配置做出合理计划安排，规划的重点内容主要是货物储存区域的空间规划与存储设备的选择。

一、仓库储存区域的空间规划

储存区域的空间规划是仓库规划的核心，储存区域空间规划合理与否直接影响仓库的作业效率和储存能力。仓库储存区域的空间规划的内容包括储存区域面积规划、通道宽度规划、柱子间距规划、库房高度规划。

（一）仓库储存区域空间规划的影响因素

进行仓库储存区域空间规划时，首先要了解所有影响储存区域空间规划的因素，对其进行认真分析和考核。这些影响因素包括：①存储方式（存储方式一般有散放、堆码和货架储存三种）；②货品尺寸、数量；③托盘尺寸、货架空间；④使用的机械设备（型号/式样、尺寸、产能、回转半径）；⑤通道宽度、位置及需求空间；⑥库内柱距；⑦建筑尺寸与形式；⑧进出货及搬运位置；⑨补货或服务设施（防火墙、灭火器、排水口）的位置；⑩作业原则（动作经济、单元化负载、货品不落地、减少搬运次数及距离等）。

（二）仓库储存区域面积的计算

仓库面积包含储存区域面积和辅助设施面积两部分。储存区域面积指货架、料垛实际占用面积。辅助设施面积指验收、分类和分发作业场地，通道，办公室及生活间等的面积。这里主要介绍仓库储存区域面积的计算方法。

1. 荷重计算法

荷重计算法是一种常用的计算方法，是根据仓库有效面积上的单位面积承重能力确定仓库面积的方法。储存区域面积计算公式如下：

$$S = \frac{Q \times T}{T_0 \times q \times \alpha}$$

式中：S——储存区域面积（m^2）；

Q——全年物料入库量（t）；

T——物料平均储备天数（d）；

q——单位面积的平均承重能力（t/m^2）；

α——储存面积利用系数；

T_0——年有效工作日数（d）。

【例9-1】某工厂拟建一个金属材料仓库，已知工厂生产所需的金属材料平均储备天数为90天，年需求量为1000t，工厂地面单位面积对金属材料的平均承重能力为1.5 t/m^2，金属材料储存面积利用系数为0.4，工厂年有效工作日为360天，试计算金属材料仓库应建多大面积。

利用荷重计算法，得：

$$S = \frac{Q \times T}{T_0 \times q \times \alpha} = \frac{1000 \times 90}{360 \times 1.5 \times 0.4} = 417\ (m^2)$$

2. 托盘尺寸计算法

若货物储存量较大，并以托盘为单位进行储存，则可以先计算存货实际占用面积，再考虑叉车存取作业所需通道面积，最后计算出储存区域的面积。

（1）托盘平置堆码

若货物以托盘为单位置于地面上平置堆码储存，则计算储存区域面积时所需考虑的因素有：货物数量、托盘尺寸和通道等。假设托盘尺寸为 $P \times P\ m^2$，由货品尺寸及托盘尺寸算出每托盘平均可码放 N 箱货品，若仓库平均存货量为 Q，则存货面积需求 D 为：

$$D = \frac{Q}{N} \times (P \times P)$$

另外，储存区域面积还需要考虑叉车存取作业所需的通道面积，若通道面积占全部面积的 30%~35%，则储存区域面积 A 为：

$$A = D/(1-35\%)$$

（2）托盘多层叠堆

若货物以托盘多层叠堆于地面上，则计算储存区域面积时需要考虑货品尺寸及数量、托盘尺寸、堆码层数及高度、通道等因素。假设托盘尺寸为 $P \times P\ m^2$，由货品尺寸及托盘尺寸算出每托盘平均可码放 N 箱货品，托盘在仓库内可堆码 L 层，若仓库平均存货量为 Q，则存货面积需求 D 为：

$$D = \frac{Q}{L \times N} \times (P \times P)$$

储存区域面积再考虑叉车存取作业所需通道面积即可。

（3）托盘货架储存计算法

若使用托盘货架储存货品，则存货占地面积与空间的计算除了要考虑货品尺寸、数量、托盘尺寸、货架形式、货格尺寸及货架层数外，还需考虑所需的巷道空间。

假设货架为 L 层，每个托盘占用一个货格，每个货格放入货物后左右的间隙为 P'，前后的间隙为 P''，每个托盘可码放 N 箱货品，若公司平均存货量为 Q，则存货需占用的面积 D 为：

$$D = \frac{Q}{L \times N} \times [(P+P') \times (P+P'')]$$

由于货架储存系统具有分区特性，每个区由两排货架及存取通道组成，因此基本托盘占地面积加上存取通道面积，才是实际储存区域的面积。其中存取通道面积需要视叉车是进行直角存取还是仅用于通行而分别确定。各储存货架的空间计算，应以一个货格为计算基准，一般的货格通常可存放两个托盘。图 9-1 为储存货架。

①货架使用平面面积（A）为：

$$A = (P_1 \times 4) \times (P_2 \times 5) = 4P_1 \times 5P_2$$

②货架使用总面积（B）为：

$$B = \text{货架使用平面面积} \times \text{货架层数} = A \times L$$

③储存区总平面面积（S）为：

$$S = \text{货架使用平面面积} + \text{叉车通道} + \text{侧通道} = A + [W_1 \times (5P_2 + W_2)] + (2P_1 \times 2 \times W_2)$$

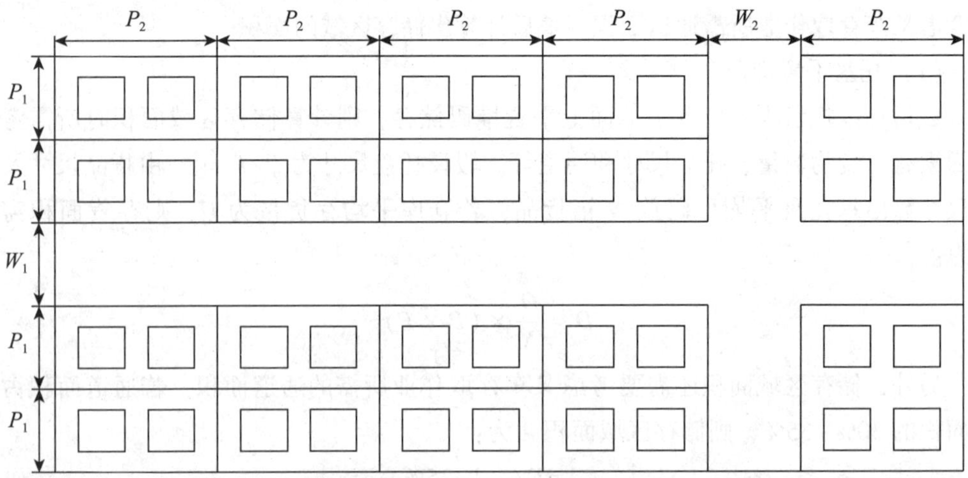

注：P_1——货格宽度；P_2——货格长度；W_1——叉车直角存取的通道宽度；W_2——货架区侧向通道宽度。

图 9-1　储存货架

（三）仓库通道宽度的设计

仓库通道宽度设计主要需要考虑托盘尺寸、货物单元尺寸、搬运车辆型号及其转弯半径等，同时，还要考虑货物堆存方式、车辆通行方式等。一般仓库通道宽度可以从以下两个方面确定。

1. 根据货物的周转量、货物的外形尺寸和库内通行的运输设备确定

货物周转量大，收发较频繁的仓库，其通道应按双向运行的原则确定，其最小宽度可按下式计算。

$$B = 2b + C$$

式中：B——最小通道宽度（m）；

C——安全间隙，一般采用 0.9m；

b——运输设备宽度（含搬运物料宽度，m）。

仓库内部一般用叉车进行存取作业，通道宽度与适用的叉车类型如表 9-1 所示。

表 9-1　　通道宽度与适用的叉车类型

叉车类型	通道形式	通道宽度（m）
配重式叉车	宽道式	3.0~4.5
前移式叉车	窄道式	2.1~3.0
支腿式叉车		
转柱式叉车		
拣选式叉车	超窄道式	≤2.1

如卡车进入库区进行搬运，则单行通道宽度一般为 3.6~4.2m，如果只采用手推车搬运，则通道宽度一般为 2~2.5m。

2. 根据货物尺寸和存取操作方便等确定

采用人工存取的货架，其过道宽度一般为0.9~1.0m。货堆之间的过道宽度一般为1m左右。

（四）柱子间距的设计

仓库库内柱子间距的主要设计依据包括建筑物的楼层、楼层高度、地面承重能力、抗震能力等。另外还需要考虑仓库内的保管效率及作业效率。仓库内储存区域柱子间距的设计可以从以下几个方面考虑。

1. 卡车数量及种类

进入仓库停靠的卡车数量及种类：不同类型和重量的载货卡车有不同的体积和长度，停靠站台所需的空间及柱距也有不同。

货车在库内停靠时柱子的间距如图9-2所示。柱子间距计算公式：$W_c=W\times N+C_t\times(N-1)+2\times C_g$。

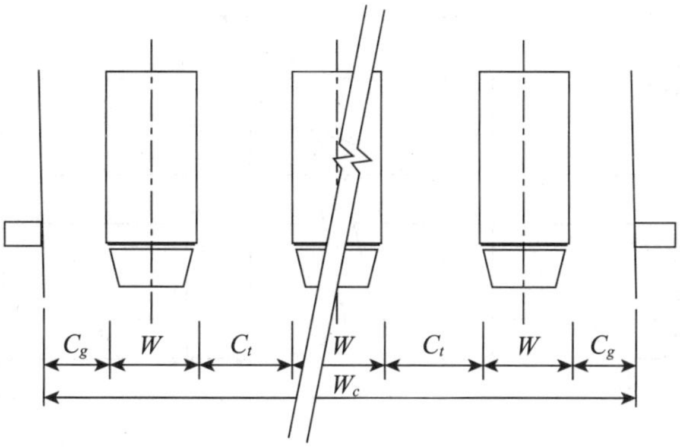

注：W_c——柱子间距；W——货车宽度；N——货车数量；C_t——货车间距；C_g——侧面间隙尺寸。

图9-2 货车在库内停靠时柱子的间距

【例9-2】 已知货车宽度为2.49m，货车数量为2台，货车间距为1m，侧面间隙为0.75m，求仓储区域柱子间距。

$$W_c=W\times N+C_t\times(N-1)+2\times C_g=2.49\times2+1\times(2-1)+2\times0.75=7.48\ (\text{m})$$

2. 储存设备的种类及尺寸

储存区域的空间设计应优先考虑储存设备的布置效率，其空间设计应尽可能大而完整，以供设备的安置，故应配合储存设备的规划，确定柱子间距。

①托盘货架宽度方向柱子的间距，如图9-3所示。柱子间距计算公式：$W_c=(W_L+2\times L_p+C_r)\times N$。

【例9-3】 已知货架深度为1.0m，通道宽度为2.5m，货架背面间距为0.05m，平房建筑，柱子间隔内可放2对货架（是货架对数，也是货架巷道数），求仓储区域柱子间距。

$$W_c=(W_L+2\times L_p+C_r)\times N=(2.5+2\times1.0+0.05)\times2=9.1\ (\text{m})$$

②托盘货架长度方向柱子的间距，如图9-4所示。柱子间距计算公式：$W_c=W_p\times N_p+C_p\times(N_p-1)+2\times C_0$。

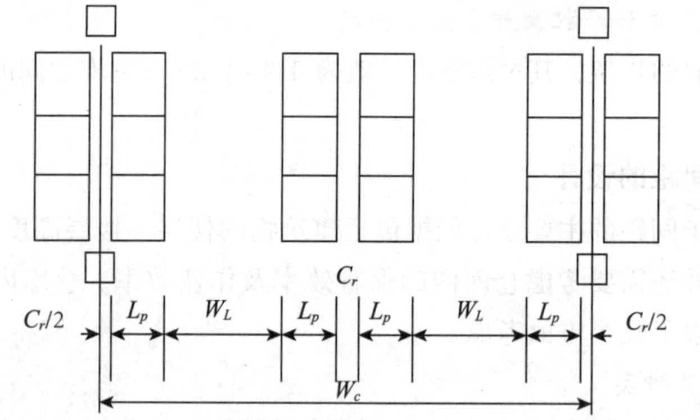

注：W_c——柱子间距；L_p——货架深度；W_L——通道宽度；C_r——货架背面间距；N——货架巷道数。

图 9-3　托盘货架宽度方向柱子的间距

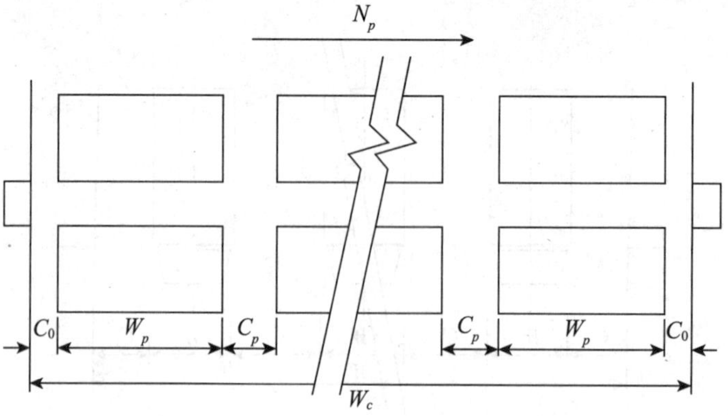

注：W_c——柱子间距；W_p——货架宽度；N_p——货架列数；C_p——货架间距；C_0——通道宽度。

图 9-4　托盘货架长度方向柱子的间距

【例 9-4】已知货架宽度为 1.0m，货架列数为 7，货架间距为 0.05m，通道宽度为 0.05m，求仓储区域柱子间距。

$$W_c = W_p \times N_p + C_p \times (N_p - 1) + 2 \times C_0 = 1.0 \times 7 + 0.05 \times (7-1) + 2 \times 0.05 = 7.4\ (\text{m})$$

（五）库房高度的规划

在储存区域空间规划中，库房的有效高度也称梁下高度，理论上是越高越好，但受货物堆码高度、叉车扬程、货架高度等因素的限制，库房太高反而会增加成本，因此要合理设计库房的有效高度。库房梁下高度的计算公式为：

梁下高度 = 最大举升货高 + 梁下间隙

由于货物储存方式和堆垛搬运设备种类的不同，对库房的有效高度的要求也不一样。另外仓库要考虑消防、空调、采光等因素，所以在进行库房的有效高度设计时，应根据货物储存方式、堆垛搬运设备等因素，采取不同的计算方式。

1. 采用地面层叠堆码时，梁下高度的计算

【例 9-5】已知货高 H_A 为 1.3m，堆码层数 N 为 3，货叉的抬货高度 F_A 为 0.3m，梁下间隙 a 为 0.5m，求最大举升货高 H_L 与梁下高度 H_e。

$$H_L = N\times H_A + F_A = 1.3\times 3 + 0.3 = 4.2\ (\text{m})$$

$$H_e = N\times H_A + F_A + a = 1.3\times 3 + 0.3 + 0.5 = 4.7\ (\text{m})$$

2. 采用货架储存时，梁下高度的计算

【例9-6】已知货架高度 H_r 为3.2m，货物高度 H_A 为1.3m，货叉的抬货高度 F_A 为0.3m，梁下间隙 a 为0.5m，求最大举升货高 H_L 与梁下高度 H_e。

$$H_L = H_r + H_A + F_A = 3.2 + 1.3 + 0.3 = 4.8\ (\text{m})$$

$$H_e = H_r + H_A + F_A + a = 3.2 + 1.3 + 0.3 + 0.5 = 5.3\ (\text{m})$$

二、仓库常用设备的选择

货物储存方式不同，采用的储存设备也不一样，仓库常用设备的选择如表9-2所示。

表9-2　仓库常用设备的选择

储存方法／设备类型	堆存	托盘货架	驶入式货架	密集式货架	重力式货架	穿梭车用货架	高货架
普通起重机	√						
普通叉车	√	√	√	√	√	√	
巷道堆垛叉车	√	√	√		√	√	√
桥式堆垛起重机	√	√	√				√
巷道堆垛起重机			√		√	√	√

三、仓库储存空间的有效利用

在仓库中，不管货品是在地面直接堆码还是储存在货架上，均占用保管面积，在地价日益昂贵的今天，若能有效利用空间，可以大大降低仓储成本。但要如何有效利用仓储空间呢？除了要合理地规划梁、柱、通道外，储存空间的充分利用也很重要。储存空间有效利用的方法有以下三种。

（一）向上发展

当合理化设置好梁、柱后，在此有限的立体空间中，面积固定，要增加利用空间，就要向上发展。目前堆高的方法为多利用货架，如驶出/驶入式货架可达10m，而窄道式货架更可达到15m左右，利用这些高层货架把重量较轻的货品储存于上层，把较重的货品储存于下层，或使用托盘多层堆放以提高存储量，增加利用空间。

（二）平面利用

二维平面经济利用可以从以下三个方面思考。

1. 非储存空间应设置于角落

所谓非储存空间就是卫生间、楼梯、办公室等设施应尽量设置在储存区域的角落或边缘，以免影响储存空间的整体性，这样可以增加货品的储存空间。储存空间顶上的通风管路及配电线槽，宜安装于最不影响存取作业的角落上方，以减少对货架的安置产生影响，相应地就可以增加货架数量，从而提高储存空间。

2. 减少搬运作业通道面积

减少搬运作业通道面积相对就增加了保管面积，但可能会因通道的变窄变少而影响作业车辆的通行及回转，因此在空间利用率与作业影响两方面要根据自己的需求平衡，不要因为储存空间的扩展而影响了整个作业的便利性。一般性的做法是把通道设定成行走搬运车辆的最小宽度，再于合适位置另设一条较宽通道以供搬运车辆回转。

3. 货架尽量方形配置

货架的安装设置应尽量采取方形配置，以减少因货架安置而留有过多无法使用的空间。

（三）采用自动仓库

自动仓库在空间利用率上是最高的，但并不表示其就是最适合的，对于自动仓库的选用必须先经过评估，了解配送中心货物的特性、货量的大小、频率的高低再决定是否选择自动仓库。

第二节　立体仓库规划设计的步骤与工作内容

一、立体仓库的概述

立体仓库也称自动化仓库或高架仓库，一般指采用几层、十几层乃至几十层高的货架储存货物，并且用专门的仓储作业设备进行货物出库或入库作业的仓库。由于这类仓库能充分利用立体空间进行储存，故称为立体仓库。立体仓库的出现，使传统的仓储观念发生了根本性的变化。原来那种固定货位、人工搬运和码放、人工管理、以储存为主的仓储作业已变为自由选择货位，按需要实现先入先出的机械化、自动化仓储作业。在储存的同时，可以对货物进行必要的拣选、组配，并根据整个企业的生产需要，有计划地将库存货物按指定的数量和时间要求送到合适的地点，满足均衡生产的需要。可以说，立体仓库的出现使“静态仓库”变成了“动态仓库”。

（一）立体仓库的产生与发展

早在20世纪50年代，美国就出现了使用桥式堆垛机的仓库，使货架间的通道大幅减小，单位面积的储存量平均提高了52%。此后立体仓库在美国和西欧（德国、英国、瑞士、意大利）等地得到迅速发展。1963年，美国某公司首先在仓库业务中采用计算机控制，建立了第一个计算机控制的立体仓库。20世纪60年代中期，日本开始兴建立体仓库，而且发展速度越来越快，近年来无论在质与量方面均赶超西欧。

我国对立体仓库及其专用设备的研究开始得并不晚，早在1963年就由北京起重运输机械研究所设计了第一台1.25t的桥式堆垛机，由大连起重机厂完成试制。20世纪70年代中期，郑州纺织机械厂首次改建了一座立体仓库。这座立体仓库是利用原有锯齿形厂房改建而成的，用于存放模具。1977年由北京起重运输机械研究所等单位研究制造出北京汽车制造厂自动化仓库，该库属于整体式结构，采用计算机进行控制和数据处理。此后，立体仓库在我国得到迅速发展，截至2022年，我国已建成立体仓库近8000座，这些仓库使用在机器制造、电器制造、化工、商业、储运和军需等部门。由于立体仓库是现代物流技术的核心，随着我国经济的不断发展，对立体仓库数量和质量的要求将会越来越高。

（二）立体仓库的基本组成

立体仓库的结构和种类很多，但一般由建筑物、高架区、理货区、管理区、堆垛机械和配套设备等组成。

1. 建筑物

如果是低层立体仓库，则多为一般建筑物。如果是中、高层立体仓库，则需要设计和建造新的专用建筑物。

2. 高架区

高架区是存放货物的货架区域，它是立体仓库的中心部分。

3. 理货区

理货区是整理货物的区域，它和高架区相衔接。在中、高层立体仓库中，理货区是和高架区相邻的1~2层建筑物，由分货场、暂存站台和出入卡车停车场构成。

4. 管理区

管理区是出入库管理及库存管理区域。对于计算机管理的自动化立体仓库，管理区也就是计算机控制管理室。

5. 堆垛机械

低层立体仓库一般使用叉车等，中、高层立体仓库一般使用有轨巷道堆垛机、无轨巷道堆垛机或桥式堆垛机等。

6. 配套设备

配套设备是指货架外的出入库搬运作业、理货作业以及卡车装卸作业所使用的主要设备。如出入库台车、托盘装载装置、叉车、输送机等，为了防止出入库时货物散垛，也有的仓库备有压缩包装机。对于分拣仓库，还备有自动分拣、配货装置。

（三）立体仓库的分类

立体仓库的分类是随着生产的不断发展和进步而变化的。物流系统的多样性，决定了立体仓库的多样性。通常有如下几种分类方法。

1. 按建筑形式分类

按照建筑形式可分为整体式立体仓库和分离式立体仓库两种，如图9-5所示。一般整体式立体仓库的高度在12m以上；分离式立体仓库的高度在12m以下，但也有15~20m的。整体式立体仓库的货架与仓库建筑物构成一个不可分割的整体，货架不仅要承受货物载荷，还要承受建筑物屋顶和侧壁的载荷。这种仓库结构重量轻、整体性好，对抗震也特别有利。分离式立体仓库的货架和建筑物是独立的，适用于将原有建筑物作为库房，或者在厂房和仓库内单独建一个高层货架的情形。由于这种仓库可以先建库房后立货架，所以施工安装比较灵活方便。

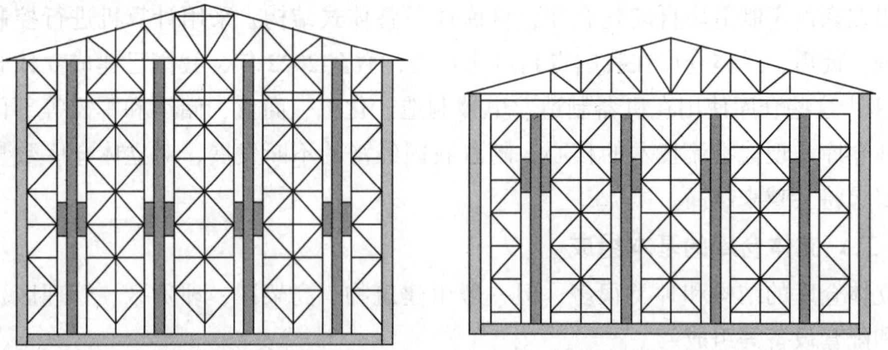

（a）整体式立体仓库　　（b）分离式立体仓库

图 9-5　整体式与分离式立体仓库

2. 按仓库高度分类

按仓库高度不同，立体仓库可以分为高层立体仓库（>12m）、中层立体仓库（5~12m）和低层立体仓库（<5m）。

3. 按货架的形式分类

按货架的形式不同，立体仓库可以分为单元货格式立体仓库、贯通式货架立体仓库、旋转式货架立体仓库和移动式货架立体仓库。

单元货格式立体仓库是应用最为广泛的一种立体仓库，这种仓库的特点是，货架沿仓库的宽度方向分为若干排，每两排货架为一组，其间有一条巷道，供堆垛机或其他仓储机械作业，如图 9-6 所示，每排货架沿仓库纵长方向（*L* 方向）分为若干列，沿垂直方向（*H* 方向）分为若干层，从而形成大量货格，用以储存货物。货物是以集装单元的形式储存在立体仓库中的。在我国建成的所有立体仓库中，单元货格式立体仓库占 90%以上。

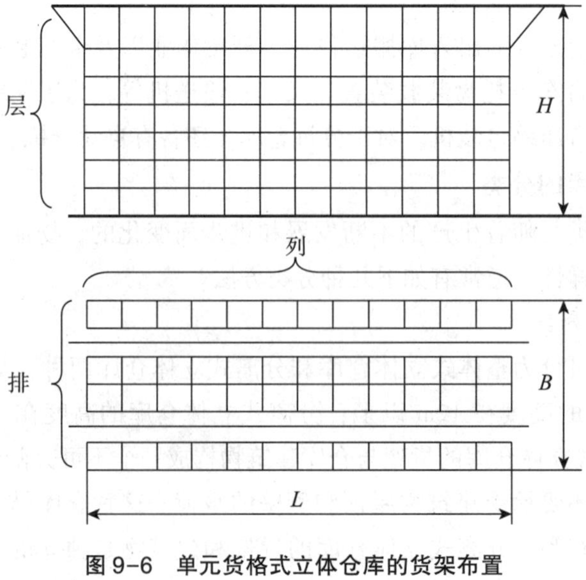

图 9-6　单元货格式立体仓库的货架布置

通常，对于单元货格式立体仓库，有如下概念及术语。①货格：货架内储存货物的单元空间；②货位：货格内存放一个单元货物的位置；③排：宽度方向（B 方向）上货位数的单位；④列：长度方向（L 方向）上货位数的单位；⑤层：高度方向（H 方向）上货位数的单位。

4. 按仓库的作业方式分类

按仓库的作业方式可以分为单元式立体仓库和拣选式立体仓库。

单元式立体仓库的出入库作业都是以货物单元（托盘或货箱）为单位，中途不拆散。所用设备为叉车或带伸缩货叉的巷道堆垛机。

拣选式立体仓库的出库是根据提货单的要求从货物单元（或货格）中拣选一部分出库，其拣选方式可分为两种，第一种是拣选人员乘拣选式堆垛机到货格前，从货格中拣选所需数量的货物出库。这种方式叫"人到货拣选"。第二种是将存有所需货物的托盘或货箱由堆垛机搬运至拣选区，拣选人员按提货单的要求拣出所需的货物，然后再将剩余的货物送回原址。这种方式叫"货到人拣选"。对整个仓库来讲，当只有拣选作业而不需要整单元出库时，一般采用"人到货拣选"；如果作业中有相当一部分货物需要整单元出库，或者拣选出来的各种货物还需要按用户的要求进行组合选配时，一般采用"货到人拣选"。

（四）立体仓库的优点

1. 空间利用率高

立体仓库能大幅增加仓库高度，充分利用仓库面积与空间，减少占地面积。立体仓库目前最高的已经有 40 多米。它的单位面积储存量比普通仓库高得多。例如，一座货架高 15m 的立体仓库，用以储存机电零部件和外协件，储存量可达 $2\sim5t/m^2$，是普通货架仓库的 4~7 倍。

2. 作业效率高

立体仓库便于实现仓库的机械化、自动化，从而提高出入库效率，能方便地纳入整个企业的物流系统，使企业物流更为合理化。

3. 适合特殊要求

采用自动化技术后，立体仓库能适应黑暗、有毒、低温等特殊环境的需要。例如，储存胶片卷轴的立体仓库以及各类冷藏、恒温、恒湿立体仓库等。

4. 管理水平提高

借助计算机管理能有效地利用仓库储存能力，便于清点盘货，合理减少库存，节约流动资金。例如，某汽车厂的仓库，在采用立体仓库后，库存物资的金额比过去降低了 50%，节约资金数百万元。

5. 货损货差减少

由于采用货架储存，并结合计算机管理，很容易实现先入先出的出入库原则，防止货物自然老化、变质、生锈。立体仓库也便于防范货物的丢失，减少货损。

二、立体仓库规划设计步骤及工作内容

（一）概念设计

概念设计是项目概念提出及可行性论证阶段。立体仓库是一项系统工程，需要大量投资，因此在建设前必须明确建设立体仓库的目标和有关的背景条件，论证建设立体仓库的必要性和可行性。如果项目论证通过，本阶段的分析结果也为立体仓库的总体设计奠定了可靠的基础。概念设计阶段，亦称项目准备阶段，一般要做以下几个方面的工作。

1. 确认建设立体仓库的必要性

根据企业的生产经营方针、企业物流系统的总体布局和流程，分析确定立体仓库在企业物流系统中的位置、功能和作用。

2. 明确建设立体仓库的目标

根据企业的生产规模和水平，以及立体仓库在整个物流系统中的位置，分析企业物流和生产系统对立体仓库的需求，并考虑企业的经营状况和经济实力，确定立体仓库的基本规模和自动化水平。

3. 调查仓储业务处理需求情况

要调查清楚拟存货物的名称、特征（如易碎、怕光、怕潮等）、外形及尺寸、单件重量、平均库存量、最高库存量、每日出入库数量、入库和出库频率、入库货物的来源及入库作业方式、包装形式和搬运方法、出库货物的去向和所用运输工具等。

4. 了解建库现场条件与环境因素

建库现场条件包括气象、地形、地质条件、地面承载能力、风及雪的载荷、地层情况以及其他环境影响因素等。

5. 了解仓储作业对设施建设的要求

如最大库容量要求，出入库能力要求，装卸搬运、储存设备的配置要求，出入库门的数量要求，对外运输衔接方式要求，投资预算等。

（二）规划设计

1. 确定仓库的内部结构

立体仓库一般是由建筑物、高架区、理货区、管理区、堆垛机械和配套设备等组成。因此，确定仓库的内部结构组成主要考虑以下几个问题。①建筑物：原有还是新建，高层还是低层等；②高架区：库架合一或库架分离，横梁式或牛腿式，焊接式或组合式等；③理货区：需要多大面积，与高架区的位置关系，应具备哪些作业功能，应配备的设施等；④堆垛机械：有轨巷道堆垛机、无轨堆垛机、桥式堆垛机和普通叉车等；⑤配套设备：包括叉车、托盘搬运车、辊子输送机、链条输送机、升降台、有轨小车、无轨小车、转轨车以及称重和检测识别装置等，对于一些分拣仓库，还配备了自动分拣和配货的装置。应根据立体仓库的规模和工艺流程的要求确定配套设备的类型。

2. 设计仓库出入库作业方式

根据客户订货要求及以往产品销售情况，确定货物出库、入库集装单元与拣选、搬运作业方式。如果以整单元出库为主，则采用货物单元化搬运方式完成出库作业；若是以零星货物出库为主，则可采用按订单或按批次进行拣选的方式完成出库作业。出库作业可根据具体情况，确定采用“人到货拣选”，还是“货到人拣选”。

3. 确定货物单元的形式、尺寸和重量

立体仓库是以单元化搬运为前提的，所以确定货物单元的形式、尺寸及重量是一个重要的问题。它不仅影响仓库的投资，而且对于整个物流和仓储系统都有极为重要的影响。因此，为了合理确定货物单元的形式、尺寸和重量，要抓住所有入库货物在流通中的关键环节，对货物单元的品种进行 ABC 分类，选择最为经济合理的方案。对于少数形状和尺寸比较特殊以及很重的货物，可以单独处理。例如，汽车的前桥、后桥、车身等大件，形状不规则，尺寸又大，难以形成单元，不一定非要与其他零部件同入一个立体仓库。它们的储存可以选用推式悬挂输送机或者其他设备单独处理。

4. 确定堆垛机械及配套设备的主要参数

立体仓库常用的堆垛机械为有轨巷道堆垛机、无轨堆垛机（高架叉车）、桥式堆垛机和普通叉车等。在总体设计时，要根据仓库的高度、自动化程度和货物的特征等合理选择其规格结构，并确定其主要性能参数（包括外形尺寸、工作速度、起重量及工作级别等）。

立体仓库配套设备的配备应根据系统的流程和工艺统筹考虑，并根据立体仓库的出入库频率、货物单元的尺寸和重量等确定各配套设备的性能参数。如对于输送机而言，则根据货物单元尺寸确定输送机的宽度，根据立体仓库的频率要求确定输送机的速度。

总体设计时，要根据仓库的规模、货物的品种、出入库频率等选择最合适的机械设备，并确定其主要参数；根据出入库频率确定各个机构的工作速度；根据货物单元的重量选定起重、装卸和堆垛设备的起重量。

5. 确定仓库的总体尺寸

确定仓库的总体尺寸，关键是确定货架的长、宽、高。立体仓库的设计规模主要取决于其库容量，即同一时间内储存在仓库内的货物单元数。如果已知库容量，就可以直接应用这个参数。如果未知，就要根据拟存入库内的货物数量和出入库的规律等，通过预测技术确定库容量。根据库容量和作业设备的性能参数以及其他空间限制条件，即可确定仓库的总体尺寸。

6. 确定仓库的总体布局

确定了立体仓库的总体尺寸后，便可进一步根据仓库作业的要求进行总体布局，主要包括立体仓库的物流模式、高架区的布局方式和出入库输送系统。

7. 选定仓库作业控制方式

立体仓库的控制方式，一般可分为手动控制和自动控制两种。手动控制方式设备简单、投资小，对土建和货架的要求也较低，主要适用于规模较小、出入库频率较低的仓库，尤其适用于拣选式仓库。自动控制是立体仓库的主要控制方式。立体仓库的自动控制系统根据其控制层次和结构的不同，可分为三级控制系统和二级控制系统，一般由管理级、监控级和直接控制级组成（二级控制系统由管理级和控制级组成），可完成立体仓库的自动认址和自动程序作业，适用于出入库频率较高、规模较大的立体仓库，特别是暗库、冷库或生产线中的立体仓库。自动控制系统可以减轻工人的劳动强度，提高系统的生产率。

8. 选择仓储管理方式

立体仓库的管理方式一般可分为人工台账管理和计算机管理两种。人工台账管理方式仅适用于库存量较小，品种不多，出入库频率不高的仓库。在立体仓库中，一般都采用计算机管理方式，与自动控制系统相结合，实现立体仓库的自动管理和控制，是立体仓库管理的主要方式。在总体设计阶段，要根据仓库的规模、出入库频率、生产管理的要求、仓库自动化水平等方面综合考虑选定一种管理方式。

9. 提出土建、公用设施的要求

在总体设计时，还要提出对立体仓库的土建和其他公用设施的要求：一是根据货架的工艺载荷，提出对货架的精度要求；二是提出地面需要承受的载荷以及对基础均匀沉降的要求；三是确定对采暖、采光、通风、给排水、电力、照明、防火、防污染等方面的要求。

10. 进行投资概算

分别计算立体仓库各组成部分的设备费用、制造费用、设计及软件费用、运输费用、安装及调试费用等，综合得到立体仓库的总投资费用。

11. 拟定项目进度计划

最后要提出立体仓库设计、制造、安装、调试以及试运营的进度计划以及监督和检验措施。

（三）详细设计

根据总体设计的要求，对组成立体仓库的所有设备和设施进行详细设计或选型，此阶段要完成所有设备和设施的施工图纸和制造。

第三节　单元货格式立体仓库的设计

一、货格尺寸的设计

在立体仓库设计中，恰当地确定货格尺寸是一项很重要的设计内容，它直接影响仓库面积和空间利用率，也和作业设备能否顺利完成存取作业有直接关系。

牛腿式货架的每个货格只能放一个单元货物，其货格载货如图 9-7 所示。横梁式货架的每个货格一般可存放两个以上的单元货物，其货格载货如图 9-8 所示，货格与货位间的尺寸符号及名称如表 9-3 所示。

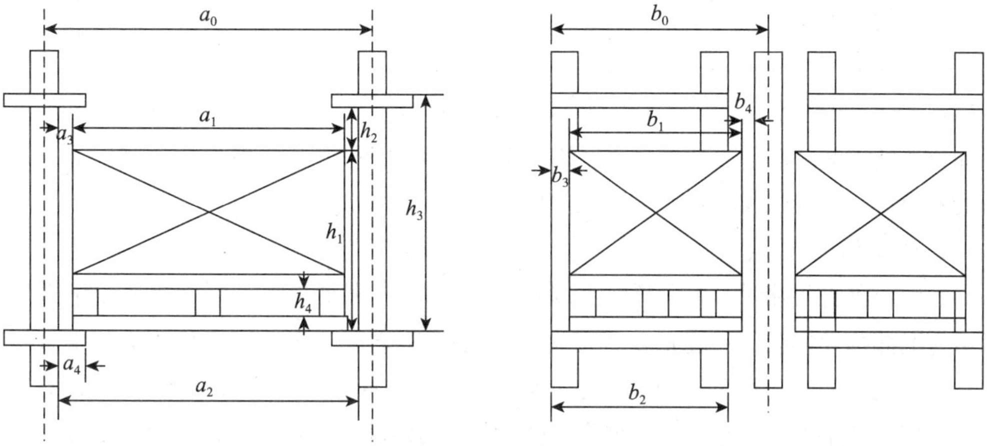

图 9-7　牛腿式货格载货（长—高面）

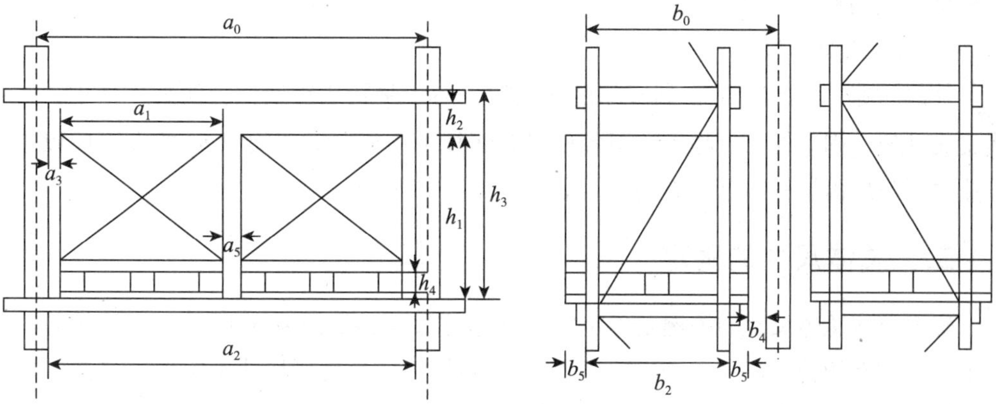

图 9-8　横梁式货格载货（长—高面）

表 9-3　　货格与货位间的尺寸符号及名称

符号	名称	符号	名称
a_0	货格长度	b_2	货格片宽度
a_1	货物长度	b_3	外部间隙（<50mm）
a_2	货格有效长度	b_4	后面间隙（<50mm）
a_3	侧向间隙（<100mm）	b_5	货物伸出宽度（<100mm）
a_4	牛腿支承货物的宽度≥a_3	h_1	货物高度（含托盘）
a_5	货物之间水平间隙（<100mm）	h_2	单元货物上部垂直间隙（<100mm）
b_0	货格宽度	h_3	层高
b_1	货物宽度	h_4	单元货物下部垂直间隙

当单元货物的尺寸确定后，货格的尺寸主要取决于各个间隙的尺寸。下面介绍各

间隙尺寸的选取原则。

1. 侧向间隙（a_3）

a_3 与 a_5 的影响因素主要有货物原始位置的停放精度、堆垛机的停放精度以及堆垛机和货架的安装精度等。精度越高，取值越小。侧向间隙 a_3 一般取 50~100mm。对于横梁式货架，一般 $a_5>a_3$，对于牛腿式货架，要求 $a_4 \geqslant a_3$。

2. 垂直间隙（h_2、h_4）

在确定垂直间隙时，单元货物上部垂直间隙 h_2 应满足货叉叉取货物过程中微起升时不与上部构件接触。一般 $h_2 \geqslant$货叉向上浮动行程+各种误差。单元货物下部垂直间隙 h_4 应满足货叉存货时顺利退出，一般 $h_4 \geqslant$货叉厚度+货叉向下浮动行程+各种误差。影响 h_2 和 h_4 的各种误差包括：①堆垛机起升机构的停准误差；②垂直位置检测片安装误差；③货叉微升和微降行程误差；④货物高度误差；⑤货叉伸出时的挠性变形；⑥货架托梁（或横梁）的高度误差等。

3. 宽度方向间隙（b_3、b_4）

外部间隙 b_3 的选择应根据实际情况确定：对于牛腿式货架，应使其尽量小；对于横梁式货架，则应保证货物不致因各种误差而掉下横梁。后面间隙 b_4 的大小应以货叉作业时不与后面拉杆接触为前提。

二、总体尺寸的确定

确定仓库总体尺寸的关键是确定货架的总体尺寸，如图 9-9 所示，货架的总体尺寸也就是货架的长（L）、宽（B）、高（H）等尺寸，当货格尺寸确定后，只要知道货架的排数（N_B）、货架列数（N_L）、层数（n）和巷道宽度（c），即可计算出其总体尺寸。

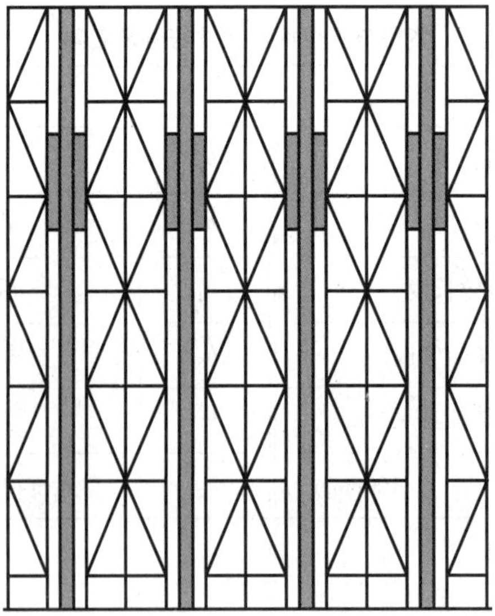

图 9-9　立体仓库货架总体侧面

$$L=a_0 \times N_L$$

$$B=(b_0\times2+c)\times N_B/2$$

$$H=h_0+\sum_{i=1}^{n}h_i$$

其中：h_0 为底层高度，h_i（$i=1$，2，…，n）为各层高度，共 n 层。巷道宽度c=堆垛机最大外形宽度+（150~200mm）。

需要注意的是，总体尺寸的确定除取决于以上因素外，还受用地情况、空间制约、投资情况和自动化程度的影响。故要根据具体情况和设计者的实际经验综合考虑、统筹设计，而且在设计过程中需要不断修改和完善。

下面介绍两种确定货架尺寸的基本方法。

（一）静态法确定货架尺寸

静态法就是根据仓库长度（或货架列数）、仓库宽（或巷道数）、仓库高度（或货架层数）、仓库容量（即总货位数）四个参数中的三个确定货架尺寸。以上参数的选取并非任意，如果仓库的空间尺寸（长、宽、高）受限制，则仓库容量是相关变量，若仓库容量确定，则长、宽、高三者中的一个为相关变量。货架尺寸的计算是根据以上约束条件及货格尺寸、库顶间隙、库内设施与墙体的安全距离以及前区尺寸确定的。一般分离式货架顶面至屋顶下弦的距离应满足安装要求，但不得小于200mm。

静态法确定货架尺寸又可分为作业能力试算法和空间计算法两种。

1. 作业能力试算法

已知总货位数（X）、货架层数（n）、货架区面积（S）和货格长度（a_0），货架总体尺寸的计算步骤如下。

（1）确定货架高度

根据货架层数与货格高度等确定货架高度。货架高度=货格高度（h_3）×（$n-1$）+底层高度+顶层高度。

（2）确定货架排数

根据出入库作业能力的需要设定巷道数（N_D），由巷道数即可确定货架排数 N_B（1个巷道对应2排货架）。

（3）确定货架列数

由已知的总货位数 X、货架层数 n 和计算出的货架排数 N_B，确定货架列数 N_L，$N_L=X/(N_B\times n)$。

（4）确定货架长度

由已知的货格长度 a_0 和计算出的货架列数 N_L 计算货架长度 L，$L=N_L\times a_0$。

（5）确定货架宽度

$B=(b_0\times2+c)\times N_D$，$N_D=N_B/2$。

高架区长、宽、高尺寸最终确定时，还应注意货架区面积的限制条件：

$$L\times B\leqslant S$$

2. 空间计算法

（1）假设已知总货位数（X）、货架区面积（S）、货架高度（H），1个巷道对应2

排货架。货架总体尺寸的计算步骤如下。

①由 $H=h_3\times(n-1)$ +底层高度+顶层高度，可得货架层数 n。

②列出货架长度、货架宽度及货架区面积计算公式：

$$L=N_L\times a_0$$
$$B=(b_0\times 2+c)\times N_B/2$$
$$S=L\times B$$

③以货架列数 N_L、货架排数 N_B 为变量，将长度与宽度关系式代入面积与总货位数关系式，建立联立方程式组：

$$\begin{cases}S=N_L\times a_0\times(b_0\times 2+c)\times N_B/2\\X=N_L\times N_B\times n\end{cases}$$

由联立方程组可求出货架列数 N_L、货架排数 N_B，进而确定货架长度、货架宽度。

（2）若货架长度已知，面积未知，该情况见例 9-7。

【例 9-7】 假设选用的托盘尺寸为 $a_1\times b_1=1100\text{mm}\times 1100\text{mm}$，厚度 h_4 为 15cm；货位侧向间隙 a_3 为 5cm；货位后面间隙 b_4 为 5cm；货架梁柱的厚度 h_0 为 10cm；货物的高度 h_1 为 1m 且其与上层的间隙 h_2 为 5cm；选择的巷道宽度 c 为 1.4m，仓库的高度 H 为 40m，仓库的长度 L 为 130m，设计货位数 60000 个。试确定仓库的宽度及面积。

解：

① 确定货格的尺寸

货格长度 $a_0=1.1+0.05+0.05+0.1=1.3$（m）。

货格宽度 $b_0=1.1+0.05+0.05+0.05=1.25$（m）。

货格高度 $h_3=h_0+h_4+h_1+h_2$

$=0.1+0.15+1+0.05=1.3$（m）。

②确定货架的层数

货架层数 $n=H/h_3$

$=40/1.3=30.769\approx 30$（层）（因层数必须为下位整数，故取层数为 30 层）。

③确定货架的列数

货架列数 $N_L=L/a_0$

$=130/1.3=100$（列）。

④ 确定货架的排数

货架排数 $N_B=X/(n\times N_L)$

$=60000/(30\times 100)=20$（排）。

⑤ 确定巷道数 N_D

由货架排数 N_B 为 20 排，可以确定出巷道 N_D 的数量为 10 个。

⑥确定仓库宽度

仓库宽度 $B=b_0\times 2\times N_D+c\times N_D$

$=1.25\times 2\times 10+1.4\times 10=25+14=39$（m）。

⑦确定仓库面积

$S = L\times B$

$= 130\times 39 = 5070$（m^2）。

（二）动态法确定货架尺寸

动态法确定货架尺寸，就是根据出入库频率和所选堆垛机的速度参数确定货架的总体尺寸。下面仍以每个巷道配备一台堆垛机为例，说明用动态法确定货架尺寸的方法。

已知规划设计的仓库容量（总货位数）为 X，要求的出入库频率为 P_0，货架高度为 H（或货架层数 n），堆垛机的速度参数为 $V_{运}$、$V_{起}$、$V_{叉}$。试确定货架的最佳尺寸？

由于仓库容量 X 和货架高度 H（或货架层数 n）已确定，故最佳布置就是能满足出入库频率要求的最少的巷道。此时配备的堆垛机数量最少，相应投资也就最小。由于解析法比较烦琐，这里介绍一种试算法。试算法具体步骤如下 。

1. 计算货架列数

假定巷道数为 N_D，则货架列数 $N_L = X/$（$2N_D\times n$）

2. 计算平均作业周期

根据货架层数 n 和货架列数 N_L 以及堆垛机的速度参数，计算每台堆垛机的平均作业周期 t_m（s）。

3. 计算出入库能力

计算整个仓库每小时（3600s）的出入库能力：$P = N_D\times 3600 / t_m$。

4. 比较设计能力要求

比较出入库能力 P 和设计要求的出入库频率 P_0。若 $P<P_0$，则设计货架达不到出入库频率的要求，再试算增加一个巷道的情况，重复 1、2、3 的计算，直到 $P\geqslant P_0$ 为止，此时的巷道数为最佳巷道数。

5. 确定货架尺寸

有了满足作业能力需求的巷道数 N_D，则有了货架排数 N_B，即依货格宽度 b_0 与巷道宽度 c 计算出货架宽度 B；同时根据总货位数 X 与货架层数 n 计算货架列数 N_L，再乘以货格长度 a_0，即可推算出货架长度 L；另依货格高度 h_3 与货架层数 n 计算出货架高度 H。

（三）仓库总体尺寸

货架的长、宽、高总体尺寸确定后，再考虑理货区的尺寸、库顶间隙、货架和建筑物的安全距离等，即可确定仓库的总体尺寸。

三、平均作业周期与出入库能力的计算

货架长度与高度确定后，根据货架高度 H 与货架长度 L 以及堆垛机的速度参数，即可计算每台堆垛机的平均作业周期（一个巷道配一台堆垛机）与出入库能力。

（一）作业方式

在单元货架式立体仓库中，货物的存取作业有两种基本方式，如图 9-10 所示，即

单一作业方式和复合作业方式。

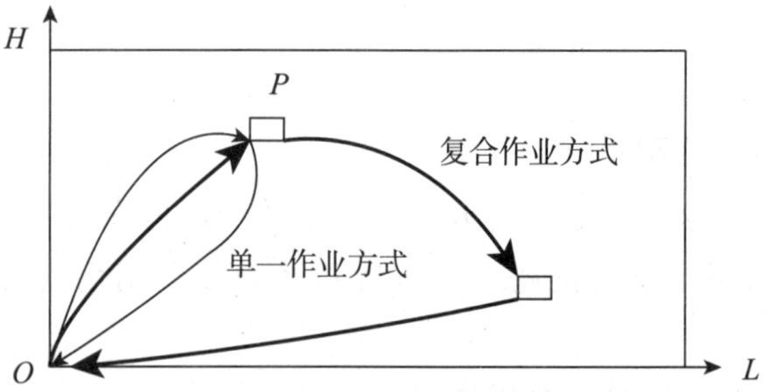

图 9-10　单一作业方式与复合作业方式

1. 单一作业方式

单一作业方式即堆垛机从出入库台取一个货物单元，送到指定货位后，空车返回巷道口的出入库台（单入库），或者从巷道口空车出发到某一个货位取出一个货物单元送到出入库台（单出库）。

2. 复合作业方式

复合作业方式即堆垛机从出入库台取一个货物单元，送到指定货位，然后直接转移到另一个指定货位，取出其中的货物单元，最终回到出入库台出库。为了提高出入库作业效率，一般应尽量采用复合作业方式。

（二）平均作业周期计算

1. 平均单一作业周期的计算

单一作业周期是指堆垛机完成一次单入库或单出库作业所需要的时间。在图 9-10 中，O 点为出入库台，P 点为货位，则完成此项作业的时间为：

$$t_s=2t_{OP}+2t_f+t_a$$

式中：t_{OP}—— 从出入库台 O 到货位 P 的运行时间（s），且有 $t_{OP}=2\max（t_L，t_H）$；

t_L—— 从 O 点到 P 点的水平运行时间；

t_H—— 从 O 点到 P 点的垂直运行时间；

t_f—— 堆垛机货叉叉取（或存放）作业时间（s），且有 $t_f=t_{\text{load}}+t_{\text{lift}}$；

t_{load}—— 货叉完全伸出或完全缩回的时间；

t_{lift}—— 货叉微升或微降的时间，即货叉在货格内升起或放卸货物的时间；

t_a—— 堆垛机作业的附加时间（s），包括堆垛机的定位、操作、信息查询及传输等的时间。

为了综合评价一个仓库的作业效率，应求出堆垛机的平均作业周期，即各个货位作业周期的平均值。当各货位作业效率相同时，平均单一作业周期可表示为：

$$t_{ms}=\frac{\sum_{j=1}^{m}\sum_{k=1}^{n}t_{jk}\times 2}{m\times n}+t_f\times 2+t_a \tag{9-1}$$

式中：t_{ms}—— 平均单一作业周期（s）；

j —— 层数，$j=1\sim m$；

k —— 列数，$k=1\sim n$；

t_{jk}—— 第 j 层第 k 列所对应的货位到出入库台的运行时间（s）。

当仓库容量很大时，按上式计算平均单一作业周期的计算量很大，故不常采用，常采用简易算法。

下面介绍一种计算平均单一作业周期的经验方法，如图 9-11 所示。

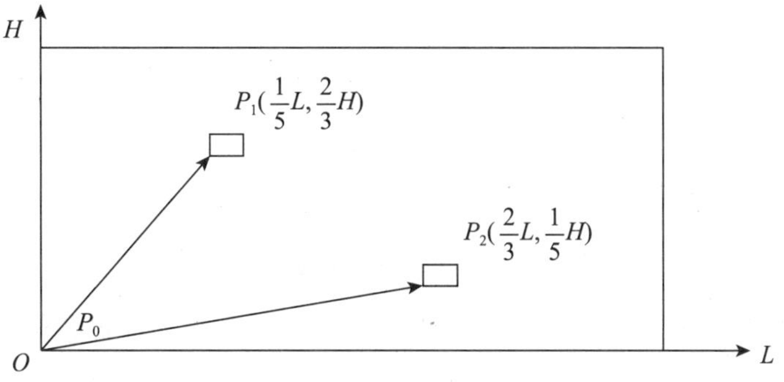

图 9-11　平均单一作业周期的计算

当出入库台在货架的一侧 P_0 点（见图 9-11），以 P_0 为原点，在货架内取两个点 P_1 和 P_2，P_1 和 P_2 的坐标为：

$$P_{1x}=\frac{1}{5}L,\ P_{1y}=\frac{2}{3}H$$

$$P_{2x}=\frac{2}{3}L,\ P_{2y}=\frac{1}{5}H$$

其中 L 为货架长度，H 为货架高度。

分别计算从 P_0 到 P_1、P_2 两点的作业周期，将两者的平均值作为该巷道堆垛机的平均作业周期，即平均单一作业周期的经验公式为：

$$t_{ms}=\frac{1}{2}[t(P_1)+t(P_2)]\text{ 或 }t_{ms}=t_{P_1}+t_{P_2}+2t_f+t_a \tag{9-2}$$

式中：$t(P_1)$ —— 堆垛机完成 P_1 货位的作业周期（s）；

$t(P_2)$ —— 堆垛机完成 P_2 货位的作业周期（s）；

t_{P_1}—— P_0 点到 P_1 点的运行时间（s）；

t_{P_2}—— P_0 点到 P_2 点的运行时间（s）。

2. 平均复合作业周期的计算

复合作业是从出入库台送货到指定货位存货后，随即到另一个货位取货，再返回出入库台的全过程。如图 9-12 所示，其复合作业周期按 $P_0\rightarrow P_1\rightarrow P_2\rightarrow P_0$ 的总时间计算。

如果 P_1 和 P_2 点的定义与平均单一作业周期的计算公式中一样，则平均复合作业周期的经验公式为：

$$t_{md}=t_{P_1}+t_{P_2}+t_{P_1P_2}+4t_f+2t_a \tag{9-3}$$

式中：$t_{P_1P_2}$—— 堆垛机从 P_1 点到 P_2 点的运行时间（s）；

t_{md}—— 平均复合作业周期（s）。

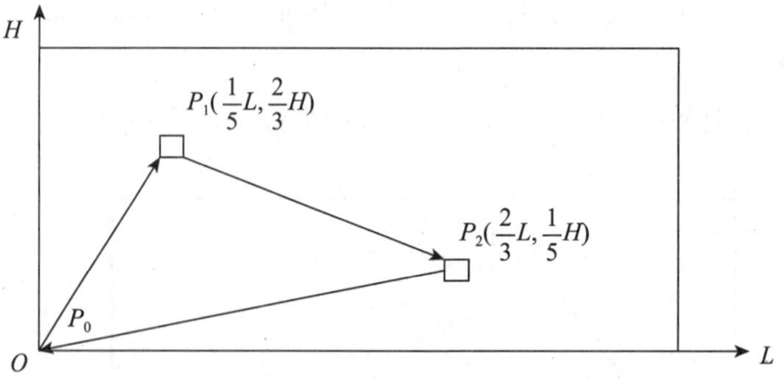

图 9-12　平均复合作业周期的计算

需要注意的是，式（9-2）和式（9-3）均为经验公式，前提条件为各货位的存取概率相同。当库内各货位不均匀使用或者某些货位具有优先使用权时，用此公式计算可能误差较大，这时可采用计算机模拟方法计算其平均作业周期。使用计算机模拟方法计算得到的平均作业周期更为准确，符合实际。

（三）出入库能力的计算

立体仓库的出入库能力用仓库平均每小时出库或入库的货物单元数量表示，堆垛机的出入库能力是指每台堆垛机平均每小时出库或入库的货物单元数量。立体仓库的出入库能力取决于堆垛机数量与每台堆垛机的出入库能力。

1. 采用单一作业循环方式时

堆垛机的出入库能力为：

$$P_1 = 3600/t_{ms}$$

式中：P_1—— 平均每小时出库或入库的货物单元数量；

t_{ms}—— 平均单一作业周期（s）。

2. 采用复合作业循环方式时

堆垛机的出入库能力为：

$$P_1 = (3600/t_{md}) \times 2$$

式中：P_1—— 平均每小时出库或入库的货物单元数量；

t_{md}—— 平均复合作业周期（s）。

3. 仓库的出入库能力

若仓库内有几台堆垛机（巷道数为 k 个），则仓库的出入库能力为：

$$P_{ms} = k \times P_1 \text{ 或 } P_{md} = k \times P_1$$

【例 9-8】某立体仓库有 4 条巷道，每条巷道配备一台堆垛机，若堆垛机的运行速度为 100m/min，升降速度为 20m/min，货叉存取货时间为 25s，附加时间 t_a 为 5s。货架长度 L 为 80m，货架高度 H 为 15m，假设各货位存取概率相同。试计算分别采用单一作业方式和复合作业方式时该立体仓库的出入库能力（即满负荷时每小时出入库托盘数量）。

解：

（1）计算单一作业方式时的平均单一作业周期 t_{ms}

用经验公式计算，取 P_1 和 P_2 两点，且使：

$$P_{1x}=\frac{1}{5}L,\ R_{1y}=\frac{2}{3}H$$

$$P_{2x}=\frac{2}{3}L,\ R_{2y}=\frac{1}{5}H$$

则：$t_{ms}=t_{P1}+t_{P2}+2t_f+t_a$

由于：

$$t_{P_1}=\max\ [P_{1x}/V_x,\ P_{1y}/V_y]$$

$$=\max\ \left[\left(\frac{1}{5}\times 80\right)/100,\ \left(\frac{2}{3}\times 15\right)/20\right]=\max\ [0.16,\ 0.5]=0.5\text{min}=30\ (\text{s})$$

$$t_{P_2}=\max\ [P_{2x}/V_x,\ P_{2y}/V_y]$$

$$=\max\ \left[\left(\frac{2}{3}\times 80\right)/100,\ \left(\frac{1}{5}\times 15\right)/20\right]=\max\ [0.53,\ 0.15]=0.53\text{min}\approx 32\ (\text{s})$$

故：$t_{ms}=t_{P_1}+t_{P_2}+2t_f+t_a=30+32+2\times 25+5=117\ (\text{s})$

出入库能力：

$$P_{ms}=4\times P=4\times (3600/t_{ms})=4\times (3600/117)\approx 123\ (\text{盘/小时})$$

（2）采用复合作业方式时复合作业周期 t_{md}

则：$t_{md}=t_{P_1}+t_{P_2}+t_{P_1P_2}+4t_f+2t_a$

由于：

$$t_{P_1P_2}=\max\ [(P_{2x}-P_{1x})/V_x,\ (P_{1y}-P_{2y})/V_y]$$

$$=\max\ \left[\left(\frac{2}{3}L-\frac{1}{5}L\right)/V_x,\ \left(\frac{2}{3}H-\frac{1}{5}H\right)/V_y\right]$$

$$=\max\ \left[\left(\frac{2}{3}\times 80-\frac{1}{5}\times 80\right)/100,\ \left(\frac{2}{3}\times 15-\frac{1}{5}\times 15\right)/20\right]$$

$$=\max\ [0.373,\ 0.35]=0.373\text{min}=22.4\ (\text{s})$$

故：$t_{md}=t_{P_1}+t_{P_2}+t_{P_1P_2}+4t_f+2t_a=30+32+22.4+4\times 25+2\times 5=194.4\ (\text{s})$

出入库能力：

$$P_{md}=4\times P_1=4\times (3600/t_{md})\times 2=4\times (3600/194.4)\times 2\approx 148\ (\text{盘/小时})$$

四、堆垛机的布置方式

在单元货格式立体仓库中，主要的作业设备是有轨巷道堆垛机，简称堆垛机。立体仓库中堆垛机的配备有两种方式：每个巷道配备一台堆垛机，如图 9-13（a）所示；或者两个以上巷道配备一台堆垛机，后者一般通过 U 形轨道或转轨车实现堆垛机的换巷道作业，如图 9-13（b）、图 9-13（c）所示。通常，以每条巷道配备一台堆垛机最为常见。但当仓库容量很大，巷道数多而出入库频率要求较低时。可以采用 U 形轨道或转轨车接驳方式以减少堆垛机的数量。

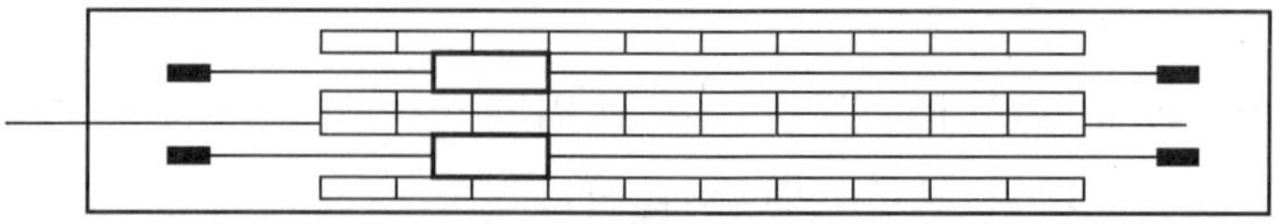

（a）直线轨道

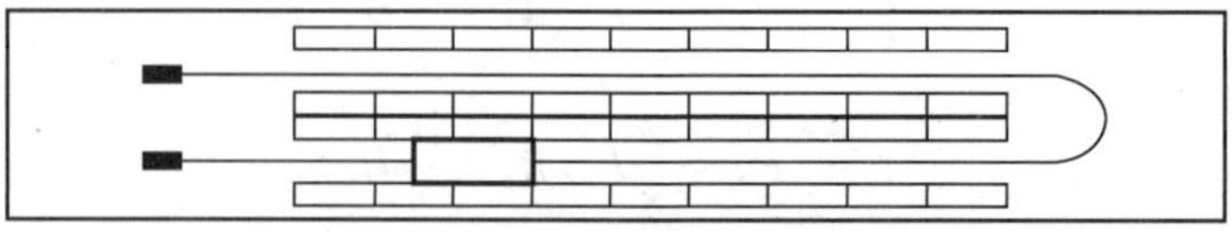

（b）U形轨道

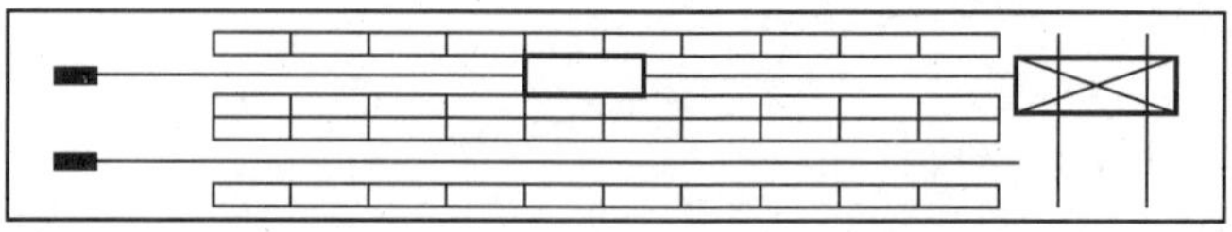

（c）转轨车方式

图 9-13　立体仓库高架区轨道布置方式

五、出入库系统设计

（一）出入库物流动线模式设计

由于货物进出仓库的方式与堆垛机巷道作业方式不同，货物移动的平面路线轨迹也就不同，也就是说货物流动的形式不一样，这样就形成了不同的物流动线模式。一般来讲，货物在立体仓库的出入库物流动线模式有三种，即同端出入式、贯通式和旁流式，如图 9-14 所示。

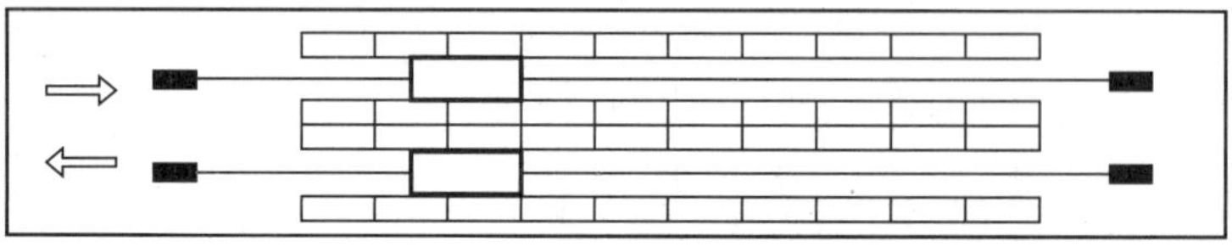

（a）同端出入式

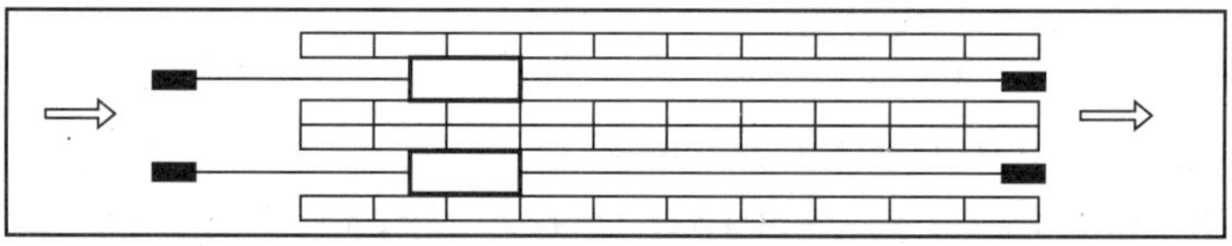

（b）贯通式

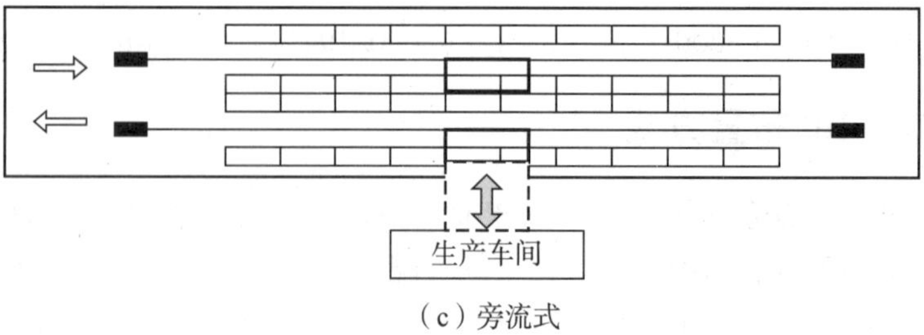

（c）旁流式

图 9-14　立体仓库的出入库物流动线模式

1. 同端出入式

同端出入式是货物的入库和出库在巷道同一端的布置形式，包括同层同端出入式

［图 9-15（a）］和多层同端出入式［图 9-15（b）］两种。

这种模式最大的优点是能缩短出入库周期。特别是在仓库存货不满，而且采用自由货位储存时，优点更为突出。此时，可以挑选距离出入库口较近的货位存放货物，以缩短搬运路程，提高出入库效率。此外，入库作业区和出库作业区还可以合在一起，便于集中管理。

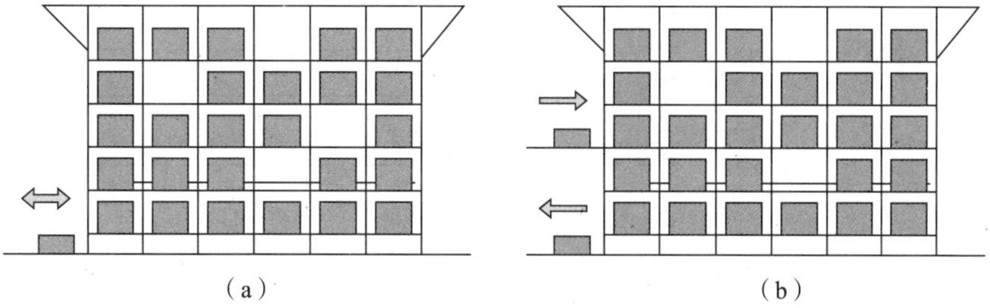

图 9-15　同端出入式

2. 贯通式

贯通式即货物从巷道的一端入库，从另一端出库。这种方式从总体上看比较简单，便于管理操作和维护保养。但是，对于每个货物单元而言，要完成入库和出库全过程，堆垛机就需要穿过整个巷道，如图 9-14（b）所示。

3. 旁流式

立体仓库的货物从仓库的一端（或侧面）入库，从侧面（或一端）出库。这种方式是在货架中间分开，设立通道，同侧门相通。这样就减少了堆垛机行走的距离，减少了货物拣取和存放的时间，如图 9-14（c）所示。由于可组织两条路线进行搬运，大大提高了搬运效率，也方便了不同方向的出入库作业。

在立体仓库实际设计中，究竟采用哪种布置方式，应视仓库在整个企业物流系统中的位置而定。

（二）出入库输送衔接作业系统

采用巷道堆垛机的立体仓库，由于巷道堆垛机只能在高架区的巷道内运行，故还需要各种搬运设备与之配套衔接，使入库作业区、出库作业区（包括检验、理货、包装、发运等作业区）与高架区连接起来，构成一个完整的物流系统。究竟哪些搬运设备与之配套，是总体设计过程中要解决的问题。一般高架区与出入库作业区之间常见的衔接方式有以下几种。

1. 叉车+出入库台方式

这是最简单的配置方式，在货架的端部设立入库台和出库台。入库时，用搬运车辆（叉车、有轨小车、无人搬运车等）将托盘从入库作业区运送到入库台，再由高架区内的堆垛机取走送入货格。出库时，由堆垛机从货格内取出货物单元，放到出库台上，再由搬运车辆取走，送到出库作业区。叉车+出入库台方式如图 9-16 所示。

2. 连续输送机方式

这种衔接方式是大型自动化立体仓库和流水线上的立体仓库最常采用的，整个出

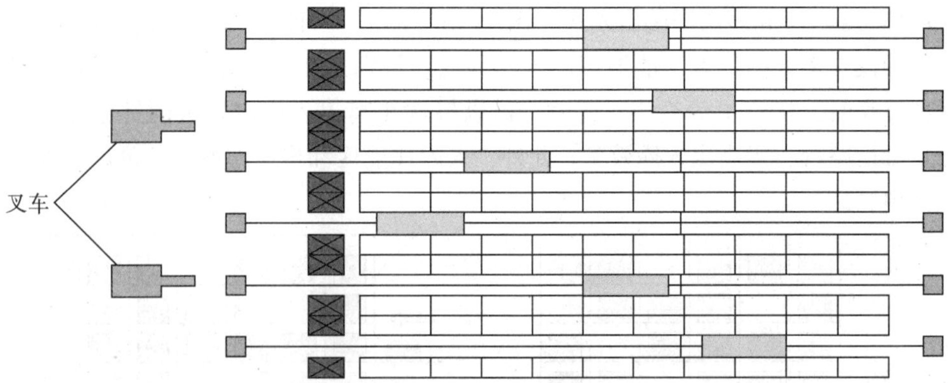

图 9-16　叉车+出入库台方式

入库系统可根据需要设计成各种形式。其出、入库运输系统可以分开设置（如设在仓库的两端或同端不同的平面内），也可以合为一体，既可出库又可入库。通常还可以配置升降台和称重、检测、分拣装置，以满足系统的需要。连续输送机方式如图 9-17 所示。

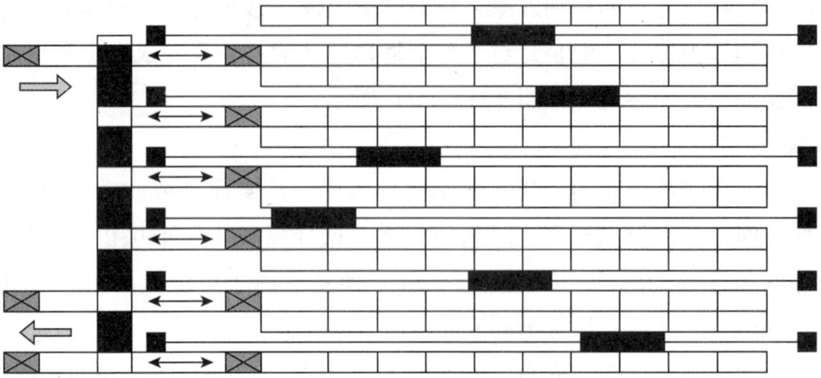

图 9-17　连续输送机方式

3. AGV 方式

这种衔接方式是由 AGV 和巷内输送机组成的出入库系统，在一些和自动化生产线相连的立体仓库中（如卷烟厂的原材料库）经常采用这种方式。这种出入库系统的最大优点是系统柔性好，可根据需要增加 AGV 的数量，也是一种全自动的输送系统。AGV 方式如图 9-18 所示。

4. 穿梭车方式

这种衔接方式是由巷内输送机、穿梭车和出入库输送机构成的出入库系统，由于穿梭车动作敏捷、容易更换的特点，被广泛地应用在自动化仓库系统中。它的柔性介于连续输送机方式和 AGV 方式之间，是一种经济高效的出入库输送系统。穿梭车方式如图 9-19 所示。

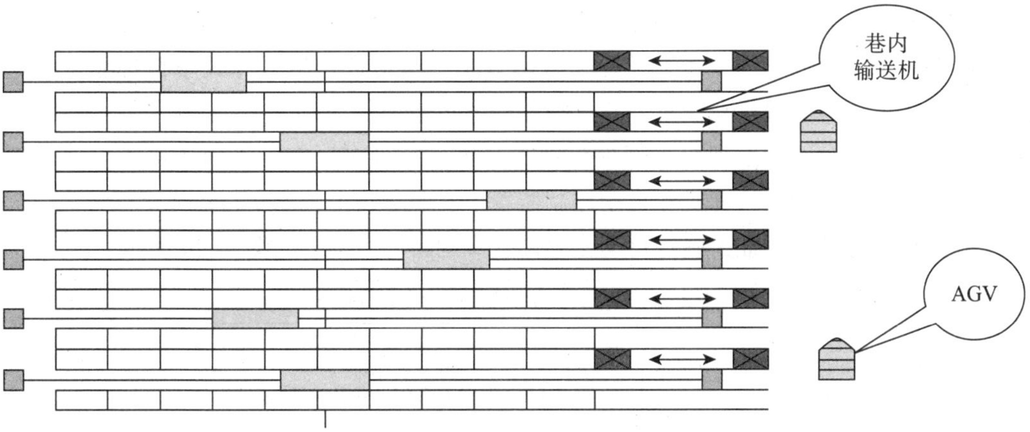

图 9-18　AGV 方式

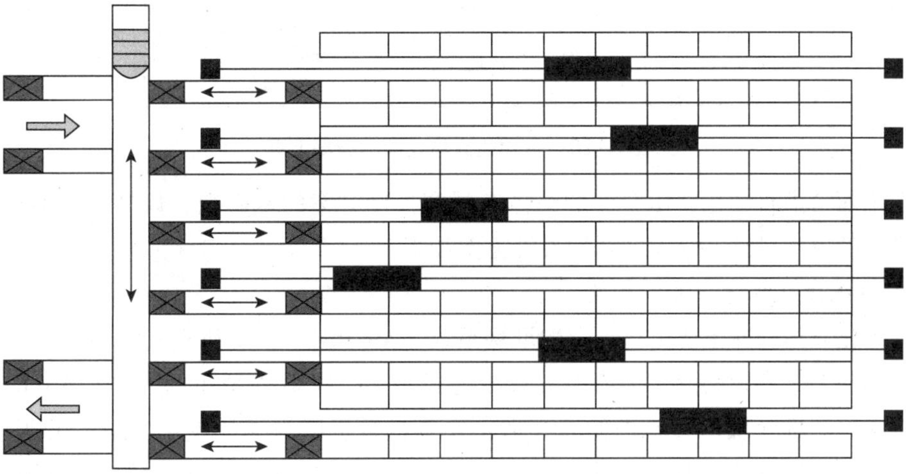

图 9-19　穿梭车方式

【本章案例】

某发动机厂自动化立体仓库的规划设计

随着国内汽车市场的发展，整车销量的增长带动了对汽车总成的强劲需求。某发动机厂为彻底解决在产量快速增长的前提下库容紧张及运能不足的状况，拟将发动机零部件及成品仓储能力扩充至能支持发动机年产量 6 万台的目标，并进行长期规划，未来要扩展至满足发动机年产量 10 万台的仓储能力。而且，新仓库要支持该厂正在推行的同步化物流（SMF）。同时，要求该厂仓库能以高自动化抑制生产增长对人员及设备的大量新增需求，以达到降低物流成本的目的。

该厂仓库决定采用高集成的自动仓储系统，其设计原则是：在有效空间内，实现仓储能力最大化和出入库作业迅捷化，并保证系统设备精良、操作维护简单、运行安全可靠。

自动化立体仓库的方案设计首先按照可利用的库房空间和按产能发展所折算的库

存量设计仓库总体尺寸，其次根据储存货物的类型选择仓库的形式和作业方式，确定仓库的巷道数、层数和列数。为了提高搬运效率，满足货物出入库效率指标要求，应合理布置出入库口的数量和位置，并选择相应的运输设备。

自动化仓库存储的发动机零部件材料批量大、品种多，宜于采用货格式立体仓库存储。仓库要求能借助计算机和自动控制装置，实现货物出入库全自动或手动控制。

经过反复分析与论证，确定自动化立体仓库的布局方案，如图 9-20 所示。

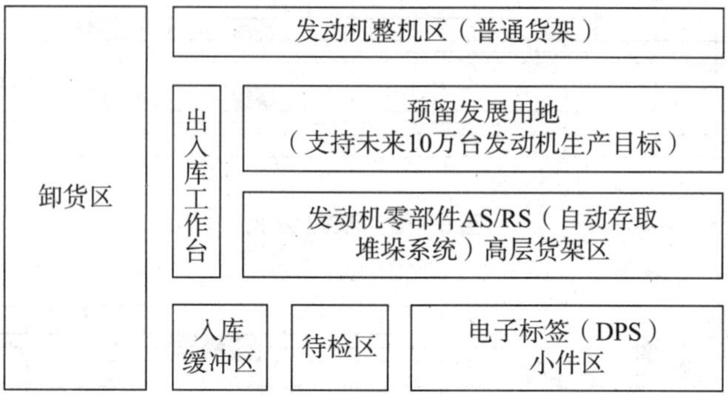

图 9-20　自动化立体仓库的布局方案

在全面考虑自动化立体仓库的整体布局和控制方案的基础上，规划人员对仓库进行了详细的方案设计。仓库的详细设计方案如下。

1. 系统设计容量与主要参数

自动化立体仓库主要由自动存取堆垛系统（AS/RS）、发动机整机区和 DPS 小件区三部分构成。仓库货架形式为库架分离组合式货架，横梁高度可调。其中 AS/RS 为 2 托盘 1 货位，堆垛机货叉单进伸缩存取；发动机整机区为 1 托盘 1 货位，叉车取货；DPS 小件区为滑移载货型，每道 3 料箱，人工拣货。自动化立体仓库储存系统设计容量与主要参数如下。

（1）AS/RS

发动机零部件 AS/RS 高层货架区规划空间是 62.8 米（L）×8 米（W）×14.61 米（H），设有两条巷道，4 排×52 列×11 层，共有货位 2288 个，用两台自动堆垛机实现物料出入库的自动叉取。输送区长 8.1 米、宽 16 米，拣选区长 8 米、宽 24 米。AS/RS 基本参数如表 9-4所示。

表 9-4　AS/RS 基本参数　　单位：mm

项目	内容		备注
空托盘	材料	塑料	四面
	尺寸	1200（L）×1000（W）×160（H）	1000 方向堆垛机进叉
货物	内容	发动机零部件	
	载重	max800kg（含托盘）	

续表

项目	内容		备注
载货尺寸	形式（托盘+货物）	1200（*L*）×1000（*W*）×960（*H*）	1000 方向双面贴 5 位数托盘条码，条码尺寸：100×50，码制：128 码

（2）发动机整机区

此区域共 154 个托盘货位，发动机整机区基本参数如表 9-5 所示。

表 9-5　发动机整机区基本参数　单位：mm

项目	内容		备注
专用托盘	材料	钢制	
	尺寸	1900（*L*）×1540（*W*）×160（*H*）	1900 方向堆垛机进叉
货物	内容	发动机整机	
	载重	max1800kg（含托盘）	
载货尺寸	形式（托盘+货物）	1900（*L*）×1540（*W*）×900（*H*）	1900 方向双面贴 5 位数托盘条码，条码尺寸：100×50，码制：128 码

（3）DPS 小件区

DPS 小件区长 30 米，宽 9 米，设计货位为 448 个。DPS 小件区基本参数如表 9-6 所示。

表 9-6　DPS 小件区基本参数　单位：mm

项目	内容		备注
空料箱（平底/无盖）	材料	塑料（PP/PE）	天蓝色
	尺寸	600（*L*）×400（*W*）×148（*H*）	与滑移货架配套
货物	内容	发动机零部件	
	载重	max30kg（含料箱）	
载货尺寸	形式（料箱+货物）	600（*L*）×400（*W*）×150（*H*）	400 方向双面贴 20 位数托盘条码，条码尺寸：100×50，码制：128 码

2. 巷道堆垛机的选用

巷道堆垛机是 AS/RS 的核心设备，其主要用途是在高层货架的巷道内来回穿梭运行，将位于巷道口的货物存入货格或者取出货格内的货物运送到巷道口。它的额定载量、行走速度、提升速度、提升高度、定位精度等参数是作业匹配的主要参考依据。根据工程计算，选用国外某厂生产的 SPH-1T-15M 型巷道堆垛机 2 台，其技术参数如表 9-7 所示。

表 9-7　　SPH-1T-15M 型巷道堆垛机技术参数

规格形式	单立柱、双货叉、地面单轨固定式		
额定载重量	800kg	叉取（Forking）速度	5~40m/min
行走速度	5~180m/min	行走距离	65000mm
升降速度	5~60m/min	提升高度	14610mm

在选定了堆垛机型号后，又对货架的参数进行了校核，看其是否与用户提供的库房空间匹配。经验算，上述设计符合空间布置和安全性要求。根据计算的系统作业时间和能力，在单循环和双循环方式下，系统每小时分别可处理 100 托盘和 124 托盘的货物，堆垛机作业效率达 85%，满足了作业负荷要求。

3. 输送搬运系统设计

采用堆垛机的立体仓库，还必须利用各种输送机、叉车、自动搬运小车、升降机或其他机械，将高架区和作业区连接起来，构成出入库运输系统，最终形成仓库的物流系统。

立体仓库采用哪种输送装置要根据货物的类型、装运条件和仓库的结构等决定。要根据该仓库的使用情况，配备如下输送系统。

（1）配备辊子输运机、链条输送机及升降台，构成输送系统。其中包括入库段、整出段、接驳地点、拣选站、循环段和货架端长短不同的链条输送机共 25 台，1000kg 电子秤 1 台，带承重进口光电对射开关的托盘及货物尺寸检测装置若干，循环段辊筒输送机 10 台和凸轮顶开型移载辊筒输送机 14 台。

（2）载重量为 800kg、输送速度为 12m/min、控制方式为自动/手动的输送设备。

完整的输送搬运系统由链条输送机、辊筒输送机、顶升移载构成循环输送链，并由光电尺寸检测站、电子称重仪进行货物托盘的尺寸和重量检测。另外，还设有 LED（发光二极管）显示屏，用于显示作业订单号、拣选零部件的名称和数量提示，以支持“傻瓜”式作业方式。

4. 仓库管理系统

该系统包括 WMS（仓储管理系统）服务器、控制/通信服务器和计算机、扫描器、LED 显示器、打印机和交换机、操作系统、网络数据库、编程开发工具和自编 WMS 系统。WMS 系统支持对发动机零部件及整机的仓储和配送物流进行动态管理与调度；具备各项进出库查询、统计功能；实现库存管理和作业记录计算机化；实现“先入先出”和仓库作业自动化；具备其他功能接口；支持检验管理及托盘的货龄管理等。

5. 无线射频（RF）系统

RF 系统通过在立体仓库中运用无线网络系统、手持式 RF 终端及条码技术，提高数据采集及数据传输的速度和准确性，并配合后台服务器数据库，提高仓库管理效率，最终降低物流成本。

RF 主要用于实现以下功能：零部件出入库数据采集、零部件转库、发动机整机出入库数据采集、零部件和整机的盘点以及运输车辆作业指令查询。

6. 电子标签（DPS）系统

DPS 系统由工控 PC（个人计算机）、PCI-BUS（计算机总线的一种类型）控制器、RS-232C（一种接口）控制器、订单显示器、信号灯和货位电子标签构成。使用 DPS 系统可以控制物料的分工位出库分拣，使之具备极佳的作业弹性，并可对应多样化的需求，为客户拣货提供防错的作业支援。DPS 系统具有以下显著优势：

（1）特别适用于“小批量、多品种”的拣选情形；

（2）提升拣货速度，拣货时间可降至改善前的 33%~50%；

（3）劳动力可降至改善前的 33%~50%；

（4）作业简单化，兼职者亦能胜任；

（5）不需要拣货单据，由电脑收集作业数据，实现无纸化作业；

（6）拣货失误率降至 0.01%~0.03%；

（7）补货及盘点作业简易化。

因此，该系统可以较好地满足该物流仓库的作业特点并符合项目设计要求。

7. 安全性和可靠性设计

立体仓库系统机械部分配备了钢索松断保护装置、过载保护装置、强制减速保护装置、货叉中位保护装置、货位虚实检查装置和紧急停止保护装置，最大限度地保证了立体仓库的安全运行。

立体仓库系统控制部分采用了控制服务器双路冗余、数据库双机热备份、服务器存储器同步镜像方式保证软硬件的可靠性，同时还设计了系统双工切换模式，以保证在系统出现故障时支持作业运转。在软件设计上，考虑了物料的双巷道均分，以保证一台堆垛机故障时还能够维持出入库作业。

【作业思考题】

1. 仓库储存区域的空间规划包括哪些内容？
2. 仓库储存区域的空间规划应考虑哪些影响因素？
3. 仓库储存区域的面积如何计算？
4. 立体仓库规划设计包括哪些工作内容？
5. 单元货格式立体仓库的总体尺寸如何确定？
6. 单元货格式立体仓库的出入库能力如何确定？
7. 单元货格式立体仓库总体布置有哪几种出入库物流动线模式？
8. 单元货格式立体仓库高架区堆垛机有哪几种布置方式？
9. 单元货格式立体仓库高架区与出入库作业区之间有哪几种常见的衔接方式？

第十章　物流配送中心布局规划

【导　言】

物流配送中心集集货、储存、流通加工、分拣、配货、包装、运输（配装送货）等多功能于一体，是物流领域最典型的专用物流作业设施，但多数物流配送中心处于流通领域，直接面对市场需求，与生产系统物流设施的规划理念、规划重点和方法有所差异，即有其特殊性。因此为更清楚地把握物流配送中心的规划内涵，本章将根据物流设施规划的一般步骤，进一步对物流配送中心布局规划做系统阐述。

【学习目标】

通过本章的学习，理解系统布置设计（SLP）方法在物流配送中心布局规划与工厂布置规划中的应用差异，知晓物流配送中心规划目标与规划条件的设定分析路径，物流配送中心作业功能区域布置流程、划分方式，作业区域配置的逻辑与方法；了解物流动线模式的种类，通道、进出货站台等辅助作业设施的规划方法与设计要求；重点掌握物流配送中心仓储区与拣货区作业能力计算方法，能结合EIQ规划分析技术，利用系统布置设计（SLP）方法与物流配送中心作业流程的特点，完成物流配送中心总体布置方案设计。

【教学要点】

- 规划目标设定时经营定位与需求特征分析的内容，规划条件应确定的基本设计参数；
- 物流配送中心布局规划与工厂布置规划的差异；
- 物流配送中心作业功能区域的布置流程，一般作业流程特点分析，基本作业区域划分方法，功能区域作业能力计算方法；
- 物流配送中心作业区域布置规划阶段划分，作业区域配置逻辑与方法，物流动线模式的种类；
- 通道、进出货站台等辅助作业设施的规划方法与设计要求。

第一节　规划目标与规划条件的设定

一、规划目标的设定

对物流配送中心进行总体规划前，应先根据企业经营战略，对物流配送中心的经营进行定位分析，了解客户的物流需求特征，进而确定物流配送中心的规划目标。

（一）经营定位分析

物流配送中心的经营定位分析，需要明确以下几个经营问题：①重点服务的领域；②客户群的特征；③服务项目与内容；④储运物品种类；⑤服务地域范围；⑥物流服务水平；⑦服务成本要求等。因其面对的客户市场不同，即其经营服务项目类别不同，故设施布置规划的重点与方法有所区别。因此明确物流经营定位是物流配送中心设施规划的前提。

（二）需求特征分析

1. 客户特征分析

客户特征分析就是分析上游产品供应源及下游产品需求点的物流需求客户的特征，以确定物流配送中心在不同产品供应链物流渠道结构中的作用与地位，具体包括：①客户企业是处于产品供应链的上游、中游还是下游？是制造业、中间批发商、经销商还是末端的零售商？②所承担的物流服务需求是企业原材料采购供应物流服务需求、生产物流服务需求还是产品分销物流服务需求？③服务的对象企业是单体经营的企业还是连锁经营企业？是开发式经营企业还是封闭式经营企业？④产品供应链上下游是否随时会有新的客户产生等。上述因素均将影响物流配送中心的经营特性与服务功能，也间接决定了物流配送中心的区位选择和内部作业系统规划。

2. 网络布局分析

网络布局分析就是在企业物流服务网络构建过程中确定区域物流配送中心的数量及布局。就地理区位而言，在整个供应链物流渠道的运作过程中，越接近末端消费者，物流对象就越多、越分散，储运配送成本相对也较高，如果配送中心以末端消费物流服务为主，则应设在接近消费者的地区。由于消费物流需求位置的分散性与配送品种的多样性，将使物流管理协调难度增加，反应速度降低，因此只有当区域物流配送量足够大时，才可考虑分区设立物流配送中心以提高储运效率。若以上游原材料或半成品的供应为主，则以接近生产厂商为宜。因此，在物流网络构造过程中，区域配送中心数量配置必须与物流网络建设营运成本相平衡，才能发挥最大效益。

3. 服务水平分析

一般客户较为关心的物流服务项目主要有服务内容、时效、品质、成本、弹性、付款方式等，包括接单后的处理时间、及时送货能力、可接受送货的频率、送货的准确率、是否可配合上架作业、客户抱怨的响应、商品信息的提供等。也就是说，确定服务水平是物流配送中心建设必须考虑的重点内容。而服务水平与成本成正比，若要满足所有客户的需求，其成本势必很高。而企业物流战略的目标是在合理的成本下提高客户的满意度，以达到最具竞争力的服务水平。因此在制定物流配送中心客户服务水平的策略目标时，应准确把握主要客户群的需求，以满足客户期望的物流服务水平为目标，达到物流成本与服务水平的平衡。而达到平衡的关键是对客户及其产品进行分类，以此制定相应的物流服务策略。

（三）规划目标确定

在确定物流配送中心经营定位及掌握物流需求特征后，就需要确定物流配送中心具体的规划目标。企业设立物流配送中心常见的规划执行目标有：支持企业生产或营销；降低客户库存水平；提高顾客服务水平；缩短物流作业周期；降低物流作业错误率；提升企业服务竞争力；降低物流成本等。规划目标最好以定量指标与定性指标相结合的方式并加以细化，使规划目标具有可执行性和操作性。

二、限制因素分析

在确定物流配送中心的规划目标后，还要考虑规划制定与实施过程中的限制因素，因为有诸多因素将影响系统规划的制定与实施，这些因素包括：预定项目建设时间进程；项目营运所需人力资源；项目预期使用年限；预算资金的限制条件及来源；选定的位置及土地取得的可行性；预期投资效益水平等。

三、规划条件确定

规划条件是指进行物流配送中心规划的基本参数或要求，主要包括以下几个方面。

（一）基本储运单位

经过 EIQ-PCB 的物性分析，可以确定物流配送中心内基本储运单元的负载单位，其目标为使储运单位易于量化及转换，并且逐一确认不同作业阶段的装载单位。通常各区域的储运单位不尽相同，如进货时为托盘进货，储存时以箱储存，出货时则以箱或单品出货。在此要强调在进行后续分析及物流配送中心各项设备规划时，必须先确定基本储运单位。

（二）基本运转能力

基本运转能力包括进货区、仓储区、拣货区、出货区的基本运转能力的估计及规划。除考虑基本作业需求量外，还要考虑作业弹性及未来成长趋势，此处估计的基本运转能力为一个初始的参考值，在进入各区域的详细规划时，将逐步修正至接近实际的数值。

（三）自动化程度决策

在对基本储运单位及基本运转能力分析的基础上，根据企业自身资金实力及投资效益预测分析结果，确定物流配送中心应采取的自动化策略，选择整体自动化还是部分作业活动自动化，必须进行技术和经济方面的科学论证。总体原则应该根据实际需求与未来需求，在降低物流作业成本、提升作业效率和企业经济效益的基础上全面规划自动化程度问题。对于物流配送中心的自动化问题，规划者不要单纯追求高端的项目，应因地制宜，慎重考虑。

第二节　作业功能区域设置分析

一、作业功能区域设置程序

物流配送中心布置规划，首先应进行内部物流作业流程分析，确定基本作业功能区域，然后对各基本作业功能区域再进行细分，确定各子功能区域及作业能力。也就是说只有在作业功能区域设置明确以后才能利用 SLP 等规划方法进行布置规划。

（一）作业流程分析

1. 一般作业流程

在生产工厂的布置规划过程中，一般先进行制造工艺流程的规划，从而确定生产设备的型号与数量，而后着手厂房布置规划的程序。而物流配送中心的作业活动中，由于没有生产制造形态的作业，故进出货、仓储、订单拣取、配送作业等活动，成了物流配送中心的主要活动，必须在布置规划前确定主要的物流活动及其作业程序。部分物流配送中心企业还需要处理流通加工、贴标、包装等作业，有退货发生时也需要处理退货品的分类、保管及退回等作业。物流配送中心的一般作业流程如图 10-1 所示。

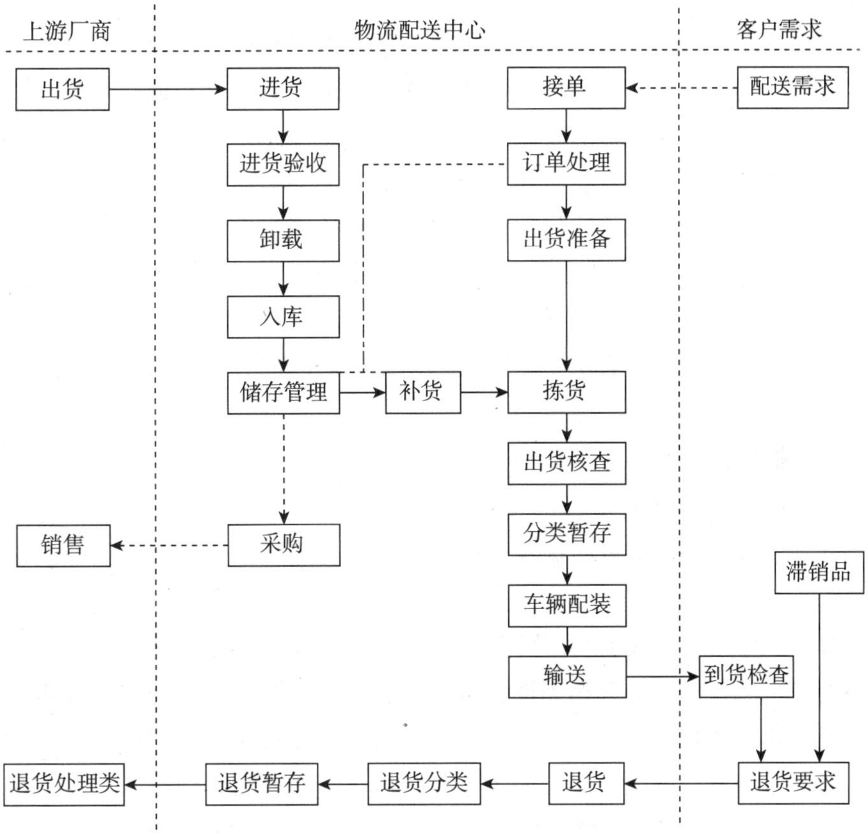

图 10-1　物流配送中心的一般作业流程

2. 作业流程基本分析

经过基础资料分析与基本参数的确定后，即可针对物流配送中心特性做进一步的分析，并确定合理的作业程序，作为后续设备选用及空间规划的参考。

在生产工厂中，作业分析的原则是以产品制造为主轴，制定搬运、储存等流程。而在物流配送中心，作业分析的原则是以物品储运单位是否转换及物流作业活动为主，一个物流配送中心可能仅有一种也可能有多种储运单位的出货形态；物流作业活动包括装货、卸货、拣取、补货、搬运、检验、暂存、储存等。

物流配送中心作业流程的分析可借助于作业流程分析图，逐步将不同性质的物流作业加以分类，并将各作业阶段的储运单位及作业数量加以整理统计，标出该作业所在区域，即可知各项物流作业的物流量大小及分布情况。物流配送中心作业流程分析如表 10-1 所示。

表 10-1　物流配送中心作业流程分析

项次	作业程序	作业性质	储运单位	作业数量	作业内容说明	作业所在区域

3. 作业流程合理化分析

完成各项作业流程的基本分析后，即可进行作业流程的合理化分析，找出作业中不合理及不必要的流程，如果能简化物流配送中心的作业程序和储运单位，就可以提升物流配送中心的作业和运转的效率，减少重复作业。如果储运单位过多而不易规划，可将各作业程序予以归并整合，避免内部作业过程中储运单位转换过多。尽量通过单元负载化，达到简化储运单位的目的。以托盘或储运箱为容器，将体积、外形差异较大的物品归并为相同标准的储运单位，如此可以简化配送中心需要处理的物品形式。在规划过程中，除了进货与出货作业受上、下游厂商需求及送货特性的限制外，内部储运单位通常可由规划设计者决定，而与其他企业之间的容器流通与标准化问题，则需要与合作企业共同配合。

（二）作业区域划分

1. 基本作业区域设置

经过作业流程分析后即可根据物流配送中心的营运特性规划所需作业区域，其中包括物流作业区及辅助作业区。物流作业区要进行装卸货、入库、订单拣取、出库、出货等操作，通常具有流程工艺前后关系；而辅助作业区如办公室、计算机室、维修间等，则与各区域在作业上有相关性，可逐一探讨建立其活动间的相关分析。将物流配送中心基本作业区域分为以下类型，包括：①一般性物流作业区域；②退货作业区域；③换货补货作业区域；④流通加工作业区域；⑤物流配合作业区域；⑥仓储管理作业区域；⑦办公事务区域；⑧计算机作业区域；⑨后勤生活区域；⑩其他配套活动区域。

2. 子作业区域的确定

物流配送中心子作业区域规划分析如表 10-2 所示，逐一探讨各子作业项目与性质，进而进行详细的子作业区域设置分析，即可得出子作业区域需求。

表 10-2　　物流配送中心子作业区域规划分析

作业类别	子作业项目	子作业性质	作业区域规划

(三) 作业区域能力规划

确定所需的子作业区域后，建立完整的子作业区域汇总表，依据各项基础需求分析资料，结合 EIQ 分析，考虑各子作业区域的规划要点，以确定各子作业区域的功能及作业能力，完成子作业区域的基本需求规划。物流配送中心子作业区域作业能力需求规划如表 10-3 所示。如仓储管理作业区域的仓储区要根据最大库存量、物品特性、产品品项 、储区划分、储位指派原则、存货管理方法、自动化程度需求、产品使用期限、储存环境需求 、盘点作业方式、物品周转效率、未来需求变动趋势等规划要点，设定子作业区域，并确定作业能力。

表 10-3　　物流配送中心子作业区域作业能力需求规划

项次	子作业区域	规划要点	子功能设定	作业能力需求

对物流配送中心进行区域设置规划时，可按流程出入顺序逐区规划，一般应以物流作业区域为主，再延伸至相关辅助区域。

二、作业能力确定方法

物流配送中心作业区域因其功能不同，作业能力需求也有所差异。仓储区及拣货区是两个核心的作业区域，其作业能力是物流配送中心物流能力的具体体现，下面主要介绍仓储区及拣货区的作业能力确定方法。

(一) 仓储区的储运能力计算

1. 周转率估计法

利用周转率（年周转次数）对仓储区储存量进行估计，是一种简便而快速的初估方法，适用于初步规划或储量概算，其计算公式为：

$$\text{规划库容量（估算）}=\frac{\text{年仓储运转量}}{\text{年周转次数}}\times\text{安全系数}$$

其计算步骤如下：

(1) 年仓储运转量的计算

将物流配送中心的各种物品依单元负载单位换算成相同单位（如托盘或标准箱等）

的储存总量，此单位为当前或预期规划使用的基本储运单位。加总各品项全年的需求量后，可得到物流配送中心的年仓储运转量。实际计算时如果物品差异很大（如干货与冷冻品）或基本储运单位不同（如箱出货与单品出货），可以分别加总计算。

（2）估计年周转次数

目前一般食品零售业年周转次数为20~25次，制造业年周转次数为12~15次。企业在设立配送中心时，可根据经营品项的特性、产品价值、附加利润、缺货成本等因素，决定仓储区的年周转次数。

（3）估计安全系数

如果物流配送中心商品进出货有明显的周期性或季节性趋势时，应估计仓储运转的变动弹性，如高峰期，可将安全系数提升10%~25%。但应避免安全系数过高增加仓储空间过剩的投资成本。

（4）估算规划库容量

以年仓储运转量除以年周转次数，再乘以安全系数，可估算出规划库容量。

实际在规划仓储空间时，可按物品类别分别计算年仓储运转量，并按物品特性分别估计年周转次数及总库容量，然后加总得到规划库容量，如表10-4所示。

表10-4　仓储区的储运能力计算表

物品名称	年仓储运转量	年周转次数	估计库容量	安全系数	规划库容量

2. *送货频率估计法*

根据上游厂商送货频率（天/次）进行分析，则可以据此估算仓储量的需求，其计算公式为：

$$\text{规划库容量}=\text{平均单日储运量}\times\text{上游厂商送货频率}\times\text{安全系数}$$
$$=\frac{\text{年仓储运转量}}{\text{年出货天数}}\times\text{上游厂商送货频率}\times\text{安全系数}$$

（1）年仓储运转量的计算

将各类产品依负载单位换算成相同单位的储运总量。

（2）估计年出货天数

出货天数即为工作天数，依各产品别估计年出货天数。实际上工作天数的计算可采用两种标准，一为各产品别的年工作天数，二为各产品别的实际出货天数，若有足够的信息反映各产品别的实际出货天数，则以此计算平均单日储运量会更接近真实状况。

（3）计算平均单日储运量

将各产品年仓储运转量除以年出货天数。

（4）估计上游厂商送货频率

依各产品别，估计厂商送货频率，即每两次送货间隔天数（天/次）。

（5）估计安全系数

估计仓储运转的变动弹性，以满足高峰期的高运转需求。

（6）估算规划库容量

以平均单日储运量乘以上游厂商送货频率，再乘以安全系数，求出规划库容量。

如果可按产品送货频率进行 ABC 分类，则不同的产品群可设定不同的送货频率，并分别计算所需的库容量再予以加总求得总库容量。

应特别注意的是：当部分产品出货天数很少并集中于某几天出货时，易造成库容量计算偏高，使储运空间闲置或库存积压。建议以根据平均出货天数计算的出货量进行 EIQ-ABC 分析，再与实际年出货量进行 EIQ 交叉分析。对于年出货量小但是单日出货量大者，基本不适用上述估算法，建议归纳为少量特别类产品，以弹性储位规划，而其订货时机应采用机动形式，视订单需求再予以订货，以避免库存积压。

（二）拣货区的储运量估算

物流配送中心拣货区的储运量估算方法与仓储区估算方法类似，但要注意，仓储区的库容量是维持一定期间（厂商送货期间）内的出货量需求，因此对进出货的特性及出货量均需加以考虑。而拣货区则以单日拣取出货作业为主，故以单日出货品项数与品项别单日出货量为主要考虑因素。一般拣货区的规划不需要包含当日所有货品的出货量，在拣货区货品不足时可由仓储区进行补货。

1. 品项别单日出货量计算

拣货区品项别单日出货量计算公式：

$$\text{品项别单日出货量}=\frac{\text{品项别年出货量}}{\text{品项别年出货天数}}$$

（1）品项别年出货量

将物流配送中心的各项进出产品换算成相同拣货单位的拣货量，并估计各品项别的年出货量，如果产品物性差异很大（如干货与冷冻品）或基本储运单位不同（如箱出货与单品出货），可以分别加总计算。

（2）品项别年出货天数

品项别年出货天数是依各类产品品项别估计的年出货天数。

2. 拣货区储运量的初估值

根据产品品项别年出货量及品项别单日出货量的高、中、低三种情况进行品项出货量特征 ABC 分类分析，确定出货类型（等级）（见表 10-5），并制定不同类别产品的存量水平与补货频率，再乘以各产品品项数，即可求得拣货区不同出货类型（等级）储运量的初估值（见表 10-6）。

表 10-5　　出货类型（等级）

品项别年出货量 \ 品项别单日出货量	高	中	低
高	A	B	B
中	A	B	C
低	B	B	C

表 10-6　　拣货区不同出货类型（等级）品项储运量的初估值

出货类型（等级）	存量水平	补货频率	品项数	储运量初估值
A				
B				
C				
合计				

对于不同出货类型（等级），其拣货区储位指派方式、存量水平与补货频率确定原则如表 10-7 所示。

表 10-7　　拣货区按出货类型（等级）分类的规划原则

出货类型（等级） \ 规划项目	拣货区储位指派方式	存量水平	补货频率
A	固定储位	高	高
B	弹性储位	中	中
C	固定储位	低	低

三、作业程序物流量平衡分析

在完成相关作业程序、需求功能及需求能力的规划后，可依照作业流程的顺序，整理各环节的作业量，将物流配送中心内进货到出货各阶段的物品动态特性、数量及单位表示出来。因作业时序安排、批次作业的处理周期等因素，可能产生作业高峰或瓶颈，因此需要调整原规划需求量，以适应实际可能发生的需求，因主要物流作业均具有先后程序关系，故也需要考虑前后作业的平衡性，避免因能力需求规划不当而产生作业的瓶颈。因此原先整理的物流量资料应进一步进行物流量平衡分析，确定各作业的调整值，修正实际的合理需求量，在此确定的调整值的参数为频率高峰系数。物流配送中心作业程序物流量平衡分析如表 10-8 所示。

表 10-8　　物流配送中心作业程序物流量平衡分析

作业程序	主要规划指标参数	平均作业频率	规划值	频率高峰系数	调整值
进货	进货货车台数	10 台/日	7	1.3	9
	进货厂家数				
	进货品项数				
储存	托盘数				
	箱数				
	品项数				
拣货	托盘数				
	箱数				
	品项数				
	拣货单数				
	出货品项数				
出货	托盘数				
	箱数				
	出货货车台数				
	出货家数				

第三节　作业区域布置规划

一、布置规划程序与阶段

系统布置设计（SLP）法采用了严密的系统分析手段及规范的系统设计步骤，该方法具有很强的实践性，最早应用于工厂的平面布置规划，同样也可以应用于物流配送中心的区域布置中。根据物流配送中心的作业特点，其作业区域布置基本可分为三个规划阶段。

（一）物流作业区域的布置

物流配送中心以物流作业为主，因此作业区域规划只需考虑物流相关作业区域的配置。由于其作业形态大部分为流程式的作业，不同订单具有相同的作业程序，因此适合以生产线式的布置方法进行配置规划。若是订单种类、物品特性或拣取方法有很大的差别，则可以考虑将物流作业区域分为多个不同形态的作业线，以分区处理订单内容，再由集货作业予以合并，这样就可以高效处理不同性质的物流作业。

（二）厂房作业区域的布置

除了物流作业区域外，物流配送中心中仍包含其他辅助作业区域，各区域与物流作业区域之间可能无直接构成流程性的关系，因此适合以关系型的布置方法进行厂房作业区域的布置。此时有两种方法可供选择：第一种方法是将物流作业区域作为一个整体性的活动区域与其他各区域进行相关配置规划，通过分析各区域间的活动关系密切程度，决定各区域是否相邻；第二种方法是将物流作业区域内的单一作业区域分别独立出来，将物料流程转化为活动关系的形式，综合厂房内各区域的活动相关性，决定各区域的布置。通常第一种方法较为简便，能减少相关分析的复杂程度，但是对于具体位置与长宽比例的限制会增加，因此需要配合规划者的经验判断，做适当的人工调整，或者以人工排列方式取得初步的布置方案。

（三）整个中心厂区布置

厂房建筑内的相关区域布置完成后，仍需就整个厂区范围内的相关区域进行规划，如厂区通道、停车场、对外出入大门及联外道路形式等。此外，中心厂区布置时尤其要注意未来可能的扩充方向及经营规模变动等因素，以保留适当的变动弹性。

在以上所述三个阶段的布置过程中，如果实际联外道路形式、对外出入大门位置等已有初步方案或已确定，也可以由后向前进行规划，先规划中心厂区的布置形式，再进行厂房内物流及外围辅助区域的规划，这样可以减少不必要的修正调整作业，以配合实际地理区位限制因素。就上述三种不同阶段的布置规划而言，不论在哪一个布置阶段，基本的布置规划程序均可按系统布置规划程序进行。

二、设备配置与面积要求

作业区域空间的需求规划在整个物流配送中心的规划设计中占有重要的地位，它是营运成本与空间投资效益的关键，如何发挥物流作业空间最大效益是作业区域空间规划着重要考虑的问题。空间需求规划需针对作业流量、作业活动特性、设备型号、建筑物特性、成本与效益等因素加以分析，以确定适合的作业区域空间及长、宽、高的比例。由于相关物流仓储设备具有整数单位的特性，在面积估算时，通常需要做部分调整，可能增加设备及作业量的需求，或者修改部分设备的规格。但是在区域布置规划阶段，相关的设计参数均为参考值，需在详细布置时根据明确的设备规格尺寸资料修正面积需求及布置方案。

在物流设备与外围设施规划选用完成后，已决定各项设备的基本形式与数量，由此可完成各作业区域的设备需求表，物流配送中心布置规划设备选用汇总如表 10–9 所示，并提出区域内相关设施的概略配置图。而配合各作业区域活动关系的分析后，则可进一步估计各物流作业区域的需求面积。作业区域性质不同，其空间计算的标准也不同，应合理设置安全系数，以求得较合理的作业区域面积分配。物流配送中心作业区域面积分析如表 10–10 所示。

表 10-9　　物流配送中心布置规划设备选用汇总

项次	设备名称	设备功能	数量	单位	设备尺寸			承重（kg）	电力需求（kVA）	空压需求（Nm^3/h）	其他配合需求
					长（mm）	宽（mm）	高（mm）				
长宽比例限制			最小/（长：宽）					最大/（长：宽）			
配合注意事项			有无空调需求；有无高度限制；有无地基特别需求；是否需预留内部通道；是否需预留外部通道；是否需预留作业空间；是否需预留扩充空间；其他配合事项								

表 10-10　　物流配送中心作业区域面积分析

作业区域	基本预估面积（m^2）	作业活动空间面积（m^2）	内部通道预留面积（m^2）	外部通道预留面积（m^2）	扩充空间预留面积（m^2）	长宽比例	面积合计（m^2）

作业区域空间规划除了预估需求设备的基本使用面积，还需估计操作、活动、物料暂存等作业区域空间需求、预留通道占用比例、估计面积的安全系数等，其比例的制定可参考作业形态、对象体积、厂房建筑本体的占用面积等因素。单一作业区域面积估计完成后，另需依照设备型号决定该面积的长宽比例，以避免面积大小符合但是长宽比不适，造成该面积的规划不可行。最后加总各作业区域的需求面积，仍要考虑厂区扩充及其他弹性运用的需求面积。至于整体面积的最终需求，应配合长宽比例的调整进行估算。物流配送中心的作业区域空间规划程序如图 10-2 所示。

三、作业区域配置

（一）作业区域配置逻辑模式

1. 内围式程序模式

先决定厂房（或厂区）模板的面积与长宽比例，然后在此范围内配置各相关作业区域。

2. 外张式程序模式

先配置各作业区域的相邻关系，完成可行的面积组合形式，再框出外部厂房（或厂区）的面积范围，并进行各区域面积的局部调整，以完成各区域面积的配置。

（二）作业区域配置方法

1. 流程式布置法

流程式布置法以物流动线为布置的主要依据，而物流作业区域大多具有流程性的

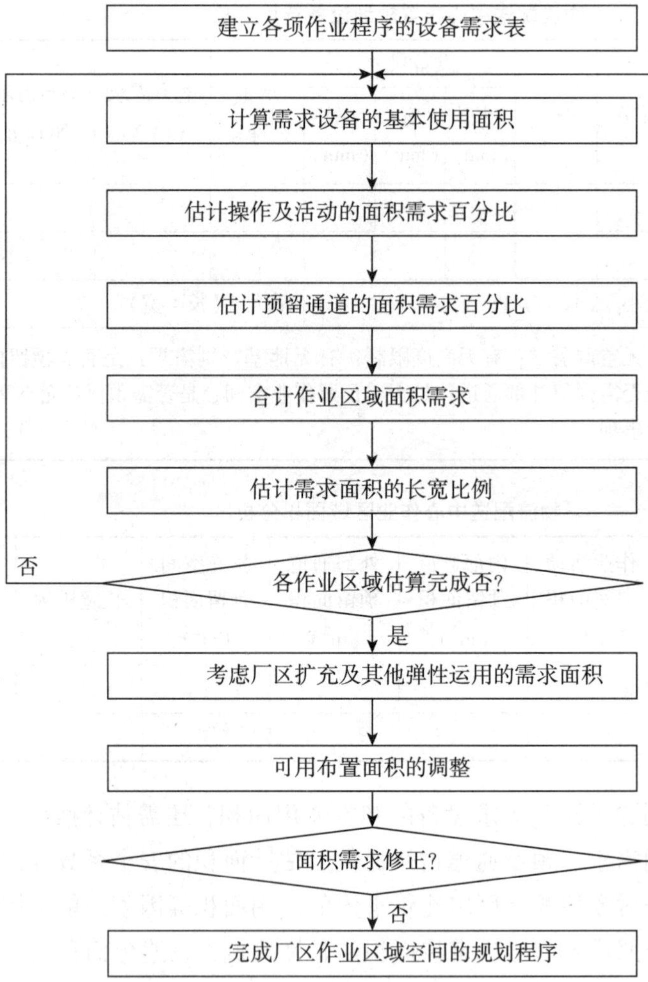

图 10-2　物流配送中心的作业区域空间规划程序

作业关系，所以流程式布置法适用于物流作业区域的布置。通常以模板进行配置时考虑作业区域间物流动线的形式，作为配置过程中的参考。

2. 相关性布置法

相关性布置法是根据各作业区域的活动相关表进行布置的方法。一般用于整个厂区或辅助性作业区域的布置。由活动相关性分析可以得出各作业区域间的活动关系密切程度，在两作业区域之间以线条表示出来。为缩短关系密切的作业区域间的路程，应该尽量使这两个作业区域靠近。

（三）作业区域间的物流动线模式

物流配送中心各作业区域间的物流动线模式如图 10-3 所示，可根据具体情况选择使用。

1. 直线型

直线型物流动线模式适用于出入口在厂房两侧，作业流程简单、规模较小的物流作业。无论订单大小与检货品项多少，均需通过厂房全程。

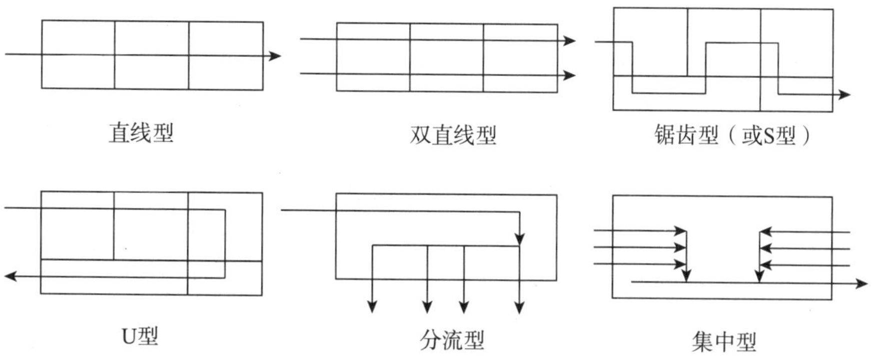

图 10-3　物流配送中心各作业区域间的物流动线模式

2. 双直线型

双直线型物流动线模式适用于出入口在厂房两侧，作业流程相似但是有两种不同进出货形态或作业需求的物流作业（如整箱区与零星区、A 客户与 B 客户等）。

3. 锯齿型（或 S 型）

锯齿型（或 S 型）物流动线模式通常适用于多排并列的库存料架区。

4. U 型

U 型物流动线模式适用于出入口在厂房同侧，可依进出货频率安排接近出口端的储区，缩短拣货搬运路线。

5. 分流型

分流型物流动线模式适用于因批量拣取而分流的作业。

6. 集中型

集中型物流动线模式适用于因储区特性将订单分割在不同区域拣取后再做集货的作业。

（四）作业区域配置步骤

下面以流程式布置法为例说明作业区域配置的步骤。

（1）决定物流配送中心的联外道路形式。

（2）决定物流配送中心厂房的空间范围、大小及长宽比例。

（3）决定物流配送中心从进货到出货的主要行进路线，决定其物流动线模式。

（4）按作业流程顺序配置各作业区域位置。

物流作业区域应从进货作业开始布置，再按物料流程的先后顺序安排其相关位置。物流作业区域内如有面积较大且长宽比例不易变动的区域，应先置入建筑平面内。其次，再插入面积较小而长宽比例较易调整的区域，如理货区、暂存区等。

（5）决定管理办公区与仓储区的关系。

一般物流配送中心管理办公区采取集中式布置，并与仓储区相隔，但仍应考虑配置关系与空间利用的可能方案，由于目前仓储区采用立体化设备较多，其高度需求与管理办公区不同，故管理办公区布置需进一步考虑空间利用率，如采用多楼层办公区规划、单独利用某一楼层作为管理办公区、充分利用进出货区上层的空间等方式。

（6）决定管理活动区域的配置。

选择和各部门活动相关性最高的部门区域先行置入，再按与已置入区域关系的紧密程度置入。最后，逐步调整各管理活动区域。

（7）进行各作业流程与活动相关的布置组合，探讨各种可能的区域布置组合方案。

在布置组合时，若各作业区域配置的面积无法完全置入厂房内，则必须修改部分区域的面积或长宽比例，或修改总面积的大小及长宽比例。如修改的幅度超出设备规划的限制，则必须进行设备规划的变更，再重新进入作业区域空间规划程序及面积的配置。

各作业区域位置经布置及调整后即可确定并绘制区域布置图，布置图内容仅说明各区域的界限并标示尺寸，设备的详细位置则未标示，需待详细布置时再予确认。

以人工模板执行的布置程序，其过程烦琐而不易进行，通常需要经过反复对比才能得到最终方案，因此可以考虑将此程序计算机化，将面积模板以图形形式表示，由人工在屏幕上安排相关位置，而计算机可以自动计算其活动关系的流量与距离的乘积，供布置过程参考。

四、物流动线的分析

作业区域布置阶段，各项设备的详细规格并未确定，但是在进行物流动线分析的过程中，仍需按设备规划与选用的形式做概略性的配置规划，标示各项设施的预定位置及物流动线的形式，逐一分析各作业区域间及作业区域内物流动线是否顺畅，确认有无改进的必要。厂区物流动线模式分析程序如图 10-4 所示，厂区物流动线模式如图 10-5 所示。

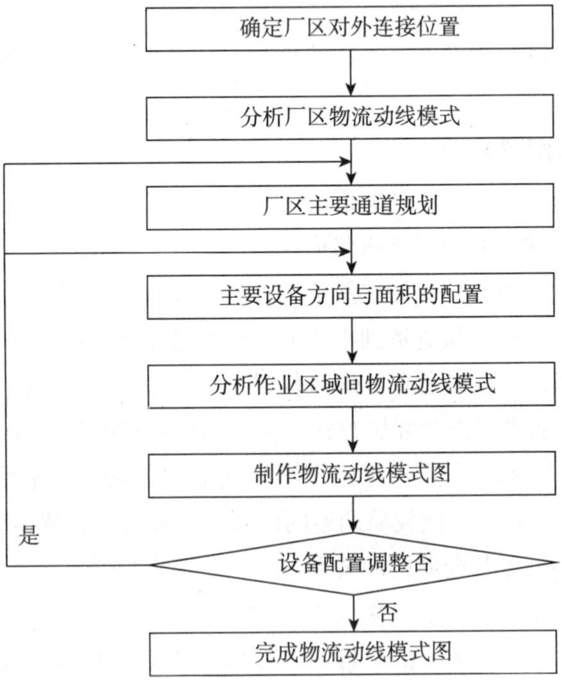

图 10-4　厂区物流动线模式分析程序

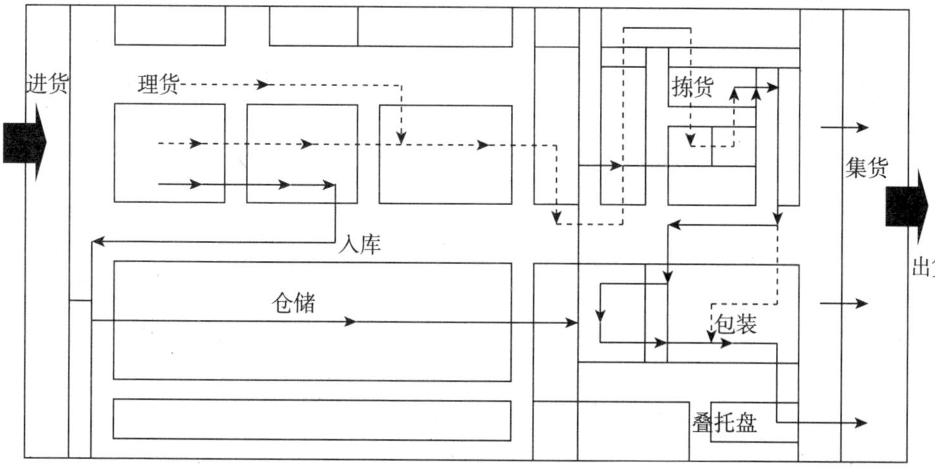

图 10-5　厂区物流动线模式

五、实体限制的修正

经过前述各阶段的规划分析，厂区的布置规划已基本完成，但是仍有一些限制条件必须加以考虑，以做必要的修正与调整。

①厂房与土地面积比例：确认厂房建筑率、容积率、绿地与环境保护空间的比例及限制等因素是否符合规定。

②厂房建筑的特性：有无特定建筑物造型、长宽比例、柱位、跨距、梁高等限制或需求。

③法规限制：须考虑土地建筑法规、环保卫生安全相关法令、劳动基准法等因素。

④交通出入限制：如果已有厂区规划方案，须考虑有无交通出入口及所在地形区位的特殊限制等因素。

⑤其他：如经费预算限制、策略配合因素等。

当各项布置方案完成后，为配合物流配送中心的完整性，各作业区域规划布置面积与基本需求面积可能略有差异，可对物流配送中心布置方案进行比较，以利于方案评估的比较，并进入方案详细设计阶段。物流配送中心布置方案对比如表 10-11 所示。

表 10-11　物流配送中心布置方案对比　单位：m^2

项次	作业区域	A 方案布置		B 方案布置		C 方案布置	
		基本需求面积	规划布置面积	基本需求面积	规划布置面积	基本需求面积	规划布置面积
1	装卸货平台						
2	暂存区						
3	理货区						
4	库存区						

续表

项次	作业区域	A方案布置		B方案布置		C方案布置	
		基本需求面积	规划布置面积	基本需求面积	规划布置面积	基本需求面积	规划布置面积
5	拣货区						
6	补货区						
7	散装拣货区						
8	分类区						
9	集货区						
10	……						
合计面积							

第四节　辅助作业设施与相关配套设施规划

一个完整的物流配送中心包含的设施可以分为三大类：物流作业设施、辅助作业设施和相关配套设施。因此，物流配送中心的系统规划除了前面所介绍的仓储、分拣等主要物流作业区域的规划，还包括辅助作业设施与相关配套设施的规划。

一、辅助作业设施规划

（一）通道的规划

通道虽不直接属于某个作业区域，但是合理的位置设置与宽度设计是影响物流效率的关键。一般厂房布置规划必先划定通道的位置，而后分配各作业区域。通道的设计应能方便货物的存取、装卸设备的进出并包含必要的服务区间。

1. 通道规划的影响因素

影响通道位置及宽度的因素包括：①通道形式；②搬运设备的型号、尺寸、产能、回转半径；③储存货品的尺寸；④与进出口及装卸区的距离；⑤储存货物的批量、尺寸；⑥防火墙的位置；⑦行列空间；⑧服务区及设备的位置；⑨地板承载能力；⑩电梯及坡道位置。

2. 通道的类型

物流配送中心的通道可分为厂区通道和厂房内通道。厂区通道将影响车辆和人员的进出、车辆回转、装卸货等动线。

厂房内通道一般包含下列几种。

（1）工作通道：物流仓储作业及出入厂房作业的通道又包括主通道及辅助通道。主通道通常连接厂房的出入口和各作业区域，道路也最宽。辅助通道为连接主通道和各作业区域的通道，通常垂直或平行于主通道。

（2）人行通道：只用于员工进出的特殊区域，应选择最小数值。

（3）电梯通道：出入电梯的通道，不应受任何通道阻碍。此通道宽度至少与电梯宽度相同，距离主要工作通道 3~4.5m。

（4）其他性质的通道：为公共设施、防火设备或紧急逃生所需的进出通道。

3. 通道的设计要点

空间分配最重要的因素是通道位置的设置及宽度设计，因此，良好通道的设计要点包括以下内容。

（1）流量经济：让所有厂房通道的人、物移动皆形成路径。

（2）空间经济：通道占用厂房空间，因此要谨慎地设计以发挥空间的效益。

（3）设计的顺序：先设计主要通道以配合出入厂门，再设计出入部门及作业区间的通道，最后设计服务设施的通道和参观走道等。

（4）大规模厂房的空间经济：在一个宽 6m 的厂房内需要有一个宽 1.5~2m 的通道，占有效地板空间的 25%~30%；而一个宽 180m 的厂房可能有 3 个宽 3.6m 的通道，只占所有空间的 6%，即使再加上次要通道，也只占厂房空间的 10%~12%。因此，大厂房在通道设计上可达到大规模空间经济性。

（5）危险条件：通道必须足够空旷，以满足危险时尽快逃生的目的。

（6）楼层间的交通：电梯是通道的特例，其目的在于将主要通道的物品运至其他楼层，但又要避免阻碍主要通道。

不同的储区布置形式有不同的通道空间比例，如图 10-6 所示，表示在 15m×60m 及 30m×30m 的区域下，通道占厂房空间的比重。

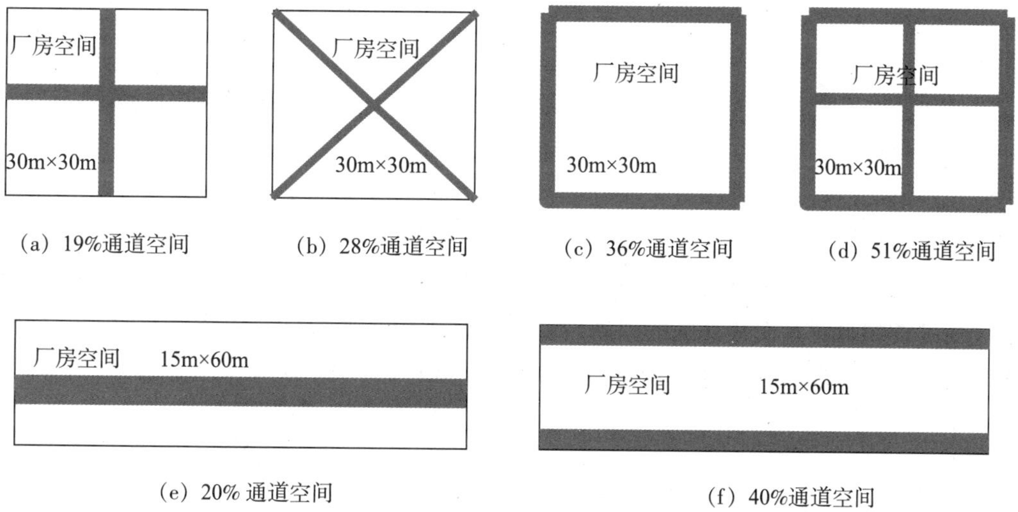

图 10-6　不同通道空间比例占厂房空间的比重

物流配送中心常采用中枢通道（见图 10-7），其主要通道经过厂房中央，且尽可能直穿，让起点和终点在厂房出入口，且连接主要交叉通道，以有效运用作业空间。

通道宽度的设计，要根据作业区域、人员或车辆行走速率、单位时间通行人数、搬运物品体积等因素确定。表 10-12 为一般厂房通道宽度参考。

图 10-7 中枢通道的布置形式

表 10-12 一般厂房通道宽度参考

通道种类或用途	宽度
中枢主通道	3.5~6m
辅助通道	3m
人行通道	0.75~1m
小型台车	0.7m
手动叉车	1.5~2.5m（视载重而定）
叉车（直角转弯）	2~2.5m（使用 1100mm×1100mm 的托盘）
窄巷道叉车（回转叉式）	1.6~2m

（二）进出货站台的规划

1. 进出货站台的规划

货品在进货时可能需要拆装、理货、检验或暂存以等待入库储存，同样在出货前也需要包装、检查或暂存以等待车辆装载配送，因此在进出货站台上要预留空间以作为缓冲区。

另外，进出货站台常需要衔接设备，以便站台与车辆的高度不同时能顺利装货、卸货，因而在进行进出货站台规划时，也要考虑这些衔接设备的需求空间。若使用可拆装式的衔接设备，只需保留 1~2.5m 的宽度；但若使用固定式的衔接设备，则需保留 1.5~3.5m 的宽度，实际尺寸需视衔接设备大小而定。

为使搬运车辆及人员能顺畅进出，在暂存区与衔接设备之间还需规划通道，避免动线受到货物阻碍。而暂存区的规划则要视每日进出车辆数和进出货量及时段的分布来确定。对于暂存区、衔接设备及通道的布置形式可参照图 10-8。

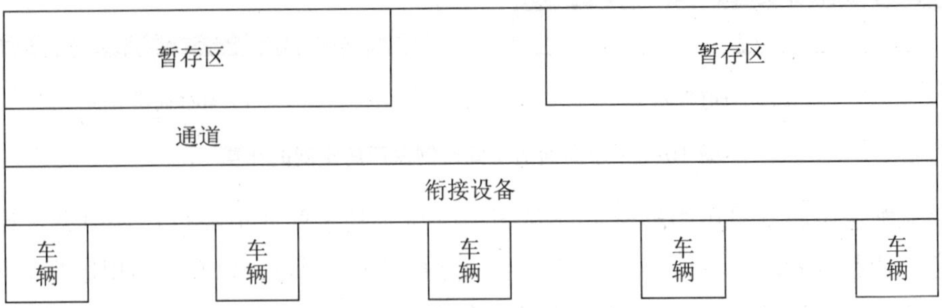

图 10-8 进出货站台布置形式

2. 进出货站台布置形式的规划

有关进出货站台的设计可根据公司作业性质及厂房形式确定，以仓库内物流动线的模式来确定进出货站台的布置方式。为使物料能顺畅地进出厂区，进货站台与出货站台的相对位置设置非常重要，很容易影响进出货的效率及品质。一般来说，两者的布置方式有四种，如图 10–9 所示。

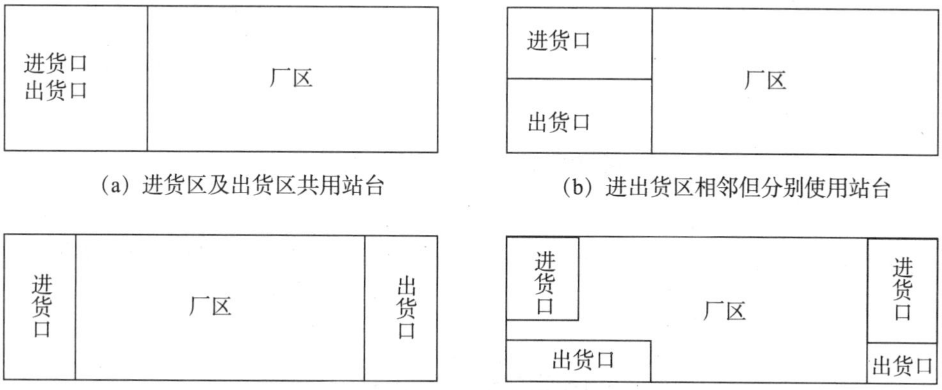

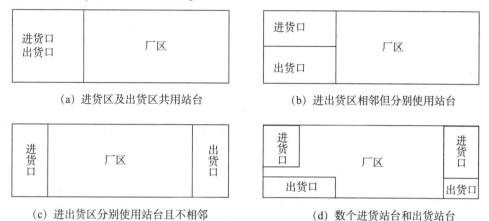

(a) 进货区及出货区共用站台　(b) 进出货区相邻但分别使用站台

(c) 进出货区分别使用站台且不相邻　(d) 数个进货站台和出货站台

图 10–9　进出货站台布置形式

（1）进货区及出货区共用站台：此种设计可提高空间及设备使用率，但有时较难管理，尤其在进出货高峰时段，容易造成进出货相互干扰的不良后果。所以此安排较适合进出货时间可以规划错开的仓库。

（2）进出货区相邻但分别使用站台：采用此安排时设备仍可共享，但进货及出货作业空间分隔，可解决上一种方式进出货互相干扰的问题；但进出货作业空间不能弹性互用，使空间效益降低。此方式的安排较适合厂房空间适中，且进出货容易互相干扰的仓库。

（3）进出货区分别使用站台且不相邻：在这种方式下进出货作业等于完全独立的两部分，不仅作业空间分开，设备的使用也相应划分，可使进出货更为迅速顺畅，但空间及设备的使用率较低，对于厂房空间不足者较不适宜。

（4）数个进货站台和出货站台：若厂房空间足够且货品进出频繁，则可规划多个站台以适应及时进出货需求的管理方式。

3. 站台类型的设计

站台本身的设计类型一般分为两大类：锯齿型及直线型，如图 10–10 所示。这两种类型的设计优缺点如下。①锯齿型：车辆回旋纵深较浅，但占用厂区内部空间较大。②直线型：占用厂区内部空间较小，但车辆回旋纵深较深，外部空间需求较大。由以上优缺点比较可知，所需内部空间小则所需外部空间就大，因而经营者在做决策时可考虑土地价格及建筑物的造价，如果土地价格与建筑物的造价差距不大时，以直线型为佳。

进出货空间的设计除考虑效率及空间外，安全也是必要的考虑因素，尤其是车辆与站台之间的连接设计，要防止大风吹入厂区内部、雨水进入货柜或厂区且避免厂区内空调冷暖气外泄等情况的发生。

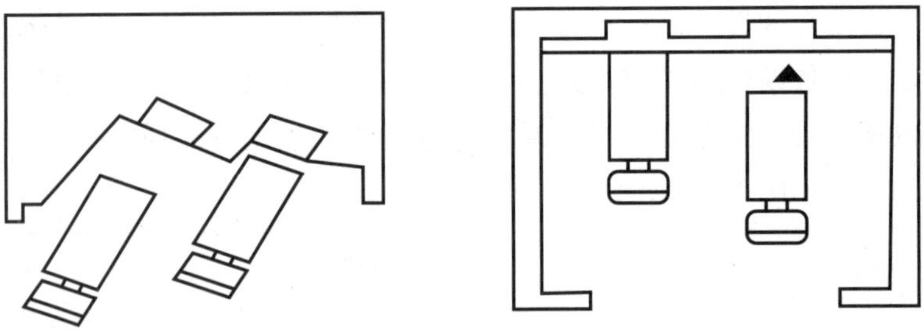

（a）锯齿型 （b）直线型

图 10-10 进出货站台的类型

4. 进出货站台与厂区的配合

进出货站台与厂区的配合方式主要有内围式、齐平式和开放式三种，如图 10-11 所示。

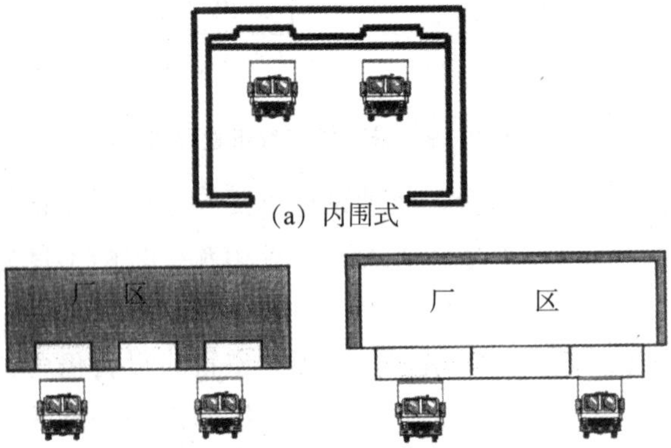

（a）内围式

（b）齐平式 （c）开放式

图 10-11 进出货站台与厂区的配合形式

（1）内围式：将站台围在厂房内，进出货车辆可直接开进厂房装卸货，此形式的设计最为安全，不怕风吹雨淋，也不用担心冷暖气外泄。

（2）齐平式：站台与厂房外缘刚好齐平，此形式虽没有内围式安全，但至少整个站台仍在厂房内，能受到保护，能避免能源浪费。此形式因造价较为便宜，是目前采用最广泛的形式。

（3）开放式：站台全部突出于厂房外的形式，在此形式下，站台上的货品完全不受保护，且库内冷暖气更容易外泄。

5. 站台数量计算

要准确地估算站台数量，需要掌握以下资料：①有关进出货的历史资料；②高峰时段的车辆数；③每辆车装卸货所需时间。此外还需要考虑未来厂房扩大或变更的可能性，使其具有较好的弹性。为容许必要的设备在站台与车辆之间进出，需要估计每个停车站台门的尺寸，物流配送中心站台门高度约为 2. 44m，门宽约为 2. 75m，此尺寸允许将货柜尾端驶入站台。

（三）办公与生活服务设施的规划

办公与生活服务设施指非直接从事生产、仓储或流通加工作业的行政管理区与生活服务区，包括办公室、档案室、会客室、会议室、休息室、司机休息室、盥洗室、衣帽间、食堂等。

1. 办公室

办公室按作业人数及内部设备决定其面积，一般空间规划参考如表 10-13 所示。

表 10-13　　办公室一般空间规划参考

项目	空间需求	项目	空间需求
办公室通道	90cm 以上	单位主管办公室面积	$28\sim38m^2$
每人办公空间	$4.5\sim7m^2$	部门主管办公室面积	$14\sim28m^2$
两桌椅之间距离	0.8~1.2m	管理人员办公室面积	$9\sim18m^2$
桌与档案柜之间通道	1~1.5m		

2. 档案室

档案室的主要用途是储存、保管文件，除档案架或档案柜的空间外，需预留通道及档案存取空间，抽屉取出端需留宽 1.2~1.5m 通道以利作业。

3. 会客室

会客室以接近单位主管办公室为宜。

4. 会议室

会议室需考虑会议桌椅、放映器材等的空间需求。

5. 休息室

休息室应按人员数量及作息时间确定，如人员较多可另行设置茶水间等，以满足不同的使用需求。

6. 司机休息室

为配合车辆司机作业习惯及库存区管理要求，可在出入库作业区附近另设司机休息区，以便利司机装卸货或等待相关业务作业。

7. 盥洗室

良好的卫生设施使员工心情愉快，有利于工作。

8. 衣帽间

为满足员工个人物品的保管需求，可在库存区外另行设置员工衣帽间，每个员工一个格位并配门锁，方便员工放置个人物品。

9. 食堂

食堂包括厨房、餐厅等，餐厅面积按高峰时段人数与台位面积计算，每人 $0.8\sim1.5m^2$，厨房面积约为餐厅面积的 20%~35%。

二、相关配套设施规划

为配合物流配送中心的整体运作与使用，需要考虑厂房建筑结构的主要形式，以及相关的水电、动力、土木、空调与安全消防等厂房建筑的外围设施。在物流配送中心厂房布置规划时，需综合考虑。

（一）出入大门与警卫室

出入大门与警卫室要配合厂区对外出入道路及联外道路位置进行规划。

1. 出入口共用一个大门

适用于厂区仅单侧有联外道路且出入道路不宽的情况，警卫室可设置于大门一侧并进行出入车辆管理。

2. 出入口相邻且位于厂区同侧

适用于厂区仅单侧有联外道路，若出入道路较宽，可将出入路线分开，警卫室可设置于出入口中间，分别进行出入车辆管理。

3. 出入口位于厂区不同侧

适用于厂区两侧均有联外道路可使用的情况，可分别设置出入口与警卫室，或严格限制一边进厂另一边出厂的出入管理制度，通常用于进出货时段重叠且进出车辆多的情况下。

（二）停车场

停车场需考虑员工使用和外来人员的使用及进货车辆暂停等的停车需求，估计各种停车需求的数量以及车型，配合厂区的空间大小，规划停车空间，安排停车格位。停车场的布置方式可按停车角度的不同进行规划。由于停车位要配合车辆行走车道，在不同角度下车辆进出所需的车道宽度需求不尽相同。因此在不同停车列数与停车角度下，其停车场宽度需求也不同。如表 10-14 所示为停车场停车角度对应的车道宽度。

表 10-14　　停车场停车角度对应的车道宽度

列数	停放角度		
	90°	60°	45°
一列	13.1	11.9	10.1
二列	18.9	18.3	15.2
三列	32.0	30.2	24.1
四列	37.8	36.6	30.2

1. 60°角停车场的布置

60°角停车场的特点是车辆行驶进出较容易，车道宽度较小但是停车格位深度较深，同一列可停车辆数也较少。60°角停车场停车格位参数如表 10-15 所示。

表 10-15 60°角停车场停车格位参数 单位：m

参数名称	停车格位尺寸				
	A	B	C	D	E
车辆宽度	2.44	2.59	2.74	2.90	3.05
车辆长度	5.79	5.79	5.79	5.79	5.79
停车位长度	2.82	3.00	3.18	3.35	3.51
停车位深度	6.22	6.32	6.40	6.48	6.55
车道宽度	5.79	5.64	5.49	5.49	5.49

2. 90°角停车场的布置

90°角停车场的特点是车辆行驶进出较困难，车道宽度需要较大，停车格位深度与车长相同，而同一列可停车辆数较多。90°角停车场停车格位参数如表 10-16 所示。

表 10-16 90°角停车场停车格位参数 单位：m

参数名称	停车格位尺寸				
	A	B	C	D	E
车辆宽度	2.44	2.59	2.74	2.90	3.05
车辆长度	5.79	5.79	5.79	5.79	5.79
停车位长度	2.44	2.59	2.74	2.90	3.05
停车位深度	5.79	5.79	5.79	5.79	5.79
车道宽度	7.92	7.62	7.31	7.31	7.31

实际进行停车位布置时需配合停车车辆尺寸及可用空间的长宽比例进行合理的规划和布置，以充分利用有限的空间。

（三）运输车辆回车空间

运输车辆回车空间需根据进出物流配送中心的车辆类型加以分析，并预留泊车及回车所需空间。各种车型的转弯半径如表 10-17 所示。

表 10-17 各种车型的转弯半径

	2t 以下小型车	5t 以下中型车	21t 大型车
车长（m）	5	8	12
转弯半径（m）	4	6	9

（四）绿化空间

一般工程建设对绿化覆盖率有一定要求，因此规划时要充分考虑绿化的要求，一般在车辆停车场周围与围墙周围设计绿化区域，以美化配送中心。

【本章案例】

某医药物流中心规划

1. 项目背景

为了适应医药市场激烈竞争的新形势，深化医药流通体制改革，支持医药连锁经营等现代流通组织模式，加快医药流通现代化，提高企业的综合竞争能力，实现物流配送集约化经营、规模化发展。某医药公司拟构建现代化的医药物流中心，以提高物流运作能力。根据企业的具体需求，公司规划人员在进行详细的调研和需求分析的基础上，对物流中心进行了总体规划。

2. 规划目标

物流中心建设的总目标：根据医药公司药品、药材、医疗器械、化学试剂、保健食品等的业务发展需求，规划建设集进、储、配、送于一体的多功能、高效益的符合《药品经营质量管理规范》的经济实用的物流中心，满足年进出货量 230000 箱以上的要求，实现最佳的社会效益和经济效益。

（1）基本规划要求

①建设规模满足公司出货量的需要，为连锁药店提供物流支持。

②作业能力满足三年内业务量增长的需要和订单量的变化，满足配送时限的要求。

③充分利用现有地块的面积，在满足绿化和消防要求的前提下，尽量提高土地的建筑率。

④适当的技术先进性与适当的投资额。

⑤物流中心信息管理系统满足内部作业无纸化要求。

（2）执行目标

①提高物流作业效率。

②降低物流作业错误率。

③缩短物流作业周期中的交货周期。

④降低物流运作成本。

⑤迅速掌握分销分配信息。

⑥降低库存水平。

⑦提升物流服务竞争力。

⑧配送中心信息管理系统应与公司 ERP（企业资源计划）系统无缝对接。

3. 总体运转能力

总体运转能力包括物流中心的总体物流能力以及进货区、仓储区、拣货区、出货区的基本运转能力。总体运转能力除需考虑基本作业需求量外，也需配合作业弹性及未来成长趋势来确定，如表 10-18 所示。

表 10-18　　物流中心总体转运能力

项目	年能力	日能力
出货量（箱）	230000	920
订单处理能力	250000	1000
库存量（箱）	100000	
备注：年工作日为 250 天；库存周转次数按 6 次/年计		

4. 物流中心的总体规划

（1）储运单元规划

基本规划条件是指进行物流中心规划的基本参数或能力需求。根据 EIQ-PCB 分析，可确定物流中心内的基本储运单元。储运单元规划的目标是使储运单位易于量化及转换，提高储存和分拣作业效率。基本储运单元的规划是进行物流中心规划和设备配置的基础。物流中心的基本储运单元规划如表 10-19 所示。

表 10-19　　物流中心的基本储运单元规划

区域	进货单位	储存单位	拣选单位	出货单位
AS/RS 库区	C	P	P、C	C
托盘货架区	C	P	C	C
零货区	C、B	C	B	B

注：P—托盘，C—箱，B—单品

托盘规格：1200mm×1000mm×1150mm；货物堆码尺寸：1200mm× 1000mm×1150mm；

料箱规格：600mm×400mm×148mm

（2）物流中心总平面布置

本着优化物流、美化环境的原则，以树立现代医药分销企业的形象为目标，采用系统布置设计方法与功能分区方法相结合，进行设施规划布置。

厂区内有 AS/RS 库区、复合楼库区、危险品仓库等区域，有办公楼、停车场、道路、配电室、绿地等辅助设施。物流中心的区域设置如表 10-20 所示。

表 10-20　　物流中心的区域设置

序号	名称	功能	规模	备注
1	警卫室	保卫执勤、进出管制	$24m^2$×2	
2	办公停车场	办公车辆、客户车辆	$150m^2$	停放 10 台车以上
3	货车停车场 1	运货车辆	$430m^2$	停放 20 台车以上

续表

序号	名称	功能	规模	备注
4	AS/RS 库区	入库、出库、储存保管、分拣、配送	8352m^2	建筑面积
5	复合楼库区	入库、出库、储存保管、分拣、配送	1512m^2	高 24m
6	危险品仓库	危险品、试剂储存	108m^2	建筑面积
7	货车停车场 2	运货车辆	200m^2	停放 12 台车以上
8	办公楼	业务、管理、生活	3751m^2	建筑面积
9	配电室	能源供应	10kV	
10	绿地	环境美化、绿化	5100m^2	绿化率 30%
11	货运道路	货车通行、运输	2800m^2	主干道
12	办公道路	办公车辆通行	1500m^2	楼前广场
13	消防设施	消防	300m^2×2	地下

（3）物流中心内部功能区划

根据物流中心药品的储存与物流特征，可将物流中心的区域划分为收货区、检验区、主储区、特殊品储区、集配区、发货区、配合作业区、退货处理区、配合性区域、中心办公区和员工活动区等。物流中心内部功能区划如表 10-21 所示。

表 10-21　物流中心内部功能区划

序号	名称	功能	组成	备注
1	收货区	接收货物、数量核验、外观核验、整理码盘、入库	收货站台、收货工作站、收货暂存区、接待办公室	
2	检验区	质量抽检、商品养护	质量检验办公室；养护室；化验室	
3	主储区	通常进行药品的储存和分拣	AS/RS 库区；托盘货架区；流动货架区；搁板货架区	
4	特殊品储区	特殊药品的储存、拣选器械储存和拣选	冷藏品库；毒麻药品库；中药材库；医疗器械库；贵重药品库；危险品库	
5	集配区	分类、集货、打包	集货区；打包区	
6	发货区	备货；验收；发货；派车；配装	发货暂存区；发货站台；发货工作站；车辆调度室；发货办公室	

续表

序号	名称	功能	组成	备注
7	配合作业区	托盘回收；料箱回收；料箱储存；托盘暂存；废料暂存	托盘回收区；料箱回收区；料箱储存区；托盘暂存区；废料暂存区	
8	退货处理区	退货接货；退货暂存；破损、污染、滞销品储存	退货接货区；退厂品储区；待处理品区	
9	配合性区域	使用动力及空调设备；使用安全消防设施；设备维修；人员、车辆通行；机械设备停放	消防控制室；配电室；设备维护区；电梯、楼梯、通道；搬运设备停放区	
10	中心办公区	仓储部办公；运输部办公；质检部办公；举办会议；计算机管理控制	经理办公室；业务办公室；会议室；计算机控制室；其他	
11	员工活动区	员工休息及活动	更衣室；盥洗室；司机休息室	

（4）物流中心厂区的总体布置

物流中心厂区的总体布置如图 10-12 所示。

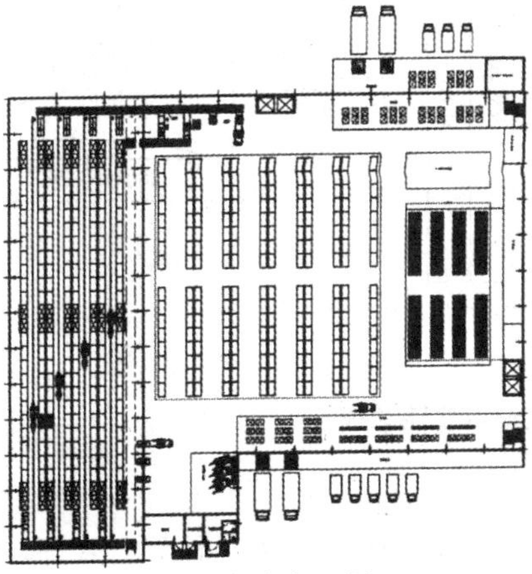
（a）一层

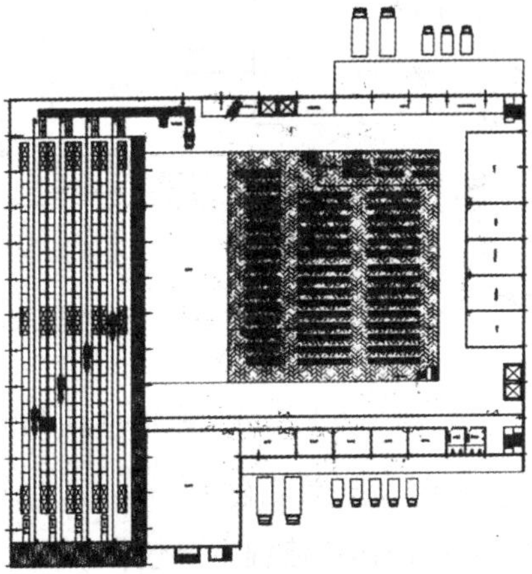
（b）二层

图 10-12　物流中心厂区的总体布置

（5）物流中心储区能力需求规划

物流中心储区能力需求规划主要是对各储存区域的库容量和作业频率的需求进行规划。该物流中心储区分为主储存区、医疗器械库、中药材库、危险品库、毒麻药品库、贵重药品库和冷藏品库，每个储区分别储存不同类别的药品。另外，物流中心还设立了处理退货品和滞销品的储区。

①主储区能力需求规划

主储区包括 AS/RS 库区、托盘货架区、流动货架区和搁板货架区。各主储区的容量需求规划如表 10-22 所示。

表 10-22　各主储区的容量需求规划

项目	设计储存品种	拣选点	储存量（盘）	库容量（货位）
AS/RS 库区	1247	5572	5572	5572
托盘货架区	738	738	1476	1476
流动货架区	686	686	2774	686
搁板货架区 1	605	1210	2420	1210
搁板货架区 2	3257	9770	19540	9770

②其他储区能力需求规划

其他储区能力需求规划主要根据各储区储存药品的特性和品项数，确定各储区的面积。

5. 物流中心主储区的物流动线

物流中心主储区的物流动线包括进货、出货、补货、退货和空托盘回收与供给等方面。图 10-13（a）为物流中心主储区一层物流动线，图 10-13（b）为物流中心主储区二层物流动线。

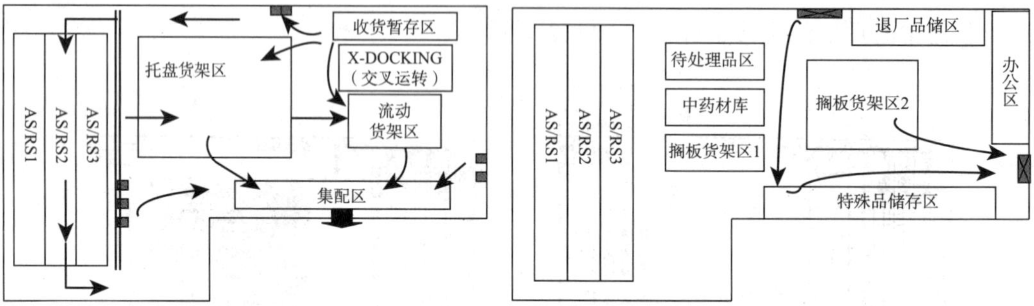

（a）一层　　（b）二层

图 10-13　物流中心主储区物流动线

6. 物流中心的作业流程

物流中心的作业流程主要包括接货、卸货、检验、储区指派、码盘、入库、RF 指派储存、补货、拣选、集配货、出货核验、装车配送以及盘点、退货处理等作业环节。物流中心的作业流程是基于物流中心的总体规划设计的。物流中心的总体作业流程如图 10-14 所示。

7. 物流中心的组织架构及职责

物流中心的组织架构如图 10-15 所示，各部门的职能与人员配备如表 10-23 所示。

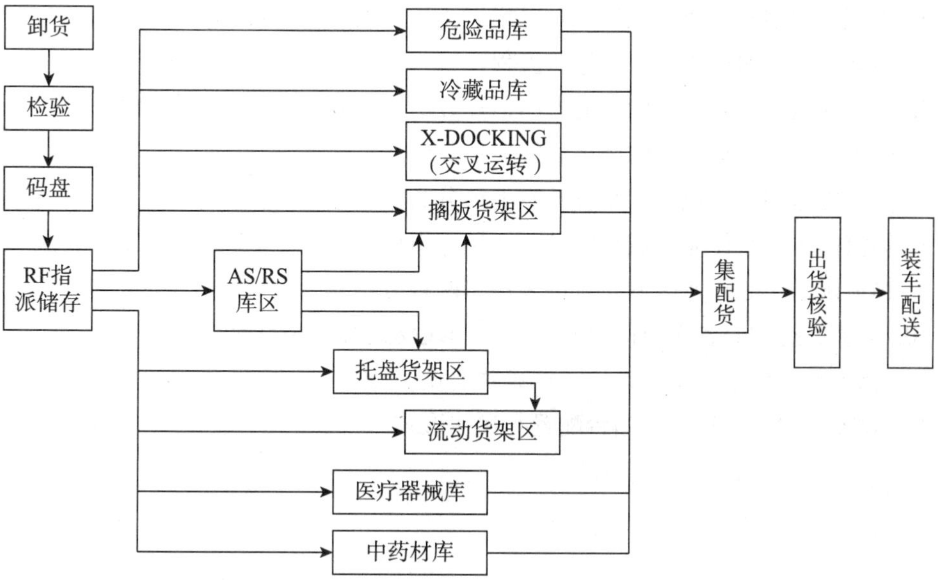

图 10-14　物流中心的总体作业流程

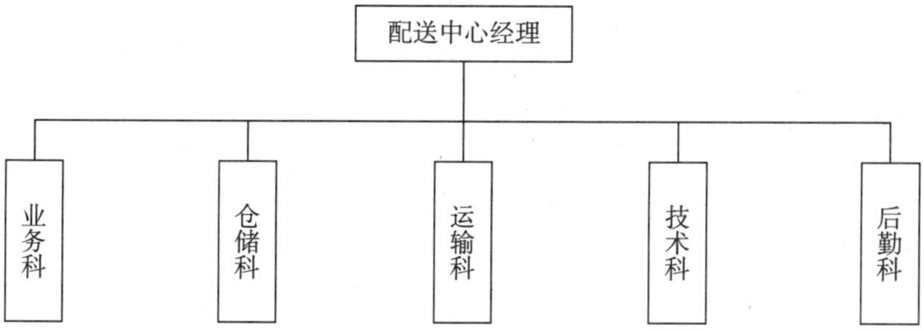

图 10-15　物流中心的组织架构

表 10-23　各部门的职能与人员配备

部门	职能	人员配备
配送中心经理	全面负责物流中心的营运管理	2
业务科	入库单处理、订单处理、客户服务、退货处理	8
仓储科	物流中心内部管理、接货、卸货、理货、贴条码、分类、验收、入库、补货、盘点、拣货、出库等	34
运输科	车辆调度、车辆管理、送货、回单处理、车辆维护与保养	36
技术科	物流中心信息管理系统、RF 系统维护及信息设备维护	5
后勤科	保洁等	3

【作业思考题】

1. 物流配送中心规划目标的设定应事先做哪些基础分析？
2. 物流配送中心规划条件设定主要包括哪几个方面内容？

3. 物流配送中心作业功能区域布置规划流程一般有哪些步骤？
4. 简述物流配送中心的一般作业流程。
5. 物流配送中心仓储区储运能力的估算方法有哪些？简述其计算步骤。
6. 物流配送中心拣货区的储运量如何估算？
7. 物流配送中心作业区域布置基本上可分为哪三个阶段？
8. 物流配送中心作业区域布置有哪两种逻辑模式？
9. 物流配送中心作业区域布置可采用哪两种方法？
10. 物流配送中心各作业区域间的物流动线模式有哪些类型？
11. 物流配送中心通道设计应注意哪些要点？
12. 物流配送中心进出货站台配置有哪些形式？

第十一章　物流园区规划

【导　言】

物流园区规划是指国家、地区或行业组织按照国民经济和社会发展的要求，根据国家发展规划和产业政策，在分析外部环境和内部环境及其变化趋势的基础上，对物流园区一定时期内的建设与发展所做出的方向性、整体性、全局性的谋划。它既是明晰园区未来发展目标和进行服务功能定位的战略方案设计，也是园区物流运作及配套设施布局规划方案设计。物流园区作为一个复杂的社会经济系统，系统要素之间往往既相互联系又相互矛盾，处理不慎会造成系统总体恶化，达不到预期效果。因此，做好物流园区的规划和设计对区域物流发展有着十分重要的意义。

【学习目标】

通过本章的学习，理解物流园区的定义、物流园区的特征、物流园区的分类，了解物流园区的规划原则、应考虑的影响因素，知晓物流园区规划的程序与内容，重点掌握区域物流市场需求分析与物流园区货物流量规模确定方法、园区总体用地规模计算方法、功能区域面积计算方法。

【教学要点】

- 物流园区的定义、分类、规划原则，规划主要的影响因素；
- 物流园区规划的程序与内容；
- 区域物流市场需求分析指标、需求规模测定方法、物流园区货物流量规模确定方法；
- 物流园区总体用地规模计算方法；
- 物流园区功能设施配置及其面积计算方法。

第一节　物流园区规划概述

一、物流园区概述

（一）物流园区定义

物流园区是现代物流业发展到一定阶段的必然产物，是为了实现货运场站、仓库、物流中心、加工配送中心等物流设施集约化、物流运作共同化以及城市物流设施空间布局合理化目的而在城市周边区域集中建设的物流设施群与众多物流业从业者在地域上的物理集结地，同时也是多种运输方式的交会点。

物流园区最早于20世纪60年代出现在日本东京，在日本被称为“物流团地”，在德国被称为“货运村”，在中国被称为“物流基地”，有时也被称为“物流中心”。另外，英国、美国、比利时、加拿大、墨西哥等国也都先后建立了物流园区和货运配送中心。当前，物流园区的规划、建设与运营在世界范围内方兴未艾，是现代物流业发展的一个重要趋势。

我国对物流园区的理论探索与实践于1998年在深圳平湖物流基地提出；2001年在全国范围内兴起了物流园区的规划建设；2003年中国物流园区建设达到一个高潮期；之后随着政府、行业协会的宏观调控和正确引导，物流园区规划热潮逐渐放缓，并趋于理性化，正在步入健康发展阶段，截至2022年，中国物流园区（基地）为2553个。多种类型的物流园区建设，对改善地区投资环境、提高地区经济和企业市场竞争力、推动区域经济协调持续发展起到了促进作用。

物流园区的建设与发展不仅具有微观经济效益，更重要的是有促进区域经济发展和改善交通环境的宏观经济效益与社会效益。往往政府从城市整体利益出发，为解决城市功能紊乱、缓解城市交通拥挤、减轻环境压力、顺应物流业发展趋势，在郊区或城乡边缘带主要交通干道附近选择用地，通过逐步完善各项基础设施、服务设施，提供各种优惠政策，吸引大型物流配送中心在此聚集，使其获得规模效益，降低物流成本，同时，避免大型物流配送中心建在市中心而带来环境、交通等不利影响。

（二）物流园区的特征

从系统工程的角度看，物流园区是一个大系统，与社会环境相依存。物流园区具有一般系统共有的集约性、复杂性和专业性特征。

1. 集约性

物流园区集合了不同的运输方式、不同的存储能力与规模、不同的包装方式、不同的装卸搬运模式、不同的流通加工能力和先进的信息管理系统，对于完成园区内各项物流业务，具有良好的统一性和高效性。物流园区真正地把商流、物流、信息流、资金流等不同性质、不同文化背景的行业和企业联系在一起，综合管理、统一运作，有利于发挥物流规模集约效益，降低物流成本、提高物流服务效率。

2. 复杂性

物流园区整合了第三方物流业务、物流企业业务、企业物流运作与管理业务，集仓储、运输、配送、搬运装卸、包装、信息处理等物流环节和多种物流方式于一体，其集合性和综合性特点就决定了物流园区的复杂性，物流园区比一般物流中心和企业物流管理与运作的难度更大、要求更高。

3. 专业性

随着经济的发展和社会的进步，物流与商流逐步分离，企业的物流活动必须由专业的物流企业支撑，物流园区物流集约化、专业化经营的产生就是适应了这种社会分工的需求。一般来讲，物流园区的专业性体现在以下两个方面：一方面，在物流园区中，原则上不单独发展制造业与商贸业；另一方面，在物流园区的服务半径内，原则上不应该再发展分散的自用型物流，在充分发挥物流园区整体功能的前提下，尽可能地减少重复投资造成的浪费。

（三）物流园区的分类

根据国家标准《物流园区分类与规划基本要求》(GB/T 21334—2017)，按照物流园区的依托对象，可将物流园区分为货运服务型、生产服务型、商贸服务型、口岸服务型和综合服务型。

1. 货运服务型

货运服务型物流园区依托空运、水运或陆运节点（枢纽）而规划建设，为大批量货物分拨、转运提供配套设施，主要服务于区域性物流运转及运输方式的转换。货运服务型物流园区又可分为空港物流园区、海港物流园区、陆港物流园区。空港物流园区依托机场，以空运、快运为主，衔接航空与公路转运；海港物流园区依托港口，衔接海运与内河、铁路、公路转运；陆港物流园区依托公路或铁路枢纽，以公路干线运输为主，衔接公铁转运。

2. 生产服务型

生产服务型物流园区依托经济开发区、高新技术园区、工业园区等制造业集聚园区而规划建设，主要服务于生产企业物料供应与产品生产、销售，为生产型企业提供一体化物流服务。

3. 商贸服务型

商贸服务型物流园区依托各类批发市场、专业市场等商品集散地而规划建设，主要服务于商贸流通业商品集散，为商贸流通企业提供一体化的物流服务及配套商务服务。

4. 口岸服务型

口岸服务型物流园区依托对外开放的海港、空港、陆港和海关特殊监管区域及场所而规划建设，为国际贸易企业提供国际物流综合服务，主要服务于进出口货物的报关、报检、仓储、国际采购、分销和配送、国际中转、国际转口贸易、商品展示等。

5. 综合服务型

综合服务型物流园区依托城市配送、生产制造业、商贸流通业等多元对象而规划建设，位于城市交通运输主要节点，提供综合物流功能服务，主要服务于城市配送与区域运输。

二、物流园区的规划原则

物流园区规划本身是一项系统工程，规划工作强调要善于用系统的观点和思维方式分析和解决问题。规划要突出战略性、宏观性、政策性和可操作性等特点，思路明确，战略清晰，并符合城市发展规划和交通、港口、机场等其他专项规划的基本要求。

（一）经济性原则

物流园区要为物流企业发展提供有利空间。能否吸引物流企业是决定物流园区规划成败的关键，在物流园区选址和确定用地规模时，必须依托当地产业，以物流现状分析和预测为依据，按服务空间的范围，综合考虑影响物流企业布局的各种因素，选择最佳地点，确定最佳规模。以现有运输枢纽场站为依托，充分利用周边的公路、铁路、水运交通优势，减少基础设施的建设费用，减少不必要的投资。

（二）环保性原则

缓解城市交通压力、减轻物流对环境的不利影响是物流园区规划的主要目的，也是"以人为本"规划思想的直接体现。使占地规模较大、噪声污染严重、对周围景观具有破坏性的物流园区尽量远离交通拥挤、人口密集和人们活动比较集中的城市中心区，为人们创造良好的工作生活环境，这是物流园区产生的直接原因，也是城市可持续发展的必然要求。环保性原则还体现在物流园区如何选址，一般来说取决于出于哪种原因建立物流园区，比如，若以解决市内交通拥挤、缓解城市压力为出发点建立物流园区，应将其建在城乡连接处。如果以经济效益为重点建设物流园区，则可以将其建在交通枢纽或产品生产与销售的集散地。同时，物流园区应以绿色物流的发展模式进行规划，发展回收物流和废弃物物流。

（三）市场化原则

规划建设物流园区，既要由政府牵头统一规划和指导，又要坚持市场化运作的原则。应该按照由"政府搭台、企业唱戏、统一规划、分步实施、完善配套、搞好服务、市场运作"的企业主导型市场化运作模式进行规划，政府要按照市场经济的要求转变职能，强化服务。逐步建立起与国际接轨的物流服务及管理体系。物流园区的运作以市场为导向，以企业为主体，在物流园区的功能开发建设、企业的进驻和资源整合等方面，都要靠园区优良的基础设施、先进的物流功能、健康的生活环境和周到有效的企业服务吸引物流企业和投资者共同参与，真正使物流园区成为物流企业公平、公开竞争的舞台。

（四）现代化原则

现代物流园区是一个具有关联性、整合性、集聚性和规模性的总体，其规划应该是一个高起点、高重心的中长期规划，并具有先进性和综合性。因此规划现代物流园区必须瞄准世界物流发展的先进水平，以现代化物流技术为指导，坚持高起点、现代化。物流园区必须以市场为导向，以物流信息管理系统的建设为重点，以第三方物流企业为主体，成为现代物流技术的研发、应用或转化的孵化基地。

（五）柔性化原则

针对我国目前现代物流产业发展还不完善、人们的认识还不深入的现状，发展现代物流所需要的高水平物流设施不可能一步到位，现代物流园区的规划应采取柔性化原则，突出规划中持续改进机制的确定，确立规划的阶段性目标，建立规划实施过程中的阶段性评估检查制度，以保证规划的最终实现。

（六）风险预防原则

由于现代物流园区的建设投资大、周期长、效应长、建设风险大，因而必须有合理的"风险评估报告"，通过定性与定量结合的风险评估，真正建立一套科学的投资决策机制和项目风险评估机制，提高规划的科学性和可行性，并起到风险预防的作用。

（七）资源整合原则

为减少资源浪费，避免重复建设，在物流园区系统网络规划时必须充分利用和整合现有资源，合理规划，以最大限度地发挥物流服务的系统效能。以仓储设施的利用为例，在诸多物流基础设施中，仓库以其庞大的规模和资产占比，成为物流企业的空间主体，国外的一般经验是仓库用地占整个物流用地的40%左右；仓库建设投资大、回收期长且难以拆迁，充分利用好现有的仓储设施，则基本可以解决原有设施再利用及优化资本结构的问题；仓库多分布在交通枢纽和商品主要集散地，交通便利，区位优势明显，可满足物流企业对市场区位和交通区位的要求。充分利用已有仓储用地，可减少用地结构调整和资金投入，是物流园区规划的捷径。

（八）渐进性原则

物流园区规划同其他规划一样，具有一定的超前性，但任何盲目的、不符合实际的超前规划都可能造成不必要的资源浪费。因此，必须坚持循序渐进的原则，结合地区实际，在客观分析物流业发展现状和未来趋势的基础上，合理规划物流园区。同时，物流园区的建设又是一项规模宏大、内容繁杂的长期任务，规划阶段的关键是选择好物流园区建设的突破口——启动建设项目，使其对全局推进具有示范性影响，并以此形成物流园区的基础框架，为今后的持续发展积累经验。

（九）协调性原则

物流园区的规划和布局应该从城市整体发展的角度统筹考虑，以城市的总体规划和布局为依据，顺应城市产业结构调整和空间布局的变化需要，与城市功能定位和远景发展目标相协调，并结合规划选址的用地条件确定园区的具体位置。

三、物流园区规划主要的影响因素

物流园区主要位于物资流通集中的城市地区，是一个投资大、回收期长的项目，因此从项目立项、功能定位、园区选址、规划设计等方面均需要充分论证，以确保物流园区建成后能正常运作，从而发挥其应有的社会效益。从区域经济地理学的角度看，对条件要素的分析将对整个规划起基础性作用，有时甚至对规划质量具有决定性影响。从物流园区承担的功能看，物流园区必须具备相应的硬件条件，如所在地具有产业基础、政策法规的支持和交通、土地等基础设施的长期保证，以及一定的经济和技术发展水平等。由于货物的生产和销售主要集中在大城市，所以物流园区主要设置在大城市或城市群中，在中小城市则主要表现为配送中心或货运枢纽场站。一般地，在物流园区规划之初，需要从以下几个方面对其进行分析评价，它们是影响物流园区规划的主要因素。

（一）地理区位条件

地理区位条件是区域物流园区建设必须具有的基本地理位置条件。从区域经济和区域物流系统层次分析，区域物流园区与区域物流活动必须紧密相关，符合区域物流的地理位置要求，即区域物流园区的建设需要满足全区域物流运作成本与效率的要求，基础设施的布局及规模也要满足与物流运作的现状及发展相适应的要求。因此，区域物流园区需要有良好的地理条件，以利于低成本、高效率地开展物流服务。

从区域角度看，规划中的物流园区系统应尽量选择靠近服务区域中经济发展与未来增长的中心位置，如区域内经济中心城市、商品集散地、工农业生产基地和重要的消费市场，充分利用中心城市的经济优势和物流组织条件，为未来物流系统的建设与运行提供服务需求和服务运作支持。物流园区区位条件效用取决于以中心城市为核心构筑的区域物流系统提供的物流服务水平。

（二）区域经济发展水平

以中心城市为核心构筑的区域物流系统与区域经济发展相互依存，是区域经济专业化分工与协作在空间上的反映，区域经济系统内部及区域间存在的经济发展空间差异与互补性是区域物流产生的最直接的原因。如果区域内按照地域分工与合作的原则形成能发挥区域优势的产业结构和布局，大、中、小相结合的企业群体和不同分工、多层次的居住群体，则能够产生大规模的物流需求，并能为区域物流园区建设创造良好的市场需求环境。因此良好的区域经济发展水平是物流园区成功建设和健康发展的必要条件。必须对规划所在的区域及其中心城市的总体经济发展状况、综合经济实力、产业结构与规模、主导产业及分布、贸易发展状况、居民消费水平、人口状况以及物流社会化程度进行深入分析，从而得出区域产业特征、贸易及消费特征、物流需求特征。

（三）物流基础设施条件

良好的交通基础设施条件和通信条件，会对物流需求的数量、类型以及物流服务范围产生很大影响。

1. 交通基础设施条件

交通运输是物流系统中最为重要的构成要素。它由交通运输设施、运输工具、通行权以及在此基础上提供运输服务的承运人组织构成。在其形成和发展的过程中，确定了各种运输系统的经济特征。运输方式确定了运输的基本形式，物流系统要求交通运输具有良好的通达性，能够满足物流需求的可得性，保持合理的运输价格，各运输方式构成的综合运输体系的布局、分工应合理且配合协调。

2. 通信条件

良好的通信基础设施及信息系统是实现优质物流服务的保障，也是企业物流决策的技术支持。因此选址区域应具备建设物流园区信息服务平台和企业物流信息管理所需的通信基础设施。

（四）人才技术条件

建设区域物流园区要通过良好的物流服务组织与经营管理来实现。高效的物流服务组织与经营管理是适应物流活动的内在要求和重要条件，而人才和先进的物流管理技术是实现高效物流组织与经营管理的核心和支撑要素。高素质物流人才与先进物流技术的应用，将成为区域物流园区建设和发展的内在保障。

区域物流园区建设和发展所需要的高素质物流人才，除了要有专业知识和技术外，还要有前瞻性，特别是物流管理人员必须有创造合理化物流条件和组织人力为物流合理化而奋斗的魄力；具备开拓未知领域的先驱者的气概；具有向物流制约进行挑战的精神，因物流系统构成环节之间存在效益背反关系，故物流人才需要有系统性组织与经营管理的能力使物流适应日益变化的环境，考虑问题需要有战略高度。由于信息是物流最为重要的保障，物流人才应站在信息经济的前沿，需要的先进的物流技术是运输技术、仓储技术、信息技术、包装技术、装卸搬运技术、流通加工技术等技术的组合，能够充分体现物流管理的技术创新，实现零库存、及时供货、完美订货、特殊营销支持、协同配送、流程再造等物流技术目标。

（五）贸易通关条件

随着我国外向型经济和跨境电子商务的快速发展，国际贸易通关及其物流延伸服务等已成为物流园区不可或缺的要素，具有国际中转、国际采购、国际配送、国际转口功能，能提供一站式报关报验现场服务，办理出口退税、外汇自由结算等国际物流业务，实现货物在境内外的快速集拼和快速流动的保税物流仓已成为目前物流园区建设必须考虑的增值服务功能。

（六）政策法规条件

国家对区域经济发展所做的宏观控制和引导措施包括：税收政策、人口政策、产业结构政策、金融政策和消费政策。

在上述影响因素中，区域经济发展水平是决定物流园区货物流量及经济效益最主要的因素，因此，如何预测经济发展水平及货物流量是评价物流园区经济可行性的关键。

第二节　物流园区规划的程序与内容

一个物流园区从构思到建成、运作是一项浩大的系统工程，其建设规划必须遵循一定的程序并开展相关内容的研究，方能保证园区健康发展，充分发挥其应有的经济效益和社会效益，服务于区域经济发展。

一、物流园区规划的程序

十分精确的规划程序实际上是不存在的，多数只是物流园区规划的基本程序。一般而言，物流园区的规划程序如图 11-1 所示。

（一）区域概况调查

该过程主要了解城市经济发展概况，主要包括：产业结构分布；城市现有生活区、商业区、生产区、娱乐区、物流区等的分布情况；城市功能分区；城市经济特色等。这些调查将为物流园区的设计如规模、地址、功能、辐射半径等奠定基础。当然仅对一个城市进行调研是不够的，因为在实践过程中，许多物流园区的辐射能力很强，其

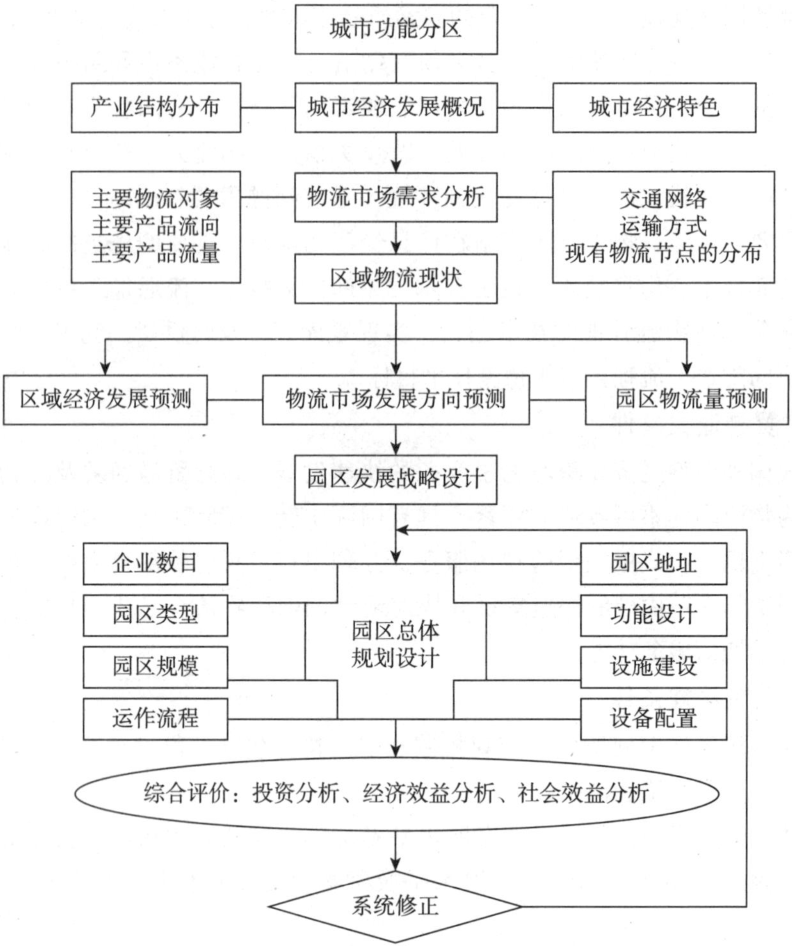

图 11-1　物流园区的规划程序

可能是一个较大区域的物流中枢，不仅跨城市，而且跨地区。在这种情况下，对整个区域的经济状况进行调研就显得非常必要。

（二）区域物流现状与物流市场需求分析

该环节主要根据城市区域经济状况了解目标区域物流现状和物流市场需求分析，物流市场需求分析的内容包括物流对象、产品流向、产品流量、交通网络、运输方式、现有物流节点的分布等。其目的是分析目标城市的物流特点和现有物流系统的优劣，为物流系统提供方案，为物流园区的规划与设计确定方向。

（三）区域经济发展与园区物流量预测

该环节主要包括区域经济发展预测、物流市场发展方向预测、园区物流量预测等。只有对各种预测加以分析，才能使规划与设计的物流园区满足未来几年的发展需求。因为物流园区是大型的基础设施投资项目，在规划与设计上需要有一定的超前意识。

（四）园区发展战略设计

分析行业内外环境，结合社会经济发展态势，确定园区物流发展思路、总体目标、发展重点、管理方针与政策、实现物流发展目标的途径和手段，并进行物流经营定位决策分析，设计物流战略方案，确定园区物流功能、建设规模、业务范围、成本水平和服务质量等。

（五）园区总体规划设计

这是整个规划设计的重中之重，在该步骤中将对物流园区进行系统而详细的设计，如入驻园区的企业数目、园区地址、园区类型、园区规模、功能设计、设施建设、设备配置、运作流程等，为未来物流园区的建设提供基本的蓝图。

（六）系统修正

该阶段主要对已规划的系统进行投资分析、经济效益分析和社会效益分析，并在此基础上进行系统修正，且对未来整个项目的具体实施情况进行跟踪。

二、物流园区规划的内容

（一）物流市场需求分析

物流园区是现代供应链物流网络中的重要节点，它通过区域内物流企业的集聚、运输方式的集聚、物流基础设施的集聚，以达到良好的社会效益和经济效益。一个物流园区是否运营成功，需要市场来检验，若有旺盛的物流需求带动周边企业进驻，从而拉动相关产业、实现区域经济的发展，则是成功的。因此，进行市场研究、摸清物流园区的物流市场需求是关键。有效的需求分析将有利于合理规划、有效引导投资、避免重复建设、减少浪费。

物流园区市场需求分析是制定园区远景发展目标、园区服务功能定位、确定园区用地规模、园区物流设施配置等重要决策的依据，其结果的准确性将影响园区未来发展走向与运营成效。因此，园区规划者必须深入了解物流园区周边地区的经济发展状况、产业结构、产品市场、货物流量、物流方式、基础设施、服务竞争等情况，对物流园区辐射地区的宏观经济、产业和微观环境进行全面调查和研究，明确区域物流市场需求特征与流量规模，方能保证物流园区建设目标的顺利实现。

（二）园区发展战略定位分析

在完成翔实的定性和定量市场分析与研究之后，规划者必须对物流园区整体优势、劣势、机会、威胁进行分析（SWOT 分析）。这些分析的主要作用是帮助园区的高层经营决策者明晰内外部环境条件，科学合理地设定园区发展目标，准确进行园区发展战略定位，制定制胜市场竞争策略。园区发展战略定位的内容主要包括园区类型、建设规模、服务功能、服务水平等，其中物流服务功能是物流园区的基础功能，一般包括存储、运输、配送、装卸、搬运、包装、流通加工、配载、拼箱、拆箱、分拣等物流作业功能，同时还包括与之配套的办公、金融、信息、商务、生活、综合服务等辅助功能。不同的物流园区具有不同的功能定位，所承担的物流业务也不尽相同，因此物流园区所完成的物流作业应根据其功能定位、需求特征、地理位置等因素综合规划，对各种物流功能进行组合配置，规划配置的依据主要有：①区域经济发展现状与预测；②区域物流产品特征分析；③区域货物流量分析；④区域物流业发展大势预测；⑤园区现有软硬件环境分析评价；⑥园区建设的各类条件和要素的分析评价；⑦政府对物流园区发展目标的定位要求。

（三）园区总体规划与设计

在进行了全面透彻的规划分析后，就应着手进行物流园区的设计。物流园区的总体规划与设计主要包括选址规划、用地规划、投资规划、功能布局规划、商业运作设计、功能区域物流作业设施详细设计、园区信息平台规划以及园区建设社会效益和经济效益评价等。

1. 选址规划

物流园区选址，是指在一个具有若干供需节点的经济区域内选择一个合适地址设置物流园区的规划过程。一个理想的物流园区选址方案是使商品通过物流园区的汇集、中转、分发直到输送到需求点的全过程的效益最好。

2. 用地规划

物流园区规模太小，会限制区域潜在物流需求，不利于区域的持续发展；而如果园区规模太大，则可能造成投资浪费和资源闲置的现象。因此，园区用地规模需要经过科学论证，否则会给园区后期运营带来隐患。同时根据客户市场对物流功能的需求以及物流服务功能互补的原则，还应确定入驻物流园区的各类物流企业的数量与规模。

3. 投资规划

物流园区的投资规划主要是根据物流园区的服务功能定位、服务对象和服务范围等因素，分析物流园区各种资源要素的投入和产出情况（包括土地、资金和人力资源投入等）。物流园区投资是一个多投入、多产出的长期决策问题，可以利用数据包络分析法（DEA）和工程经济学方法对物流园区经济性进行分析，给出最佳的投资方案。

4. 功能布局规划

物流园区是集停车、配载、配送、存储、运输、装卸、加工等功能于一身，具有高科技、高效率特征的新型货物集散中心。不同性质、不同规模、不同类型、不同功能定位的物流园区，其物流功能设施配置均不相同。物流园区的基本功能包括以下几个方面。

（1）综合功能。物流园区具有综合各种物流方式和物流形态的作用，可以全面处理储存、包装、装卸、搬运、流通加工、配送、运输方式的转换等作业，而且具有信息处理与传递、计划调度等管理功能。

（2）专业功能。集装箱拼装箱功能、运输配装和中转功能、配送加工功能。其中配送加工功能，主要借助专业优势和信息优势，提供配送、加工和其他服务，包括物流方案设计、库存管理、实物配送等。

（3）集约功能。集约了物流主体设施和有关的管理、通信、商贸等设施与服务。

（4）信息、交易功能。汇集物流信息，控制物流过程，实施集中管理。

（5）集中仓储功能。通过集中库存可以降低库存总量，实现有效库存调度，从而充分发挥仓储功能，减少工商企业对仓库的投资。

（6）多式联运功能。可以有效地集约公路运输、铁路运输、水运、空运，实现综合运输、多式联运的有效转化。

（7）辅助服务功能。辅助服务功能包括生产和生活两个方面。例如，通过引进一批配套服务企业，提供金融、保险、工商、税收、设施检修等全方位的配套服务属于生产方面的辅助服务功能。

（8）停车场功能。可以为外埠车辆集中停放、城市货运车辆临时停放、园区车辆停放提供场地。如欧洲物流园区的服务功能区主要包括：办公室与人员服务区、铁路服务区、海关服务区、转运代理中心、公路托运合同代理中心、物流中心、车辆服务区、综合仓库、运动场和娱乐园区等。

一般而言，物流园区可以分为如下几个功能片区：仓储区、加工区、增值区、交易展示区、综合服务区、行政区、商业区、住宅区等。

在物流园区设施空间布局规划时，首先应根据园区功能战略定位及物流服务需求，对园区的核心流程进行定义和描述。园区的核心流程主要包括：集装箱服务，生产资料供应和配送，生活资料采购和配送，保税仓储作业，空港、海港和铁路物流服务流程等。其次根据作业流程与管理需要，考虑货物品种、数量、储存条件等物流特性及其需要配置的附属设施，将整个园区划分为不同的功能区域，并计算各功能区域所需用地面积，利用 SLP 等物流设施分析技术与方法，分析功能区域相互间的作业关系与物流强度等级，对园区内物流作业设施和相关的公共服务设施及货运通道的空间布局做出合理安排，提出几个合理的功能布局方案。

物流园区功能设施布局规划的合理性可以借助商品化物流仿真软件实现，利用动画仿真进行检验。为确保货畅其流，充分提高园区设施的利用效率，降低园区物流运作成本，还应对物流园区的功能布局方案进行综合评价分析，最终确定物流园区的最佳功能布局方案。通过物流园区的设施规划与布局设计力争将人员、设备和物料需要的空间做最适当的分配和最有效的组合，以获得最大的经济效益。

5. 商业运作设计

商业运作设计主要是让物流园区的投资和经营管理者按照根据公司特点设计的业务模式和管理模式经营，主要包括物流园区管理公司的组织构架和职责、物流园区业务运营模式、投资收益分析、客户分析、市场推广、营销策略等。

6. 功能区域物流作业设施详细设计

在物流园区功能布局规划的基础上，进行物流园区的配送中心、仓储中心、加工中心等功能区域设施的详细功能设计，这部分的设计需要结合物流园区的公共物流基础设施、装备等，以免重复投资，提高设施的利用率。每个功能布局模块都有自身的特点，在满足物流园区总体功能布局的前提下，可根据物流需求方的特点进行设计。如仓储中心的设计要根据物流服务对象、物流规模、进出的物流量分布、货物品种的特点、流动方向、运输距离、作业环节和次数、出入库方式、仓储面积利用率、设备的选择、作业流程、设施的规划等，确定仓储的建设形式、规模、结构形式、占地面积并详细设计仓储中心内部功能分区。

7. 园区信息平台规划

信息化与网络化是现代物流与传统物流最主要的区别之一。发展现代物流服务离不开信息技术与网络技术的支持。尤其在一些开发区，外资企业对现代物流技术的应用特别广泛，希望通过与物流服务商之间的信息共享，为企业提供零库存等现代物流服务。物流企业通过信息系统可以及时了解客户的库存情况，及时安排车辆为企业输送原材料、半成品等。通过 EDI（电子数据交换）技术还可与海关等部门实现无纸传送、提前报关等，以提高通关速度。在各行业众多的企业中，所有技术都要企业自己开发是不现实的，也是不经济的。物流园区为企业提供信息平台，不仅能整合企业资源、提高资源配置的合理化水平，而且能有力促进物流与信息流的结合，提高区域内的信息化、网络化应用水平。在对物流园区信息平台进行规划时，除考虑与当地政府共用信息平台的连接外，还应充分考虑区域内的一些特殊企业（如外资企业）对时效性、零库存及其将物流功能外包的要求。对物流园区信息平台进行总体规划时，需要确定各功能模块的详细功能及开发次序，如可优先开发仓储管理、货物跟踪查询、配送管理、车辆调度、订单管理、财务结算等模块。另外，还要研究信息平台建设策略，明确信息平台开发主体，制订分期实施规划等。

8. 园区建设社会效益和经济效益评价

物流园区建设一般分期进行，因此必须估算物流园区的各建设期投资费用，研究建设资金的筹措渠道，预测建设物流园区所带来的社会效益和经济效益。物流园区社会效益评价主要体现在提高专业化、社会化物流服务水平，提高全社会物流资源利用率，优化城市生态环境，缓解城市交通、增强城市竞争力、增强吸引外商投资的能力等方面。社会效益评价分析可采用 AHP（层次分析法）等评价方法。物流园区建设经济效益评价主要体现在定量分析物流园区建成后在提高物流效益、提高物流服务质量、降低物流成本等方面所能取得的预期效果，一般通过效益费用比、内部收益率等指标反映经济效益。

第三节　区域物流市场需求分析

一、区域物流市场需求分析指标

区域物流市场需求的定量指标旨在为区域物流市场需求预测模型提供可量化数据，包括数量指标和质量指标。

（一）数量指标

物流市场需求数量指标反映了区域物流市场规模，从一定程度上反映了区域物流市场需求的变化规律。具体包括以下 5 个指标。

1. 社会物流总费用

社会物流总费用是指一定经济时期内，在一定经济区域内，由于相关产业的物品流通造成的，物流服务的消费者在购买物流服务上的总费用，包括消费者自己投入设施设备从事物流活动的费用和从市场上选择物流服务供应商从事物流活动的费用（包括运输费、仓储费、代理费和固定资产折旧等）。

2. 货物运输需求指标

反映货物运输需求的主要指标有货运量、货运周转量等。

3. 仓储规模指标

仓储规模指标即相关行业对仓储的需求量。该指标可用仓库容积和仓库占地面积表示，它决定物流园区需要的仓库数量以及它们的占地规模。

4. 配送业务指标

城市区域的商品配送量是城市内的物流节点到最终用户的商品运输量，一般具有小批量、多品种和高频率的特点，工业品配送与产业结构有关，消费品配送与城市居民的消费水平、区域社会零售规模有关。

5. 流通加工指标

流通加工既是物流的一个重要环节，也是物流服务的一个重要的增值环节。在区域物流分析中需要对流通加工量进行分析，但单一的流通加工企业较少，该物流需求量的数据难以获得。

（二）质量指标

物流市场需求质量指标主要反映区域产业经济发展对物流市场需求变化的影响程度、区域产业经济规模与物流需求关联程度。主要包括以下 3 个指标。

1. 物流需求增长率

该指标反映了物流需求在一定时期内的增长程度。

2. 物流需求强度

该指标反映了单位行业生产总值与物流需求的关系，表示行业对发展物流的需求强度。

3. 物流需求弹性

该指标是一个相对量，是指一定时期内物流需求增长率相对于经济总量增长率比值的绝对值，它反映了物流需求增长相对于经济增长的变化强度或变化幅度。

根据物流实践表明：物流需求量与所处区域的经济发展水平和经济规模有正相关关系。而区域人口规模和密度、国民生产总值、人均消费水平、货车保有量、运输网的密度和等级对物流需求规模也有一定程度的影响。

二、区域物流市场需求规模测定

在确定区域物流市场需求规模时，应考虑运输量、仓储量、配送量、流通加工量等物流需求量数据，主要从以下 4 个方面考虑现实和潜在的社会物流需求量。

（一）工业企业在供销环节对物流服务的需求量

随着市场需求环境的变化，工业企业的生产经营方式也发生了相应的改变。在物流外包有利于企业提高核心竞争力的共识下，工业企业将产生越来越多的第三方物流服务需求，这类需求首先会在汽车、电子等加工组装企业产生。

（二）连锁商业企业对配送服务的需求量

连锁经营的重要目的是通过集中进货、集中配送形成规模效益，以降低流通费用、提高竞争力。日益发展的连锁经营会对配送中心和配送服务产生旺盛的需求。

（三）一般消费者的物流服务需求量

随着对便利性要求的日益提高，消费者对服务需求的数量也将增大，主要表现在搬家服务、包裹速递、商品配送、个人物品储存等。

（四）区域间货物中转运输的需求量

区域间货物中转运输的需求量包括制造企业和流通企业将本区域作为商品的分拨中心所产生的运输需求量；国内大型物流企业将本区域作为物流网络的节点所产生的运输需求量；国际物流公司将本区域作为物流基地所产生的运输需求量；货主利用本区域的运输基础设施，实现货物的发送和接收所产生的运输需求量。

区域物流市场需求规模计算的主要依据是企业产品历年产销量的统计调查数据。在物流规划过程中，业界通常采用全社会货运量这个指标来表征整个物流市场需求规模。

三、区域物流市场需求特征分析

除对区域货物流量进行测定外，还应对产业结构、货物种类、货物性质、流通渠道、供应来源、分销去向、周转速度、运输距离、所需载体等进行分析，得出区域物流特征，为园区类型及服务功能定位决策提供参考依据。

第四节　园区选址与规模测定

一、物流园区选址

（一）选址基本原则

1. 与城市总体规划相适应

物流园区的规划属于政府行为，是城市规划的组成部分。由于在城市总体规划中已经确定了城市功能结构、用地规划，因此物流园区的规划应以城市的总体规划和产业布局为依据，顺应城市产业结构调整和空间布局的变化需要，与城市功能定位和远景发展目标相协调。

2. 选择城市边缘地带

物流园区的用地规模通常很大，考虑地价因素以及对环境和城市交通的负面影响，通常选择在城市边缘地带布局。此外，在选址时应尽量临近港口、机场、铁路编组站、高速公路网节点等交通便利的位置，同时物流园区内最好有两种以上运输方式相连。

这样既保证有充足的物流需求，又能解决交通枢纽内的货物转运问题。

3. 靠近交通便捷的主干道出入口

物流园区内必然有大量货物集散，靠近交通便捷的主干道进出口是物流园区布局的主要考虑因素之一。

4. 利用现有基础设施

为了减少成本，避免重复建设，应优先考虑将现有仓储区、货场改建为适应现代物流业发展的物流园区。

5. 考虑相关产业协调发展

物流业的发展与当地的区域经济、产业结构、工业布局密切相关，物流园区的选址要考虑与相关产业协调发展，同时为相关的工业企业和商贸流通企业发展留有余地。

（二）选址影响因素

物流园区的建设是一个涉及面广且复杂的系统工程，在选址决策时需要考虑自然环境、经营条件、基础设施状况以及土地与环保等多种因素。

1. 自然环境

①气象条件：温度、风力、降水、无霜期、冻土深度、年平均蒸发量等。如选址时要避开风口，防止露天堆放的商品老化。②地质条件：物流园区是大量商品的集结地，某些质量很大的建筑材料堆起来会给地面造成很大的压力，如果物流园区地面以下存在淤泥层、松土层等不良地质，会造成受压地段沉陷、翻浆等严重后果。因此，物流园区选址要求土壤有足够的承载力。③水文条件：物流园区选址要远离容易发生地下水上溢的区域及河道。④地形条件：物流园区应该选择地势较高、地形平坦之处，且应具有适当的面积。选在完全平坦的地形上是最理想的，其次可以选择稍有坡度或起伏的位置，对于山区陡坡地区则应该完全避开。

2. 经营条件

①经营环境：物流园区所在地区的物流产业优惠政策对物流企业的经济效益将产生重要影响。数量充足和素质较高的劳动力也是物流园区选址需要考虑的因素之一。②产品特性：经营不同类型产品的物流园区最好能分布在不同区域。如生产型物流园区的选址应考虑产业结构、产品结构、工业布局；对于需冷冻、保温的产品及危险品等有特殊存储要求的产品，应按特殊要求选址。③物流费用：物流费用是物流园区选址的重要考虑因素之一。大多数物流园区选择靠近物流服务需求地。例如，接近大中型工业区和商业区以便缩短运输距离，降低运费。④服务水平：在物流服务过程中能否实现准时运送是物流园区服务水平高低的重要指标。因此，在物流园区选址时应保证客户在任何时间向物流园区提出物流需求都能获得快速、满意的服务。

3. 基础设施状况

①交通条件：物流园区必须具有方便的交通运输条件，最好靠近交通枢纽布局，如紧临港口交通主干道、枢纽铁路编组站或机场，应有两种以上的运输方式连接。②公共设施状况：物流园区所在地要求城市道路、通信等公共设施齐备，有充足地提供电、水、热、燃气的能力且园区要有污水和固体废弃物处理能力。

4. 土地与环保

①国土资源利用：物流园区选址应贯彻节约用地、充分利用国土资源的原则。物流园区一般占地面积较大，周围还需留有足够的发展空间，为此土地价格对布局规划有重要的影响。此外，物流园区的布局还要兼顾区域和城市规划用地的其他要求。②环境保护要求：物流园区的选址需要考虑保护自然环境与人文环境等因素，尽可能降低对城市生活的干扰，对于大型转运枢纽应设置在远离市中心的区域，使大城市的交通环境得到改善、城市的生态建设得到维持和发展。

（三）选址方法

对于物流园区选址，应在大量收集、整理和分析数据资料的基础上，综合考虑各种影响因素并对需求进行预测后，初步确定备选地址方案，并根据实际情况，选取适合的数学模型进行计算，给出选址结果。常用的选址方法有重心法模型、线性规划模型、非线性规划模型等。物流园区选址决策过程，需要从整体上进行平衡和分析，既考虑宏观又兼顾微观，最终加以确定。因此，所得解决方案不一定就是最优解决方案，可能只是符合条件的满意解决方案。

二、物流园区货物流量规模预测

（一）区域物流市场需求量预测

在区域物流市场需求特征分析的基础上，收集园区所在区域及周边辐射区域各产业的原材料采购、产品生产、产品销售的历史和当前数据，或区域物流产业数据、交通运输部门数据、重点物流设施货物运输数据、中转数据，对这些数据进行分析整理，建立产品物流需求量预测分析模型，预测未来物流市场需求量。

（二）物流园区市场占有率估算

物流园区市场占有率就是所规划的物流园区处理的货物流量在其辐射范围（区域）内的第三方物流服务业务总量中所占的比重，也就是进入物流园区的第三方物流量占全部第三方物流市场的比重的估算值。根据现有物流园区的经验，一般取值为60%~80%。对于区域经济总量大、市场化程度高、物流市场需求旺盛的地区则取较大值；反之取较小值。

（三）物流园区货物流量规模测算

物流园区货物流量是指规划研究范围（区域）内全部物流需求中适合在本物流园区完成相关物流业务的那部分需求。规划目标年份物流园区货物流量预测就是用规划目标年份区域第三方物流需求预测量乘以物流园区可能的市场占有率，得出最终目标年份物流园区货物流量规模。

三、物流园区用地规模确定

物流园区的功能和空间布局决定了物流园区的规模一般较大，否则就无法承载设施集中和服务企业集中的重荷。此外，由于物流园区的功能、服务对象和区域物流服务需求存在较大差异，使得物流园区在规模上也相差较大。从国外的物流园区看，物流园区的规模没有确定的标准。日本 20 个物流园区平均占地面积 74 万 m^2，荷兰 14 个物流园区平均占地面积 44.8 万 m^2，英国第一个物流园区占地面积不到 1 万 m^2，而德国的不来梅货运站则占地面积在 100 万 m^2 以上。从总体上看，国外物流园区用地多在 7 万 m^2 以上，最大不超过 100 万 m^2。不同的地理位置、服务范围、货物种类以及政府的指导思想会产生不同规模的物流园区。

（一）物流园区用地规模确定原则

1. 与区域社会经济发展相适应的原则

物流园区规模的确定以客观分析物流现状和未来发展趋势为依据，同城市和区域经济发展相适应。用社会各行业的统计数据，对物流现状和未来发展进行定量、定性分析和预测，分析不同空间范围、不同功能类型的物流量有助于对物流的分布及流量和结构有客观的认识，从而为确定物流园区规模提供可靠的依据。

2. 与市场需求相协调的原则

市场需求直接决定了物流园区的规模。通过对需求层次和结构进行分析，确定相应类别的功能设施及规模。

3. 内部和外部系统性的原则

物流园区用地规模的确定要坚持对内部的功能区进行合理的系统优化布局，在流线合理的前提下结构紧凑，减少用地占用。同时，根据服务区域内运输方式、配送距离、产品结构和货物种类决定物流园区内设施需求，最终确定物流园区最佳用地规模。

4. 适度超前的原则

物流园区属于城市或区域内基础设施，一旦建成则很难变动，因此应具有适当的超前性。我国建设物流园区应超前于现有物流业发展阶段，只有科学合理地布局物流园区功能设施，才能杜绝任何盲目的、与实际脱节的超前带来的用地浪费。

（二）物流园区用地规模的确定程序

物流园区用地规模的确定程序应是一个动态的规划过程，即经过不断的信息反馈和修正，利用定性、定量相结合的方法，充分考虑各方因素，最终得出结果，主要步骤如下。

1. 社会经济分析与物流发展预测

通过广泛收集区域（城市）内物流相关行业的基础资料，结合社会经济发展总体规划，分析现阶段物流各相关行业的经济特点，预测各物流功能要素未来发展状况，并按照对物流处理过程特性（运输、配送、仓储、流通加工过程的共性和个性）的分类，从不同角度把握物流的发展趋势和分布特点。

2. 园区功能设计与战略定位

根据城市或经济区域物流现状及未来发展趋势的预测分析结果，具体结合进入园区的企业及服务对象企业对物流服务的客观需求，设计物流园区的具体功能，在物流园区内部按功能分区。根据功能设计的内容和要求，研究物流园区发展战略定位、园区业务经营定位，从而明确园区经营模式、平台建设等。

3. 功能区域面积需求规模初算

在对未来发展进行预测的过程中，对不同特性的物流量进行分解，结合功能设计要求，根据国家和行业相关标准，采用定量方法初步计算各主要功能区的使用面积和建筑面积。

4. 总体布置方案设计

在功能设计的基础上结合规模初算结果，为物流园区正常运转设计合理的内部工艺流程；然后在工艺流程的指导下合理布局各功能区的基本位置、建筑工程方案及作业空间布置等。

5. 用地总体规模确定

根据方案设计结果的反馈信息重新修正规模初算结果，进行方案设计的修缮，对各功能区空间布局结构进行最后调整，并将各功能区的建筑面积转化为占地面积，从而得到物流园区的总规模。

（三）物流园区总体用地规模计算方法

区域物流园区规划过程中，为提高国土资源利用效率，防止园区土地资源长期闲置、空闲、利用低效现象的发生，在物流园区建设初期有必要对园区建设用地规模进行测算。物流园区用地规模确定可以采用以下方法测算。

每年的作业天数以 365 天计算，则物流园区的建设用地总规模为：

$$S = Li_1 i_2 a/365$$

式中：S——物流园区建设总面积，单位为 $10^4 m^2$；

L——预测规划目标年份的社会物流总量，单位为 $10^4 t$；

i_1——规划目标年份第三方物流市场占全社会物流市场的比重；

i_2——目标年份第三方物流通过物流园区发生的作业量占第三方物流全部物流作业量的比重；

a——单位生产能力用地参数，单位为 m^2/t。

1. 社会物流总量 L 的预测

在物流规划过程中，社会物流总量 L 的预测目前常采用全社会货运量这个指标，用来表征整个物流业的发展趋势和规模。随着我国社会物流统计制度的逐步完善和深入实施，采用物流统计数据进行有关预测和分析将成为主要方式。一些统计指标如物流业增加值、社会物流总收入、物流业固定资产投资等更为全面地反映和描述了物流业的发展趋势和规模。预测方法可采用定量和定性相结合的方法。常用的定量方法有线性回归法、弹性系数法、货运强度法等。同时，在定量预测的基础上，借助专家的知识和经验进行定性的协调和平衡。

2. 比例系数 i_1 的取值

通过对规划区域内大量、典型的工业企业和商业企业进行问卷调查，得出在规划目标年份这些工商企业愿意将物流外包，使用第三方物流的比重，即规划目标年份第三方物流市场占全社会物流市场的比重。根据现有经验，i_1 的取值约为 20%。对于区域经济总量大、市场化程度高、物流市场需求旺盛的地区则取较大值；反之取较小值。

3. 比例系数 i_2 的取值

假设在规划目标年份各类第三方物流企业的作业量绝大部分是在物流园区中完成的。根据现有经验，规划目标年份进入物流园区的第三方物流量占全部第三方物流市场的比重的估算值，即比例系数 i_2，取 60%~80%。对于区域经济总量大、市场化程度高、物流市场需求旺盛的地区则取较大值；反之取较小值。

4. 单位生产能力用地参数 a 的取值

参照国外物流园区的建设经验，日本东京物流园区的单位生产能力用地参数 a 为 $40\sim60m^2/t$。结合我国区域经济发展水平、经济总量以及我国公路枢纽货运场站规划参数，在物流园区规划中单位生产能力用地参数 a 取 $30\sim50\ m^2/t$。对于区域经济总量大、经济辐射强的地区则取较大值；反之取较小值。

除了对园区建设用地规模进行测算外，根据我国自然资源部工业用地控制指标中的用地标准，还应对园区投入强度、土地容积率和建筑系数等进行测算，并建立评价指标体系进行综合测评，这样才能确保园区内土地利用的集约化。

（四）物流园区功能设施配置及其面积计算

不同的物流园区所处的地理位置及物流特性不同，功能定位也会有不同的要求，因此根据功能定位所决定的设施构成也有较大差异。综合性的物流园区必须具备开展综合物流服务所需的各项硬件设施，其他物流园区在此基础上根据实际情况进行取舍。决定物流园区规模的设施主要包括企业办公楼、停车场、集装箱处理区、各类仓库、园区道路、绿化等，其中停车场、集装箱处理区、仓库和道路都有相应的设计规范或标准，在此仅对各部分设施面积计算进行简要阐述。

1. 停车场面积

可参考城市交通规划中有关停车场规划的方法。若物流园区停车场停放车辆车型结构复杂，不宜使用停车场规划方法计算面积时，可采用如下方法：

$$T = k \times S \times N$$

式中：T——停车场面积；

k——单位车辆系数，$k=2\sim3$；

S——单车投影面积（m^2），根据选取的主要车型的投影面积确定；

N——停车场容量，通过调查及预测的方法结合物流园区作业量获得。

2. 集装箱处理区面积

集装箱处理区面积依据国家标准《集装箱公路中转站站级划分、设备配备及建设要求》（GB/T 12419—2005）规定的有关参数选取。集装箱处理区面积主要包括拆装箱库面积、集装箱堆场面积、装卸作业场面积和集装箱库站台面积。

3. 物流仓储、流通加工区面积

物流仓储、流通加工区是物流园区的主要功能区，由于物流园区内较少采用高架立体仓库，这部分面积在很大程度上决定了物流园区的规模，一般为总占地面积的30%~40%。该功能区主要完成货物的入库受理、存储、保管、流通加工、出库配送等作业，设施主要包括各类库房（收货区、收货暂存区、存储区、流通加工区、发货区等）。

（1）各类仓库面积计算

由于物流园区处理的货物品类多、特性各异，无法采用现行的货物配送中心的计算方法来确定具体规模，因此可根据货物的密度、保存期限、仓库的利用率等因素计算仓库的需求面积：

$$C = \frac{Q \times \alpha \times \beta}{m \times n}$$

式中：C—— 仓库需求面积（m^2）；

Q—— 日货物处理量（t）；

α—— 货物平均存储天数；

β—— 每吨货物平均占用面积（m^2/t）；

m—— 仓库利用系数；

n—— 仓库空间利用系数。

由于仓库需求面积仅为仓库内部的使用面积，故还应该将所采用的建筑工程方案得到的数据转化为仓库库房的占地面积。零担等运输货物受理区的规模计算以货运站规模设计标准为依据。

（2）仓库装卸站台面积

仓库装卸站台面积与仓库的建筑形式有密切关系，但也可以在具体仓库建筑方案确定后得出：

$$Z = K \times \gamma \times (H + 1)$$

式中：Z—— 每个仓库装卸站台的面积；

K—— 每个装卸车位的宽度，一般 $K = 4m^2$；

γ—— 站台深度；

H—— 装卸车位数，根据仓库货物进出频率、装卸时间等确定。

（3）货物装卸场面积

货物装卸场包括车辆停放区和调车、通道区两部分，计算时可参照停车场的计算方法。

4. 园区道路、绿化面积

（1）道路面积

物流园区铁路专用线用地、铁路装卸场用地等计算可参考铁路场站设计标准。进出物流园区的车流量大、车型复杂，为保证园区内有良好的交通秩序，应采用单向行驶、分门出入的原则。园区内主干道可按企业内部道路标准设为双向四车道或六车道，最小转弯半径均不小于15m，次干道设计为双车道，辅助道路为单车道，每车道宽3.5m，单侧净空0.5m。物流园区交通道路面积一般占总面积的12%~15%。

$$S = \sum_{i=1,\ 2,\ 4,\ 6} L_i(n_i \times 3.5 + 1)$$

式中：S—— 道路总面积；

n_i—— i 条车道道路（$i = 6$ 或 4，2，1）；

L_i—— i 条车道道路长度。

（2）绿化面积

根据国家规定，园区内绿化面积要达到总占地面积的30%，考虑利用上述占地面积的空余地带进行绿化（如道路两旁、广场、建筑物旁边等）外，还至少有15%~20%应专设为绿化用地。

5. 其他建筑面积

企业商务用房根据对拟进入物流园区企业的调查分析得到。其他辅助生产和生活的设施其规模则可根据服务对应的功能区的规模得到，即洗车、车辆维修等的占地面积根据停车场规模确定；机械维修、集装箱清洗消毒等功能所需占地面积可根据仓库总量和集装箱运输量计算得到。

6. 发展预留用地

考虑物流园区发展过程中不可预见因素的影响，一般应预留3%~5%的空地，近期可作为绿化或其他简易建筑用地。

【本章案例】

基于一元线性回归法与弹性系数法的物流需求预测

S市拟建一个综合物流园，为判断该地区的整体经济发展状况，准确把握物流市场需求，对影响物流市场需求的因素进行分析，该园区规划人员选择了S市的GDP、第一产业总产值、第二产业总产值、第三产业总产值、外贸进出口总额和社会消费品零售总额这6个经济指标作为预测物流市场需求量（以综合货运量代表）参考指标，如见表11-1所示。

表11-1　　物流市场需求及主要影响因素原始数据

序号	年份	GDP（亿元）	第一产业总产值（亿元）	第二产业总产值（亿元）	第三产业总产值（亿元）	外贸进出口总额（亿美元）	社会消费品零售总额（亿元）	综合货运量（万吨）
1	2005	1720.00	174.00	864.00	682.00	136.89	666.92	10096.31
2	2006	1656.94	186.17	785.17	685.60	157.55	775.53	11518.55
3	2007	1974.60	215.25	921.45	837.90	186.52	940.99	12327.80
4	2008	2284.16	234.90	1083.92	965.34	203.47	1134.37	14895.19
5	2009	2524.28	241.78	1197.84	1084.66	178.60	1335.79	15036.60
6	2010	3123.41	282.51	1366.43	1419.27	246.00	1624.28	15619.89
7	2011	3736.38	325.09	1737.50	1672.19	347.25	1947.81	16032.34
8	2012	4210.93	367.64	1916.99	1933.65	310.60	2319.82	17211.85

续表

序号	年份	GDP（亿元）	第一产业总产值（亿元）	第二产业总产值（亿元）	第三产业总产值（亿元）	外贸进出口总额（亿美元）	社会消费品零售总额（亿元）	综合货运量（万吨）
9	2013	4678.49	402.26	2133.60	2142.63	314.29	2681.72	19539.58
10	2014	5169.16	415.91	2352.15	2401.10	346.10	3062.94	21037.21

各指标10年数据列于表11-1中，将其导入Excel数据表中，通过加载分析工具库进行线性关系数据分析，全部变量的两两变量间的相关系数所得结果如表11-2所示。

表11-2　S市综合货运量与各主要经济指标的相关分析系数

	综合货运量	GDP	第一产业总产值	第二产业总产值	第三产业总产值	外贸进出口总额	社会消费品零售总额
综合货运量	1.000						
GDP	0.956	1.000					
第一产业总产值	0.961	0.996	1.000				
第二产业总产值	0.951	0.998	0.993	1.000			
第三产业总产值	0.956	1.000	0.996	0.997	1.000		
外贸进出口总额	0.875	0.938	0.941	0.936	0.938	1.000	
社会消费品零售总额	0.969	0.997	0.994	0.995	0.997	0.921	1.000

从表11-2中可以看出物流量（综合货运量）与6个经济指标的相关系数均大于0.85，表明表中所列的经济指标与综合货运量具有较强的正相关关系。由于GDP与综合货运量的相关分析系数位列前三，S市GDP与其他主要经济指标的相关系数均值又较高，为0.986，并且其具有一定的综合性，故采用以GDP作为自变量、综合货运量为因变量来预测物流需求更为合适。

1. GDP经济指标预测

2015年S市政府工作报告对GDP预期增长幅度是10.5%，计算后2015年GDP为5711.92亿元，利用Excel分别采用一次项和二次项方程分析S市过去11年的GDP趋势，如图11-2、图11-3所示。由图11-2和图11-3可知，一次项和二次项预测方程的R均通过置信检验，分别得到S市GDP预测公式：$y=428.96x+770.8$；$y=22.415x^2+159.99x+1353.6$。据此分别计算S市未来15年GDP的预测值，如表11-3所示，可知S市未来几年经济将保持良性发展趋势。

表 11-3　　S 市 GDP 预测值　　单位：亿元

年份	2020	2025	2030
一次项预测值（A）	7634.16	9778.96	11923.76
二次项预测值（B）	9651.68	14598.41	36163.08
加权修正公式	$A\times0+B\times1$	$A\times1/3+B\times2/3$	$A\times2/3+B\times1/3$
预测加权值	9651.68	12991.92	20003.53

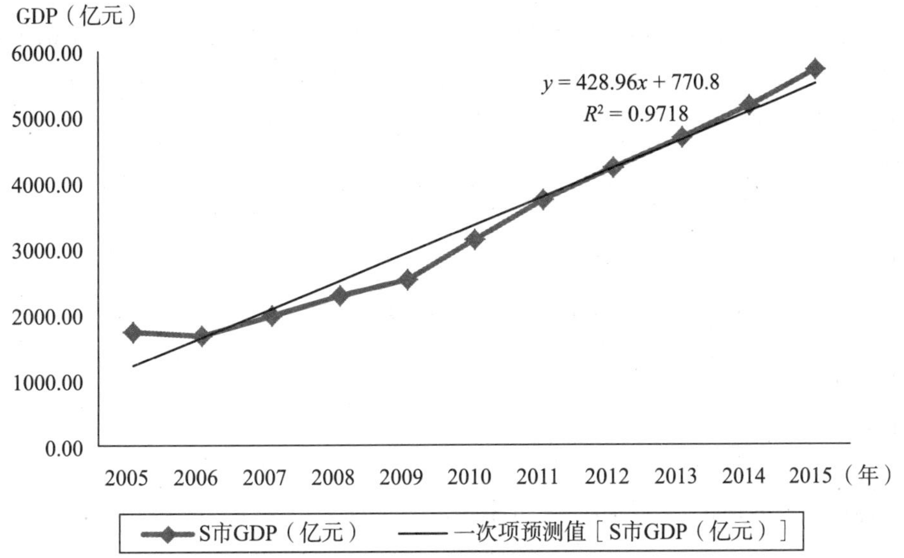

图 11-2　S 市 GDP 趋势变化（一次项）

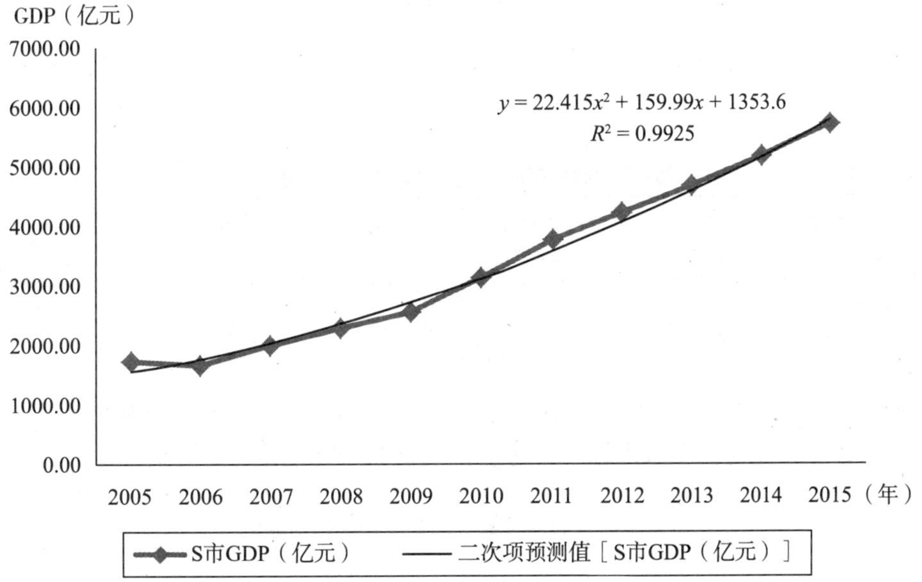

图 11-3　S 市 GDP 趋势变化（二次项）

随着我国经济发展逐步迈入新常态，GDP 的发展速度会逐渐降低。因此，S 市 GDP 预测值根据经济发展不同阶段对一次项预测值和二次项预测值进行加权修正。图 11-2 中一次项预测值的增长速度趋缓，图 11-3 中二次项预测值的增长速度则较快，未来经济发展速率由二次项预测值逐步向一次项预测值靠近，如表 11-3 所示。

2. 物流需求量预测

（1）一元线性回归法

该方法只能解释一个主要因素对因变量的影响，其预测公式为：$y=a+bx$，根据物流需求影响因素分析结果，影响综合货运量最显著的因素为 GDP，因此，利用 GDP 预测 S 市未来 15 年的综合货运量。用 Excel 做 S 市 10 年内 GDP 和综合货运量的散点图，如图 11-4 所示，可知综合货运量呈逐年递增趋势，其增长态势与 GDP 的增长态势大体一致，具有线性关系，证实选取 GDP 为自变量 X 的合理性。

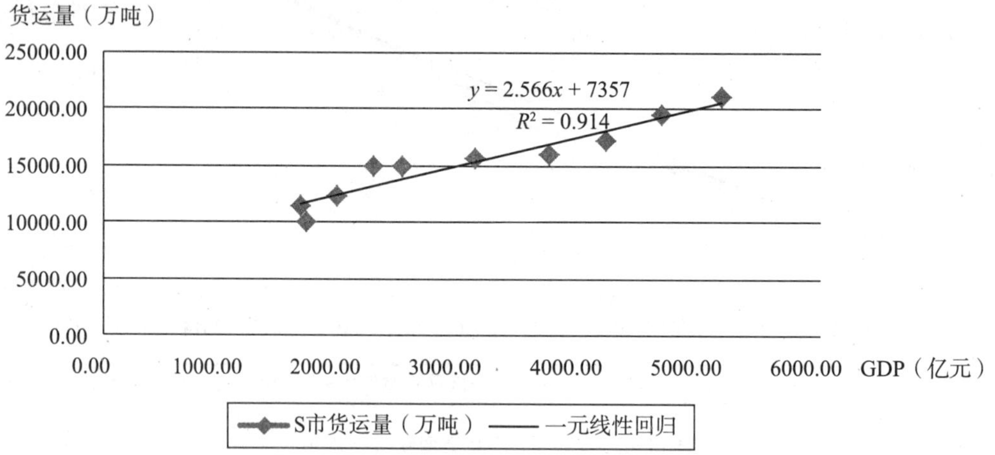

图 11-4　S 市综合货运量与 GDP 一元线性回归

利用 Excel“数据分析”功能选择“回归”，得到综合货运量回归系数结果，如表 11-4 所示。

表 11-4　物流市场需求量（综合货运量）回归系数

	系数	标准误差	t-统计量	P 值	下限 95%	上限 95%
截距	7357.027	927.986	7.928	0.000047	5217.088	9496.966
GDP	2.566	0.278	9.223	0.000015	1.924	3.208

由表 11-4 可以得出一元线性回归方程模型：$y=2.566x+7357$。利用该模型结合 S 市 GDP 特征年预测值预测未来综合货运量，如表 11-5 所示。

表 11-5　S 市物流市场需求量（综合货运量）预测值

年份	2020	2025	2030
综合货运量（万吨）	32122.25	40692.97	58684.06

（2）弹性系数法

弹性是一个相对量，它衡量某一变量的改变所引起的另一变量的相对变化。弹性系数分析法用于物流市场需求（综合货运量）预测的弹性系数公式为：

$$\hat{Q}_{t+L} = Q_t \times \left(1 + \frac{\overline{\Delta q_t}}{\overline{\Delta x_t}} \times \Delta\hat{x}_L\right)^L$$

式中：$\hat{Q}_{t+L}$ —— 未来第 L 期的物流市场需求预测值；

Q_t —— 当前统计期物流量；

$\overline{\Delta q_t}$ —— 物流市场需求量（综合货运量）在过去时间的平均增长率（%）；

$\overline{\Delta x_t}$、$\Delta\hat{x}_L$—— 类比变量过去年均增长率和预测年份的增长率；

L—— 预测期的时间长度。

统计 S 市过去 9 年的 GDP 与综合货运量年增长率，如表 11-6 所示。

表 11-6　S 市 2006—2014 年 GDP、综合货运量的增长率　单位：%

年份	2006	2007	2008	2009	2010	2011	2012	2013	2014
综合货运量增长率	14.1	7.0	20.8	0.9	3.9	2.6	7.4	13.5	7.7
GDP 增长率	-3.7	19.2	15.7	10.5	23.7	19.6	12.7	11.1	10.5

由表 11-6 可知，S 市 2006 年到 2014 年的综合货运量年均增长率为 8.7%，GDP 的年均增长率为 13.3% 。表 11-1 所示 S 市 2014 年实际综合货运量为 21037.21 万吨 。而 2015 年 S 市 GDP 预期增长率为 10.5%，按弹性系数法预测模型，可确定 S 市 2015 年的综合货运量为：

$$\hat{Q}_{t+L} = Q_t \times \left(1 + \frac{\overline{\Delta q_t}}{\overline{\Delta x_t}} \times \Delta\hat{x}_L\right)^L = 21037.21 \times \left(1 + \frac{8.7\%}{13.3\%} \times 10.5\%\right)^1 = 22482.13\ \text{（万吨）}$$

针对前述 S 市的 GDP 经济指标预测，可计算预测全市“十三五”期间 GDP 年均增长率达 11%，2020—2030 年 GDP 年均增长率约 8%。同理，S 市特征年综合货运量预测值如表 11-7 所示。

表 11-7　S 市特征年综合货运量预测值

年份	2020	2025	2030
货运量（万吨）	31821.45	41065.91	52995.98

【作业思考题】

1. 物流园区一般可以分为哪几种类型？
2. 物流园区规划应遵循哪些基本原则？

3. 简述物流园区规划的程序与内容。
4. 区域物流市场需求分析指标有哪些？
5. 物流园区货物流量规模如何预测？
6. 物流园区用地规模如何确定？

附录1　课程设计指导书

设计任务一　工厂总体布置规划

（一）背景材料

某公司规划建设一家生产工厂，工厂规划占地16000m^2，厂区东西长200m，南北宽80m，计划年产100000套B产品，厂区土地面积尺寸如图1所示。

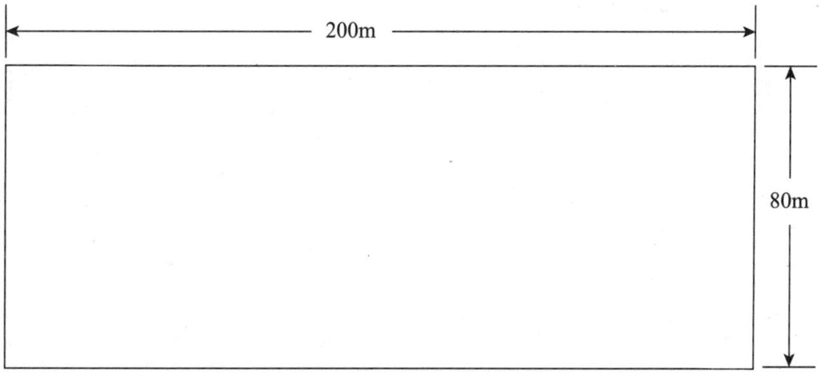

图1　厂区土地面积尺寸

1. 产品结构与物料清单

该公司生产的B产品由35个零部件构成，每个零部件和组件的名称、材料、单件重量、总计划需求量、自制与外购清单如表1所示。B产品装配图如图2、图3、图4所示。

表1　　B产品零部件、组件的物料清单

产品名称：B产品					计划年产量：100000		
编号	零部件名称	自制	外购	材料	总计划需求量	零部件图号	单件重量（kg）
1	调整垫片		√	08F	200000		0.01
2	可穿透端盖		√	HT200	100000		0.04
3	密封盖		√	Q235	100000		0.02
4	螺栓		√	Q235	1200000		0.014

续表

产品名称：B 产品					计划年产量：100000		
编号	零部件名称	自制	外购	材料	总计划需求量	零部件图号	单件重量（kg）
5	键		√	Q275	100000		0. 04
6	齿轮轴	√		Q275	100000		1. 4
7	毡封油圈		√	羊毛毡	200000		0. 004
8	端盖	√		HT200	100000		0. 05
9	螺栓		√	Q235	2400000		0. 025
10	轴承		√		400000		0. 45
11	轴	√		Q275	100000		0. 8
12	键		√	Q275	200000		0. 08
13	大齿轮	√		40	100000		1
14	游标尺		√		100000		0. 05
15	垫片		√	橡胶纸	200000		0. 004
16	螺塞		√	Q235	100000		0. 032
17	调整垫片		√	08F	200000		0. 004
18	可穿透端盖		√	HT150	100000		0. 04
19	密封盖		√	Q235	100000		0. 05
20	定距环		√	Q235	100000		0. 09
21	挡油圈		√	Q215	200000		0. 004
22	机座	√		HT200	100000		3
23	螺栓		√	Q235	600000		0. 103
24	螺母		√	Q235	600000		0. 016
25	垫圈		√	65Mn	600000		0. 006
26	机盖	√		HT200	100000		2. 5
27	视孔盖		√	Q215	100000		0. 05
28	通气器		√	Q235	100000		0. 03
29	螺栓		√	Q235	200000		0. 02
30	轴端盖圆		√	Q235	100000		0. 05
31	防松垫片		√	Q215	100000		0. 01
32	销		√	35	200000		0. 022

续表

产品名称：B 产品					计划年产量：100000		
编号	零部件名称	自制	外购	材料	总计划需求量	零部件图号	单件重量（kg）
33	螺栓		√	Q235	300000		0. 032
34	螺母		√	Q235	200000		0. 011
35	垫圈		√	65Mn	200000		0. 004

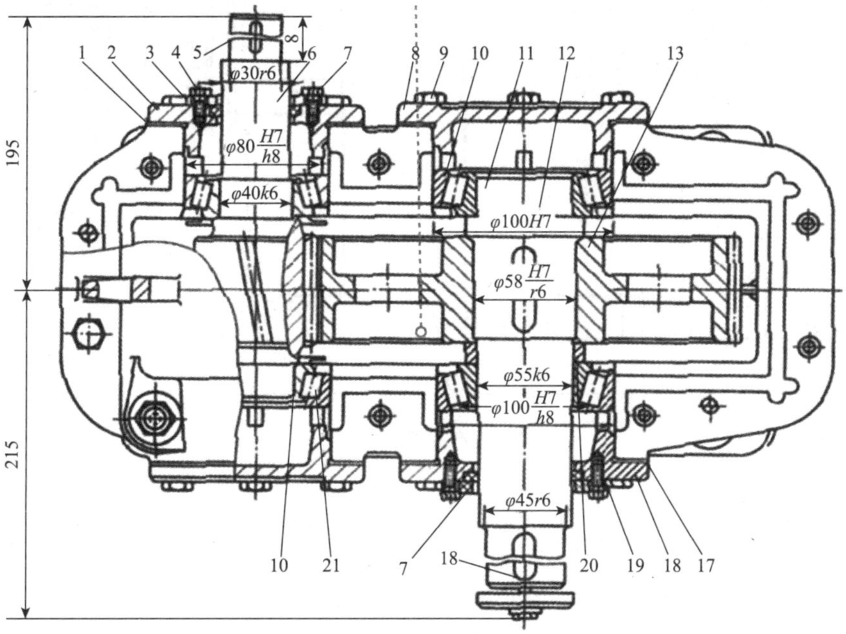

图 2　B 产品装配图（1）

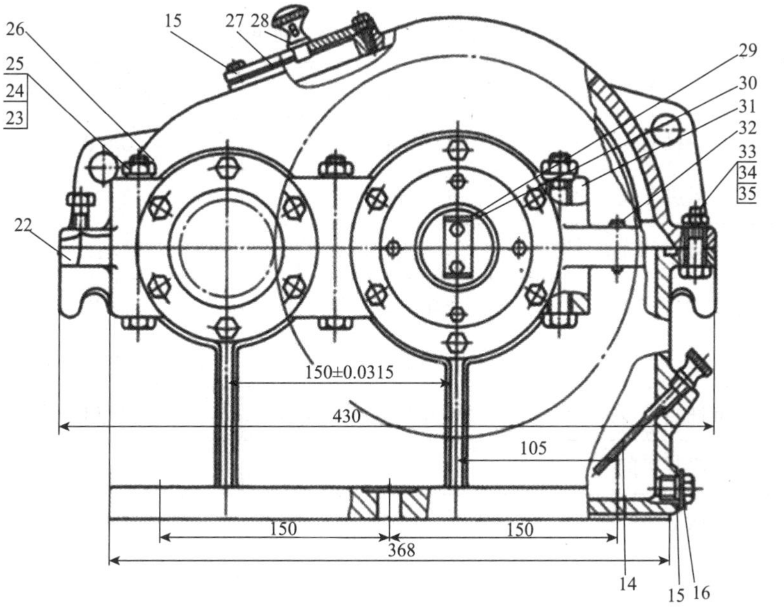

图 3　B 产品装配图（2）

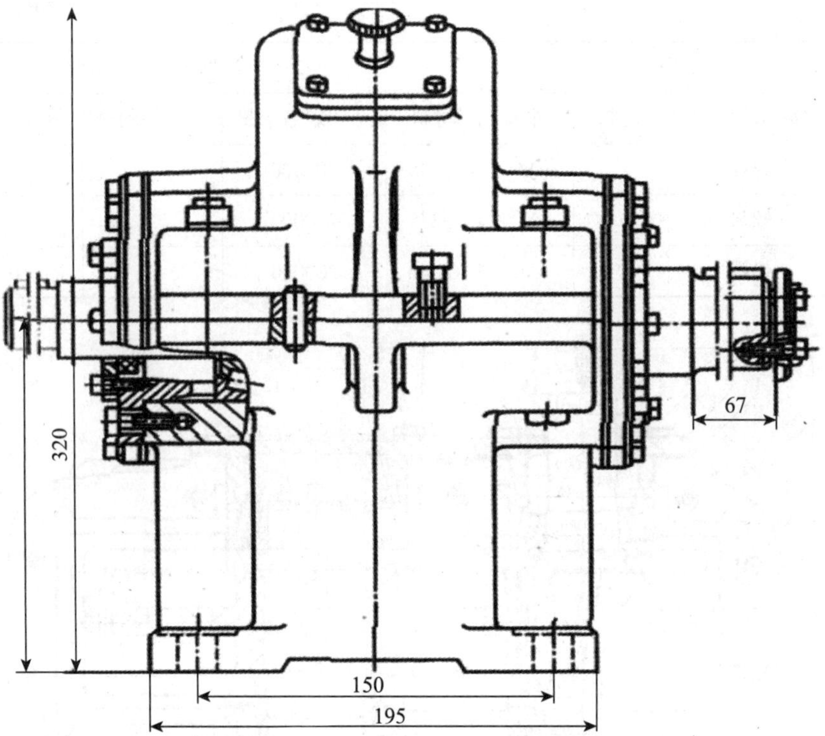

图 4　B 产品装配图（3）

2. 作业单位划分

根据 B 产品的结构及工艺特点，设立如表 2 所示的 11 个单位（不包括办公服务楼），分别承担原材料储存、备料、热处理、加工与装配、产品性能试验、生产管理等生产任务。

表 2　　作业单位编号、用途及建筑面积汇总

编号	作业单位	用途	建筑面积（m×m）	备注
1	原材料库	储存钢材、铸锭	20×30	
2	铸造车间	铸造	12×24	
3	热处理车间	热处理	12×12	
4	机加工车间	车、铣、钻	12×36	
5	精密车间	精镗、磨削	12×36	
6	标准件、半成品库	储存外购件、半成品	12×24	
7	组装车间	组装变速器	12×36	
8	锻造车间	锻造	12×24	
9	成品库	成品储存	12×12	
10	设备维修车间	机床维修	12×24	

续表

编号	作业单位	用途	建筑面积（m×m）	备注
11	废料库	加工废料	20×12	
12	办公服务楼	办公室、食堂等	50×60	

3. 生产工艺过程

B 产品的零部件较多，但是大多数零部件为标准件。假定标准件采用外购，总的工艺过程可分为零部件的制作与外购、半成品暂存、组装、性能测试、成品储存等阶段。

（1）零部件和组件的自制

厂家自制的零部件和组件为 6 个，清单如表 3 所示。

表 3　厂家自制的零部件和组件清单

产品名称：B 产品					计划年产量：100000		
编号	零部件名称	自制	外购	材料	总计划需求量	零部件图号	单件重量（kg）
6	齿轮轴	√		Q275	100000		1.4
8	端盖	√		HT200	100000		0.05
11	轴	√		Q275	100000		0.8
13	大齿轮	√		40	100000		1
22	机座	√		HT200	100000		3
26	机盖	√		HT200	100000		2.5

该工厂自制零部件和组件加工工艺卡如表 4 至表 9 所示，表中的材料利用率为各工序加工后与加工前的材料利用比率。

表 4　齿轮轴加工工艺卡

产品名称：齿轮轴	零部件编号：6	材料：Q275	单件重量（kg）：1.4	计划年产量：100000
序号	作业单位		工序内容	材料利用率（%）
1	原材料库		备料	100
2	机加工车间		粗车、磨、铣	80
3	精密车间		精车	95
4	热处理车间		渗碳淬火	100
5	精密车间		磨	98
6	标准件、半成品库		暂存	100

表 5　　端盖加工工艺卡

产品名称：端盖	零部件编号：8	材料：HT200	单件重量（kg）：0.05	计划年产量：100000
序号	作业单位		工序内容	材料利用率（%）
1	原材料库		备料	100
2	铸造车间		铸造	80
3	精密车间		精车	80
4	标准件、半成品库		暂存	100

表 6　　轴加工工艺卡

产品名称：轴	零部件编号：11	材料：Q275	单件重量（kg）：0.8	计划年产量：100000
序号	作业单位		工序内容	材料利用率（%）
1	原材料库		备料	100
2	机加工车间		粗车、磨、铣	80
3	精密车间		精车	90
4	热处理车间		渗碳淬火	100
5	精密车间		磨	98
6	标准件、半成品库		暂存	100

表 7　　大齿轮加工工艺卡

产品名称：大齿轮	零部件编号：13	材料：40	单件重量（kg）：1	计划年产量：100000
序号	作业单位		工序内容	材料利用率（%）
1	原材料库		备料	100
2	锻造车间		锻造	80
3	机加工车间		粗铣、插齿、钻	80
4	热处理车间		渗碳淬火	100
5	精密车间		磨	98
6	标准件、半成品库		暂存	100

表 8　　机座加工工艺卡

产品名称：机座	零部件编号：22	材料：HT200	单件重量（kg）：3	计划年产量：100000
序号	作业单位		工序内容	材料利用率（%）
1	原材料库		备料	100
2	铸造车间		铸造	80
3	机加工车间		粗铣、镗、钻	80
4	精密车间		精铣、镗	98
5	标准件、半成品库		暂存	100

表 9　　机盖加工工艺卡

产品名称：机盖	零部件编号：26	材料：HT200	单件重量（kg）：2.5	计划年产量：100000
序号	作业单位		工序内容	材料利用率（%）
1	原材料库		备料	100
2	铸造车间		铸造	80
3	机加工车间		粗铣、镗、钻	80
4	精密车间		精铣、镗	98
5	标准件、半成品库		暂存	100

（2）标准件、外购件与半成品暂存

生产的零部件加工完毕，经过各车间检验合格后，送入标准件、半成品库暂存。标准件与外购件均放在标准件、半成品库。外购件和组件 29 个，如表 10 所示。

表 10　　外购件和组件的清单

产品名称：B 产品					计划年产量：100000		
编号	零部件名称	自制	外购	材料	总计划需求量	零部件图号	单件重量（kg）
1	调整垫片		√	08F	200000		0.01
2	可穿透端盖		√	HT200	100000		0.04
3	密封盖		√	Q235	100000		0.02
4	螺栓		√	Q235	1200000		0.014
5	键		√	Q275	100000		0.04
7	毡封油圈		√	羊毛毡	200000		0.004

续表

产品名称：B 产品					计划年产量：100000		
编号	零部件名称	自制	外购	材料	总计划需求量	零部件图号	单件重量（kg）
9	螺栓		√	Q235	2400000		0. 025
10	轴承		√		400000		0. 45
12	键		√	Q275	200000		0. 08
14	游标尺		√		100000		0. 05
15	垫片		√	橡胶纸	200000		0. 004
16	螺塞		√	Q235	100000		0. 032
17	调整垫片		√	08F	200000		0. 004
18	可穿透端盖		√	HT150	100000		0. 04
19	密封盖		√	Q235	100000		0. 05
20	定距环		√	Q235	100000		0. 09
21	挡油圈		√	Q215	200000		0. 004
23	螺栓		√	Q235	600000		0. 103
24	螺母		√	Q235	600000		0. 016
25	垫圈		√	65Mn	600000		0. 006
27	视孔盖		√	Q215	100000		0. 05
28	通气器		√	Q235	100000		0. 03
29	螺栓		√	Q235	200000		0. 02
30	轴端盖圆		√	Q235	100000		0. 05
31	防松垫片		√	Q215	100000		0. 01
32	销		√	35	200000		0. 022
33	螺栓		√	Q235	300000		0. 032
34	螺母		√	Q235	200000		0. 011
35	垫圈		√	65Mn	200000		0. 004

（3）组装

所有零部件在组装车间集中组装成 B 产品成品。

（4）性能测试

所有成品都在组装车间进行性能测试，不合格的在组装车间进行修复，合格后送入成品库，不考虑成品组装不了的情况。

（5）成品储存

所有合格的B产品均存放在成品库等待出厂。

4. 生产组织形式

生产的产品品种及每种产品的产量，决定了工厂的生产类型，进而影响着工厂设备的布置形式。根据以上条件可知，待布置设计的B产品生产工厂的产品品种单一，产量较大，其年产量为100000台，属于大批量生产，适合按产品原则布置，即宜采用流水线的组织形式。

（二）设计步骤及任务要求

用本教材介绍的物流分析技术和设施系统布置技术，根据SLP流程模式，如图5所示，利用Microsoft Excel、Visio或Smart Draw等软件完成该工厂的总体布置方案设计。

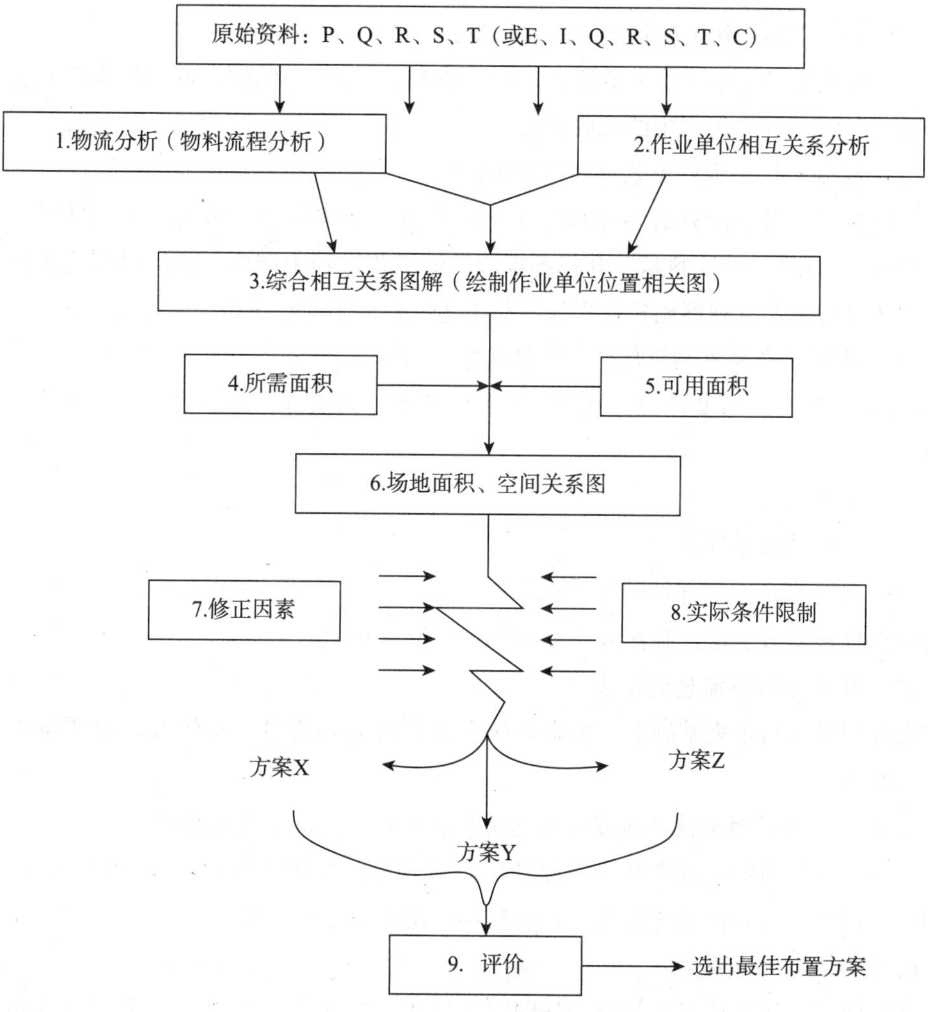

图5　SLP设计流程模式

1. 绘制B产品结构层次图

根据各零部件的加工工艺卡，用Microsoft Visio或Smart Draw绘制B产品结构层次图，确定产品零部件、物料构成的层次结构与用料比例。

2. 绘制B产品零部件的加工工艺过程图

B产品总的生产过程可分为零部件的加工阶段—总装阶段—性能试验阶段，所有零部件、组件在组装车间集中组装。已知B产品在组装车间集中组装的顺序是：机座—轴—大齿轮—齿轮轴—端盖—机盖，根据各零部件的加工工艺卡，用Microsoft Visio或Smart Draw绘制B产品总的工艺过程图。

3. 计算产品生产工艺各阶段发生的物流量

根据各自制零部件的加工工艺卡、材料利用率等数据资料，对产品的储存、加工、组装、检验等工艺流程进行分析。

（1）分别计算各工序（作业单位）产生的物流量

①计算单位零部件初始材料需求量，即单位零部件毛坯重量（千克/台）；

②计算各零部件初始材料全年的需求量；

③计算各加工工序（作业阶段或车间）物料损耗量、单位零部件废料产生量（千克/件）、各零部件全年产生的总废料量。

（2）绘制工厂总生产工艺过程物流量图

根据材料利用率计算的各零部件工艺过程加工前与加工后单位工件重量（千克/件）、单位工件产生的废料量，并将各零部件的工艺过程中产生的物流量标注在各零部件的工艺过程图上。观察比较各零部件在工艺过程加工前后单位工件重量变化。

（3）计算B产品外购零部件、组件的物流量

根据表10列出的B产品外购件、组件的清单，列表计算B产品外购件年物料需求总量。

4. 物流分析

（1）制作物流从至表

根据B产品自制零部件的工艺流程、各作业单位的各种零部件物流量，以及B产品外购件物料需求总量，制作B产品零部件物流从至表。

（2）作业单位对流物流量表

在单向物流从至表基础上，得出各作业单位对流物流量，制作B产品零部件对流物流从至表。

5. 绘制作业单位对流物流强度汇总统计表和对流物流强度分析图

利用统计出的各单位之间每条路径的物流强度，按由大到小的顺序排序，得出作业单位对流物流强度汇总统计表，并绘制对流物流强度分析图。

6. 划分物流强度等级

将物流强度转化成五个等级，分别用符号A、E、I、O、U表示，利用作业单位对流物流强度汇总统计表的物流强度数据，再参考对流物流强度分析图的物流量对比情况，根据物流强度等级比例划分标准确定作业单位物流关系等级，得出物流强度分析表。

7. 绘制物流相关图

根据以上物流强度分析得出的物流强度等级，绘制各作业单位物流相关图。

8. 作业单位非物流相互关系分析

根据本教材中介绍的作业单位关系“密切程度”代码、作业单位关系“密切程度”理由代码，绘制出作业单位非物流相互关系图。

9. 作业单位综合相互关系分析

根据作业单位物流相互关系与非物流相互关系，得出作业单位综合相互关系图。

（1）确定物流和非物流相互关系的相对重要性

物流因素影响并不明显大于其他非物流因素的影响，工厂物流和非物流相互关系加权值假设为 1.5∶1。

（2）量化物流强度等级和非物流的密切程度等级

等级取值为：A=4，E=3，I=2，O=1，U=0，X=-1。

（3）计算量化后的作业单位相互关系

根据该厂各作业单位对之间物流与非物流关系等级的高低进行量化，并加权求和，求出作业单位综合相互关系值。

（4）综合相互关系等级划分

制作作业单位综合相互关系值计算表，对相互关系值排序并计算比重，参考本教材中介绍的综合相互关系的等级及划分比例标准得出综合相互关系的等级。

（5）绘制作业单位综合关系图

在作业单位之间综合相互关系等级计算基础上，根据 B 产品生产经验和实际约束情况，调整综合相互关系，并绘制作业单位综合关系图。

10. 工厂总平面布置

（1）计算综合接近程度

由于 B 产品生产工厂作业单位之间相互关系数目较多，为绘图方便，制作作业单位综合接近程度排序表，列表计算各作业单位的综合接近程度，再按综合接近程度分数从高到低的顺序进行，即按综合接近程度分数从高到低的顺序布置作业单位顺序。

（2）绘制作业单位位置相互关系图

绘制作业单位位置相互关系图时，作业单位之间的相互关系用多线条物流连线图表示。

（3）绘制工厂作业单位面积相关图

根据已知的工厂占地面积、各作业单位的建筑面积，按比例 1∶1000，绘制工厂作业单位面积相关图。

（4）作业单位面积相关图的调整

根据产品的特点，考虑工艺流程、物流量、噪声、粉尘污染、方便管理等相关规定以及各方面的限制条件，得出三个以上工厂平面布置初步方案。要求在绘制平面布置图时考虑工厂原材料与产品运输通道问题。

11. 方案的评价与选择

利用物流简图、物流量—距离分析法、优缺点比较法、加权因素法、AHP 等方法进行方案选择，对得出的工厂平面布置初步方案进行评价，确定最佳工厂总体布置方案。方案选择与评价要求考虑的因素主要有工艺连续性、库存控制性、道路畅通性、噪声粉尘影响、服务方便性、搬运经济性等。

12. 最终总体布置方案的规划图

按比例 1∶1000，绘制最终总体布置方案的规划布置图，此处应考虑绿化用地、道路宽度、建筑物造型、辅助设施配置等，注意图形简洁、美观。

设计任务二　机加工车间布置规划

（一）规划基础资料分析

1. 计算日计划生产量

根据任务一的背景材料已知 B 产品年产量、物料清单，产品层次结构图，按一年 360 天工作日计，计算齿轮轴、轴、大齿轮、机座、机盖 5 种零部件平均每天计划生产量。

2. 绘制加工线路图

根据 5 个自制零部件、组件加工工艺卡绘制各零部件在机加工车间的生产工艺流程（见表 11）与 5 种零部件机加工车间的加工线路（见表 12）。

表 11　机加工车间的生产工艺流程

零部件编号	加工零部件	生产工艺流程	日计划生产数量（件/天）
1	齿轮轴		
2	轴		
3	大齿轮		
4	机座		
5	机盖		

表 12　5 种零部件机加工车间的加工线路

加工零部件		加工工序（设备）								
编号	名称	进料	车	磨	铣	插齿	钻	镗	检验	待运
1	齿轮轴									
2	轴									
3	大齿轮									

续表

加工零部件		加工工序（设备）								
编号	名称	进料	车	磨	铣	插齿	钻	镗	检验	待运
4	机座									
5	机盖									

3. 计算生产节拍

假设各设备时间利用率均为 96%，采用三班倒生产组织方式，每天工作 24 小时，确定机加工车间生产线的平均节拍，即确定生产线上连续生产两种产品之间的间隔时间。计算公式为：

$$r = F_e / N = F_0 \times \eta / N$$

式中：r —— 流水线的平均生产节拍（分/件）；

F_e——计划期有效工作时间（分）；

N——计划期预计出产合格产品产量（件）；

F_0——计划期制度工作时间（分）；

η——时间有效利用系数（取 0.9~0.96）。

4. 计算设备数量和负荷率

（1）生产设备数量的计算公式

$$S_i = T_i / r$$

式中：S_i——第 i 道工序的设备理论数量；

T_i——第 i 道工序的单件工时；

r——节拍。

（2）设备负荷率计算公式：

$$K_i = S_i / S_{ei} \quad S_{ei} \geqslant S_i \quad K_i \leqslant 100\%$$

式中：K_i——第 i 道工序的负荷率；

S_i——第 i 道工序的理论设备数目；

S_{ei}——第 i 道工序的实际设备数目；

S_{ei} 为实际设备需要数量，当 S_i 不为整数时，$S_{ei} = S_i + 1$。

现已知机加工车间 5 种零部件加工工序时间和检测时间如表 13 所示。

表 13　　5 种零部件加工工序时间和检测时间

编号	产品名称	加工工序时间（min）						检验时间（min）
		车	磨	铣	插齿	钻	镗	
1	齿轮轴	5	2.5	1				1.5
2	轴	5	2.5	1.5				1
3	大齿轮			5	5	1		1.5

续表

编号	产品名称	加工工序时间（min）						检验时间（min）
		车	磨	铣	插齿	钻	镗	
4	机座			1.5		2.5	4	0.5
5	机盖			1		1.5	1	0.5

5. 生产物流平衡

根据组织工序的同期化或生产线平衡原理，即通过组织和技术方面的措施，使各道工序的加工时间与平均节拍相等或成为倍数关系。本设计项目可以将部分工序合并，实现设备工作地优化。5 种零部件机加工车间的工序物流平衡如表 14 所示。

表 14　5 种零部件机加工车间的工序物流平衡

加工零部件		加工工序（设备）								待运
编号	名称	进料	车	磨	铣	插齿	钻	镗	检验	
1	齿轮轴									
2	轴									
3	大齿轮									
4	机座									
5	机盖									

也可以绘制工艺流程图进行工序同期化，如图 6 所示。

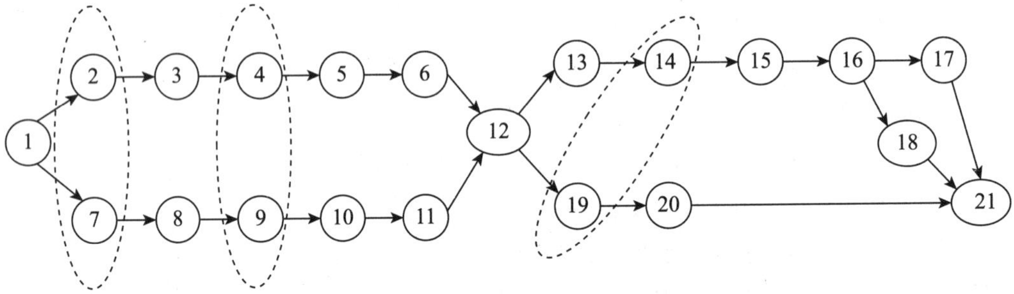

图 6　工艺流程

6. 机加工车间工作地设置及人员配备

通过节拍、生产能力以及工序同期化优化后工序结果，确定最终的机加工车间各类加工设备配置数量（台），确定车间工作地（一台设备设置一个工作地）设置方案。除考虑配置车床、磨床、铣床、插齿机、钻床、镗床生产设备工作地外，同时机加工车间还应配置 1 个进料站，1 个检验台，1 个出车间出料待运站。工序间零部件缓存区可以设立若干。另每台机加工设备均配备 1 名操作工，检验台配备 1 位质检员。假设每台设备工作区面积为 $3\times3m^2$，背景材料已知机加工生产车间为 12m×36m 的矩形车间，厂房通道宽度参考表 15。

表 15　　厂房通道宽度参考

通道种类或用途	宽度
中枢主通道	3.5~6m
辅助通道	3m
人行通道	0.75~1m
小型台车	0.7m
手动叉车	1.5~2.5m（视载重而定）
叉车（直角转弯）	2~2.5m（使用 1100mm×1100mm 的托盘）
窄巷道叉车（回转叉式）	1.6~2m

（二）机加工车间设备布置方案设计

生产车间设备布局设计是将加工设备、物料输送设备、工作单元和通道走廊等布局实体合理地放置在一个有限的生产车间内的过程。按照不同的分类标准，存在不同的布局形式。基于产品、设备位置、工艺关系，根据 B 产品生产特点，要求采用工艺布置原则进行车间空间布局，这里主要考虑物流动线模式，常见的车间布局物流动线模式如图 7 所示。

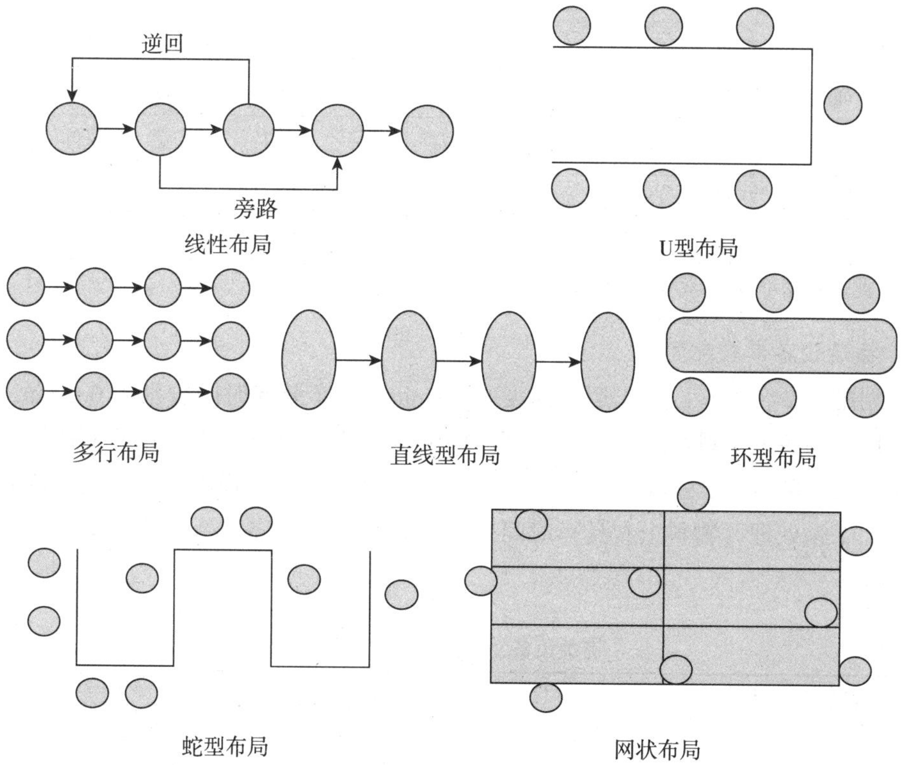

图 7　常见的车间布局物流动线模式

请根据搬运路线最短、占地面积最小、制造资源充分利用的总体布置要求，在配置满足生产能力的前提下，考虑人员调配与交流的方便性以及增加新设备的灵活性，选择物流动线模式，并利用 Viso 绘图软件绘制机加工车间的工艺路线与设备配置平面布置图。

（三）生产车间设备布置方案仿真与优化

1. 搬运方式及搬运批量

现已知车间投料、出料采用托盘作为搬运单元，同一托盘中只能放置一种零部件，根据零部件体积与重量，托盘所能容纳不同零部件的数量为：齿轮轴 10 个、主轴 4 个、大齿轮 5 个，机座 2 个，机盖 3 个。5 种零部件也分别以 10 个，4 个，5 个 ，2 个，3 个为批量投料，每隔 30 分钟到达机加工车间混合生产线进料站。车间内物料搬运主要采用人工搬运和叉车搬运两种方式：相邻工序之间物料搬运由操作工人人工搬运，不使用运输设备。不相邻的工序之间或距离较远的工序用叉车运输，进料出料叉车每次搬运量都为 1 个托盘（数量同车间进出料批量）。具体各零部件搬运方式及搬运批量数据如表 16 所示。

表 16　　各零部件搬运方式及搬运批量数据

编号	零部件名称	车间进料、出料			相邻工序间传递			远距离工序间		
		搬运方式	搬运设备	集装数量	搬运方式	搬运设备	集装数量	搬运方式	搬运设备	集装数量
1	齿轮轴	托盘	叉车	10	人工	无	1	托盘	叉车	10
2	轴	托盘	叉车	4	人工	无	1	托盘	叉车	4
3	大齿轮	托盘	叉车	5	人工	无	1	托盘	叉车	5
4	机座	托盘	叉车	2	人工	无	1	托盘	叉车	2
5	机盖	托盘	叉车	3	人工	无	1	托盘	叉车	3

注：此表数据可以根据仿真运行情况进行调整。

2. 搬运设备参数配置

计划配置 2 台叉车，叉车运行速度 10m/min，叉车装卸时间分别为 0. 5min，设备相邻工序之间工人上料与卸料搬运量为 1 个零部件/次，上料、卸料时间分别为 1min 与 0. 5min，人工搬运行走速度为 1m/min。工序间相应的工段均设缓暂存库区。所有设备零部件加工预处理（物料上夹具）时间均为 1min。有关设备、人员作业运行参数如表 17 所示。

表 17　　有关设备、人员作业运行参数

名称	叉车	名称	工人
运行速度	10m/min	行走速度	1m/min
插取时间	0. 5m/min	上料时间	1min

续表

名称	叉车	名称	工人
卸放时间	0. 5m/min	卸料时间	0. 5min
加工设备	预处理（物料上夹具）时间均为 1min，加工时间见表 13		

3. 车间布局仿真分析

根据生产工艺流程与车间设备布局方案，请利用 Flexsim 仿真软件对机加工车间生产设备（人员）配置与空间布局进行仿真分析并提出优化方案。

Flexsim 仿真过程如图 8 所示。

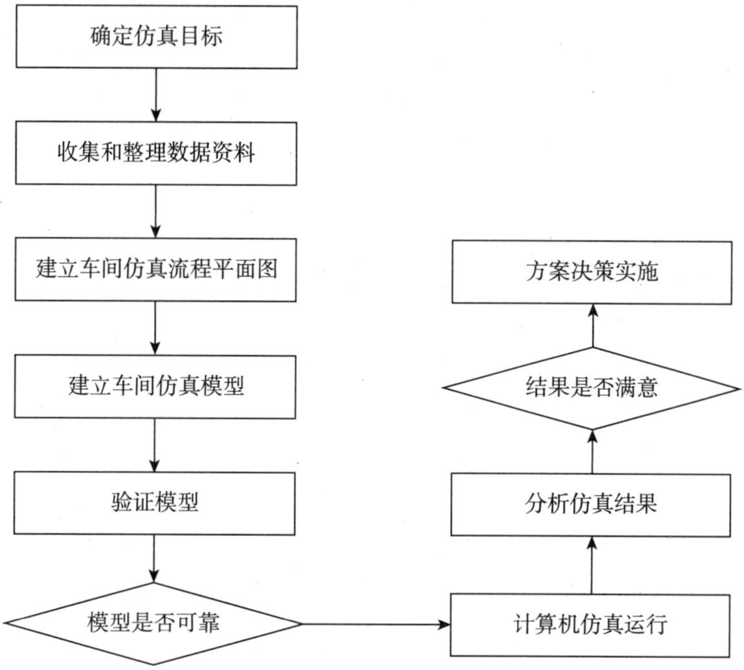

图 8　Flexsim 仿真过程

（1）确定仿真目标

这一阶段的任务是明确规定车间仿真的目的、边界和组成部分，以及衡量仿真结果的目标，拟定问题和研究计划。

（2）收集和整理数据资料

仿真中需要输入大量数据，它们的正确性直接影响仿真输出结果的正确性。车间生产仿真所期望获取的资料一般包括以下内容。

①结构参数：结构参数是描述车间结构的物理或几何参数。例如，车间平面布局、设备组成、物品形状、尺寸等静态参数。

②工艺参数：工艺参数是车间零部件的工艺流程，各流程之间的逻辑关系等。

③动态参数：动态参数是描述生产过程中动态变化的一些参数。如运输机的加速度和速度、出入车间的时间间隔、运输车的装卸时间等。

④逻辑参数：逻辑参数描述生产过程中各种流程和作业之间的逻辑关系。

⑤状态变量：状态变量是描述状态变化的变量。如设备的工作状态是闲还是忙，缓冲区货物队列是空还是满。

⑥输入输出变量：仿真的输入变量分为确定性变量和随机变量；输出变量是根据仿真的目标设定的，仿真目标不同，输出变量也不同。

（3）建立车间仿真流程平面图

根据系统机构和作业策略，分析车间各组成部分的状态变量和参数之间的数学逻辑关系，在此基础上建立车间仿真流程平面图。

（4）建立车间仿真模型

根据车间仿真流程平面图及收集的数据，将所需实体拖入编辑窗口，对象库中用鼠标拖动发生器、队列（暂存区）、处理器（加工设备）、吸收器、操作员、叉车、传输带，并按工艺要求布置好对象位置，按图点击对象属性修改对象名称。建立车间仿真模型，同时设置好各工艺参数与动态参数。仿真模型要求能够真实反映生产系统的实际情况。

（5）验证模型

对仿真模型进一步的修改完善，如参数的合理化设置，逻辑策略是否正确反映现实系统的本质等。

（6）计算机仿真运行

设置完对象属性相关参数后，便可运行整个仿真模型，检查是否有疏漏或者运行不顺畅的现象，然后将所遇到的问题进行调试，最终完成整个模型设计。

（7）分析仿真结果

从系统优化角度考虑问题，分析影响系统的关键因素，并提出改善措施。要求通过饼图了解每台机器的工作状况，分析每台机器的加工时间、设备利用率、闲置情况、在制品库存情况、等待操作人员与运输时间情况等。

（8）方案决策实施

把经过验证和考核的仿真模型以及相应的输入、输出资料，建立文件供管理决策者付诸实施。

4. 生产线配置与布置改进方案设计

（1）设备数量（人员）配置

（2）加工工艺路线与物流动线模式设计

（3）车间加工工艺路线与设备配置平面图改进设计

5. 改进后的生产效率分析

（1）改进方案仿真模型建立

（2）改进方案仿真模型设备参数设定

（3）仿真运行

（4）改进后的生产效率比较分析

①设备加工效率

②生产能力比较

③在制品库存分析

6. 仿真优化后的车间平面布置最终方案

要求按实际尺寸利用 CAD 或 Viso 软件绘制机加工车间加工工艺与平面布置图。

（四）课程设计总结

要求对课程设计过程进行总结，分析设计过程中存在问题，通过课程设计训练取得什么样的收获，并对本课程设计提出改进建议。

附录2　物流项目建设可行性研究报告编写纲要

物流系统的规划与设计属于物流项目投资建设总体规划的重要内容，是项目可行性研究的一部分。由于各行各业项目的目标与内涵上的差异，不同性质的项目其项目可行性研究报告编制要求和结构组成是不同的。物流系统建设涉及的领域也较广泛，可以是配送中心、物流中心、物流园区建设项目，也可以是具体的某个专用仓库的建设项目，还可以是物流企业的信息系统建设或改造等。这里仅以物流中心建设项目为背景，介绍物流投资项目可行性研究报告编写纲要及主要内容。

一、总论

总论作为可行性研究报告的首要部分，要求对整个研究工作和研究结果给出概貌性叙述，对项目的可行与否提出最终的建议，为决策部门的审批提供方便。主要包括以下内容。

（一）项目背景

项目背景包括：项目名称；业主单位概况；可行性研究报告编制依据；项目提出的理由与过程。

（二）项目概况

项目概况包括：项目拟建地区和地点；项目建设规模与目标；项目主要建设条件；项目提出的理由与过程。

（三）项目研究结论

项目研究结论包括：项目服务范围（企业）与物料种类；项目工程技术方案；项目投入的总资金及效益情况；项目建设进度；主要技术经济指标。

（四）问题与建议

就项目实施中可能存在的问题提出解决的方案和建议。

二、市场分析

任何一个项目的建设规模和技术方案的选择都需要在对市场需求情况有充分了解后才能做出决定。市场分析要求在既有调查的基础上，对未来情况做出预测和判断。市场分析和预测的结果是物流中心服务定价和收入的最重要的依据。其分析的可靠性最终影响项目的营利性和可行性。

（一）市场调查

市场调查包括：①拟建物流中心的服务客户与范围的市场调查；②既有物流中心替代条件的调查；③与物流中心作业相关的成本与收费价格调查。

（二）市场预测

市场预测包括：采用物流中心企业未来产品需求量预测；未来企业产品销售网络与品类数量变动趋势预测；物流服务价格预测；企业营销与竞争力分析；物流中心运作的市场风险分析。

三、场址选择

本部分主要的研究内容是确定物流中心的合理位置。它需要考虑其服务企业的位置、道路交通条件和公共设施供应条件，在技术经济分析的基础上，给出推荐意见。主要内容包括以下两点。

（一）建设条件

建设条件包括：既有仓库和设备的可利用量；周边的道路交通条件；与公共交通系统的联系条件。

（二）场址选择

场址选择包括：场址现状；场址方案比选；推荐的场址方案。

四、技术、设备和工程方案

技术、设备和工程方案是可行性研究的重要组成部分。通过研究物流中心的生产方法、作业流程、设备选型及其平面布置等问题，形成完整的技术方案。并且在此基础上，估算土建工程量，绘制工艺流程，给出设施平面布置方案或列出一些重要的数据和指标。主要内容包括以下几点。

（一）技术方案

技术方案包括：功能及作业流程确定；仓库种类、规模确定；信息系统规划。

（二）设备方案

设备方案包括：主要设备选型；主要设备清单。

（三）工程方案

工程方案包括：主要建、构筑物结构方案；特殊基础工程方案；建筑安装工程量及“三材”用量估算；主要建、构筑物一览表。

五、总平面布置与公用辅助工程

根据项目各单项工程、作业流程、场内外交通运输和辅助工程条件等情况，按场地的自然条件、作业要求与功能以及专业设计规范进行物流中心的总体平面布置。主要内容包括以下几点。

（一）平面布置

平面布置包括：平面布置方案比选；总平面布置主要技术经济指标。

（二）交通方案

交通方案包括：场内外运输量及运输方式确定；项目对周边交通的影响分析。

（三）公共辅助工程

公共辅助工程包括：给排水工程；供电工程；通信设施和计算机网络；其他设施（如供热、供气、维修等）。

六、环境保护与劳动安全

建设项目一般会引起项目所在地自然环境、社会环境和生态环境的变化。作业流程和工作环境的方案也影响着劳动者的健康和安全。这些问题都需要依据国家有关环境保护的法律和法规，对项目可能造成的近期、远期的影响做出评估，尽量减少对环境和劳动者生命及财产安全的不利影响。对存在一定影响的项目，还要提出治理和保护环境及劳动安全的具体防范措施。主要内容包括以下几点。

（一）环境影响评价

环境影响评价包括：环境条件调查；影响环境因素分析；环境保护措施。

（二）劳动安全卫生与消防

劳动安全卫生与消防包括：危险因素和危害程度分析；安全防范措施；卫生保健措施；消防设施。

七、组织机构与人力资源配置

合理科学地确定项目组织机构和配置人力资源是保证项目建设和生产运营顺利进行，提高劳动生产率的重要条件。在可行性研究报告中，要根据项目规模、项目组成和作业流程，研究提出相应的项目组织机构形式、劳动定员总数、劳动力来源以及员工培训等计划。主要内容包括以下两点。

（一）组织机构

组织机构包括：组织机构的设置方案及其适应性分析；工作制度的确定。

（二）劳动定员和员工培训

劳动定员和员工培训包括：劳动定员；年总工资和员工年平均工资估算；员工培训及其费用估算。

八、项目实施进度

当项目工程建设方案确定后，应研究提出项目的建设工期和实施进度方案。项目建设工期是指从拟建设项目永久性工程开工之日起，至项目全面建成投产或交付使用需要的全部时间。由于建设工期内包括了土建施工、设备采购与安装、生产准备、系统调试、试运转、竣工验收等多个工作环节，有些环节是相互影响、前后紧密衔接的，也有些是同时开展、相互交叉进行的，因此，在可行性研究阶段，需要将项目实施时期各个阶段的各个工作环节进行统一规划，综合平衡，使它们能够有条不紊地推进。

主要内容有建设工期确定和编制项目实施进度表（图）。

九、投资估算与资金筹措

当项目的建设规模、技术、设备和工程方案以及项目实施进度等确定后，即可进行项目需要投放的总资金的估算。除此之外，可行性研究还需要重点讨论项目资金的筹措办法，比选推荐出可行的、风险小的融资方案。主要内容包括以下两点。

（一）投资估算

投资估算包括：建设投资估算；流动资金估算；投资估算表。

（二）融资方案

融资方案包括：融资组织形式；资本金筹措；债务资金筹措；融资方案分析。

十、经济效益评价

可行性研究中，任何一种比选方案，都需要对其进行财务、（社会）经济效益的评价以判断项目在经济上是否可行，并从中推荐出最优实施方案（项目经济评价方法详见《技术经济》等书籍）。经济效益评价结果是方案取舍最主要的依据之一。主要内容包括以下几点。

（一）财务评价

财务评价包括：财务评价基础数据与参数选取；物流服务收入与成本费用估算；财务评价报表；盈利能力分析；偿债能力分析；不确定性分析；财务评价结论。

（二）国民经济评价

国民经济评价包括：影子价格及评价参数选取；效益费用范围与数值调整；国民经济评价报表；国民经济评价指标；国民经济评价结论。

（三）社会评价

社会评价包括：项目对社会影响分析；项目与所在地互适性分析；社会风险分析；社会评价结论。

（四）风险分析

风险分析包括：项目主要风险识别；风险程度分析；防范风险对策。

十一、研究结论与建议

在前述各项论证的基础上，归纳总结，择优提出推荐方案，并对方案进行总体论证，对项目和方案是否可行做出明确的结论。主要内容包括以下两点。

（一）结论与建议

结论与建议包括：推荐方案总体描述；推荐方案优缺点描述；主要比选方案的说明；结论性意见与建议。

（二）附图

附图包括：场址地形或位置图；物流中心总平面布置图；物流中心作业流程设计图；主要仓库布置方案图；其他图等。

另外，凡属项目可行性研究范围但在研究报告以外单独成册的文件（如项目建议书、项目立项批文、贷款意向书等）均需作为可行性研究总报告的附件。

参考文献

[1] 丁立言，张铎. 物流基础 [M]. 北京：清华大学出版社，2000.

[2] 王方华，吕巍. 企业战略管理 [M]. 上海：复旦大学出版社，1997.

[3] 方仲民. 物流系统规划与设计 [M]. 北京：机械工业出版社，2003.

[4] 刘联辉. 配送实务 [M]. 北京：中国物资出版社，2004.

[5] 刘联辉. 超市物流 [M]. 北京：中国物资出版社，2003.

[6] 朱耀祥，朱立强. 设施规划与物流 [M]. 北京：机械工业出版社，2004.

[7] 刘联辉. 企业物流自营价值与发展趋势 [J]. 商业时代，2006 (16)：17-18.

[8] 刘联辉，王坚强. 中小制造企业协同物流模式及其实现途径 [J]. 物流技术，2004 (11)：118-120.

[9] 刘联辉，文珊. 我国农产品物流系统模式革新趋势及其构筑策略 [J]. 农村经济，2006 (5)：111-113.

[10] 刘联辉. 我国生鲜农产品供应链物流系统模式探析 [J]. 中国市场，2006 (13)：88-89.

[11] 黄勇，毛保华. 港口业务发展战略 [J]. 物流技术，2006 (4)：94-97.

[12] 刘联辉，单山鸣，刘焜成. 应用现场 IE 再造生产物流 [J]. 物流技术，2002 (2)：3-4，20.

[13] 刘联辉. 浅议企业物流与产品竞争力 [J]. 中国物资流通，2001 (3)：14-15.

[14] 张威. 制造型企业生产物流系统的优化设计 [J]. 物流技术，2006 (5)：70-72.

[15] 周大为，张晓阳. 基于生产物流的 SSLP 在机械加工车间设施布置中的应用研究 [J]. 物流技术，2006 (6)：68-70.

[16] 汝宜红，田源，徐杰. 配送中心规划 [M]. 北京：北方交通大学出版社，2002.

[17] 王转，程国全. 配送中心系统规划 [M]. 北京：中国物资出版社，2003.

[18] 尹俊敏. 物流工程 [M]. 北京：电子工业出版社，2005.

[19] 程国全，柴继峰，王转，等. 物流设施规划与设计 [M]. 北京：中国物资出版社，2003.

[20] 周立新. 物流项目管理 [M]. 上海：同济大学出版社，2004.

[21] 孙光圻，梁晓杰. 建设“数字物流港”，提升港城互动发展空间 [J]. 集装箱化，2004 (2)：23-25.

[22] 王健. 现代物流网络系统的构建 [M]. 北京：科学出版社，2005.

[23] 林立千. 设施规划与物流中心设计 [M]. 北京：清华大学出版社，2003.

[24] 陈晓红. 信息系统教程 [M]. 北京：清华大学出版社，2003.

[25] 仪玉莉，刘洪斌. 高级物流师 [M]. 北京：人民交通出版社，2004.

[26] 林自葵. 物流信息管理 [M]. 北京：清华大学出版社，2006.

[27] 李孟涛，徐健. 物流常用数学工具实验教程——基于 Excel 的建模求解 [M]. 北京：中国人民大学出版社，2011.

[28] 潘文安. 物流园区规划与设计 [M]. 北京：中国物资出版社，2005.

[29] 蒋长兵，胡立夏. 物流系统工程 [M]. 北京：电子工业出版社，2011.

[30] 何黎明. 中国物流园区 [M]. 北京：中国物资出版社，2009.

[31] 林丽华，刘占峰. 物流工程 [M]. 北京：北京大学出版社，2009.

[32] 鲍新中，程国全，王转. 物流运营管理体系规划 [M]. 北京：中国物资出版社，2004.

[33] 秦天保，周向阳. 实用系统仿真建模与分析——使用 Flexsim [M]. 北京：清华大学出版社，2013.

[34] 蒋长兵，王珊珊. 企业物流战略规划与运营 [M]. 北京：中国物资出版社，2009.

[35] 谢如鹤. 物流系统分析与规划 [M]. 北京：高等教育出版社，2015.

[36] 姜劲，刘联辉，樊宏. 物流管理教程 [M]. 北京：中国物资出版社，2010.

[37] 杨扬，郭东军. 物流系统规划与设计 [M]. 2 版. 北京：电子工业出版社，2020.

[38] 张丽，郝勇. 物流系统规划与设计 [M]. 3 版. 北京：清华大学出版社，2019.

[39] 李浩，刘桂云. 物流系统规划与设计 [M]. 3 版. 杭州：浙江大学出版社，2021.

[40] 傅莉萍. 物流系统规划与设计 [M]. 北京：清华大学出版社，2018.